JAN WERNER

SEGELN IN DÄNEMARK 1

Jan Werner

Segeln in Dänemark 1

Jütland, Anholt, Læsø

Führer für Sportschiffer

Delius Klasing Verlag

Der Autor wie der Verlag übernehmen für Irrtümer, Fehler oder Weglassungen keinerlei Gewährleistung oder Haftung. Die Pläne dienen zur Orientierung und nicht zur Navigation; sie ersetzen also keineswegs Seekarten und Seehandbücher.

Von Jan Werner erschienen
im Delius Klasing Verlag folgende Titel:

Holländische Häfen aus der Luft
Holland mit dem Boot
Segeln in Dänemark 1
Segeln in Dänemark 2
Norwegen
Ostseehäfen aus der Luft
Nordseehäfen aus der Luft
Nordseeküste 1: Cuxhaven bis Den Helder

3. überarbeitete Auflage

ISBN 3-7688-0350-3

Lektorat: Ursel Müller-Seegers
Printed in Germany 1988
Druck: Kunst- und Werbedruck, Bad Oeynhausen

Inhaltsverzeichnis

NACH DÄNEMARK 7

Unser Nachbar im Norden 8
Planung und Vorbereitung des Törns 12
Navigation 18
Unterwegs in Dänemark 20

ENTLANG JÜTLANDS WESTKÜSTE 24

Törnvorschlag 1:
Von Rømø zum Thyborøn-Kanal 25

DURCH DEN LIMFJORD 65

Törnvorschlag 2:
Von Thyborøn nach Hals 66

RUND ALS 128

Törnvorschlag 3:
Von Sønderborg nach Høruphav 129

IM KLEINEN BELT 153

Törnvorschlag 4:
Von Åbenrå nach Fredericia 154

ZU DEN FJORDEN VON VEJLE UND HORSENS 197

Törnvorschlag 5:
Von Fredericia nach Gylling Næs 198

IN DEN GEWÄSSERN UM SAMSØ 213

Törnvorschlag 6:
Von Fredericia nach Århus 214

RUND DJURSLAND 238

Törnvorschlag 7:
Von Århus nach Hals und von Grenå nach Anholt 239

IN DEN RANDERS UND MARIAGER FJORD 273

Törnvorschlag 8:
Von Grenå über Randers nach Hobro 274

IM NÖRDLICHEN KATTEGAT 297

Törnvorschlag 9:
Von Hals nach Skagen und Læsø 298

BERICHTE AM RANDE

Gestrandet 59
Die Nordsee bricht durchs Land 71
Wikinger im Limfjord 118
18. April 1864: Der Sturm auf die Düppeler Schanzen 135
Wo das Reich entstand 203
Das Ende eines stolzen Schwans 252

Register 333

Nach Dänemark

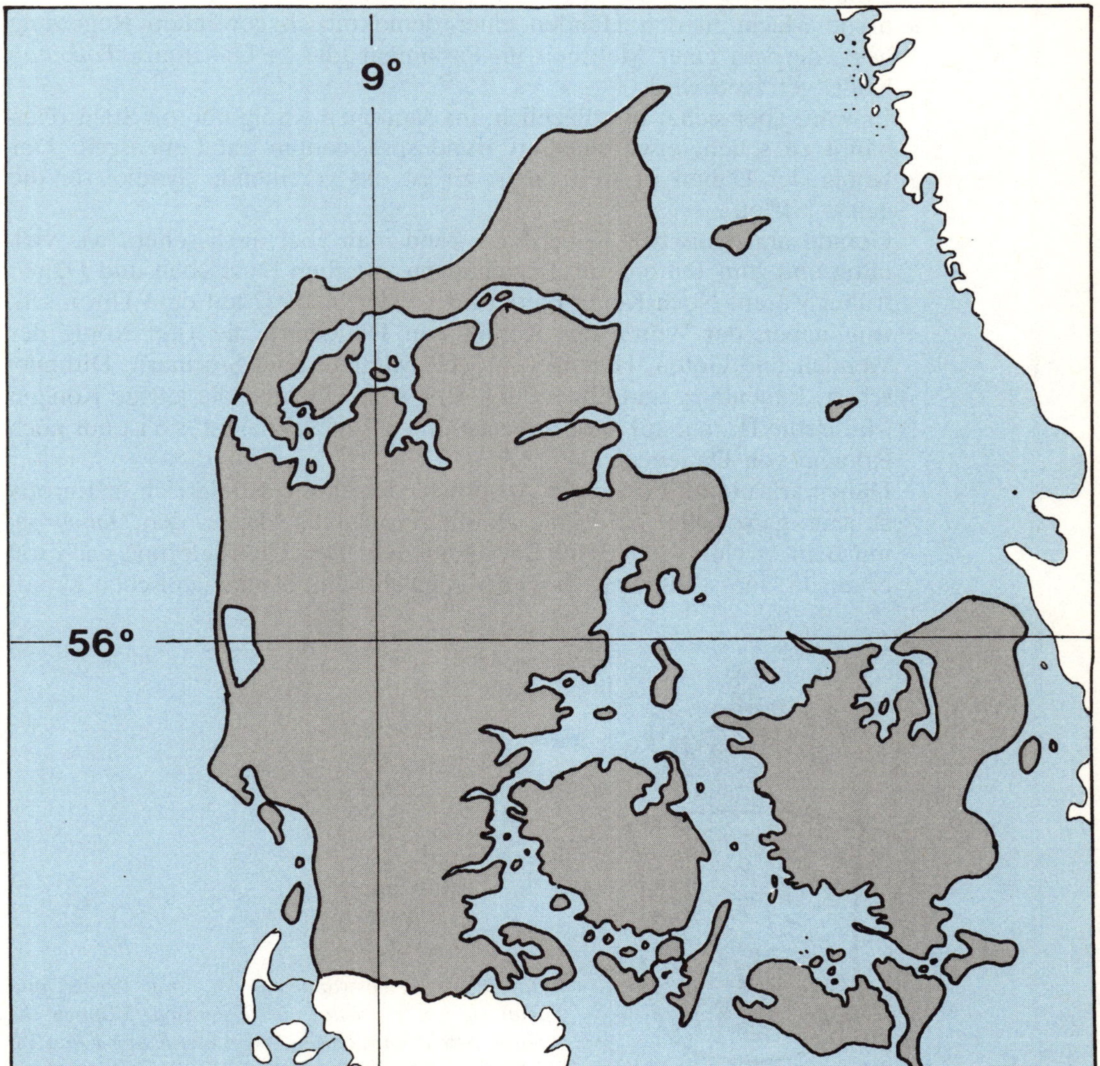

Unser Nachbar im Norden

Ostseeseglern, die Saison für Saison in den dänischen Gewässern unterwegs sind, etwas über Dänemark zu erzählen, hieße Eulen nach Athen tragen; deshalb die folgende Einführung mehr für diejenigen, die das kleine Königreich im Norden erst wenig oder gar nicht kennen.

Dänemarks Staatsform ist die Monarchie, seit sich das Land 1849 eine demokratische Verfassung gab – einer konstitutionellen, wonach die faktische Macht in den Händen einer demokratisch gewählten Regierung liegt, die von einer Mehrheit im Parlament, das in Dänemark *Folketing* heißt, getragen wird.

Es wäre aber sicher oberflächlich, im dänischen König nur ein Staatsoberhaupt zu sehen, etwa eine Art Bundespräsidenten auf Lebenszeit. Der König der Dänen ist weit mehr: Er ist das vereinende Symbol für die ganze Nation.

Gerade am dänischen Königshaus kann man aber auch sehen, wie vielfältig und zum Teil eng die Beziehungen zwischen Deutschen und Dänen früher waren: Noch König Frederik IX., der bis 1972 auf dem Thron saß, trug neben der Würde des Königs von Dänemark die Titel König der Wenden und Goten, Herzog von Schleswig-Holstein, Stormarn, Dithmarschen, Lauenburg und Oldenburg. Erst seine Tochter, die jetzige Königin Margrethe II., hat auf diese angestammten Titel verzichtet; sie ist nur noch Königin von Dänemark.

Dänemark nimmt für sich in Anspruch, das älteste Königreich in Europa zu sein; ganz sicher hat es die älteste europäische Flagge, den *Danebrog,* mit dem es eine sonderbare Bewandnis hat: Der Überlieferung nach soll er am 15. Juni 1219 vom Himmel geschwebt sein, als die dänischen Kreuz-

Das kleine Reichswappen – mit drei Löwen und neun Herzen – ist das älteste dänische Wappen. Es wurde bereits um 1190 im Siegel von König Knud VI. geführt

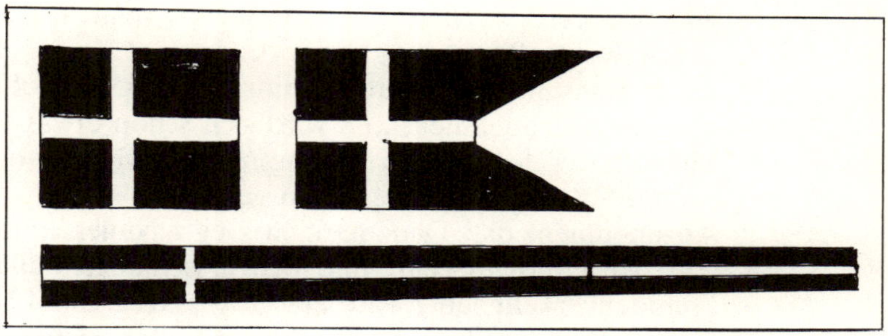

Der Danebrog: Links oben die dänische National- und Handelsflagge, daneben die Kriegs- und Staatsflagge, unten der offizielle Spitzwimpel

ritter in der Schlacht von Linanaes (Estland) in allerhöchster Not waren. Das Himmelsbanner hat den schon weichenden Dänen neuen Mut gegeben, und so wurde aus der sicher scheinenden Niederlage noch ein großer Sieg. Die Dänen haben immer noch eine starke Beziehung zu ihrem Danebrog, dem man gerade als Segler überall und jederzeit die nötigen Ehren erweisen sollte.

Die Dänen leben heute in einer Demokratie nach skandinavischem Muster, also mit einer starken Betonung der sozialen Sicherung eines jeden einzelnen. Ölknappheit und weltweite Wirtschaftsprobleme haben inzwischen auch den Motor des dänischen Wohlfahrtsstaates ein bißchen ins Stottern gebracht. Dänemark, das noch vor wenigen Jahren als ein Land ohne große Probleme galt, hat heute die gleichen, die auch die

Die typische Hügellandschaft Dänemarks – hier in Jütland in der Nähe des Limfjords

anderen europäischen Industriestaaten quälen: Energieknappheit, steigende Rohstoffpreise und so fort.
Herr Hansen, der Durchschnittsdäne, ist gewohnt, solche Probleme gelassen hinzunehmen: „Es wird sich schon etwas weisen!“ Nach diesem Motto hat sich seiner Erfahrung nach das Land noch immer am eigenen Schopf aus den Schwierigkeiten gezogen.
Anzunehmen, daß Dänemark, wie es scheinen könnte, ein Land ist, das von der Landwirtschaft und dem Fischfang, vielleicht auch noch vom Fremdenverkehr lebt, wäre ein großer Trugschluß. Damit wäre der hohe Lebensstandard des Fünf-Millionen-Volkes sicher nicht zu finanzieren. Dänemarks Haupterwerbsquellen sind die Industrie und, damit verbunden, der Handel. Beide erbringen 35 Prozent des dänischen Volkseinkommens. Die Landwirtschaft rangiert mit ihrem Beitrag von acht Prozent weit unter ferner liefen, obwohl sie dreimal mehr produziert, als das Land selbst verbraucht.
Dänemark ist – wie die Bundesrepublik auch – in extremer Weise von seinem Außenhandel abhängig: 37 Prozent der Industrieproduktion gehen in den Export. Das ist für das Land nicht zuletzt deshalb eine Existenzfrage, weil es praktisch über keine Rohstoffe und Energiequellen verfügt. Die Öl- und Erdgasvorkommen in der Nordsee lassen sich noch nicht richtig übersehen.
Daß Dänemarks Industrie international so leistungsfähig ist, verdankt sie einmal einer hervorragenden Facharbeiterschaft, dann aber auch der Fähigkeit, Marktnischen zu entdecken und sich darin profitabel einzurichten: Dänisches Design und dänische Möbel kennt auch hierzulande jedermann, aber wer weiß schon, daß Dänemark der Welt größter Exporteur von Insulin und der größte Produzent von solchen Enzymen ist, die man für die industrielle Verwendung braucht?
In einer Broschüre des Kgl. Dänischen Außenministeriums kann man den Satz lesen: „Die Dänen sind geborene Optimisten, zumal sie dazu genötigt sind.“ Nichts bestätigt diesen Satz mehr als die Geschichte des Landes: Wegen seiner exponierten Lage zwischen Nordsee und Ostsee wurde es immer wieder in Kriege hineingezogen; manchmal hat es sie auch selbst angezettelt. Aber auf wunderbare Weise hat das kleine Dänemark es fertiggebracht, sich zu behaupten; und es besteht immer noch, obwohl ihm seine mächtigen Nachbarn, seien es die Schweden oder die Engländer oder auch wir, die Deutschen, immer wieder an den Kragen wollten.
Man glaubt, daß Dänemark seit etwa 10 000 Jahren von Menschen bewohnt ist. Überall im Lande findet man kleine Museen, in denen Funde aus der Stein-, der Bronze- und der Eisenzeit ausgestellt sind. Als politisch organisierte Kraft trat das Land erst um 800 n. Chr. auf, dann aber auch gleich mit großer Wucht. Es begann die Zeit der Wikinger, die weite Raub- und Eroberungszüge machten, nicht nur bis England und Frankreich, sondern sogar bis hinunter ins Mittelmeer.

England wurde von einem dänischen Wikinger erobert, von Knud dem Großen (1018–1035), der nicht nur König von Dänemark war, sondern nach der Unterwerfung des Inselreiches auch König von England wurde.
Das Mittelalter brachte für das Land eine Blütezeit. Überall entstanden Hafenstädte; Handel und Schiffahrt nahmen einen großen Aufschwung. Einer dänischen Königin, Margarete I., gelang es sogar, die drei skandinavischen Länder Dänemark, Norwegen und Schweden zu einem großen Reich zu vereinen. Diese Kalmarer Union von 1397 hatte fast 130 Jahre Bestand. Als sie auseinandergebrochen war, kam es immer wieder zu fürchterlichen Kriegen mit den Schweden – zeitweise verwüsteten die Dänen das Land der Schweden, dann wieder zogen Schweden plündernd und mordend durch Dänemark. Heute sind sie friedliche Nachbarn und können sich quer über den Sund fast ins Wohnzimmerfenster schauen.
Anfang des 19. Jahrhunderts geriet Dänemark dann in die gigantische Auseinandersetzung zwischen Napoleon und England. Es stand an der Seite des Franzosenkaisers, was ihm in keiner Weise bekam. Besonders die dänische Flotte erlitt in jenen Jahren schwere Verluste und wurde von den überlegenen Engländern radikal dezimiert. Das Ende dieser Epoche bedeutete nicht nur den Verlust Norwegens, das Dänemark an Schweden abtreten mußte, sondern hatte auch den finanziellen Bankrott des Staates zur Folge.
Aber gerade aus jenem Sturz erwuchs das „Goldene Zeitalter“, wie die Dänen die Jahre zwischen den Napoleon-Kriegen und der Mitte des Jahrhunderts nannten. Überall wurden die Häfen ausgebaut, neue Schiffahrtswege gebaggert. Eine gewaltige Handelsflotte entstand, Handel und Wandel blühten.
Im Deutsch-Dänischen Krieg von 1864 verlor Dänemark zwar 30 Prozent seines Landgebietes, aber die wirtschaftliche Entwicklung wurde dadurch nicht wesentlich gestört. Im 1. Weltkrieg, in dem Dänemark seine Neutralität bewahren konnte, verdiente es als Agrarüberschußland viel Geld am Handel mit dem blockierten deutschen Kaiserreich.
Zu Beginn des 2. Weltkrieges wurde Dänemark handstreichartig von deutschen Truppen besetzt, freilich ohne dabei seine Unabhängigkeit zu verlieren. Dänemark war in jenen schlimmen Zeitläufen ein einmaliger Fall: Obwohl von fremden Truppen besetzt, hatte es doch eine eigene Regierung und Verwaltung; es fanden sogar freie Wahlen statt, und der König ritt jeden Morgen demonstrativ und in voller Uniform durch seine Hauptstadt Kopenhagen.
Aus dieser Zeit sind manche Ressentiments übriggeblieben, aber die Narben verheilen, die Erinnerungen verblassen – genauso wie Hitlers Bunker an der jütländischen Westküste immer mehr im Treibsand versinken.

Planung und Vorbereitung des Törns

Wohin? Das Fahrtziel. Es hängt im allgemeinen davon ab, was man schon kennt, welches Boot man hat und vor allem: über wieviel Zeit man verfügt. Man lese am besten die einzelnen Törnvorschläge durch; danach wird man schon klarer sehen, was einem am besten gefallen wird und was man Boot und Crew zumuten kann.

Bei den einzelnen Törnvorschlägen sind immer die Distanzen zwischen den Häfen angegeben, so daß man leicht abschätzen kann, wieviel Zeit man voraussichtlich für seinen Törn brauchen wird.

Die Törnvorschläge dieses Buches sind auch so gehalten, daß man sie kombinieren kann: Einer folgt nahtlos dem anderen. Die Betonung liegt freilich auf dem Wort „Vorschläge"; natürlich muß man sich nicht sklavisch daran halten. Es sind eben Routen, die sich als besonders lohnend erwiesen haben, ohne daß damit der Anspruch auf Vollständigkeit erhoben werden sollte.

Alle in den Törnvorschlägen genannten Kurse sind auf rechtweisend Nord bezogen.

Das Boot Wer ein voll hochseetüchtiges Boot sein eigen nennt, braucht sich keine Gedanken darüber zu machen, ob es auch für die dänischen Gewässer taugt. Das ist klar. Die Frage lautet vielmehr: Wo liegt die Untergrenze plus einer Sicherheitsmarge nach oben? Ich meine, daß diese Frage ehrlicherweise abstrakt nicht beantwortet werden kann, weil sie von zu vielen Faktoren abhängt: in erster Linie ganz sicher vom Revier, denn das stellt letztlich die Anforderungen an das Boot und auch an die Crew. Damit aber bekommt die Frage nach der Seetüchtigkeit des Bootes eine ganz andere Dimension, nämlich die der Qualifikation von Skipper und Crew. Dem erfahrenen Fahrtensegler mögen diese skizzenhaften Andeutungen als Binsenwahrheiten vorkommen, aber erstens sind Binsenwahrheiten auch Weisheiten, und zweitens sollten sie dem Leser vor Augen führen, daß ihm hier niemand wohlfeile Antworten auf eine Frage geben kann, die er sich in aller Verantwortung selbst stellen und auch selbst beantworten muß.

Ausrüstung Auch das hängt natürlich wieder sehr stark vom Revier ab. Ein Törn entlang der Westküste verlangt eine andere Ausrüstung als das Kreuzen im gemütlichen Limfjord. Nach meinen Erfahrungen ist folgendes wichtig:

Zunächst eine zuverlässige *Maschine,* die man besonders in den stromstarken Gewässern, wie etwa dem Kleinen Belt, haben muß. Wer einen Volvo oder Bukh fährt, braucht sich um Reparaturmöglichkeiten und Ersatzteile keine Gedanken zu machen. Für andere Fabrikate jedoch sind

nicht immer Ersatzteile zu bekommen, etwa für ein Hurth-Getriebe. Hier hat es sich bewährt, Adresse und Telefonnummer einer grenznahen deutschen Service-Station parat zu haben.
Funkpeiler und *Radar* sind sicher von Wert, wenn man sie schon hat, für einen Dänemark-Törn würde ich sie mir allerdings nicht extra anschaffen.
Eine *Funkanlage* ist eine gute Investition in die Sicherheit. Ist sie als Seesprechfunkanlage (UKW oder Grenzwelle) fest im Boot installiert, benötigt man weder für das Einführen des Gerätes noch für seine Benutzung in Dänemark eine besondere Genehmigung. Für Handgeräte und mobile Geräte wie CB-Funk ist jedoch eine Genehmigung erforderlich. Sie muß *vor* der Einreise nach Dänemark eingeholt werden, und zwar bei Telecom Inspectoratet, Islands Brygge 81, DK-2300 Kopenhagen S. Diese Genehmigung wird gebührenfrei erteilt; es dauert allerdings vier bis acht Wochen, bis sie bearbeitet ist.
Als ebenfalls wichtiger Faktor für die Sicherheit an Bord ist ein *Seefunkempfänger* anzusehen; zumindest aber sollte man ein Radio an Bord haben, um regelmäßig die Wetterberichte abhören zu können (s. Seite 19).
Ein *Echolot* gehört heute dank geringer Anschaffungskosten zur Standardausrüstung eines Schiffes, so daß man es nur noch zu erwähnen braucht.
Ganz wichtig ist ein gutes (!) *Ankergeschirr,* nicht nur als Sicherheitsfaktor, sondern weil es einen auch nicht so von den (häufig übervollen) Häfen abhängig macht; es schont nicht nur die Nerven, sondern spart auch viel (Hafen-)Geld. In den Törnvorschlägen wird darum – soweit bekannt und erprobt – immer auf Ankerplätze hingewiesen.
Wenn nur irgend möglich, sollte man ein *Dingi* mitführen, weil man erst dadurch im Zusammenhang mit dem Ankern unabhängig von den Häfen wird. Ganz abgesehen davon, daß es in den geschützteren Gewässern Dänemarks auch gut als Rettungsmittel taugt.

Ein *zweiter Anker* sollte an Bord sein: Wenn man mit dem Bug am Steg festmachen muß, braucht man ihn als Heckanker.
Als *Ankerlaterne* ist eine sturmsichere Petroleumlampe unentbehrlich, weil das elektrische Ankerlicht zuviel Saft aus der Batterie zieht. Im übrigen ist eine solche Lampe im Notfall auch ein verläßlicher Signalgeber.
Welche *Rettungsmittel* an Bord sind, hängt wiederum in erster Linie vom befahrenen Revier ab. Die übliche Grundausstattung ist auch auf den Revieren unabdingbar, die gemeinhin als geschützt gelten. Für das Fahren in den dänischen Küstengewässern halte ich die gute alte *Signalpistole* für das beste Mittel, um auf sich aufmerksam zu machen – was bei anderen optischen Signalen wie Bällen, Kegeln, Flaggen doch bezweifelt werden darf, weil ja heutzutage kaum mehr jemand deren Bedeutung kennt oder darauf achtet.
Da man zumeist in Küstennähe fährt, gehört unbedingt ein gutes *Fernglas* an Bord.

Personalpapiere Für einen Aufenthalt bis zu drei Monaten genügt der *Personalausweis* (natürlich auch der *Reisepaß*). Kinder bis zu 16 Jahren, die nicht im Paß des begleitenden Erwachsenen eingetragen sind, benötigen einen *Kinderausweis,* der ab dem 10. Lebensjahr ein Paßfoto enthalten muß.

Man sollte rechtzeitig vor Antritt der Reise die Gültigkeit dieser Papiere nachprüfen, auch, ob sie während des Urlaubs nicht ungültig werden.

Es hat sich bewährt, von den Ausweispapieren Fotokopien anzufertigen und sie an sicherer Stelle an Bord zu verstecken; im Falle eines Verlustes der Originalpapiere ist es dann leichter, Ersatz zu bekommen (s. Seite 23 „Diplomatische Vertretungen“).

Bootsführerscheine wie der amtliche Sportbootführerschein werden in Dänemark nicht verlangt.

Bootspapiere Man benötigt lediglich ein Dokument, mit dem nachgewiesen werden kann, daß man rechtmäßig im Besitz des Bootes ist. Das kann der *Kaufvertrag* sein oder der *Chartervertrag* oder, wenn man das Boot ausgeliehen hat, das *schriftliche Einverständnis* des Eigners. Am besten aber ist das *Internationale Verbandszertifikat,* ein stabiles weißes Faltblatt im Format des Reisepasses, mehrsprachig. Es basiert auf einer EG-Bestimmung und wird überall in Europa anerkannt. Man kann es beim Deutschen Segler-Verband, Gründgensstraße 18, 2000 Hamburg 60 (T. 040 – 6306051), beantragen. Rechtzeitig natürlich.

Crew-Wechsel Dafür gibt es keine Sondervorschriften, es gelten die üblichen für Paß, Zoll usw.

Versicherung *Bootsversicherung:* Es besteht keine Verpflichtung, bei Befahren der dänischen Gewässer eine Haftpflichtversicherung abzuschließen. Wer jedoch eine hat, sollte für den Fall der Fälle die Police bzw. eine Kopie davon mitführen.

Krankenversicherung: Normalerweise gilt der gleiche Versicherungsschutz wie zu Hause auch. Gerade im Ausland können jedoch Sonderleistungen anfallen, die nicht immer von der Versicherung abgedeckt werden, zum Beispiel der Heimtransport per Flugzeug oder Krankenwagen. Hierzu kann es ratsam sein, zusätzlich eine besondere Reiseversicherung abzuschließen. Man sollte sich vorher von seiner Versicherung entsprechend beraten lassen.

In Dänemark selbst ist es so: Man hat als Ausländer grundsätzlich das Recht auf freie Behandlung in den Krankenhäusern oder Unfallstationen. Sollten Sachleistungen (ärztliche Behandlung, Medikamente, stationäre Behandlung) notwendig werden, wende man sich an einen vertraglich gebundenen praktischen Arzt. Die Behandlung ist dann kostenlos, wenn vor Behandlungsbeginn der Vordruck E 111 vorgelegt wird, den man sich vor der Reise bei seiner deutschen Krankenkasse beschaffen kann. Dort

erhält man auch das „Merkblatt für Versicherte, die sich vorübergehend in Dänemark aufhalten“. Die Kosten der Behandlung durch einen Facharzt werden von der Sozial- und Gesundheitsverwaltung der dänischen Gemeinde voll erstattet, wenn die Überweisung durch einen vertraglich gebundenen praktischen Arzt erfolgt ist. Bei Zahnbehandlung müssen die Kosten meist zunächst selbst getragen werden, können ggf. aber auch bei der Gemeinde rückerstattet werden. Im Zweifel kann man sich bei dem örtlichen Touristbüro beraten lassen. Die Kostenerstattung muß vorm Verlassen Dänemarks beantragt werden. Hatte man keine Gelegenheit, Kostenerstattung in Dänemark zu beantragen, so kann man das nach der Rückkehr unter Vorlage der spezifizierten Quittungen bei der eigenen Krankenkasse nachholen.
Mit der Schweiz und mit Österreich besteht kein solches Abkommen; Bürger dieser Länder reichen die Rechnungen ihrer Krankenversicherung ein. Gelingt es in einem Krankheitsfall nicht, einen Arzt zu erreichen, wählt man die Notrufnummer 000 (der Anruf ist kostenlos).

Zoll

Vorab das Wichtigste: Es bedarf keiner Formalitäten für das Boot, wenn es nicht länger als zwölf Monate in dänischen Gewässern bleibt. Erst danach benötigt man eine Zollgenehmigung, und die würde dann auch längstens für zwei Jahre ausgestellt. Aber das ist abwegig für einen normalen Urlaubstörn von ein paar Wochen, und es wird nur der Vollständigkeit halber erwähnt.
Einklarieren ist nur erforderlich, wenn man etwas zu verzollen hat. Darüber gibt es immer wieder Diskussionen, unnötigerweise. Also: Wer etwas zu verzollen hat, muß einklarieren, wer nichts zu verzollen hat, braucht es nicht zu tun. Wer allerdings zollpflichtige Waren an Bord hat, muß von sich aus Kontakt mit dem nächstgelegenen dänischen Zollamt aufnehmen; er kann nicht darauf warten, daß sich irgendwann einmal ein Zollbeamter um ihn kümmert.
Zollfrei dürfen eingeführt werden (Stand 1.5.1987):

- *Persönliche Gegenstände* wie Sport- und Fotoausrüstung.
- *Waren wie Geschenkartikel und Lebensmittel* in kleineren Mengen zum persönlichen Verbrauch (einschließlich 10 l *Bier* pro Person) dürfen für die Reisedauer den Wert von maximal 2800 dkr je Person nicht überschreiten.
- Genau nimmt es der Zoll bei den hochversteuerten Waren wie *Alkohol* und *Tabak,* ferner *Kaffee, Tee* und *Parfüms.* Davon dürfen zollfrei eingeführt werden:
  - 1,5 l Spirituosen mit mehr als 22 % vol oder 3 l Aperitifs oder 3 l Schaumwein oder Likörwein mit weniger als 22 % vol und 4 l sonstiger Wein

- 300 Zigaretten oder 150 Zigarillos oder 75 Zigarren oder 400 g Pfeifentabak
- 1000 g Kaffee oder 400 g Kaffeeauszüge oder -essenzen
- 200 g Tee oder 80 g Teeauszüge oder -essenzen
- 75 g Parfüms und 0,375 l Toilettenwasser

Beim Einkauf von Transitwaren auf Zollanschreibbuch gelten geringere Freimengen, die man jedoch durch bereits versteuerte Waren auf obige Höchstmengen ergänzen kann.
Das Mindestalter ist bei der abgabenfreien Einfuhr von alkoholischen Getränken und Tabakwaren auf 17 Jahre begrenzt, bei der Einfuhr von Kaffee, Tee und Parfüms auf 15 Jahre.

● *Treibstoff:* In festen Behältern (Rumpftanks) eingeführter Treibstoff bleibt zollfrei, in tragbaren Behältern (Kanister) jedoch nur bis zu 10 l.

Der dänische Zoll ist bekannt dafür. daß er sehr gründlich kontrolliert. Solche Kontrollen können entweder in den Häfen oder in den dänischen Gewässern vorgenommen werden. Letzteres geschieht durch *Zollkreuzer,* erkenntlich an der dänischen Kriegsflagge, die zusätzlich mit der schwarzen Aufschrift „Kgl. Toldflag“ versehen ist.
Als *Zollgebiete* gelten die Landgebiete, die inneren Territorialgewässer (Fjorde) und die Küstengewässer in einer Breite von 4 sm von der sogenannten Basislinie aus gerechnet. Diese Basislinie ist zumeist identisch mit der Küste, teilweise verläuft sie aber auch davor, etwa wenn sie küstennahe Inseln, wie Hirsholm, mit einschließt. Der genaue Verlauf der Basislinie ist im Ostsee-Handbuch (III. Teil) des DHI im Teil A unter „Schiffahrtsangelegenheiten“ abgedruckt. Es kann einem aber auch passieren, daß man außerhalb dieser Viermeilenzone, und zwar bis zu 12 sm vor der Basislinie, von einem Zollkreuzer kontrolliert wird. Dazu ist er berechtigt, wenn ein Schiff/Boot sich „offensichtlich mit Alkoholschmuggel“ befaßt. Dieses „offensichtlich“ ist natürlich so und so auslegbar. Im Zweifel wird man sich fügen müssen.
Verstöße gegen die Zollbestimmungen werden erfahrungsgemäß sofort und rigoros geahndet. Die *Strafen* sind empfindlich: So muß man zum Beispiel für eine Buddel Whisky, die man zuviel an Bord und nicht deklariert hat, bis zu 400 dkr bezahlen, und zwar sofort und bar (und nicht mit Eurocheque). Also: Ein bißchen Schmuggel lohnt sich nicht und vermiest einem nur den Urlaub.
Für Transitreisen gilt das gleiche: Wer beispielsweise nach Norwegen oder Schweden will und dabei durch dänisches Zollgebiet fährt, unterliegt den genannten Vorschriften. Er kann sich allerdings vom Zoll die nicht zollfreien Kontingente in einer Zollkiste verplomben und sich darüber einen Zollbegleitschein ausstellen lassen. Die Plombe darf verständlicherweise erst nach Verlassen des dänischen Zollgebietes aufgebrochen werden.

Zollhäfen

Jütland	Esbjerg, Fredericia, Frederikshavn, Haderslev, Holstebro, Horsens, Kolding, Randers, Skive, Sønderborg, Thisted, Vejle, Ålborg, Århus
Fünen und umliegende Inseln	Odense, Svendborg
Seeland	Helsingør, Kalundborg, Kopenhagen, Korsør, Køge, Næstved
Lolland/Falster	Nykøbing
Bornholm	Rønne

Öffnungszeiten der Zollämter: 0700 bis 1700

Tiere nach Dänemark mitzunehmen, ist nicht so kompliziert wie in den anderen skandinavischen Ländern, wo es erfahrungsgemäß unmöglich ist. Für *Hunde* und *Katzen* braucht man in Dänemark den Internationalen Impfausweis (Gelber Impfpaß), aus dem hervorgeht, daß das Tier mindestens einen Monat zuvor und längstens ein Jahr zuvor gegen Tollwut geimpft worden ist.

Trailern

Dabei gibt es keine Probleme. Für die Gespanne gelten folgende Maximalabmessungen: Länge 18 m, Breite 2,50 m, Höhe 4 m, Gesamtgewicht auf zwei Achsen höchstens 18 Tonnen. Kontrollen, ob diese Vorschriften eingehalten sind, werden zusammen mit der Paßkontrolle beim Grenzübertritt vorgenommen. Man benötigt, wie bei uns auch, einen gültigen Führerschein und den Kfz-Schein. Außerdem muß das Fahrzeug ein „D"-Schild tragen. Wichtig ist es, die Höchstgeschwindigkeitsvorschriften strikt einzuhalten: auf Autobahnen sowie Haupt- und Landstraßen 70 km/h, in geschlossenen Ortschaften 50 km/h. Bei Überschreitungen muß man mit erheblichen Bußgeldern rechnen, die sofort zu entrichten sind.

Chartern

In und für Dänemark besteht ein sehr großes Angebot an allen nur denkbaren Bootstypen und praktisch für alle Reviere. Anschriften von Vercharterern vermittelt das *Dänische Fremdenverkehrsamt,* Postfach 10 13 29, Glockengießerwall 2, 2000 Hamburg 1 (T. 0 40–32 78 03).
Die Sicherheitsvorschriften für Charterboote sind in Dänemark verschärft worden. Für Sportboote, die kommerziell verchartert werden, ist eine Genehmigung der Staatlichen Schiffskontrolle erforderlich. Bevor man einen Chartervertrag unterschreibt, sollte man sich vergewissern, ob für das betreffende Boot diese Genehmigung vorliegt.

Devisen

Es bestehen bei der Einfuhr keine Beschränkungen, ob man nun deutsches Geld mitnimmt oder dänische Kronen oder auch Eurocheques. Am besten fährt man in Dänemark mit Eurocheques, für die man die Kronen im allgemeinen zu dem günstigsten Umrechnungskurs erhält. Wer bei der

Heimreise mehr als 5000 dkr an Bord hat, darf sie nur dann ausführen, wenn er nachweisen kann, daß er mindestens den gleichen Betrag auch eingeführt hat.

Seekarten und andere nautische Unterlagen Ob man dänische Karten wählt oder deutsche, ist eine Geschmacksfrage. Die Darstellung unterscheidet sich, und auch die Namen sind zum Teil anders geschrieben; im Grunde aber enthalten sie die gleichen Angaben. Von den dänischen *Søsportskort* ist eher abzuraten; sie sind wegen ihres kleineren Maßstabes zwar sehr handlich, deswegen aber auch schwieriger zu lesen. Im Grunde handelt es sich um die üblichen dänischen Seekarten, die auf fotomechanischem Wege vervielfältigt und dabei im Maßstab verkleinert werden. Welche Karten für den jeweiligen Törn benötigt werden, steht in dem entsprechenden Kapitel, ebenso, welche anderen nautischen Unterlagen wie Seehandbücher, Leuchtfeuerverzeichnisse usw. man braucht.
Dänische Karten kann man auch noch unterwegs kaufen; zumindest die der umliegenden Gewässer sind in den Hafenorten immer zu bekommen.
Wer dänische Karten benutzen will, muß sich mit den darin verwendeten Zeichen und Abkürzungen vertraut machen. Sie sind aus dem Heft „Kort A: Symboler og Forkortelser i Danske Søkort" (Symbole und Abkürzungen in dänischen Seekarten) ersichtlich, das ebenso wie die dänischen Seekarten auch bei den deutschen Seekarten-Vertriebsstellen erhältlich ist.

Navigation

Schiffahrtsvorschriften Die dänischen *Hoheitsgewässer* liegen innerhalb einer Linie, die sich 3 sm parallel zur Küste erstreckt. Die Grenzen der *Sperr- und Übungsgebiete* sind aus den Seekarten ersichtlich. Schießübungen in diesen Gebieten werden in der dänischen Presse, im dänischen Seewarndienst und über den Rundfunk bekanntgegeben. Da man sich als Fahrtensegler wohl kaum regelmäßig aus diesen Quellen informiert, sollte man auf die entsprechenden Signale achten. Sie können im Anhang zum Leuchtfeuerverzeichnis nachgeschlagen werden. Sperrzeiten werden auch in den „Nachrichten für Seefahrer" veröffentlicht. Das Einfachste aber ist es, sich vor dem Auslaufen beim Hafenmeister zu erkundigen, denn der weiß sicher Bescheid. Wer ein gesperrtes Gebiet trotz Fahrverbots befährt, muß damit rechnen, empfindlich bestraft zu werden.
Verkehrstrennungsgebiete gibt es im nördlichen Øresund, im Großen Belt zwischen Korsør und Sprogø, südlich von Gedser und südwestlich von Falsterborev (Schweden); in diesen Gebieten darf weder gekreuzt noch geankert werden.

Tiefwasserwege sind der Berufsschiffahrt vorbehalten; es gibt sie bei Hatter Rev (östlich von Samsø), entlang der Ostküste von Langeland und südöstlich von Gedser. Man entnehme alles Nähere den Seekarten.
Schiffe, die das Fahrwasser *kreuzen,* müssen Schiffen, die es in Längsrichtung befahren, ausweichen. *Bagger* muß man ganz langsam passieren, und zwar dort, wo tagsüber zwei Rhomben und nachts zwei grüne Rundumlichter, jeweils übereinander, die Passierseite anzeigen.
Ankern in engen Fahrwassern, besonders in den Richtlinien und Leitsektoren, ist verboten. Man muß als Ankerlieger tagsüber den Ankerball setzen und nachts ein weißes Rundumlicht.
In der unmittelbaren Nähe von *Kabeln* darf man unter keinen Umständen ankern. Unterwasserkabel gibt es natürlich sehr viele in Dänemark. Baken an den Ufern zeigen an, wo Kabel ins Wasser führen. Diese Baken sind in den Karten vermerkt und so auch recht gut als Navigationshilfen zu gebrauchen. Man muß beim Ankern von einer Kabelführung einen Abstand von mindestens 200 m einhalten.
Hafenordnung: Anmelden beim Hafenmeister ist nicht erforderlich (dies gilt nicht in allen Häfen; wo Anmeldung verlangt wird, wird in den Hafenbeschreibungen darauf hingewiesen).
Ankern ist im allgemeinen in den Häfen verboten, ebenfalls das Baden (was wegen des zumeist schmutzigen Hafenwassers sowieso nicht ratsam ist).
Aufforderungen des Hafenmeisters, an einem bestimmten Platz festzumachen, ist Folge zu leisten.
Flaggengebräuche sind so wie bei uns auch: Nationale und Gastlandflagge (Danebrog) führt man tagsüber und holt sie abends ein; den Danebrog führt man unter der Steuerbordsaling.

Törnberatung

Wer in den geschützteren Gewässern der Ostsee segelt, braucht sie weniger, wer aber einen weiten Schlag über die offene See machen muß, sollte die individuelle Törnberatung des Seewetteramtes (Bernhard-Nocht-Str. 76, 2000 Hamburg 4) nutzen. Das geschieht folgendermaßen:
Man meldet sich zwei bis drei Tage vor dem Start zur Törnberatung an (Telefon von 1000 bis 1600: 0 40 / 31 90 811 / 812 / 813, außerhalb der Bürozeiten: 0 40 / 31 90 801; Telex: 211 291 hadw d; Telefax: 0 40 / 31 90 8 03). Es werden Rechnungsanschrift, Start, Ziel sowie die Startzeit notiert, wobei der eigentliche Beratungstermin möglichst kurz vor dem Start vereinbart wird. Die Wettervorhersage entlang der Segelroute ist bis zu fünf Tagen möglich. Dauert der Törn länger, werden Rückruftermine vereinbart (zum Beispiel nach zwei oder drei Tagen), die den Vorhersagezeitraum überlappend hinausschieben.
Die Voranmeldung einer Törnberatung ist besonders in den Sommermonaten erforderlich, um Wartezeiten zu vermeiden. In der Regel wird innerhalb der Bürozeit (1000 bis 1600) alle 15 Minuten eine Beratung ange-

setzt. Das Seewetteramt ist jedoch rund um die Uhr besetzt, und grundsätzlich sind Beratungen zu allen Tages- und Nachtzeiten möglich.

Sturmwarnungen und Seewetterberichte Die Wetterfunkstellen, ihre Frequenzen, Sendezeiten und die Vorhersagegebiete entnehme man dem jährlich im Frühjahr erscheinenden Jachtfunkdienst Nord- und Ostsee, der unter der Nr. 2155 vom Deutschen Hydrographischen Institut herausgegeben wird. Darüber hinaus sind die Daten in einem Merkblatt zusammengefaßt, das man beim Seewetteramt anfordern kann (Anschrift siehe unter „Törnberatung“).

Unterwegs in Dänemark

Häfen, Liegeplätze Innerhalb der einzelnen Törnvorschläge sind von allen wichtigen Häfen Pläne abgedruckt. *Die Wassertiefen sind nur dann angegeben, wenn sie weniger als 3 m betragen.* In fast allen dänischen Häfen wird Liegegeld erhoben, dessen Höhe unterschiedlich ist. Generell aber kann man davon ausgehen, daß die Hafengebühr – wie bei uns auch – relativ hoch ist, was im übrigen ein Grund mehr sein sollte, so oft wie möglich zur Nacht vor Anker zu liegen.

Ist im Yachthafen eine Box für längere Zeit frei, so hängt am Steg in der Regel ein grünes Schild, auf dem zumeist auch noch vermerkt ist, bis wann der Eigner die Box nicht braucht („Fri til . . .“). Ist das Schild rot, so bedeutet das, daß der Eigner die Box nur kurzfristig verlassen hat; hier darf man also nicht festmachen („Optaget“). Das Liegegeld berechtigt zum Benutzen der sanitären und sonstigen Einrichtungen des Hafens. Warme Duschen sind zunehmend nur noch mit Hilfe eines Münzautomaten zu benutzen.

Essen und Trinken Die Dänen leben gern und essen gut – was kein Wunder ist in einem Land, das für seine hochwertigen Agrarprodukte berühmt ist. An *Lebensmitteln* für die Bordverpflegung bekommt man praktisch alles, was man auch von zu Hause gewohnt ist. Vielleicht, aber nicht immer, sind sie etwas teurer. Womit man in Dänemark besonders verwöhnt wird, das sind *Fische* aller Art; zumeist kann man sie auch fangfrisch am Hafen kaufen. Für *Obst, Salate* und *Gemüse* muß man im allgemeinen saftige Preise zahlen, jedenfalls wenn es sich um importierte Ware handelt. Vom Bauern bekommt man's schon mal billiger. *Alkohol* ist exorbitant teuer, wenn auch nicht so umständlich zu bekommen wie in Schweden oder Norwegen. Whisky, Sherry usw. kann man also zwar überall kaufen, aber zu astronomischen Preisen. *Bier,* für das die Dänen auch berühmt sind, reißt hingegen kein sonderlich großes Loch in die Bordkasse, auch wenn man

Irgendwo in Dänemark

kurioserweise das dänische Bier in Deutschland billiger bekommt als in Dänemark selbst.

Teuer, aber das ist eben auch relativ, ißt man im Hotel oder im Restaurant. Man sollte es sich jedoch ab und zu leisten, in den dänischen *Kros* auf kulinarische Entdeckungsreise zu gehen, diesen ursprünglichen Landgasthäusern, die sich durch Gemütlichkeit und eine besondere Atmosphäre auszeichnen. Die einen bieten eine Küche von internationalem Rang, andere – die meisten – die übliche, aber gute dänische Küche.

Kleinigkeiten kann man auch an den *Kiosken* bekommen, die man überall findet; das wird dann aber zumeist nur etwas zum Stillen des Hungers sein. Höhepunkte dänischer Kochkunst, die ja überhaupt mehr deftig als raffiniert ist, kann man dort nicht erwarten.

In den Hotels und Gasthöfen hat man für bestimmte Mahlzeiten bestimmte feste Zeiten. Das Frühstück, *morgenmad,* gibt es zwischen 0730 und 1000, Mittagessen, *frokost* genannt, zwischen 1200 und 1400 – das ist aber, anders als bei uns, nicht die Hauptmahlzeit. Die gibt es am Abend, zwischen 1800 und 2000, sie heißt aber *middag.*

Es läßt sich kein allgemeines Urteil über die dänische Küche abgeben. Man wird – wie anderswo auch – manchmal sehr enttäuscht sein und dann wieder in einem unscheinbaren Kro ganz hervorragend essen. Soweit sie mir bekannt sind, habe ich besonders gute Restaurants innerhalb der Törnvorschläge erwähnt.

Angeln Ob dies ein probates Mittel ist, die Bordkasse aufzubessern, bezweifle ich, muß allerdings zugeben, daß ich davon so gut wie nichts verstehe. Deshalb nur soviel: Experten zufolge soll Dänemark ein Anglerparadies sein.
Das Angeln im Meer um Dänemark ist genehmigungs- und kostenfrei. Das gilt auch für die Küstenfischerei. Vor den Fjorden jedoch liegen Schongebiete, wo Angeln verboten ist. Zum Angeln in Seen und Flüssen braucht man eine Genehmigung und zahlt dafür im allgemeinen auch eine Gebühr. Auskünfte erteilen die örtlichen Touristbüros, ferner das Dänische Fremdenverkehrsamt, Hamburg (s. Seite 17).

Öffnungszeiten *Läden:* montags bis donnerstags von 0900 bis 1730, freitags bis 1900, mancherorts bis 2000, samstags bis 1200 oder 1400, häufig aber auch ganz geschlossen. Bäcker- und Smørrebrød-Läden sowie Kioske haben manchmal auch am Samstagnachmittag und sonn- und feiertags geöffnet.
Banken: Sehr unterschiedlich, im allgemeinen von Montag bis Freitag von 0930 bis 1600, Donnerstag bis 1800, zuweilen aber zwischen 1200 und 1400 geschlossen. Manche Touristbüros wechseln auch Geld um.

Fahrräder kann man in Dänemark, zu geringen Gebühren, fast überall leihen, häufig auch bei den Touristbüros. Das sollte man nutzen, so oft es geht, denn sonst hockt man nur in den Häfen und sieht nichts vom Land. Manchmal sind es nur ein paar Kilometer von einem Hafen, und man findet ein altes Hügelgrab oder einen schönen, alten Herrensitz. In den Törnvorschlägen wird auf solche Ausflugsmöglichkeiten hingewiesen, wo immer es sich lohnt.

Tourist-Informationsbüros gibt es in nahezu allen dänischen Orten. Man bekommt dort fast immer kostenlos Prospekte über die Sehenswürdigkeiten der Gegend und erhält Auskünfte über Öffnungszeiten von Museen usw. Das Personal spricht zumeist Deutsch.

Sprache Man kommt mit Deutsch im allgemeinen gut zurecht, jedenfalls in den südlichen Landesteilen. Weiter nördlich wird es etwas schwieriger, aber da hilft einem dann Englisch gut weiter, das die dänischen Kinder als erste Fremdsprache in der Schule lernen. Also, wegen der Sprache sollte man sich keine Sorgen machen; man wird auch schon nach kurzer Zeit erfreut feststellen, daß man den Sinn mancher dänischen Wörter verstehen kann.

Notfälle *Auf See:* Die dänischen Gewässer werden ständig von Küstenfunkstellen überwacht; man kann also über Funk Hilfe herbeirufen. Für UKW ist der Notruf- und Abhörkanal der Kanal 16, für Grenzwellenanlagen die Frequenz 2182 kHz.
Im CB-Funk, für dessen Betrieb wie schon gesagt eine Genehmigung seitens der Dänen erforderlich ist (s. Seite 13), sind die Kanäle 11 A, 16,

21 und 22 maritimen Zwecken vorbehalten. Im CB-Funk wird auf See der Kanal 16 als Abhörkanal empfohlen.
Notraketen und andere Notsignale bewirken den sofortigen Einsatz des Seenotrettungsdienstes.
An Land: Über den Notruf 000 kann man von jeder Telefonzelle aus die Alarmzentrale erreichen, die dann rasche Hilfe organisiert. Dieser Anruf ist kostenlos.

Telefon Die Münzautomaten sind schlimme Groschengräber, wenn man nicht weiß, wie sie funktionieren. Denn Geld, das einmal darin verschwunden ist, fällt nicht mehr heraus – auch wenn keine Verbindung zustande gekommen ist. In diesem Falle aber speichert der Automat das Geld; man braucht ihn also nicht von neuem zu füttern, wenn man abermals wählt. Man fängt am besten immer mit der Mindestsumme an. Die Vorwahl für die Bundesrepublik ist 00949, für Österreich 00943, für die Schweiz und Liechtenstein 00941; danach wählt man die Ortskennzahl, läßt aber die Null davor weg, und anschließend die gewünschte Nummer.

Diplomatische Vertretungen Für den (hoffentlich nicht eintretenden) Fall, daß man den Schutz seines Landes braucht, kann man sich an unsere Auslandsvertretungen wenden, beispielsweise wenn man den Paß verloren oder Probleme mit der Polizei oder dem Zoll hat:

– *Kopenhagen*
(Botschaft der
Bundesrepublik Deutschland)
Stockholmsgade 57
T. 01 / 26 16 22

– *Esbjerg* (Honorarkonsulat)
Amerikavej 1
T. 05 / 13 33

– *Frederikshavn* (Honorarkonsulat)
Rimmensgade 9–11
T. 08 / 42 00 11

– *Korsør* (Honorarkonsulat)
Batterivej 7
T. 03 / 57 05 86

– *Næstved* (Honorarkonsulat)
Nestre Kaj 16
T. 03 / 73 18 11

– *Nykøbing/Falster* (Honorarkonsulat)
Frisegade 26
T. 03 / 85 27 00

– *Odense* (Honorarkonsulat)
Slotsgade 18–22
T. 09 / 14 14 14

– *Rønne/Bornholm* (Honorarkonsul
Store Torv 12
T. 03 / 95 22 11

– *Svendborg* (Honorarkonsulat)
Kuopivej 11
T. 09 / 21 15 15

– *Vejle* (Honorarkonsulat)
Sydkajen 12
T. 05 / 82 00 11

– *Åbenrå* (Konsulat)
Kystvej 18
T. 04 / 62 14 64 / 65

– *Ålborg* (Honorarkonsulat)
Emborg Hus, Hasserisvej 139
T. 08 /13 12 33

– *Århus* (Honorarkonsulat)
Havnegade 4
T. 06 / 12 32 11

Entlang Jütlands Westküste

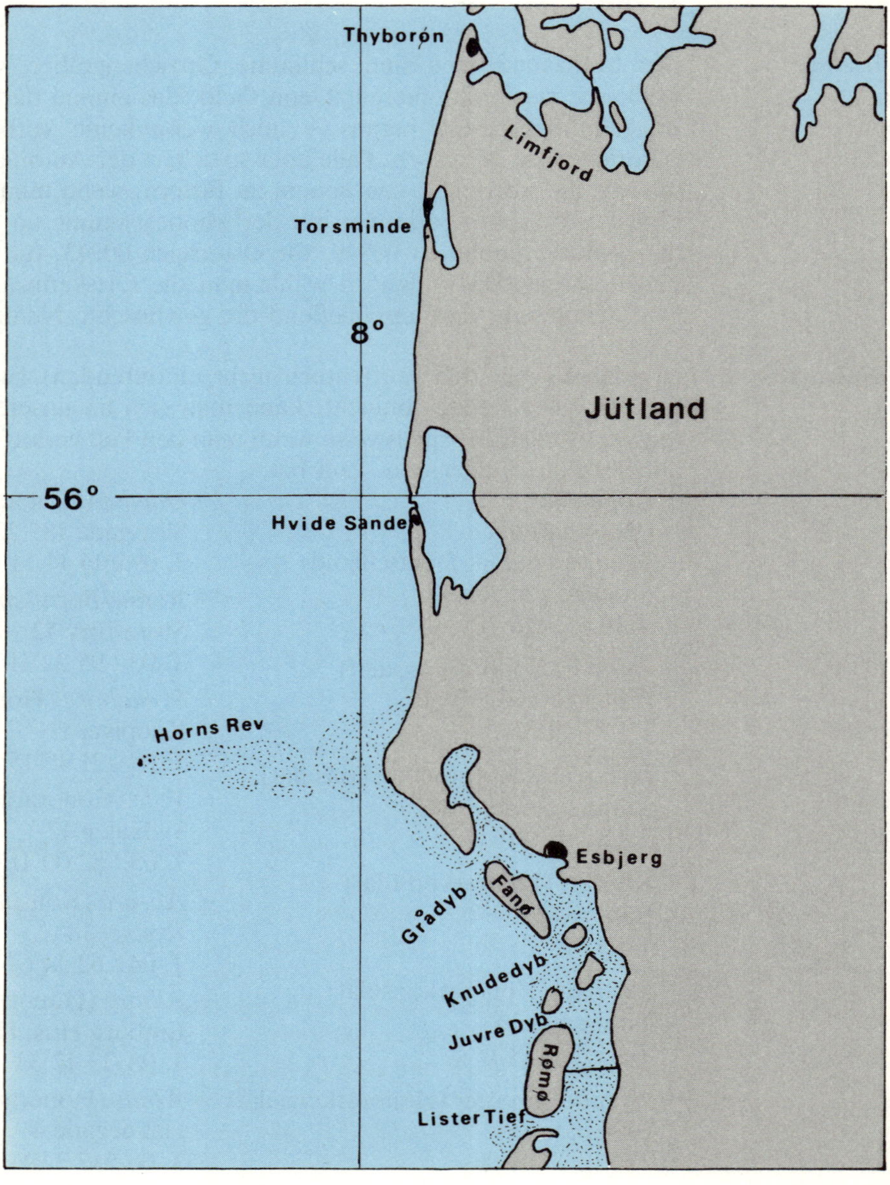

Törnvorschlag 1:

Von Rømø zum Thyborøn-Kanal

Dies ist das Revier der Individualisten und jener, die eigentlich nach Norden streben, nach Norwegen oder in den Limfjord, und die deshalb so schnell wie möglich an dieser gefürchteten Küste vorbeisegeln wollen.
Den Individualisten braucht man über Jütlands Westküste nichts mehr zu erzählen: Sie kennen ihre Schönheit, ihre Stille und Einsamkeit. Allen anderen aber sei dieser Törnvorschlag gewidmet, vor allem den Ostseeseglern, die schon alles von Dänemark zu kennen glauben, jedoch aus Scheu vor einer Gezeitenküste dieses Revier bisher gemieden haben.
Von Rømø nach Thyborøn am Limfjord – das ist nur eine Küstenfahrt, aber eine, die von Boot und Crew zuzeiten so viel verlangt, als ginge es über die hohe See.
Das berüchtigte Horns Rev, das vor Blåvandshuk, der westlichsten Spitze Dänemarks, 20 sm weit in die Nordsee hinausgreift, zieht eine ziemlich scharfe Trennungslinie:
Nach Süden erstreckt sich bis hinunter nach Sylt das große dänische Wattenrevier mit seinen mächtigen Sänden und tiefen Seegatten, die Fortsetzung unseres nordfriesischen Watts, ihm ähnlich, aber doch urtümlicher, einsamer und von Yachten noch kaum befahren.
Im Norden dann die Lagunenküste. Eine endlose Kette hoher Sanddünen, hinter denen sich zwei schöne Binnenseen verbergen: der Ringkøbing Fjord, den man durch die Schleuse von Hvide Sande anlaufen kann, und der kleinere Nissum Fjord bei Torsminde, der jedoch inzwischen dicht ist, jedenfalls für eine Yacht mit stehendem Mast.
Das Wattenrevier fordert einem schon einiges an Navigation ab, vor allem an Gezeitennavigation – es sei denn, man wollte nur daran vorbeisegeln –, während man nördlich von Blåvandshuk keine besonderen Probleme mehr haben dürfte. Bei Horns Rev allerdings sieht es ganz anders aus, aber das ist ein Kapitel für sich.
Die gesamte Strecke ist die meiste Zeit eine Leeküste, die unter Seefahrern von alters her Furcht und Schrecken verbreitet hat. Westliche und nordwestliche Winde überwiegen bei weitem; und zudem lag an dieser Küste früher kein einziger Hafen, der leicht anzulaufen war. So war die Geschichte dieser Küste über Jahrhunderte eine Geschichte nicht mehr zu zählender Schiffskatastrophen. Diesen Ruf, eine Küste des Schreckens zu sein, hat sie unter Seglern heute noch. Zu Unrecht, denn erstens gibt es inzwischen mehrere gute, wenn auch ziemlich weit auseinanderliegende Häfen. Zweitens haben wir heute ganz hervorragende Navigationshilfen, angefangen vom Wetterbericht, den wir täglich hören können, bis hin zu allerlei Elektronik. Und schließlich – und dies ist wohl das Wichtigste –

haben unsere Yachten, ganz anders als die alten Rahsegler, die Fähigkeit, hoch an den Wind zu gehen und sich von einer Leeküste freizusegeln.
Daß West- und Nordwestwinde hier vorherrschen, wurde schon erwähnt; daß das Mittel im August bei 3 Bft liegt, sei ergänzt, wiewohl dies nichts besagt. Denn entscheidend ist das Wetter an dem Tag und zu der Stunde, da wir ablegen wollen – Mittelwerte helfen da nicht sehr viel. Deshalb ist es unerläßlich, sich ständig über die aktuelle Wetterlage zu informieren, und das heißt, den Wetterbericht zu hören.
In einem warmen Sommer haben wir es nicht nur mit dem Wind der „Großwetterlage" zu tun, sondern gerade in Küstennähe mit thermischen Winden, dem Land- und dem Seewind. Bedingt durch die Erwärmung des Landes durch die Sonne weht der Seewind zum Land hin: Er pflegt gegen Mittag einzusetzen und seine größte Stärke am späten Nachmittag zu erreichen, um dann um die Zeit des Sonnenuntergangs sanft einzuschlafen. Nachts vollzieht sich der umgekehrte Vorgang: Die Luft über dem Wasser ist etwas wärmer als über dem Land. In der zweiten Nachthälfte erhebt sich der Landwind und weht bis in den Vormittag hinein.
Die Gezeiten spielen hier noch eine Rolle, verlieren aber an Bedeutung, je weiter man nach Norden kommt:

	mittlerer Tidenhub	*Eintritt Hochwasser*
Lister Tief	– 0,7 m	+ 1 h 48 m
Rømø Havn	– 0,8 m	+ 2 h 44 m
Grådyb Barre	– 1,2 m	+ 1 h 44 m
Esbjerg	– 1,0 m	+ 3 h 08 m
Blåvandshuk	– 1,0 m	+ 1 h 57 m
Hvide Sande	– 0,9 m	+ 2 h 47 m
Torsminde	– 0,8 m	+ 3 h 42 m
Thyborøn	– 2,0 m	+ 4 h 26 m

Alle diese Werte sind bezogen auf Helgoland*. Man braucht also lediglich im kleinen blauen Kalender „Hoch- und Niedrigwasserzeiten für die Deutsche Bucht und deren Flußgebiete" unter „Helgoland" nachzusehen, um für einen der oben angeführten Orte die lokalen Werte ausrechnen zu können.
Läßt man die Seegatten einmal außer acht, auf die noch gesondert hingewiesen wird, so kann man in diesem Revier die Gezeitenströme im allgemeinen vernachlässigen. Sie sind mit – grob gerechnet – 0,8 kn südlich von Horns Rev nicht erheblich und drehen außerdem zum Teil so kompliziert, daß man seine Planung nicht danach ausrichten kann. Am Thyborøn-Kanal sieht es anders aus, aber davon später mehr.
Nördlich von Horns Rev läuft ziemlich beständig Strom parallel zur Küste nach Norden. Bei Blåvandshuk mißt er zwar nur unerhebliche 0,25 kn,

* ausgerechnet vom DHI

doch nordwärts wird er immer stärker, bis er bei Hanstholm ansehnliche 1,5 kn erreicht.
Und dies braucht man an navigatorischen Unterlagen:

Seekarten: a) deutsche: Nr. 83 D „Fanö Bugt und Horns Rev", Maßstab 1 : 130 000; Nr. 82 D „Horns Rev bis Lindesnes", Maßstab 1 : 300 000; Nr. 108 D „Lister Tief", Maßstab 1 : 50 000; Nr. 109 „Grådyb", Maßstab 1 : 20 000; Nr. 81 „Limfjorden, westlicher Teil", Maßstab 1 : 130 000 (unter anderem mit Plan Thyborøn-Kanal, Maßstab 1 : 40 000). b) Alternativ dänische Seekarten (zu den Unterschieden gegenüber den deutschen siehe Seite 18): Nr. 93 „Jyllands Vestkyst", Maßstab 1 : 360 000 (schlecht wegen des Maßstabs); Nr. 94 „Horns Rev", Maßstab 1 : 130 000 (schlecht gedruckt, aber detailliert und am besten für eine Wattfahrt); Nr. 96 „Lister Dyb", Maßstab 1 : 50 000; Nr. 95 „Grådyb", Maßstab 1 : 20 000; Nr. 104 „Limfjorden, Ålborg–Thyborøn", Maßstab 1 : 130 000.

Seebücher und andere nautische Unterlagen: Nr. 2006: Nordsee-Handbuch, östlicher Teil; Nr. 2102: Leuchtfeuer-Verzeichnis, Teil III A, Nordsee, südlicher Teil; ferner, wenn man einen Funkpeiler an Bord hat, Nr. 2155: Jachtfunkdienst Nord- und Ostsee; Seefunkfeuerkarte. Und (unentbehrlich): der kleine blaue Gezeitenkalender.

Distanzen: **Rømø** (von Helgoland aus 65 sm, von Hörnum auf Sylt aus 35 sm) – **Ansteuerung Knudedyb** (25 sm) – **Esbjerg** (17 sm) – **Hvide Sande** (48 sm) – **Torsminde** (25 sm) – **Ansteuerung Thyborøn-Kanal** (24 sm).
Man sieht: Das sind schon beträchtliche Entfernungen, die bedacht sein wollen, zumal es zwischen den genannten Häfen nirgendwo die Möglichkeit gibt, Schutz zu finden, so daß es – wie schon gesagt, aber man kann es nicht oft genug wiederholen – sehr angebracht ist, sich vor jedem Auslaufen über die Wetter- und Seeverhältnisse sorgfältig zu informieren.

Lister Landtief

Die übliche Ansteuerung nach Rømø, die auch die Berufsschiffahrt nimmt, verläuft durch das breite und tiefe *Lister Tief.* Das ist ein sicheres, aber auch etwas langweiliges Fahrwasser. Nachts muß man es nehmen. Tagsüber aber und wenn die Seeverhältnisse es zulassen, können wir einen spannenderen Kurs wählen: durchs *Lister Landtief,* das einen allerdings verwunderlich nahe am Strand von Sylt vorbeiführt.
Die Ansteuerungstonne des *Lister Landtiefs* (rot-weiße Kugeltonne mit Ball-Toppzeichen) findet man knapp 2 sm südwestlich des kleinen Leuchtturms *List West* (11 m hoher weißer Turm mit roter Laterne, Ubr.w/r/gn.-5s). Es ist gleichgültig, ob man den weiten Weg von Helgoland hierher gekommen ist oder von Hörnum durch die Theeknobsrinne: Am einfachsten wird es immer sein, man hält auf die Skyline von *Westerland auf Sylt zu,* diesem Klein-Manhattan über dem Strand, und läuft parallel zur

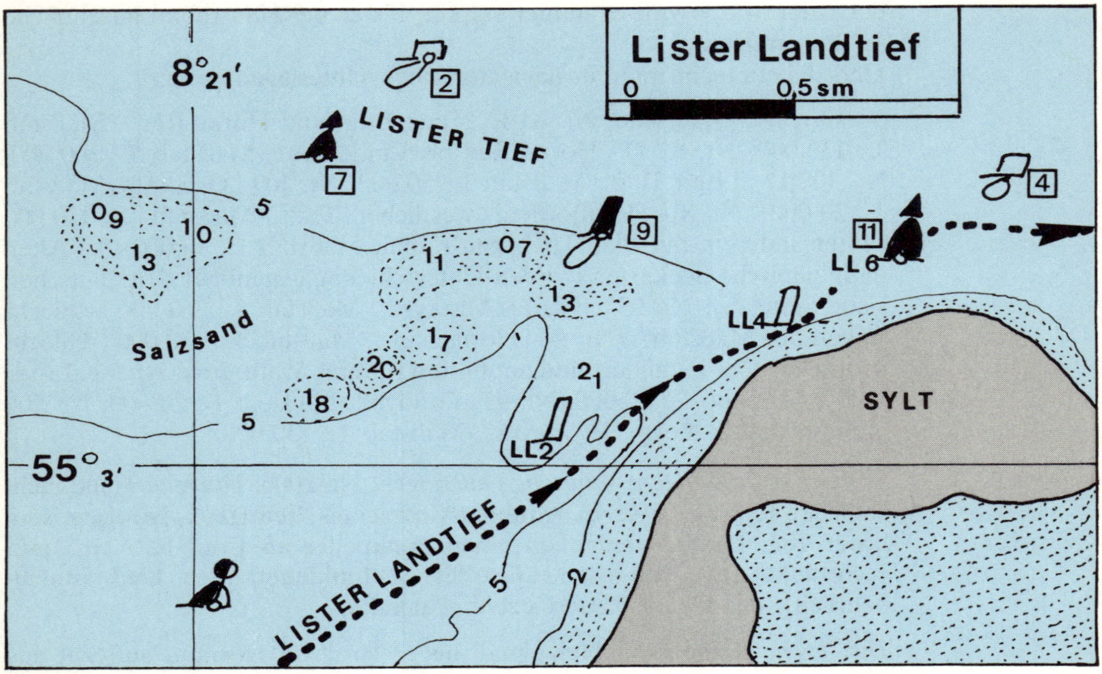

Küste nordwärts, vorbei am Leuchtturm *Kampen* (weiß mit schwarzem Band, Ubr.(4) w/r.-15s), wo unten die Schönen und die nackten Reichen baden.

Mit diesem Kurs wird man mit Sicherheit auf die Ansteuerungstonne *Lister Landtief* stoßen.

Hier angekommen, muß man sich entscheiden: Sind die Verhältnisse so, daß ich hier einlaufen kann, oder nicht, so daß ich den weiten Weg zum Lister Tief machen muß? Bei Niedrigwasser stehen auf der flachsten Stelle nur 2 m Wasser. Dies ist das Maß. Die weiteren Faktoren, die bedacht sein wollen, sind: Zeitpunkt und Richtung des Stroms sowie Richtung und Stärke des Windes.

Nehmen wir an, wir haben unseren Törn so geplant, daß wir mit auflaufendem Wasser hier angekommen sind. Am besten so ein, zwei Stunden vor Hochwasser. Dann würde uns ein Strom von etwa 3 kn in das Lister Landtief hineinziehen, was schon ganz beträchtlich ist. Optimal wäre es natürlich, wenn man zusätzlich noch Wind aus westlicher Richtung hätte. Es können ruhig fünf Windstärken sein. Das wäre dann Segelgenuß in der Potenz. Steht der Wind hingegen aus Ost, dann wird wohl nichts anderes übrigbleiben, als den Motor anzuwerfen; denn zum Kreuzen ist das Lister Landtief zu eng. Vorsicht bei Strom gegen Wind!

Bis zur ersten roten Spierentonne, der *LL 2,* hat man noch die Möglichkeit umzukehren, dann aber ist es damit vorbei. Das Fahrwasser wird trichterförmig enger, und auch wenn man glaubt, daß dies nicht gutgehen kann, darf die Parole nur noch lauten: weiter und durch!
Nördlich vom eigenen Kurs sieht man übrigens immer die grünen Tonnen des Lister Tiefs. Sie stehen verführerisch nahe. Aber man darf um Himmels willen nicht auf die Idee kommen, darauf zuzulaufen. Denn davor liegt der berüchtigte *Salzsand,* eine breit hingestreckte Untiefe.
Hat man die grüne Spitztonne *Lister Landtief 6* erreicht, dann ist man im Lister Tief angekommen, denn diese Tonne ist gleichzeitig die Nr. 11 des Lister Tiefs. Hier hat man nun wieder viel Wasser unterm Kiel, und nun geht es ziemlich problemlos weiter nach Rømø.
Vielleicht hat man jetzt auch etwas Muße, sich umzusehen: Im Süden macht man die hohen Dünen von Sylt aus, genauer: der Halbinsel, die wegen ihrer Form *Ellenbogen* heißt, und im Norden, sich kaum über das Wasser erhebend, die Sandinsel Rømø. Die unterschiedlichen Erscheinungsformen dieser so dicht nebeneinander liegenden Inseln gehen wie alles hier auf die Eiszeit zurück: Rømø liegt in der breiten Bucht, die zwischen Horns Rev im Norden und Sylt im Süden weit nach Osten ausschwenkt, einer Bucht, die angefüllt ist mit Sand, einem Wattenrevier also, während Horns Rev aus Moränen und Sylt aus tertiären Ablagerungen gebildet sind; beide sind also stabiler als die Sände des Wattenmeers.

Rømø Dyb

An der gelben Tonne *G 1* (Blz.g.-4s), die voraus sehr gut auszumachen ist, scheiden sich die Wege: Südwärts ginge es nach *List,* geradeaus weiter – und das heißt (zunächst) Kurs ENE – läuft man auf *Rømø Havn* zu.
Die gelbe G 1 steht übrigens genau auf der Grenze zwischen der Bundesrepublik und Dänemark. Man fährt jetzt also in dänische Hoheitsgewässer hinein, und es ist an der Zeit, den Danebrog zu setzen.
Das Rømø Dyb ist ziemlich sparsam mit grünen Tonnen markiert. Dafür zieht sich an der Bb.-Seite eine endlose Reihe roter Stangen hin, auf die die Dänen rote Plastikeimer als Toppzeichen gestülpt haben. Diese unkonventionelle Art der Betonnung macht einem auf sympathische Weise klar, daß man in einem Land angelangt ist, wo selbst so ernste Dinge wie eine Fahrwasserbetonnung nicht ganz so ernst genommen werden.

Rømø

diese größte aller dänischen Nordseeinseln – 17 km ist sie lang und 5 km breit –, empfängt einen nicht gerade dänisch-heiter. Der Hafen, der schon immer an dieser günstigsten Stelle lag, also an der südöstlichen Spitze der Insel, ist Anfang der sechziger Jahre völlig neu gebaut worden. Und so ist er nun auch. Ein Zweckbau aus Beton, mit weiten, öden asphaltierten Flächen. Man wollte mit diesem Hafen (und auch anderem) der Insel wirtschaftlich ein wenig auf die Beine helfen, denn die Natur ist so karg, daß

die Menschen davon nicht leben können. Der Tourismus bringt zwar nicht wenig, aber letztlich ist dies doch nur ein Saisongeschäft.
Die ungünstigen wirtschaftlichen Verhältnisse jedenfalls ließen die Bevölkerungszahl von Generation zu Generation schrumpfen. Rømø drohte zu entvölkern. Heute leben auf dieser doch nicht kleinen Insel trotz aller Wirtschaftsankurbelungspolitik nur 1000 Menschen. Der Hafen also sollte etwas bringen. Genauso wie der Straßendamm, den man nach Sylter Vorbild gebaut hatte. Aber beides funktioniert wohl nicht ganz so, wie man sich das gedacht hatte. Über den Damm fahren viele nur, um gleich mit der Fähre nach Sylt überzusetzen; denn das ist billiger als der Autozug über den Hindenburgdamm. Eine produktive Fischerei hier aufzubauen, war auch nicht ganz einfach, denn südlich von Esbjerg hatte die Seefischerei keine Tradition. Jetzt versucht man es mit der Krabbenfischerei und exportiert den Fang nach Deutschland. Hauptsächlich aber ist Rømø ein Stützpunkthafen geworden, der auch viel von deutschen Kuttern angelaufen wird.
Die wirkliche Blütezeit der Insel liegt schon lange zurück. Das war Mitte des 18. Jahrhunderts, als von hier mutige Männer mit ihren Schiffen zum Nordmeer aufbrachen. Diese Walfangkapitäne, die man nach holländischem Vorbild „Kommandøre“ nannte, brachten einen gewissen Wohlstand nach Rømø, wie man an den paar alten Kapitänshäusern sehen kann, die es auf der Insel noch gibt. Das schönste dieser Häuser, der „Kommandørgård“, steht in *Toftum* und dient jetzt als Museum. Wenn man Zeit hat, sollte man sich in den Bus setzen und hinfahren.
Ein Zwischenhoch gab es noch von Anfang bis Mitte des vorigen Jahrhunderts. Da betrieb man Frachtfahrt zu den Niederlanden und nach Hamburg. Der endgültige Bruch in der Entwicklung Rømøs kam dann nach dem Deutsch-Dänischen Krieg von 1864, den Dänemark bekanntlich verlor. Es mußte das Herzogtum Schleswig abtreten, und Rømø wurde damit deutsch, genauer: preußisch, was es bis 1920 blieb. In dieser preußischen Periode war die sandige, unfruchtbare Insel immer mehr an den Rand gerückt. Um das Jahr 1870 mußte man auch die Frachtschiffahrt aufgeben, und die Insel dämmerte abseits des Weltengetriebes dahin – Dänemarks größte Wüste, wie sie die Dänen heute noch nennen.
Die Häuser von *Rømø Havn* verlieren sich irgendwo zwischen Dünen und Kiefernbüschen, ohne daß man sagen könnte, wo der Ort anfängt und wo er aufhört. Ein paar hundert Meter vom Hafen findet man eine Art Zentrum, mit einem großen Supermarkt, zwei Banken und dem Postamt. Hier steht auch das Hotel „Færgegården“, ein großer, reetgedeckter, im Viereck gebauter Inselhof, mit dem Restaurant „5 Engle“, das schon ein richtiger, gemütlicher dänischer Kro ist.
Rømø schläft und wird wohl noch lange schlafen.

Liegeplatz: Rømø Havn hat inzwischen extra Stege für Yachten (s. Plan). Die Stege liegen von April bis Mitte Oktober aus. Die Anlage gehört dem Rømø Sejlklub, der an den

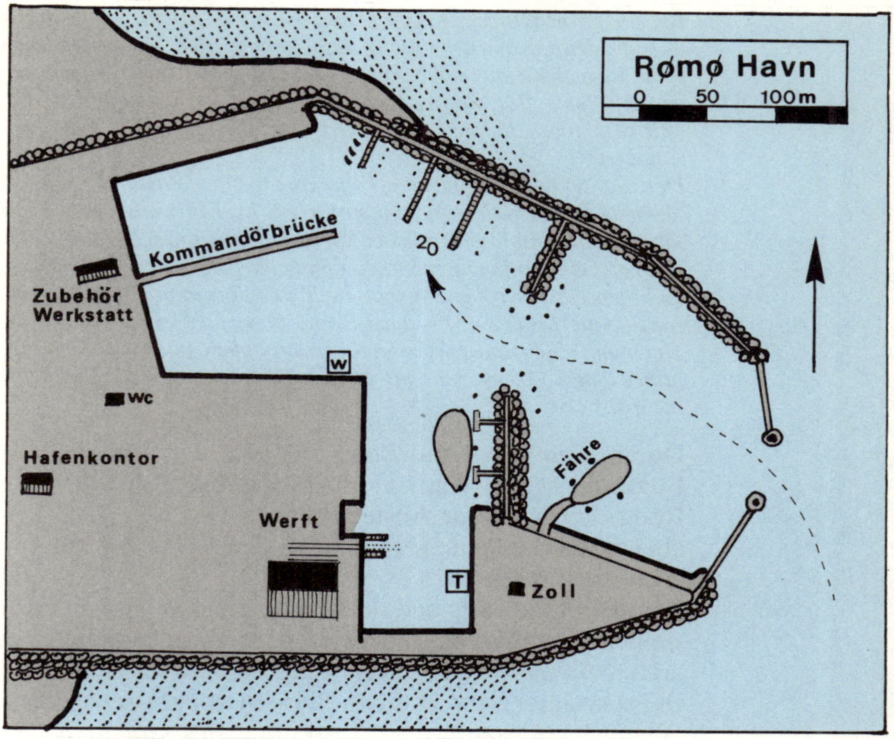

Schwimmstegen Plätze für Gastyachten freihält. Hafengeld. Die Wassertiefe beträgt hier +/– 2 m. Bei lang anhaltendem Ost fallen Teile von Rømø Havn trocken; dann sollte man nicht an die Yachtstege gehen, sondern sich an einem Fischkutter längsseits legen, am besten an der Nordseite der Kommandørbrücke.

Versorgung: Lebensmittel usw. wie schon erwähnt im „Zentrum". Wasser und Treibstoff siehe Plan.

Hinweis: Rømø wird auf diesem Törn der erste Hafen sein, den wir anlaufen. Man muß also zum Zoll, sofern man zollpflichtige Ware (s. Seite 15) an Bord hat (Lage des Büros s. Plan). Die Beamten sind nicht unfreundlich. Am besten gleich miterledigen, wenn man sich beim Hafenmeister anmeldet.

Wasserstand: Mittlerer Tidenhub 1,8 m. Sturm aus W kann den Wasserstand um 3 m (!) heben, Wind aus E ihn um 2 m senken.

Ansteuerung: Die Ansteuerung bei Tag wurde schon beschrieben. Nachts ist das Lister Landtief nicht passierbar, da es nicht befeuert ist. Man muß also durch das Lister Tief. Kommt man von Süden oder Südwesten, so wird man versuchen, zuerst den Leuchtturm Kampen (Ubr.(4)w/r.-15s) zu fassen zu bekommen. Der beste Kurs bei Nacht zur Ansteuerungstonne Lister Tief (Glt.-8s) ist, auf der Grenzlinie zwischen dem roten und dem weißen Sektor des Kampen-Leuchtturms zu steuern. Von der Ansteuerungstonne aus läuft man mit Kurs ESE im Tonnenstrich durch das Lister Tief. Dabei kann man sich gleichzeitig an dem Leuchtfeuer List Ost (Glt.w/r/gn.-6s) orientieren:

Bis zur grünen Tonne 9 (Ubr.(2)gn.-9s) befindet man sich im weißen Sektor von List Ost und läuft praktisch entlang dem Tonnenstrich genau auf List Ost zu. Ab Tonne 9 sollte man dann die gelbe Tonne G 1 (Blz.g.-4s) anpeilen und von da am besten an der Bb.-Seite des Rømø Dybs (nacheinander auf Pfählen drei rote Leuchtfeuer: (Blz.(2)r.-10s, Blz.r.-3s, Blz.r.-5s) auf die befeuerte Einfahrt von Rømø Havn zuhalten.
Der Rat, an der Bb.-Seite des Fahrwassers einzulaufen, ist – zugegeben – nicht unproblematisch und widerspricht dem Gebot, im Fahrwasser so weit wie möglich rechts zu fahren. Aber man wird nachts kaum auf einen Gegenkommer treffen; sollte es doch der Fall sein, so dürfte man keinesfalls über die rote befeuerte Seite hinauslaufen, weil dicht jenseits der roten Stangen die Sände abrupt und steil ansteigen. Von der Ansteuerungstonne Lister Tief bis nach Rømø Havn sind es 12 sm. Ein ziemlicher Schlag also. Hat man ablaufendes Wasser und womöglich noch schlechte Sicht, so wird das ein hartes Stück Arbeit werden. Man sollte also nach Möglichkeit eine Nachtfahrt vermeiden.

Durch *Rømø Dyb* und *Lister Tief* geht der Weg hinaus in die große Fanø Bugt, die sich südlich von Horns Rev bis nach Sylt erstreckt. Distanz von Rømø Havn bis zur Ansteuerungstonne Lister Tief: 12 sm. Eine Menge, aber rasch abzulaufen, wenn man den Ebbstrom nutzt, der immerhin mit 2 kn seewärts setzt.
Will man nordwärts und in die Watten, so muß man nicht ganz bis zur rotweißen Ansteuerungstonne laufen, sondern kann bereits auf der Höhe der grünen Tonne 3 seinen Kurs nach Norden absetzen.
Bei sehr guter Sicht läßt sich hier schon *Esbjerg* ausmachen, und zwar die hohen Schornsteine der „Vestkraft", des großen E-Werks, das am Südhafen von Esbjerg liegt. In Luftlinie sind es bis dahin gut 20 sm. Der Weg nach Esbjerg selbst ist aber doppelt so lang; denn wir müssen weit nach Norden, um *Fanø* herum und wieder ostwärts durch das *Grådyb*.
Zunächst aber geht es an Rømøs Westküste vorbei. Der weite, breite Weststrand der Insel ist noch nicht zur Ruhe gekommen. Endlos schleppt das Meer von Nordwesten her Sand an diese Küste und lagert ihn hier ab. Rømø wächst langsam, aber stetig in die Nordsee hinaus. Man kann von See her von der platten Insel kaum etwas erkennen, höchstens den schmalen, hellen Streifen des Strandes, über dem in der Mittagshitze die Bäume und Häuser in der Luft zu schweben scheinen.
Nach etwa 9 sm passiert man eine erste rot-weiße Tonne (mit Ball-Toppzeichen). Sie markiert die Ansteuerung in das

Juvre Dyb

eine große Stromrinne zwischen der Nordspitze Rømøs und dem trocken liegenden Kore Sand. Das Juvre Dyb wäre wahrscheinlich ein spannendes Fahrwasser, aber alle Experten schütteln bedenklich das Haupt, wenn man sie danach fragt. In Rømø Havn, wo ich mich ein wenig umgehört hatte, rieten alle ab: der Hafenmeister, Fischer und auch der Schiffszubehörhändler. Selbst die einheimischen Fischer stellen angeblich einen Mann in den Ausguck, wenn sie da hineinfahren. Dabei benutzen

sie Karten, die sie selbst angefertigt haben. Die üblichen Seekarten geben keine klare Auskunft. Aus der D 83 kann man entnehmen, daß auf der Barre 4 m Wasser stehen müßten. Aber das halte ich für nicht sehr genau. Denn die DK 94 vermerkt hier nur 3 m; und diese Karte mit ihren Schraffierungen der Watten dürfte zuverlässiger sein. Man kann auf ihr erkennen, daß sich auf die Passage über der Barre zwei Flachs zangenförmig zuschieben: von Süden das *Rømø Flak* und von Norden *Knuderne.*
Des Rätsels Lösung findet man im Osten von Rømø: Der Straßendamm hat das Wassersystem um Rømø durcheinandergebracht. Seitdem er fertig ist, fließt ein Teil des Wassers, das früher durch das Juvre Dyb strömte, durchs Lister Tief, mit der Folge, daß dieses um einiges tiefer, das Juvre Dyb aber flacher geworden ist: Heute fallen 86 Prozent des Juvre Dybs bei Niedrigwasser trocken.
Man muß also schon auf den Rat derer hören, die sich hier wirklich auskennen, und das Juvre Dyb unbefahren lassen.
Mit der Tonne *Juvre Dyb* hat man ein kleines Problem – sie ist nicht zu unterscheiden von der Ansteuerungstonne zum *Knudedyb:* Beide sind rotweiß, hoch und schlank, beide tragen einen roten Ball als Toppzeichen. Beschriftet sind sie beide nicht. Was beim Juvre Dyb allem Anschein nach nicht ratsam erscheint, kann man beim

Knudedyb

ohne Skrupel wagen: eine Fahrt in die dänischen Watten. Knapp 5 sm nördlich vom Juvre Dyb liegt die Ansteuerungstonne in das Knudedyb. Man ist jetzt der Insel *Fanø* und auch *Esbjerg* schon sehr nahe. Von Esbjerg sieht man die beiden hohen Schornsteine des E-Werks und wahrscheinlich auch den grauen Klotz des Getreidesilos. Fanø liegt davor, eher flach, aber doch ganz deutlich zu identifizieren an dem Stummel der Windmühle von *Sønderho.*
Was Seekarten betrifft, so ist es mit dem Knudedyb genauso traurig bestellt wie mit dem Juvre Dyb. Weder die D 83 noch die DK 94 sind im Grunde brauchbar, obwohl die dänische doch noch um einiges besser ist. Schon der Maßstab von 1:130 000 sagt alles. Nun ist das Knudedyb normalerweise nicht gefährlich, denn hat man die Barre erst einmal passiert, so kann man in der Rinne mit Wassertiefen von 11 bis 15 m rechnen. Auf der Barre hingegen stehen bei Niedrigwasser nur 2,8 m Wasser. Nicht viel. Bei Seegang würde ich nicht darübergehen, selbst dann nicht, wenn Hochwasser wäre.
Am besten kann man sich an Hand der nachfolgenden Skizze orientieren – oder besorgt sich eine Spezialkarte, die das Revier von der Ho Bugt im Norden bis zum Gebiet südlich von Manø umfaßt. Die Karte ist erhältlich bei Ribe Badcenter, Ribevej 49, Hviding, DK-6760 Ribe.
Von der rot-weißen Ansteuerungstonne läuft man auf die erste rote Spiere zu. Hat man sie erreicht, so ist man auch schon jenseits der Barre und kommt in tieferes Wasser. Die nächste rote Spiere und auch die dritte

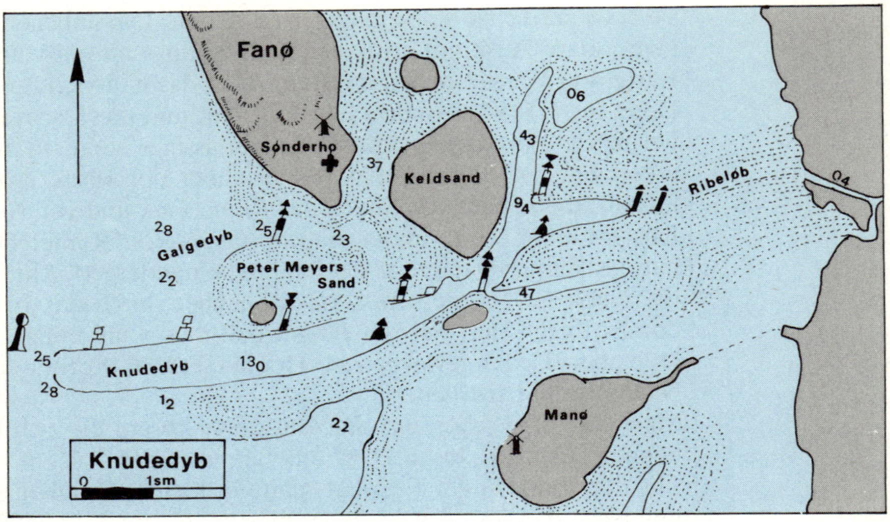

liegen südlich der Untiefen, die sich von *Peter Meyers Sand* nach W und SW erstrecken. Peter Meyers Sand liegt auch bei Hochwasser trocken und ist deshalb ausgezeichnet zur Orientierung geeignet. Man läßt diese Sandinsel an Bb. und läuft parallel dazu mit Kurs E immer weiter in das Knudedyb hinein. Jenseits von Peter Meyers Sand kann man ein schmales Gewässer ausmachen, das rund um die Südspitze von Fanø führt. Das ist das *Galgedyb,* das bis nach Sønderho reicht und einst die Zufahrt zu diesem alten Seglerhafen war. Die überwiegende Meinung geht dahin, daß das Galgedyb nicht mehr zu befahren ist, was ich jedoch nicht unterschreiben möchte; doch davon später mehr (s. Seite 44).

Die Tonnen im Knudedyb – läßt man die drei roten Spieren einmal außer acht – sind alle eine mittlere Katastrophe. Winzig, mit abblätternder Farbe und außerdem noch so weit auseinander stehend, daß man schon sehr nahe sein muß, um sie hundertprozentig identifizieren zu können. Eine gute Hilfe ist hier das Echolot, das man konstant eingeschaltet haben sollte, solange man im Knudedyb Fahrt macht. Im übrigen sollte man sich auf seine Augen verlassen: An der Form der Wellen und der Färbung des Wassers kann man recht gut erkennen, wo es flacher wird.

Im Südosten hat man die grüne Insel *Manø,* deren Häuser man hinter dem Deich hervorlugen sieht. Da kommt man mit dem Schiff nicht hin, im Gegensatz zum Postbus, der bei Niedrigwasser vom Festland her über die Sände gefahren kommt.

Östlich der Südspitze Fanøs liegt die weite Fläche des *Keldsands* (auch Kilsand genannt), der einzigen hohen Sandplatte im dänischen Wattenmeer. Hier verzweigt sich das Knudedyb immer mehr und greift als großes Gezeitenbecken weit nach Norden hinauf. Die Wassertiefe nimmt

rasch ab. Östlich vom Keldsand, der einen gut schützt, sollte man den Anker werfen. Jetzt kann man auch auf die Zeit warten, da sich das Wattenrevier zu erkennen gibt. War es während des Hochwassers nur eine große weite Wasserfläche, so tauchen mit dem ablaufenden Wasser überall die gelben und weißen Sände auf, endlos scheinende Flächen, auf denen wenige Priele ihr Geäst aus schmalen Wasserrinnen entfalten. Der Sand glitzert in der Sonne. Das ist die Zeit, das Dingi zu Wasser zu lassen und zu den Sandbänken zu rudern. Vielleicht zum Keldsand, wo man trokkenen Fußes bis dicht an Sønderho herankommt, oder zum Manø Flak, über das man zur grünen, fruchtbaren Insel Manø wandern könnte.
Dieses Gebiet hat seine endgültige Form noch nicht gefunden. Jährlich schwemmt das Meer hier an die 200 000 m^3 Sand an. Er kommt von den Sanddünen weiter im Norden und wird mit dem Nordwest über Horns Rev gespült. 70 Prozent des dänischen Wattenreviers fallen trocken.
Im Osten sieht man gegen den hohen Himmel den wuchtigen Turm des Doms von *Ribe,* das einst eine bedeutende und reiche Hafenstadt war. Das Knudedyb bildete die Zufahrt zu diesem Hafen, der aber im Laufe der Jahrhunderte immer mehr versandete. Heute liegt Ribe weit im Landesinneren. Früher konnten die Schiffe noch durch den Kanal und durch das Flüßchen Ribe Å bis zur Schiffsbrücke mitten in der Stadt fahren. Später aber war dieser Weg selbst für die flachgehenden Ewer nicht mehr zu nehmen, so daß sie im Knudedyb geleichtert und die Waren mit Kähnen nach Ribe getreidelt werden mußten. Noch bis zur Mitte des vorigen Jahrhunderts funktionierte dies leidlich. Steinkohle kam aus England, Holz aus Norwegen und Stückgut aus (Hamburg-)Altona, das zu der Zeit noch dänisch war. Der Kanal, den um 1850 ein holländischer Ingenieur entworfen hatte, brachte keinen dauerhaften Erfolg; zu mächtig waren die Sandmassen, die das Meer immer wieder hier ablagerte. Um 1900 kam die Schiffahrt nach Ribe dann ganz zum Erliegen, wobei sicher auch eine Rolle spielte, daß wenig nördlich ein leistungsfähiger Hafen entstanden war, der den ganzen Handel an sich zog: Esbjerg.
Boote mit geringem Tiefgang, Motorboote etwa, können gleichwohl gut nach Ribe kommen, das nahe der Altstadt einen malerischen Hafen mit Liegeplätzen für Sportboote hat. Man läuft durch das Ribeløb (Wassertiefe 0,6 m) und den Kanal (ebenfalls 0,6 m). Mit der Flut gelangt man flott zu dieser ältesten Stadt des Landes. Westliche Winde können den Wasserstand um 1,8 m erhöhen, östliche ihn um 0,3 m senken. Der Tidenhub beträgt etwa 0,8 m.
Obwohl Esbjerg zum Greifen nahe liegt, ist es doch noch ein gewaltiger Schlag bis dorthin, denn der an sich logische Weg durch die Watten, die durchaus zu befahren wären, jedenfalls bei Hochwasser, ist einer Yacht mit stehendem Mast versperrt, weil sich südlich von Esbjerg eine nur 6,7 m hohe Stromleitung hinüber nach Fanø spannt.
Man muß also nach Westen laufen, zurück durch das Knudedyb. Ist man

wieder an der Ansteuerungstonne angekommen, so hat man von hier bis zum Grådyb gut 8 sm lang viel Wasser unterm Kiel.
Der Kurs führt mit 335° genau auf das Grådyb zu, die Ansteuerung nach Esbjerg, und zwar auf die schwarz-gelbe Tonne Nr. 1, Toppzeichen zwei schwarze Kegel übereinander, Spitzen oben (Fkl.).
Den Weg zu der rot-weißen Ansteuerungstonne *Grådyb West* (Blk.-10s), die gut 2 sm westlich davon liegt, kann man sich tagsüber sparen.
Der 335°-Kurs führt im Abstand von gut 4 sm an der Insel Fanø entlang. Nahezu parallel. Dahinter sieht man während der ganzen Zeit die Silos von Esbjerg und die beiden Schornsteine der „Vestkraft". Das alles scheint auf Fanø selbst zu stehen, so nahe wirkt es.
Tauchen in den Dünen von Fanø die großen Hotels von *Vesterhavetsbadet* auf, so steht man kurz vorm

Grådyb

Es ist der vierte und letzte der großen Gezeitenströme im dänischen Wattenrevier. Lister Tief und Knudedyb sind wir gefahren, aufs Juvre Dyb haben wir einen Blick geworfen. Jetzt sind wir vor dem Grådyb, dem für die Schiffahrt wichtigsten Seegatt, denn es führt zum größten Hafen Westjütlands, nach Esbjerg.
Man hat von der schwarz-gelben Tonne Nr. 1 bis hinein nach Esbjerg noch gut 9 sm vor sich. Wenn wir unseren Törn richtig geplant haben, so schiebt ab hier ein 2-kn-Strom kräftig mit. Dieser einlaufende Strom und auch die rege Schiffahrt erfordern erhöhte Aufmerksamkeit, denn: Das auflaufende Wasser setzt nicht nur ins Grådyb hinein, sondern gerade an der flachsten Stelle zwischen *Tørre Bjælke* und *Våde Bjælke* auch quer zum Fahrwasser – und dies, wie gesagt, mit einer Stärke von 2 kn. Das ist viel, und hier ist auch die engste Stelle, die *zu* eng werden kann, wenn man einem dicken Tanker oder einem großen Containerschiff begegnet.
Ein weiterer wichtiger Punkt: Man sollte keinesfalls „schnippeln". Bis zur grünen Tonne 9 stehen nach der Karte zwar bis zu 3 m Wasser, aber man weiß ja, daß sich Sände und Wassertiefen an solchen Wattküsten ständig verändern. Also, penibel im Tonnenstrich laufen!
Ganz deutlich werden solche Veränderungen an dem großen gelben Sand, der westlich von Fanø zum Grådyb hin liegt: *Søren Jessens Sand.* Alte Fahrensleute, die früher von Hamburg aus den mittlerweile aufgehobenen Elbe-Esbjerg-Weg nahmen, ließen Søren Jessens Sand an Bb. und drehten erst dahinter in das Grådyb ein. Das Fahrwasser, das sie damals benutzten, hieß Hamburgtief und hatte mindestens 4 m Wassertiefe; 1960 noch war es befahrbar. Jetzt ist es zu, und die früher selbständige Insel Søren Jessens Sand ist zu einem Teil Fanøs geworden. Mittlerweile taucht der Sand auch bei Hochwasser nicht mehr unter, sondern ragt 1,5 bis 2 m über den Wasserspiegel.
Die Fahrt durch das Grådyb ist nicht schwer, weil tief und gut betonnt und befeuert. Viel Schiffsverkehr herrscht hier: große Schiffe, Container,

Öltanker, Kohledampfer und die England-Fähre, die nach Harwich und Newcastle fährt. Vor allem aber ein nicht abreißender Strom von ein- und auslaufenden Fischkuttern, denn Esbjerg ist neben vielem anderen auch der größte Fischereihafen an der Westküste.
Man kann auch mal außerhalb der Rinne fahren, nicht aber zwischen den roten Tonnen 6, 10 und 12, denn dort steigt hart neben der Fahrrinne das gefährliche Flach *Tørre Bjælke* an.
Die Halbinsel *Skallingen,* die sich nördlich vom Grådyb bis hin nach *Blåvandshuk* erstreckt, interessiert uns hier noch nicht, ebensowenig die östlich davon liegende *Ho Bugt* mit dem *Hjerting Løb.* Wir wollen jetzt nach

Esbjerg

dessen Skyline wir schon seit dem Knudedyb vor Augen haben. Die Stadt mit ihren 80 000 Einwohnern hat unter Seglern keinen besonderen Ruf. Dem einen stinkt es hier zu sehr nach Fisch, dem anderen ist sie als Hafen- und Industriestadt zu nüchtern. Dies alles stimmt. Esbjerg ist kein Platz zum Urlaubmachen. Andererseits: Wer wollte von sich behaupten, die Westküste zu kennen, wenn er nicht in Esbjerg gewesen ist?
Die Stadt ist unter den alten dänischen Hafenstädten ein Parvenü, und mit der Rücksichtslosigkeit, die diesen eigen ist, hat sie die anderen beiseitegedrückt. Ob Tønder, Ribe oder Ringkøbing, sie alle leben mittlerweile von vergangenem Glanz.

Dicht vor Esbjerg. Rechts sieht man die „Vestkraft", links das Silo der „dlg". Der Kutter läuft auf den Fischerhafen zu, der sich links von der „dlg" befindet

Esbjerg ist erst 100 Jahre alt; es „verdankt“ seine Entstehung dem Krieg von 1864, den Dänemark gegen die Deutschen verlor. Danach mußte Dänemark seine Südprovinzen abtreten und ging damit auch mit Husum seines einzigen Nordseehafens verlustig. Zugleich aber entwickelte sich zu jener Zeit ein reger Handel mit England, wohin man vor allem Agrarprodukte exportierte, wie heute auch noch. Namen wie Bacon Kaj und Smør Kaj signalisieren das. Man brauchte also dringend einen neuen Hafen.

Das Grådyb war von allen Seegatten noch am besten für die große Schiffahrt geeignet, auch wenn es an der Barre nur 3 bis 5 m Wasser hatte, und so legte man hier einen ganz neuen Hafen an. Nach dem 1. Weltkrieg, als die Schiffe immer größer wurden, hat man das Grådyb auf 6,5 m ausgebaggert; jetzt beträgt die Wassertiefe sogar 9,3 m. Aber das bleibt nur so, wenn ständig daran gearbeitet wird, und so sieht man fast immer irgendwo im Grådyb ein Baggerschiff liegen, das den Sand wegsaugt, der dann von Leichtern nach Esbjerg geschleppt wird, wo dafür ein nicht zu stillender Bedarf zu herrschen scheint. Denn obwohl der Hafen von Esbjerg mittlerweile Kaianlagen von zusammen 10 km Länge hat, werden immer neue angelegt. So entstand eine jener hochmodernen „Hafenmaschinen“, wie wir sie auch von Hamburg und Bremerhaven her kennen. Effizient, aber kalt und nüchtern: der „Englandhafen“ Esbjerg.

Neben dem grauen Siloklotz der „dlg“ fällt am meisten das große E-Werk auf, das im Süden der Stadt liegt, die „Vestkraft“, die zusammen mit sechs anderen großen Kraftwerken die Stromversorgung von Jütland besorgt. Die Kohle, die sich vor dem Werk in großen Halden auftürmt, kommt zumeist aus England.

1868 hatte König Christian IX. (1863–1906) beschlossen, Esbjerg anzulegen. So entstand eine künstliche, auf dem Reißbrett entworfene Stadt mit rechtwinklig aufeinanderstoßenden Straßenzügen mit mehrstöckigen roten Backsteinhäusern im Stil der Jahrhundertwende, ohne architektonische Höhepunkte und nicht schön zu nennen.

Der Hafen wurde 1878 fertig, aber schon 1874 liefen ihn erstmals Schiffe an. Inzwischen hat sich Esbjerg zum wichtigsten Fischer- und zum zweitgrößten Exporthafen des Landes entwickelt.

Eine der wenigen wirklichen Sehenswürdigkeiten ist das Fischerei- und Seefahrtsmuseum, das nur 20 Gehminuten vom Fischerhafen entfernt liegt, täglich geöffnet von 1000 bis 2000. Eine ganz großartige Angelegenheit!

Und ein kulinarischer Hinweis: In der Kirkegade, die von der Fußgängerzone, der Kongensgade, nordwärts abzweigt, liegt das gute und gemütliche Restaurant „Løven og Lammet“ (Löwe und Lamm). Da sitzt man im Innenhof unter freiem Himmel so schön, wie man auch gut ißt.

Liegeplatz und Versorgung: Nach wie vor halte ich den Fischerhafen (A) für den besten Platz. Hinter der neuen breiten Pier 1 hält der Hafenmeister immer ein paar Plätze frei, jedenfalls für größere Boote. Ansonsten sollten Yachten in den Yachthafen (C), der ein Teil

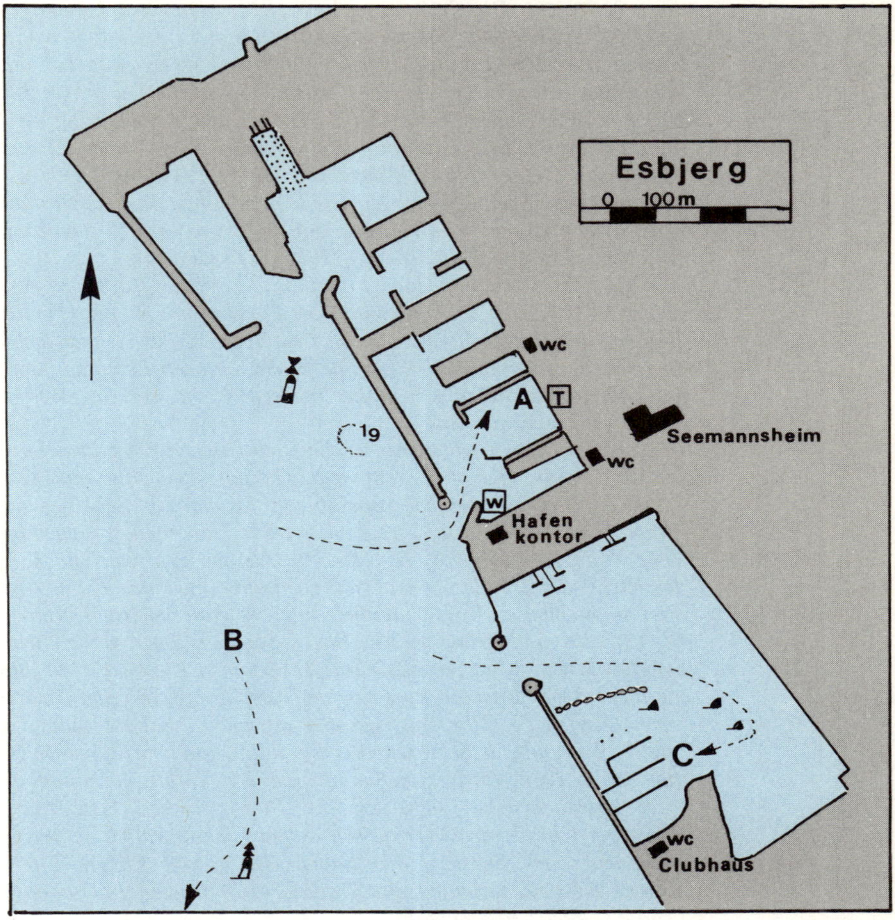

des großen Handelshafens ist: ein schlechter Platz, der eher einem Schuttloch gleicht. Man muß an den drei grünen Tonnen entlangfahren und nach der letzten, hinter der eine Sandbank liegt, auf die unruhig dümpelnden Schwimmpontons zuhalten. Heckbojen. Einfaches Clubhaus mit WC. Gegen den Wellenschlag schützt etwas ein schwimmender Wellenbrecher. Weit zur Stadt. Wer an Esbjerg selbst gar kein Interesse hat, kann auch gleich nach Nordby (B; s. Seite 40) segeln. Die Versorgungsmöglichkeiten in Esbjerg sind insgesamt gesehen recht gut, auch wenn man nicht primär auf Yachten eingerichtet ist. Wasser an der Zapfsäule unterhalb des Hafenkontors. Treibstoff beim Liegeplatz A bzw. vom Tankboot. Segelmacher, Ausrüster und Reparaturwerkstätten um den Fischerhafen. WC s. Plan. Duschen im Seemannsheim.

Wasserstand: Mittlerer Tidenhub 1,6 m. Winde aus W können den Wasserstand um 2 m erhöhen, Winde aus E ihn um 1 m senken.

Adressen: Information: Torvet, T. 12 55 99; Post: Torvet; Wäscherei: Gl. Vardevey 27; Museum: Hjørnet, Hjierlingvej/Tarphagevej, T. 15 06 66 (Seefahrt und Fischerei, Meerwasser-Aquarium).

Ansteuerung bei Nacht: Die Befeuerung ist perfekt, wenn auch etwas verwirrend – ein kompliziertes System, das für die großen Dampfer geschaffen wurde. Wir mit unseren kleinen Booten nutzen es, dürfen es uns aber etwas einfacher machen: Kommt man von weiter her, so sollte man versuchen, das starke Feuer von Blåvandshuk (Blz.(3)-20s) auszumachen; es steht 9 sm NNW-lich der Ansteuerung ins Grådyb. Wo immer man herkommt: Blåvandshuk darf man niemals in Ost peilen, sonst befände man sich in höchster Gefahr, nämlich irgendwo auf Horns Rev. Nachts würde ich nicht direkt auf die schwarz-gelbe Tonne Nr. 1 (Fkl.) zulaufen, weil sie zu nahe an der Barre liegt, sondern erst einmal schön sauber auf die 2 sm westlich davon ausliegende rot-weiße Ansteuerungstonne Grådyb West (Blk.-10s) zuhalten.

Mit Kurs Ost läuft man danach ganz exakt auf die Rinne zu. An der schwarz-gelben Tonne Nr. 1 (Fkl.), neben der die rote Leuchttonne 2 (Blz.(3)r.-10s) liegt, beginnt der Tonnenstrich des Grådybs. Da die Leuchttonnen alle relativ dicht stehen, müßten sie ausreichen, um mit ihrer Hilfe ohne Probleme nach Esbjerg hineinzukommen. Zusätzliche Navigationshilfen geben aber mehrere Richt- und Sektorenfeuer, die wir uns alle zunutze machen können:

In Linie 54° peilen wir zunächst die Richtfeuer von Sædden Strand: U-F. = Glt.-2s, Mt-F.= Glt.-4s, O-F. = F., alle weiß. Diesem Feuer folgt man gut 2 sm bis zur Tonne 7. Sie ist unverwechselbar, denn obwohl an der Stb.-Seite liegend, ist sie nicht grün, sondern schwarz-gelb und trägt ein weißes Funkelfeuer. Gegenüber liegt – zur Kontrolle – die rote Tonne 8 (Blz.(2)r.-5s). Ab hier geht man auf Kurs 67°, und zwar auf das Richtfeuer Sædden Strand Süd zu: unten und oben F. gn. Auf diesem Kurs bleibt man nicht einmal 1 sm, nämlich nur bis zum nächsten Tonnenpaar (rote Nr. 10: Blz.(2)r.-10s und grüne Nr. 9: Blz.(2)gn.-10s). Jetzt drehen wir auf das Richtfeuer Sædden Strand Nord zu: beide rote Festfeuer in Linie 49°. Mit diesem Kurs läuft man nunmehr 3 sm, bis man kurz vor der roten Tonne 18 (Blz.(2)r.) voraus das Sektorenfeuer Fovrfelt N (Ubr.(2)w/r/gn.-6s) ausmacht. Sobald man dessen grünen Sektor erreicht hat, auf das Sektorenfeuer Strandby zuhalten (0,6 sm): Ubr.w/r/gn. Jetzt steht man schon dicht vor dem Hafen von Esbjerg. Voraus kann man ein weiteres Sektorenfeuer ausmachen; es steht auf der Pier zwischen Fischerhafen und Trafikhavn. Kennung: Ubr.(2)w/r/gn. In dessen weißem Sektor laufen wir weiter, bis wir an Bb. die Molenfeuer des Fischerhafens haben: Blz.r. und Blz.gn. Die Feuer von Sædden Strand, Fovrfelt, Strandby und Trafikhavn haben uns im Bogen um das große Flach Fanø Sandende herumgeführt.

An der großen Sandinsel Fanø sind wir schon stundenlang vorbeigesegelt: zuerst im Süden, bei unserer Wattfahrt durch das Knudedyb, und dann an der Westküste, mit Kurs auf das Grådyb. Jetzt sollten wir die Insel selbst ansteuern. Gegenüber von Esbjerg liegt

Nordby

die alte Schifferstadt auf Fanø, mit ihrem Fährhafen der einzige Ort, den man auf Fanø auf eigenem Kiel problemlos anlaufen kann.

Von Esbjerg bis hinüber nach Nordby ist es nur ein Katzensprung von 1,5 sm. Man läuft vom Fischerhafen auf die südwestlich davon gelegene schwarz-gelbe Leuchttonne mit Toppzeichen zwei Kegel, Spitzen oben (SFkl.), *Fanø Løb* zu. So heißt auch der Priel, der von hier in genau südlicher Richtung auf Nordby zuführt. Die Rinne hat 3 m Wassertiefe, ist betonnt und immer zu befahren, auch wenn es bei Niedrigwasser ganz

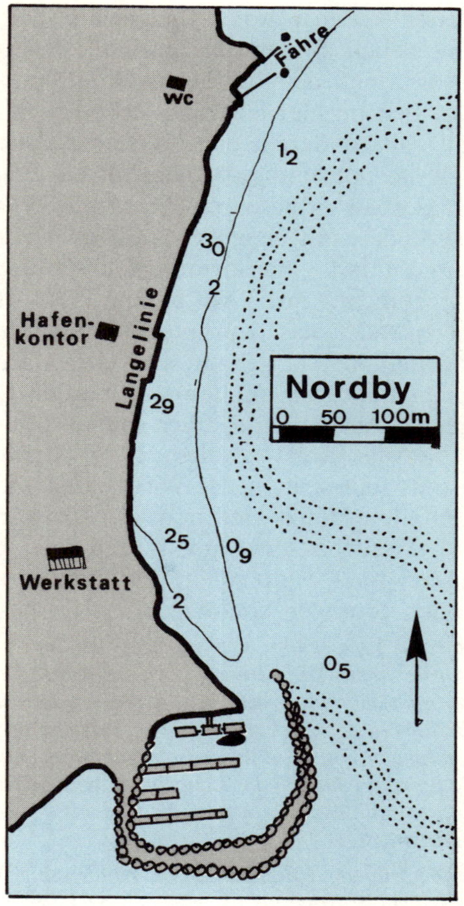

dicht an Sänden und Marschland vorbeigeht. Vom Südende des Esbjerger Hafens kommt meistens der schwarz-weiße Kasten der Nordby-Fähre herangerauscht, schlägt aufgeregt einen Haken um die Schwarz-Gelbe und braust dann auf den Anleger zu.

Nordby war einmal einer der wichtigsten Häfen an der Westküste, um die Mitte des vorigen Jahrhunderts sogar der bedeutendste. Heute ist das Städtchen ein Vorort von Esbjerg und lebt mehr oder minder vom Tourismus, der auf Fanø allerdings eine große Tradition hat. Der Charakter der Stadt hat sich in den letzten 100 Jahren nur wenig verändert. Mit der Gründung von Esbjerg konzentrierte sich die wirtschaftliche Entwicklung auf diesen neuen Hafen, und Nordby, wie ganz Fanø, verfiel in eine Art Dornröschenschlaf. Die Bewohner von Nordby hatten früh schon klar erkannt, daß sie gegenüber dem Festlandshafen Esbjerg auf verlorenem

Boden stehen würden, und sich deshalb nach einer neuen Erwerbsquelle umgesehen. Sie entdeckten das, was heute noch das meiste Geld auf die Insel bringt: den Tourismus.
Der begann hier allerdings schon sehr früh. Da die Bewohner von Fanø seit Jahrhunderten enge Beziehungen zu Hamburg hatten, lag es nahe, sich das notwendige Kapital für die Erschließung der Insel in der reichen Hansestadt zu besorgen. So wurde 1890 in Hamburg die „Fanö Bad AG" gegründet, mit einem Grundkapital von 600 000 Kronen, das von Hamburgern und – merkwürdig genug – von österreichischen Geschäftsleuten aufgebracht wurde. Mit diesem Geld wurden an der Westküste, in Vesterhavetsbadet, das „Kurhotellet", das „Hotel Kongen af Danmark" und das „Strandhotellet" gebaut. Ein großer Erfolg wurden alle nicht: Die deutschen Badegäste fühlten sich bei den Dänen nicht wohl, denn die ließen sie ihre Abneigung deutlich spüren. Man hatte den Deutschen den „Raub" Schleswigs nicht verziehen, geschweige denn vergessen. Heute ist der Tourismus unbestritten der Wirtschaftsfaktor Nummer eins auf Fanø. Neben den alten Hotels sind neue gebaut worden und vor allem eine Unmasse von Ferienhäusern und -hütten, die man überall zwischen den Dünen findet. Nach Fanø sollen der amtlichen Statistik zufolge im Jahr 1,5 Millionen Touristen kommen.

Liegeplatz und Versorgung: Viel geändert hat sich im Laufe der Jahre am Yachthafen von Nordby nicht. Er ist immer noch ein etwas trostloses, aus Bauschutt gebildetes Becken, wo man allerdings recht gut liegt, und zwar einlaufend rechter Hand an den Pontons, die für Gäste freigehalten werden. Wassertiefe ± 2 m, doch es treten immer wieder Versandungen auf; man tut deshalb gut daran, nahe HW einzulaufen. Viel Platz bietet die Spundwand entlang der Langelinie, wo es allerdings bei stärkerem E unerträglich wird: sehr störend sind die Autos, die hier auf die Fähre warten. Versorgung bis auf Lebensmittel mäßig.

Wasserstand: Mittlerer Tidenhub 1,5 m. Winde aus SW bis W können den Wasserstand um 1,5 m heben, Stürme aus der gleichen Richtung sogar um 2,5 bis 3 m; Wind aus NE bis E senkt den Wasserstand um 1,5 m.

Adressen: Information: Havnepladsen, T. 05 / 16 26 00; Fahrräder: Hovedgaden, T. 16 25 13; Wäscherei: Mellemgade; Fanø Museum: Skolevej, T. 16 22 97 (Erinnerungen an die Seefahrtzeit).

Ob man nun in Nordby ruhig liegt oder nicht, ist gar nicht so wichtig, denn man wird den Hafen doch wohl nur als Ausgangspunkt nutzen, um einen Ausflug zu dem idyllischen

Sønderho

zu machen, dorthin, wo die Insel am schönsten ist. Man kann mit dem Bus dorthin fahren oder ebenso unseemännisch mit dem Fahrrad, was besser ist, weil man dann nach Lust und Laune kreuz und quer über die Insel radeln kann. Sønderho liegt am anderen Ende von Fanø, an der Südspitze der Insel. Es war ebenso wie Nordby einst Heimathafen einer bedeutenden Handelsflotte, versank aber noch früher in Bedeutungslosigkeit als

Sønderho

sein nördlicher Nachbar, als nämlich das *Galgedyb* immer mehr versandete und der Hafen nicht mehr anzulaufen war. Sønderho ist eine Idylle, gleichsam ein bewohntes Museum. Alle Häuser haben reetgedeckte Dächer, sind alt, schön gepflegt und ducken sich hinter den Dünen, die den Ort gegen Westen und Süden schützen. Die Häuser sind alle traditionell in Ost-West-Richtung gebaut, haben kleine Vorgärten mit dichten Weißdornhecken und windschiefen Obstbäumen. Eines von ihnen, Hannes Hus, kann man sich ansehen; es ist ein kleines Museum. In der Seemannskirche von 1782 hängen viele schöne Schiffsmodelle.
Im 257 Jahre alten „Sønderho Kro“ sitzt man nicht nur sehr gemütlich, man kann hier auch vorzüglich essen.
An der Ostseite, also zum Watt hin, befand sich früher der Hafen. Da liegt ein hoher Deich, und obendrauf steht noch ein altes Gerätehaus. Unten am Wasser zieht sich die Steinmole des Hafens hin, die aber schon fast in Schlick und Sand verschwunden ist.
Sønderho war um die Mitte des vorigen Jahrhunderts einer der größten dänischen Häfen, übertroffen nur von Kopenhagen, Flensburg, Svendborg und Åbenrå. 1854 waren hier 74 Segler zu Hause (zum Vergleich: in Nordby lagen 52, das dann allerdings kurz darauf Sønderho überflügelte).

Sie segelten zu den nordfriesischen Inseln, nach Holland, England und nach Norwegen. Wenn man heute zwischen den eng stehenden Häusern auffallend viele freie Plätze findet, die jetzt zu Parkplätzen umfunktioniert sind, so hat man hier die Orte vor sich, wo einmal die Werften der Stadt lagen. Sie sollen in der Lage gewesen sein, gleichzeitig sieben Schoner und eine Brigg auf Kiel zu legen.
Die Blütezeit Sønderhos (und auch Nordbys) begann mit dem Jahr 1741. Da gelang es, die Insel von einem bankrotten Adeligen zu ersteigern. Mit dem Land erwarb man das ungleich wertvollere Recht, Handel und Seefahrt zu betreiben. Zuerst waren es „Everter", flachgehende Schiffe für das Watt, und später Galeassen, Schoner und Briggs, mit denen man auf Fahrt ging. Um die Jahrhundertwende, als der Emporkömmling Esbjerg alles um sich herum zu erdrücken begann, da versuchte es Sønderho noch einmal mit einer großen Anstrengung: Man ließ große Segler mit eisernen Rümpfen bauen. Damit wollte man sich gegen die aufkommende Dampfschiffahrt behaupten. Es gelang aber nicht, denn Sønderho mußte nicht nur gegen die Konkurrenz aus Esbjerg ankämpfen, sondern auch gegen die Natur: Das Galgedyb, sein so günstig gelegener Naturhafen, versandete immer mehr.

Galgedyb ist schon ein Abenteuer. Wenn man im Knudedyb liegt und die Reetdächer von Sønderho hinter dem Deich hervorlugen sieht, bekommt man große Lust, dorthin zu segeln. Aber so verlockend das ist: Dazwischen liegen Keldsand und Peter Meyers Sand; es geht also nicht. Auf dem Weg zum Grådyb hin passiert man an der Südspitze Fanøs eine gelb-schwarze Tonne

Galeasse aus Sønderho vor Helgoland (nach einem Stich von 1848)

(Toppzeichen zwei Kegel, Spitzen unten; s. auch Plan Seite 34). Da ginge es in das Galgedyb hinein. Auf unserer deutschen Karte, der 83 D, steht hier „gefährlich". Ist es das? Für eine flachgehende Yacht? In der dänischen Karte Nr. 94 sind Wassertiefen von 2,5 m, 3,7 m und 2,3 m angegeben; dann kommt offensichtlich ein Flach (ohne Tiefenangaben), und im Priel, dem alten Hafen von Sønderho, sollen wieder 3,7 m Wasser stehen. Zumindest bei Hochwasser müßte Sønderho demnach anzulaufen sein. Aber wenn man sich ein wenig umhört, dann sieht das Ganze weniger hoffnungsvoll aus. Der Hafenmeister von Esbjerg meinte, mehr als vier Fuß Wasser stünden dort nicht. Anders der Kapitän der Nordby-Fähre: Mit der Flut (2 h vor HW) und einem Tiefgang von nicht mehr als 1,5 m wäre es zu schaffen.
Für mein Boot wäre das zu wenig. Ich habe deshalb den Plan, nach Sønderho zu laufen, schweren Herzens aufgegeben, mir aber lange die schöne Hafenbucht angesehen. An dem wackeligen Holzsteg wird man sicher nicht mehr als 1 m Wasser vorfinden. Aber ankern, das müßte funktionieren. Kurz: Es müßte mal jemand, der einen Jollenkreuzer hat oder einen anderen Kielschwerter oder gar ein holländisches Plattbodenschiff, diese Fahrt durch das Galgedyb wagen. Ich möchte wetten, daß es zu machen ist.
Es geht wieder zurück durch das Grådyb: gut 10 sm. Man sollte bei ablaufendem Wasser ablegen, denn der Strom mit seinen 2 kn bringt doch eine Menge. Liefe man nur 4 kn Fahrt, so könnte man mit seiner Hilfe schon nach zwei Stunden über der Barre sein.
Von Esbjerg (oder Nordby) nach *Hvide Sande,* dem nächsten Hafen, sind es lange 48 sm. Man muß das in einem Schlag durchziehen, weil es dazwischen keine Möglichkeit gibt, irgendwo Schutz zu finden. Ganz abgesehen von Horns Rev.
Zwei Dinge sind zu erledigen, bevor man ablegt: Man muß den Wetterbericht hören, und man sollte zum Hafenmeister gehen und sich erkundigen, ob auf Horns Rev nicht geschossen wird. Das geschieht zwar recht selten, aber im Prinzip muß man doch damit rechnen, denn dort liegt nun mal das große Schießgebiet *Oksbøl W* der dänischen Streitkräfte (vergleiche auch Seite 18). Es reicht fast 10 sm seewärts!
Was hier relativ häufig in den Sommermonaten vorkommt, ist schlechte Sicht: die ungünstigste aller denkbaren Vorbedingungen für eine Überquerung von Horns Rev. Traf ich diese Verhältnisse an, habe ich es so gehalten, daß ich trotzdem abgelegt habe und ins Grådyb hinausgedampft bin. Wurde die Sicht nicht besser, habe ich mich außerhalb des Tonnenstrichs vor Anker gelegt. Das geht sehr gut zwischen den roten Tonnen 14 und 12. Denn hier reicht die 2-m-Linie bis dicht zum *Langli Sand.* Man ist weit genug außerhalb der Fahrrinne und liegt gleichzeitig ruhig und geschützt. Klart es auf, lichtet man den Anker und fährt weiter. Bleibt es diesig, kann man immer noch zurück nach Esbjerg laufen.

Hat man die schon bekannte schwarz-gelbe Tonne Nr. 1 erreicht, so läuft man mit Kurs 305° auf

Horns Rev

zu. Dieses Riff, denn das bedeutet das dänische Wort „Rev“ auf deutsch, erstreckt sich gut 20 sm weit nach Westen. Früher lag vor seiner Westspitze das Feuerschiff *Horns Rev,* das aber schon seit einiger Zeit eingezogen ist. Horns Rev ist eine Eiszeitmoräne, ein Steinfeld also, das ein Gletscher in einer älteren Eiszeit hierhergeschleppt hat, wahrscheinlich aus dem norwegischen Urgebirge. Seitdem liegt es da und ist zum Schrecken vieler Seefahrer geworden. Und nicht nur das: Es ist auch ein gewaltiger Schiffsfriedhof. Selbst Fischkutter aus Esbjerg, deren Kapitäne sich auf Horns Rev auskannten wie in ihrer Westentasche, sind hier gestrandet und verlorengegangen.

Der Rat, Horns Rev zu meiden und einen weiten Bogen darum zu schlagen, ist sicher gut gemeint, aber für eine Yacht unsinnig. Denn wer kann schon einen Umweg von 40 sm machen, wenn der kürzeste Weg von Esbjerg nach Hvide Sande allein 48 sm beträgt? Und der führt eben über Horns Rev.

Man hört immer wieder die schauerlichsten Geschichten über das Riff. Geht man ihnen nach, so war die Ursache dieser Unglücksfälle fast immer schlechte Sicht. Wind, Seegang, das alles läßt sich ertragen, aber eines erfahrungsgemäß nicht: schlechte Sicht.

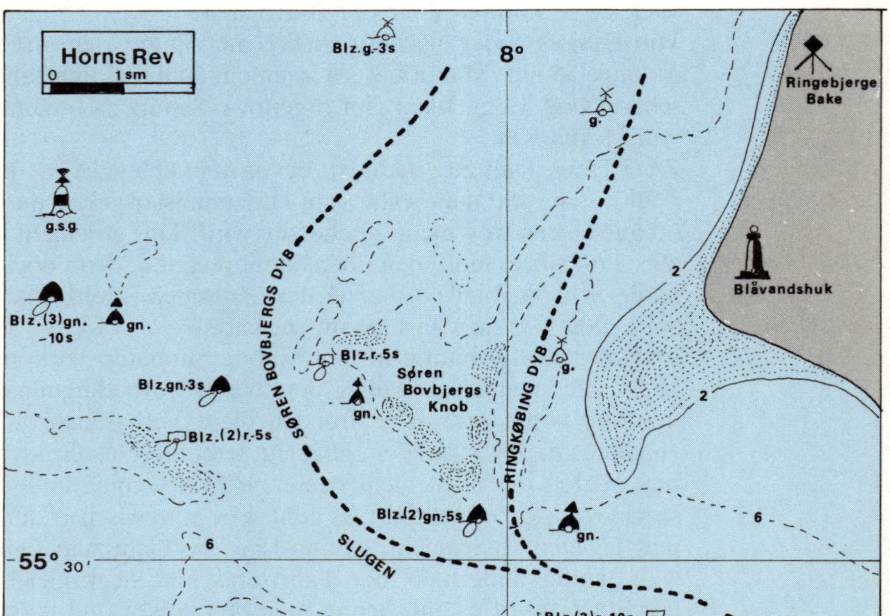

Für Segler gibt es zwei gute und kurze Passagen über Horns Rev; aber zunächst: Wie kommt man hin? Ist die Sicht gut – und das mag gleichzeitig ein Test sein –, so sieht man ab der Aussteuerung Grådyb schon den weißen, viereckigen Leuchtturm von *Blåvandshuk* liegen.
Von der schwarz-gelben Tonne *Grådyb* aus Kurs 305°. Damit läuft man parallel zur Halbinsel *Skallingen* auf Horns Rev zu, und zwar in absolut sicherem Abstand zu dieser flachen Sandküste.
Die Halbinsel Skallingen war einst eine außerordentlich unruhige Ecke, durch die das Meer immer wieder hindurchbrach. Seitdem man Buhnen gebaut hat, ist das Land zur Ruhe gekommen. Jetzt treibt der Sand, der vom Wasser über Horns Rev geschwemmt wird, daran vorbei und weiter hinunter nach Süden in das große Gezeitenbecken des dänischen Wattenmeers.
Mit Kurs 305° wird man nach gut 7 sm die rote Leuchttonne *Cancer* (Blz.(3)r.-10s) erreichen, die an der Einsteuerung zu Horns Rev, östlich des Fahrwassers *Slugen,* liegt.
Wir haben zwei Möglichkeiten, über Horns Rev zu fahren:
– durch die breite und tiefe Rinne von *Slugen* mit dem anschließenden *Søren Bovbjergs Dyb* oder
– durch das kürzere und dem Land nähere *Ringkøbing Dyb**.
Welche Passage man wählt, hängt von den Umständen ab: Wäre ich im Zweifel, würde ich durch Slugen fahren, wobei – um es nochmals zu sagen – die Sicht das entscheidende Kriterium ist. Sollte sie ganz schlecht sein, dann würde ich notfalls in den sauren Apfel beißen und nach Esbjerg zurücklaufen, auch wenn es 20 sm sind. Etwas anders sähe es bei nicht ganz so schlechter Sicht, aber ruhigem Wasser aus. Da kann man es wagen, wenn man in der Lage ist, von Tonne zu Tonne ganz rasch seinen Kurs auszurechnen. Aber wie immer man es dreht und wendet, bei schlechter Sicht bleibt Horns Rev ein Risiko.
Wie ist es mit dem Strom? Der ständig nordwärts setzende mit seinen 0,25 kn kann vernachlässigt werden; er ist zu schwach, als daß er unsere Fahrt wesentlich beeinflussen könnte. Alle anderen unterliegen so vielen Einflüssen, daß man sich nichts vormachen soll – das ist eine Wissenschaft für sich. Wie schwer sich selbst Einheimische damit tun, zeigt die Strandung zweier Fischkutter im Jahre 1909, deren Kapitäne sich noch 35 sm westlich von Horns Rev wähnten und dabei schon knapp vor den Untiefen standen.
Da gibt es so viele Faktoren: Wind, seine Richtung, seine Stärke, wie lange er in einer Richtung stand, Dünung aus Nordwest, die ihren Ursprung im Atlantik hat, usw. Alle diese Faktoren lassen sich nicht mehr überschauen und schon gar nicht berücksichtigen, wenn man eben südlich

* Wenn im Schießgebiet Oksbøl W geschossen wird, darf man keine der beiden Passagen nehmen, sondern muß durchs Nordmandsdyb (Vestslugen) laufen.

von Horns Rev steht und die Entscheidung treffen muß: Hinüber oder nicht?

In dem Fall sollte man einfach seinen Augen vertrauen: Wie „fahren" die Tonnen durchs Wasser? In welche Richtung? Wie stark könnte der Strom sein? Das muß man abschätzen und dann entsprechend seinen Kurs korrigieren.

Andererseits: Manchmal ist die See über Horns Rev so glatt wie Spiegelglas. Die Tonnen stehen dann unbeweglich und wie festgeschraubt darauf, und man kann quer über das ganze Riff schauen, sieht den Leuchtturm von Blåvandshuk zum Greifen nahe, und auch die Ringebjerge-Bake ist schon auszumachen. Da wird man sich fragen: Warum nur die ganze Aufregung?

Aber so freundlich ist uns die Natur nicht immer gesonnen. Also

● durchs *Ringkøbing Dyb:* Von der roten Tonne auf die grüne mit Kegel-Toppzeichen zu. Dann auf halbem Wege zwischen dieser und der folgenden grünen Leuchttonne *Ulven SW* (Blz.(2)gn.-5s) Kurs Nord. Hat man Glück, so sieht man recht voraus schon die gelbe Spitztonne mit gelbem liegendem Kreuz als Toppzeichen. Sie markiert das Schießgebiet. Diese Tonne bleibt an Stb., und es geht weiter nordwärts, bis das Echolot anzeigt, daß wir wiederum über die 6-m-Linie gefahren sind. Das wird kurz vor der nächsten gelben Tonne sein.

Was man nicht darf: irgendwann einmal nach Westen abbiegen, nur weil man da Tonnen sieht. Die gehen einen hier überhaupt nichts an. Sie gehören zum Slugen-Fahrwasser, und dazwischen liegt die Untiefe *Søren Bovbjergs Knob.*

Peilt man die Ringebjerge-Bake in Ost, dann hat man mit Sicherheit Horns Rev hinter sich gelassen. Es ist Zeit für einen Sherry!

● durch *Slugen* und *Søren Bovbjergs Dyb:* Das ist die Rinne, die die Fischer und die Kümos nehmen. Sie ist recht sicher, gut betonnt (s. Plan) und im Zweifel immer zu wählen.

Wer diesen Törn in umgekehrter Richtung fährt, also von Norden her auf Horns Rev zuläuft, der sollte das Ringkøbing Dyb meiden, denn er hat dort keine Tonne, von der aus er die „Einsteuerung" finden könnte. Hier ist zu raten, von der gelben (Schießgebiet-)Leuchttonne (Blz.g.-3s) mit einem Kurs eben westlicher als Süd zu laufen, bis man die grüne Leuchttonne *Slugen SE* (Blz.gn.-3s) und die östlich von ihr liegende rote Leuchttonne *Søren Bovbjergs Dyb W* (Blz.r.-5s) ausmacht. Danach weiter entlang den grünen Tonnen an der Nordostseite des Fahrwassers Slugen.

Blåvandshuk, das sonst so wichtige Leuchtfeuer, ist tagsüber ziemlich nutzlos. Nicht einmal zum Peilen taugt der Leuchtturm, denn wenn ich den sehen kann, sehe ich auch die Tonnen.

Mit Horns Rev hört auch die Gezeitenküste der Nordsee auf. Zwar hat man bis Thyborøn noch einen gewissen Tidenhub zu verzeichnen, aber der ist vergleichsweise gering und nimmt außerdem immer mehr ab, je weiter man nach Norden kommt. Und vor allem: Die Küste, ihre Form und die Befahrbarkeit der Küstengewässer werden hier oben von den Gezeiten nicht mehr beeinflußt.

Von Blåvandshuk aus zieht sich nun eine endlose Kette hoher Dünen nach Norden: unten ein schmaler Sandstreifen, dann die zumeist steil ansteigende Sanddüne und oben auf den Kuppen silbrig-grüner Strandhafer – das ist das Gesicht dieser Küste bis hinauf nach Thyborøn. Hier, unmittelbar nördlich von Blåvandshuk, heißt diese Dünenkette *Holmslands Klit.* Eine Strandlandschaft ohne markante Punkte. Nur am langgestreckten, dunklen *Blåberg* könnte man sich vielleicht orientieren, der hinter den gelben Sanddünen liegt. Aber sehr auffällig ist er mit seiner Höhe von 64 m auch nicht.

Die Kirchen, sonst beliebte Landmarken, sind hier alle ziemlich gleich aussehend und deshalb nur schwer zu unterscheiden – die typischen dänischen Dorfkirchen, weiß, mit eher gedrungenem Turm und Treppengiebel.

Die besten Landmarken an dieser Küste sind die Baken, die man in unregelmäßigen Abständen in die Dünen gestellt hat. Hohe Gestelle aus Holz und Eisen, in ihrer Form unverwechselbar und sich auch gut gegen den Himmel abhebend, so daß man sie schon frühzeitig ausmachen kann.

Bis Hvide Sande kann man sich an dreien solcher Baken orientieren; wie sie aussehen und wie weit es jeweils noch bis Hvide Sande ist, kann man der nachstehenden Skizze entnehmen.

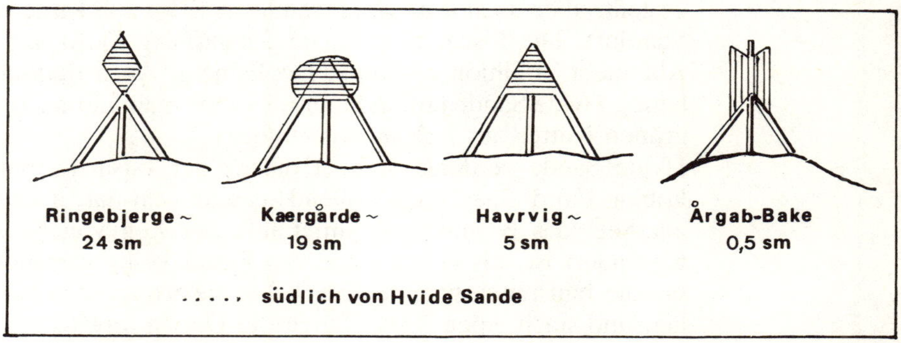

Rund 25 sm nördlich von Blåvandshuk erreicht man die Ansteuerung von

Hvide Sande

Es gibt am und um den Hafen, der hinter den Dünen liegt, eine ganze Reihe von Landmarken, so daß er nicht zu verwechseln ist. Da ist einmal die *Årgab-Bake,* die dicht südlich vor dem Hafen steht; dann der hohe, dünne, rostbraune Schornstein der am Nordhafen liegenden Fischmehlfabrik und bei klarer Sicht der schlanke, weiße Leuchtturm *Lyngvig Fyr* 3 sm nördlich von Hvide Sande.

Die Einfahrt in den Hafen ist normalerweise nicht schwierig, wenn auch dauernd Kutter heraus- und hineintuckern. Bei auflandigem Wind kann man aber sehr rasch auf dem Sand sitzen, wenn irgend etwas nicht funktioniert, beispielsweise der Motor aussetzt. In der YACHT wurde vor Jahren ein solcher Fall geschildert, als es nicht gelang, schnell genug die Segel zu setzen, so daß eine schöne, große Yacht binnen weniger Minuten auf Grund geriet und aufgegeben werden mußte.
Eine Geschichte, die mir sehr zu denken gegeben hat; seither lasse ich bei Häfen wie Hvide Sande bei auflandigem Wind die Segel stehen und den Motor zur Sicherheit mitlaufen. Schon ab Bft 5 kann die See hier ausgesprochen bösartig werden, zumal man dann mit einem nicht unerheblichen Strom rechnen muß, der quer zur Einfahrt setzt, so daß man sich seinen Ansteuerungswinkel entsprechend einrichten muß. Hat man erst einmal den Kopf der 300 m langen, nördlich gelegenen Schutzmole passiert, dann wird das Wasser sogleich spürbar ruhiger. Man kann weiter unter Segel in den Hafen einlaufen, bis etwa zu dem Punkt, wo auf dem Hafenplan die punktierte Route nach N abbiegt. Hier ist das Hafenbecken relativ breit. Man kann in aller Ruhe die Segel bergen und sein Schiff klar zum Anlegen machen. Sollte gerade Wasser aus dem Fjord in die Nordsee gepumpt werden, so geht das allerdings wegen des starken Stroms nicht. Dann muß man eben ohne Aufenthalt in den Nordhafen eindrehen, der auch für Segelmanöver breit genug ist.
Der Hafen von Hvide Sande ist in seinem Charakter dem von Rømø ziemlich ähnlich. Auch er ist künstlich angelegt, voll auf die Fischerei eingestellt, aber doch sehr viel lebendiger. Etwa 200 Kutter haben hier ihren Standort. Die Fischerei hatte im Ringkøbing Fjord und bei Holmslands Klit mehr Tradition als unten bei Esbjerg. Auch deutsche Kutter laufen häufig Hvide Sande an, und meistens trifft man hier auch einen der großen grünen Kutter aus Urk am Ijsselmeer.
Hvide Sande verdankt seine Existenz der Tatsache, daß sich der Ringkøbing Fjord eines Tages vollends geschlossen hat, nachdem die Öffnung zur See, das Nymindegab, im Laufe der Zeit von Norden nach Süden gewandert ist, bis es am Ende des Fjords völlig versandete. Man wählte um die Jahrhundertwende eine Stelle, die etwa mitten auf Holmslands Klit lag, und stach einen Kanal durch die Dünen, etwa 25 m breit und 2,5 m tief. Der Kanal funktionierte zwar, aber starke Stürme verbreiterten ihn auf 230 m, so daß bei Westwinden das Land um den Fjord immer wieder unter Wasser gesetzt wurde. Das wurde schließlich so unerträglich, daß man sich 1915 gezwungen sah, den Kanal wieder zuzuschütten. 1931 baute man dann den neuen Kanal, mit der Entwässerungsschleuse und der Hafenanlage, so, wie es jetzt noch aussieht. Da ist zwar inzwischen einiges hinzugekommen, der Nordhafen beispielsweise, aber in ihrem Kern geht die Hafenanlage auf diese Zeit zurück. Um den Hafen wurden dann Häuser gebaut, die sich zu einem Ort zusammenfügten, dem heutigen

Hvide Sande. Als Ort völlig uninteressant, wenn nicht der große Hafen wäre. Im Sommer trifft man hier massenhaft Touristen an, zumeist Deutsche, die in den unzähligen Sommerhäusern an der Landseite von Holmslands Klit wohnen.

Jeden Morgen um 0700 ist Fischauktion am Südhafen.

Liegeplatz und Versorgung: Yachten müssen in den Nordhafen. Hvide Sande hat zwar zwei kleine Yacht- und Bootshäfen, doch die liegen jenseits der Schleuse, schon im Fjord, recht stimmungsvoll zwischen Schilffeldern, aber mit Wassertiefen zwischen 1 und 2 m. Also in den Nordhafen. Im nördlichsten Becken wurde für Gastyachten Platz reserviert. Man liegt zwar geschützt, aber nicht gut; doch in dem mit Fischkuttern vollgepackten Hafen kann man Yachten wohl nichts Besseres bieten. Der Hafenmeister sieht von seinem Büro aus oben an der Schleuse, wenn eine Yacht einläuft, und noch ehe man an der Pier ist, wird er auch schon dort stehen und die Leinen annehmen. Sollte man in eines der Becken im Südhafen wollen, so wird es nicht lange dauern, bis er angeradelt kommt, um einen von hier weg und in den Nordhafen zu scheuchen. Es hat also gar keinen Sinn, da einzulaufen. Keine Hafengebühr.

Was man beim Einlaufen voraus sieht, ist die Entwässerungsschleuse. Sie ist nicht passierbar, auch wenn an ihrer Nordseite eine hellblaue Hebebrücke steht.

Zwischen Südhafen und Kanal liegt das „Zentrum“ von Hvide Sande. Dort findet man einen großen, guten Supermarkt, eine Buchhandlung und einen Zeitungskiosk sowie viele andere Geschäfte, auch eine Bank. Auf dem Weg vom Nordhafen dorthin kommt man an einem Fischrestaurant vorbei; in dem gleichen Gebäude befinden sich eine Fischräucherei und ein sehr gutes Fischgeschäft, außerdem die Touristinformation. Jenseits der Straße, zu den Fjordwiesen hin, liegt ein modernes Hotel, wo man nicht schlecht, aber auch nicht überragend ißt. Wasser gibt es von einer Zapfsäule im Kanal vor der Schleuse. Hier liegen auch die Tankboote, die man aber auch längsseits rufen kann, wenn eines gerade durch den Nordhafen tuckert. Werften gibt es deren zwei,

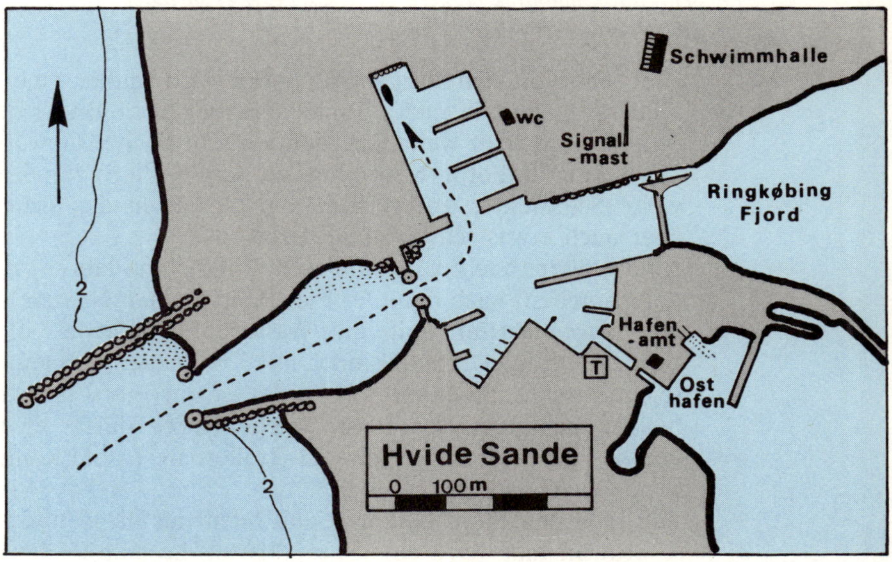

auch eine große Motorenwerkstatt, alle hinter der Schleuse. Wie man überhaupt kein Problem am Schiff haben kann, für das man hier nicht eine Lösung finden wird; denn im Hafen gibt es alle Service-Betriebe für eine große Kutterflotte. Nordöstlich vom Hafen steht auf einer hohen Düne der Signalmast. Auf diese Düne sollte man ruhig einmal hinaufklettern, denn man hat von dort oben einen weiten Blick nicht nur hinaus auf die Nordsee, sondern auch über den Ringkøbing Fjord. Um den Signalmast findet man schon fast vom Sand zugedeckte Bunker und Laufgräben aus Beton und eine glattpolierte Eisenkuppel, deren Sinn mir nie klargeworden ist. Das sind Reste der großen Verteidigungsanlagen aus dem 2. Weltkrieg, die die deutschen Besatzungstruppen entlang der ganzen Westküste gebaut haben. Später, auf dem Weg nach Thyborøn, wird man noch viele solcher Bunker unten am Strand liegen sehen.

Wasserstand: Mittlerer Tidenhub 0,8 m. Wind aus W kann den Wasserstand um 3,1 m heben, Wind aus E ihn um 2 m senken.

Ansteuerung bei Nacht: Stärkstes Leuchtfeuer ist Lyngvig Fyr (Blz.-5s). Der Leuchtturm steht 3 sm nördlich von Hvide Sande. Am Hafen selbst brennt das stärkste Feuer (F.) auf einem Gittermast, eben südlich der Einfahrt. Die Ansteuerungstonne Hvide Sande (Blk.-10s) liegt 2 sm westlich vor der Einfahrt. Ich würde versuchen, die zu fassen zu bekommen, dann hätte ich erst mal Zeit, mich in sicherem Abstand von der Küste zu orientieren. Am Kopf der Schutzmole nördlich der Einfahrt brennt ein rotes Feuer (Blz.r.-3s), an den Molen an der Einfahrt selbst ein grünes und ein rotes Molenfeuer (jeweils Blz.-5s). Neben dem roten Feuer steht der Nebelschallsender (1)-15s. An der Einfahrt in den Innenhafen ebenfalls Molenfeuer, grün und rot, aber beide fest, genauso wie in der Einsteuerung in den Nordhafen.
Hvide Sande ist nachts bei guter Sicht nicht schwer anzulaufen, aber teuflisch bei Winden aus West von Bft 5 an aufwärts.
Man wird aber im allgemeinen keine Alternative haben, denn Torsminde ist ganz sicher noch gefährlicher, und Esbjerg, der nächste Hafen im Süden, ist nicht nur 48 sm weit weg, sondern liegt auch noch jenseits von Horns Rev.

Adressen: Information: Troldbergvej, T. 31 14 84; Fahrräder: Bredgade, T. 31 11 98; Post: Østergade; Wäscherei: Søndergade 22.

Eine Fahrt in den **Ringkøbing Fjord** wird immer eine individuelle Entscheidung sein, in erster Linie abhängig vom Boot; denn dieser große Strandsee ist über weite Strecken ein sehr flaches Gewässer. Der Fjord ist 15 sm lang und etwa 6 sm breit, an seinen Ufern zumeist sumpfig oder in weite Schilffelder übergehend, ein Gewässer, das sicher sehr schön ist, aber auch etwas schwermütig wirkt.
Eine größere Yacht wird nur nach Ringkøbing fahren, zu dem alten Handelsstädtchen, nach dem der Fjord auch seinen Namen hat. Dorthin führt eine betonnte Rinne mit einer Wassertiefe von etwa 3 m; beidseitig dieser Rinne kann man ebenfalls noch mit 3 m Wasser rechnen, so daß man auch segeln könnte. Aber als Segelrevier ist der Fjord doch mehr für flachgehende Yachten geeignet; für solche Boote dürfte er aber ein ideales, überaus geschütztes Revier sein. Trailerbare Boote könnte man in Hvide Sande zu Wasser lassen.
Will man den Fjord befahren und nicht nur die Rinne nach Ringkøbing, so braucht man dazu eine Spezialkarte, die man in der Buchhandlung in

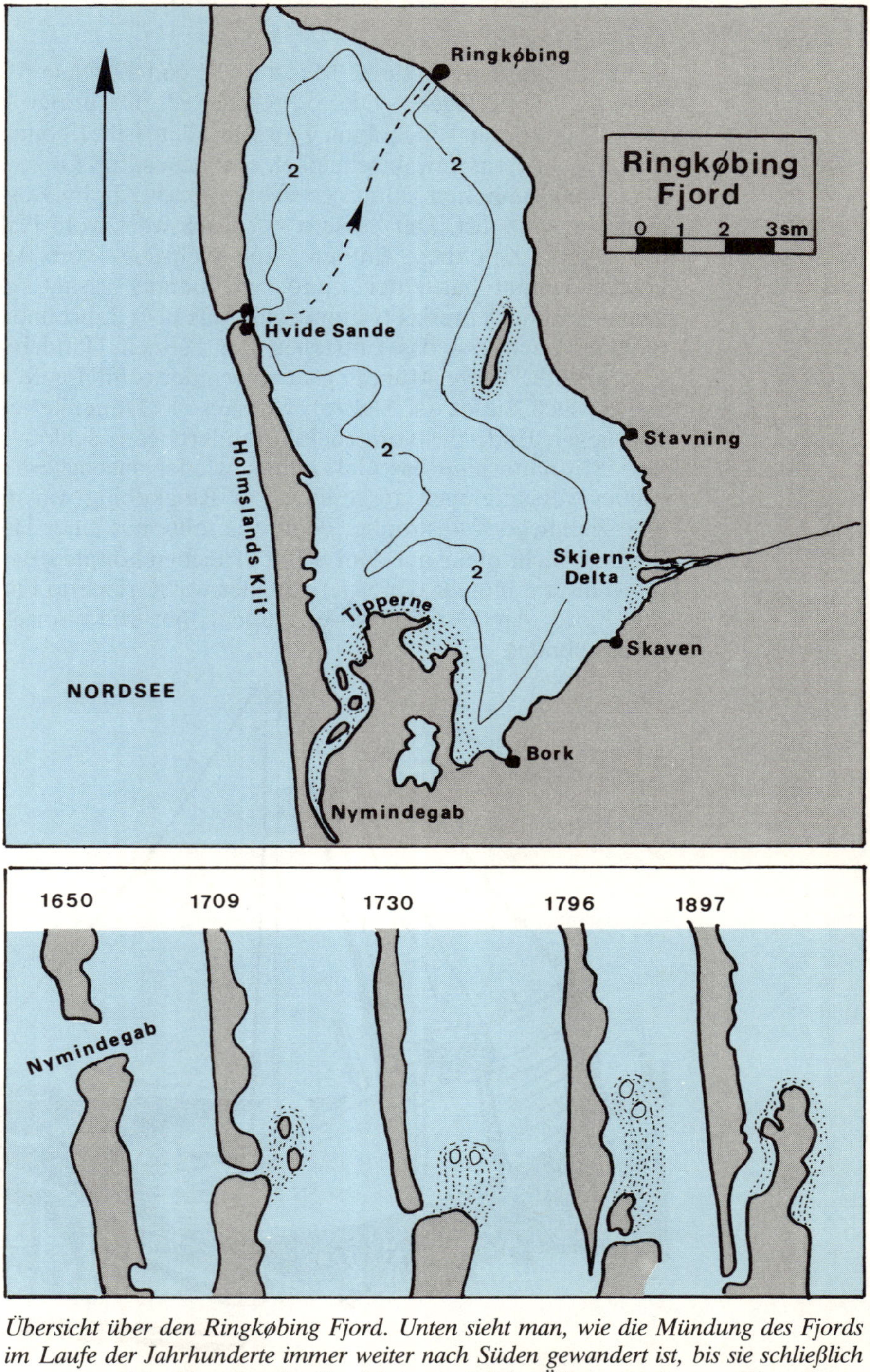

Übersicht über den Ringkøbing Fjord. Unten sieht man, wie die Mündung des Fjords im Laufe der Jahrhunderte immer weiter nach Süden gewandert ist, bis sie schließlich ganz versandete. Heute hat der Fjord keine natürliche Öffnung mehr zur offenen See

Hvide Sande kaufen kann. Maßstab 1 : 66 000. Neuerdings gibt es auch deutsche Unterlagen: Die Seekarte 82 D bringt in einem Inset (1 : 100 000) den Ringkøbing Fjord in allen Einzelheiten.
Der Fjord ist ein unwahrscheinlich schönes, stilles Gewässer. Das Eigenartigste sind die hohen Dünen von Holmslands Klit im Westen, hinter denen man die See spürt. Der bessere Ausdruck wäre wohl Haff, ein Strandsee, der eben durch diese Dünen, eine Nehrung, vom Meer getrennt ist. Früher einmal hatte der Fjord, wie bereits gesagt, einen natürlichen Zugang zum Meer, das Nymindegab, das über Jahrhunderte schiffbar war und das auch erst das Entstehen der kleinen Handelsstadt Ringkøbing ermöglichte. Diese Mündung aber wanderte im Laufe der Jahre immer weiter nach Süden (s. Skizze), bis sich die Dünenkette von Holmslands Klit gegen Ende des vorigen Jahrhunderts ganz schloß. Aber auch schon seit 1818 hatte man das Gab immer wieder ausbaggern müssen, so stark war es Versandungen ausgesetzt. Für Ringkøbing war diese Entwicklung eine ziemliche Katastrophe, denn was sollte aus einer Hafenstadt werden, die man nicht mehr mit dem Schiff erreichen konnte? Besonders viel Sand schwemmt nunmehr der Skjern Å, der wasserreichste Fluß Dänemarks, in den Fjord. Am Ostufer, wo er mündet, hat sich ein richtiges Mississippidelta gebildet.

Im Ringkøbing Fjord

Im Süden, dort, wo der Fjord zuletzt noch seine Mündung hatte, entstand eine ganz eigenartige Landschaft: Tipperne, ursprünglich Marschwiesen, die sich inzwischen in Moore und schwimmende Inseln verwandelt haben, ein Vogelparadies, das jetzt unter Naturschutz steht. Der Fjord wird immer kleiner. Er versandet. Die Pflanzen des Rohrsumpfes setzen sich fest, das Schilfrohr und die Meerbinse. Früher hat das Meer immer wieder für Ordnung gesorgt, wenn es seine Sturmfluten schickte, die durch die Nehrung brachen und das Land verwüsteten. Die letzte große Sturmflut kam im Februar 1825, als das Meer an sechs Stellen gleichzeitig durch Holmslands Klit brach und die Düne in fünf Sandinseln zerschlug, bevor es sich wieder zurückzog.

Der Charakter des Fjords wird immer noch sehr von der Fjordfischerei bestimmt. Überall ragen die zu Pyramiden geschichteten Pfähle aus dem Schilf, sind Netze zum Teeren auf den Wiesen ausgebreitet, und irgendwo im Schilf liegt ein alter Fischerkahn.

Und nicht zu vergessen: Der Ringkøbing Fjord ist Dänemarks größtes Binnengewässer. Nach

Ringkøbing

selbst zu laufen, ist nicht schwer. Man geht durch die Schleuse in Hvide Sande. Ein Signal ist nicht erforderlich; man winkt dem Hafenmeister, der oben in seinem Glashaus sitzt, zu, dann wird er die Brücke und die Schleusentore öffnen. Man passiert die beiden recht großen Werften, die beiderseits des Tonnenstrichs liegen, und schwenkt nach der rot-weißen Tonne in den Tonnenstrich nach Ringkøbing ein. Bis dorthin hat man acht grüne Tonnen, alle mit Kegel-Toppzeichen, und eine rote Tonne vor sich. Die Einfahrt in den Hafen von Ringkøbing selbst ist 0,6 sm lang und etwa 20 m breit. Das Städtchen kann man im allgemeinen schon von Hvide Sande aus sehen, zumindest die großen, grauen Silos, die am Ny Havn stehen.

Ringkøbing hat an seinem Rande ein bißchen Industrie, im Kern aber ist es ziemlich unverändert ein altes dänisches Handelsstädtchen geblieben. Die Backsteinkirche hinter dem Marktplatz stammt aus dem späten Mittelalter, der Turm aus der Renaissance. Die Häuser sind alt und verwinkelt. Man kann gemächlich durch die Gassen schlendern und dem Museum einen Besuch abstatten, das neben der Stadt- und Landgeschichte Erinnerungsstücke des Grönlandforschers Ludvig Mylius-Erichsen zeigt, der 1907 auf einer Expedition an der Ostküste Grönlands den Tod fand. Vor dem kleinen Museum steht ein Denkmal, das an ihn erinnert.

Die Blütezeit von Ringkøbing lag zu Beginn des 19. Jahrhunderts, als man Handel mit Norwegen und den Niederlanden betrieb. Nach Norwegen wurde vor allem Korn verkauft. In den Napoleon-Kriegen aber mußte das Städtchen schwere Schläge einstecken. Die Schiffe aus Ringkøbing wurden von den Engländern aufgebracht, die Besatzungen nach England in die

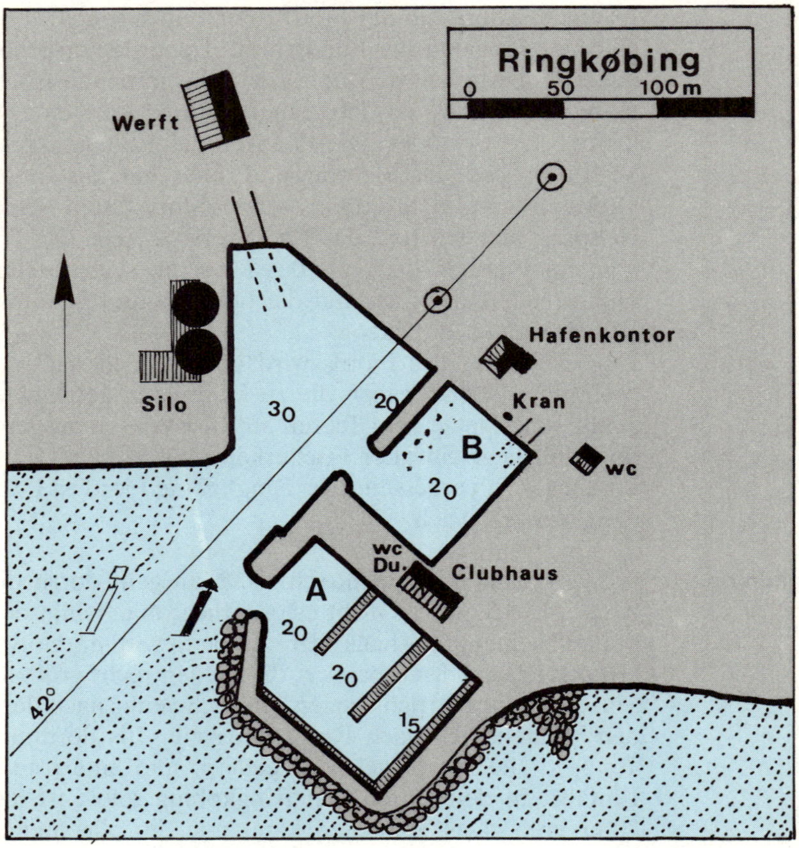

Gefangenschaft verschleppt. Ringkøbing hatte damals übrigens noch keinen Hafen. Die Schiffe lagen auf Reede und mußten geleichtert werden. Später wurde eine Anlegebrücke gebaut. Der Hafen in seiner jetzigen Form stammt im wesentlichen aus dem Jahre 1905.

Liegeplatz und Versorgung: Ringkøbing hat einen kleinen, aber recht gut ausgebauten Yachthafen (A). Hier oder im Alten Hafen (B) kann man festmachen. Versorgung speziell für Yachten nicht gut. Treibstoff und Wasser sollte man besser schon in Hvide Sande aufnehmen. Lebensmittel usw. bekommt man natürlich im Städtchen. Am Torvet, dem Markt, gibt es ein recht gutes Restaurant im Hotel „Ringkøbing".

Adressen: Information: Torvegade 3, T. 32 00 31; Fahrräder: Algade 3, T. 32 01 19; Wäscherei: Torvegade 8; Museum: Østerport (Museumspladsen), T. 32 16 15 (nicht immer geöffnet, weil die Museumsleute im Sommer Ausgrabungen in der Umgebung machen. Anrufen!).

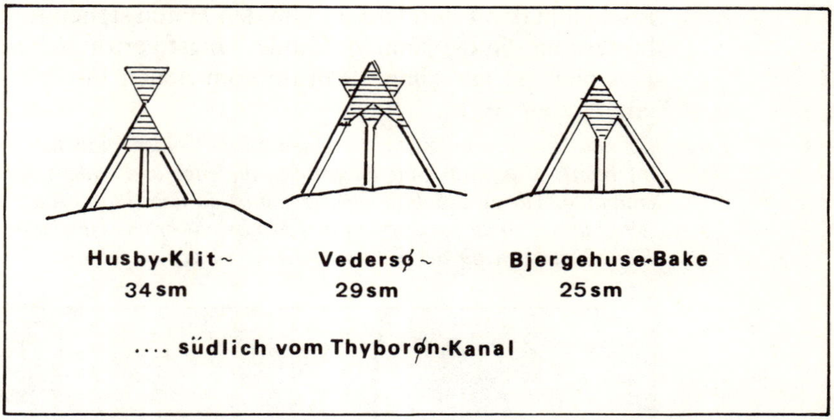

Andere Häfen am Ringkøbing Fjord:

Lyngvig Havn	Wassertiefe 1,0 m
Stavning Havn	Wassertiefe 1,5 m
Skaven Havn	Wassertiefe 1,0 m
Bork Havn	Wassertiefe 1,1–1,8 m

Die Fahrt von Hvide Sande weiter nach Norden geht immer dicht an der hellgelben Dünenkette entlang. 3 sm nördlich von Hvide Sande passiert man den weißen, 38 m hohen Leuchtturm *Lyngvig Fyr* (Blz.-5s). Es taucht bald die *Husby-Klit-Bake* auf, dann die *Vedersø-Bake* und schließlich die *Bjergehuse-Bake,* die schon dicht vor *Torsminde* steht. Alle diese Baken (siehe Abb. oben) sind die besten Landmarken an dieser sonst eher gleichförmigen Küste. Man kann die Strecke von Hvide Sande nach Torsminde auch bei schlechter Sicht, bei Nebel sogar, laufen, wenn es unbedingt sein muß. Das Echolot hält einen weit genug von der Küste ab, die keine überraschenden, ins Meer hinausragenden Gefahrenstellen aufweist. Man läuft parallel zum Strand und damit automatisch auf die Buhnen vor der Hafeneinfahrt von Torsminde zu; ein Nebelschallsender (N-S.(1)-30s), der am Nordufer des Außenhafens steht, wird bei schlechter Sicht das Anfahren erleichtern.

Torsminde das ist wohl ein Hafen, und zwar ein ganz moderner (erst 1972 eingeweiht), aber genau betrachtet doch nur ein langes, schmales Sandloch, dicht hinter der Düne, die hier nicht sehr hoch ist. Früher einmal war das anders. Da hatte der Ort seinen Hafen jenseits der Schleuse am Nissum Fjord. Dieser alte Schleusenhafen ist sehr idyllisch, heutzutage fast leer, aber auch nur mit gelegtem Mast anzufahren, also praktisch unerreichbar. Jetzt liegen dort noch ein paar alte Kähne, mit denen die Alten zum

Fischen in den Fjord fahren. Um den Hafen stehen rot angestrichene Holzhütten, an die die Namensschilder längst verrotteter Schiffe genagelt sind. Das alles ist nur einige Schritte vom neuen Fischerhafen weg und doch eine andere Welt.

Liegeplatz und Versorgung: Yachten müssen an die beiden südlichen Stege (s. Schiffssymbole im Plan). Man muß ganz langsam in die enge und zudem noch verwinkelte Einfahrt einlaufen. Für zwei Schiffe gleichzeitig ist da kein Platz. Auch für Segelmanöver fehlt der Raum – man muß schon den Motor anwerfen. Der Hafenmeister sitzt in seinem Häuschen oben an der Schleuse. Keine Liegeplatzgebühr.

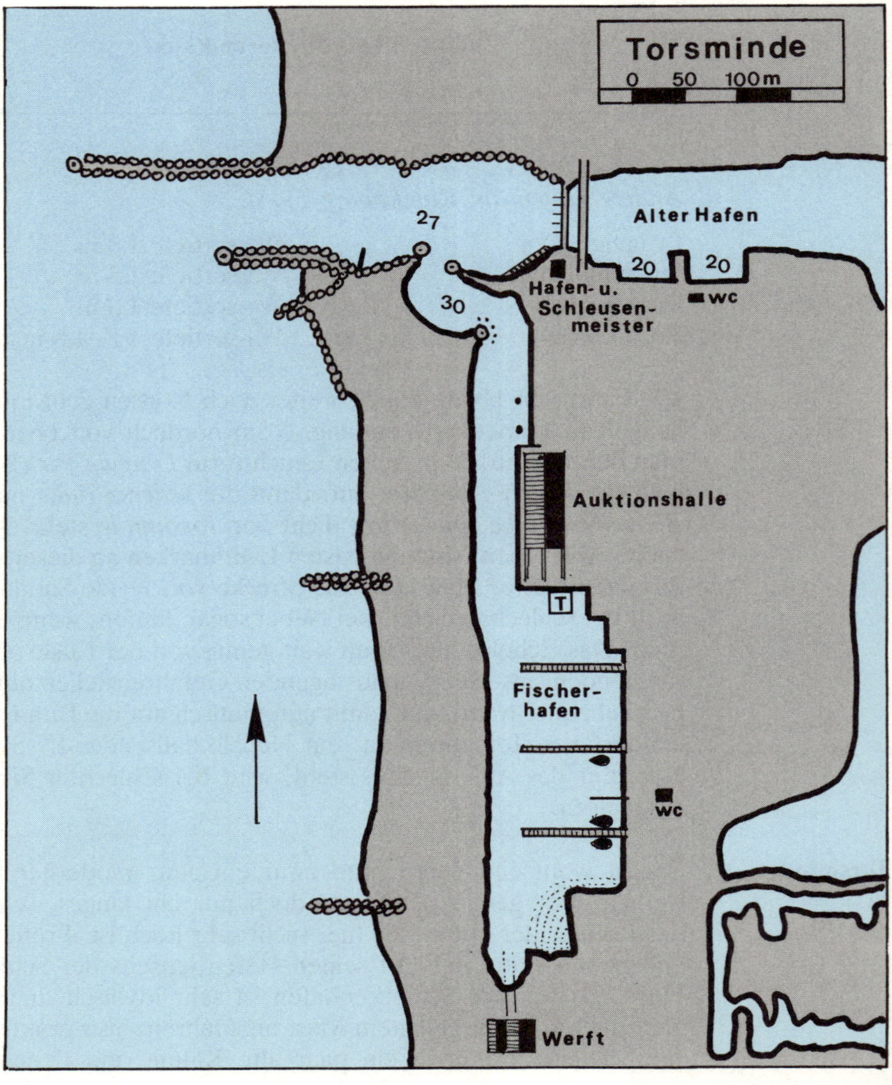

Wasser kann man vor der Eisfabrik aufnehmen, Treibstoff ebenfalls. Jenseits der Straße gibt es einen mittelprächtigen Supermarkt. Kutterwerft und Slip siehe Plan.

Wasserstand: Mittlerer Tidenhub 0,5 m. Westliche Winde können den Wasserstand um 3 m erhöhen, östliche ihn um 1,8 m senken.

Ansteuerung bei Nacht und bei schlechtem Wetter: Bei stärkerem auflandigem Wind schwer. Zudem kann bei länger anhaltendem Sturm das Wasser über der Barre wieder sehr flach geworden sein; ob das Sandschiff, das sowieso schon ständig vor der Hafeneinfahrt baggert, dann die Einfahrt schon wieder frei hat, kann man nicht wissen. Ganz unabhängig von der Barre ist es auch sonst nicht leicht. Die Buhnen sind nur kurze Stummel und geben wenig Schutz. Die Einfahrt ist sehr schmal. Es steht Brandung. Außerdem muß man knapp vor der Schleuse, aber auch ebenso knapp schon hinter der Einfahrt nach Süden in den eigentlichen Hafen eindrehen (s. Plan). Die versetzte Einfahrt in den Fischerhafen ist sehr schwer zu erkennen. Ist man allerdings da drin, dann hat man es auch geschafft. Man sehe sich einmal den Hafenplan an: Vom Molenkopf bis zur Schleuse sind es keine 300 m. Da ist man ganz schnell dort, wenn zum Wind noch Strom in den Hafen steht.

Bei guter Sicht und glattem Wasser ist es nachts sehr viel einfacher: Das weiße Festfeuer auf dem 25 m hohen Gittermast hat eine Nenntragweite von 14 sm. Der Mast steht dicht nördlich vom Außenhafen. Die etwa 100 m lange Buhne nördlich der Einfahrt trägt auf ihrem Kopf einen Pfahl mit einem roten Blitzfeuer (Blz.r.-3s). Die Molenfeuer – rot und grün – sind Gleichtaktfeuer (2s). An der Einfahrt in den Fischerhafen brennen grüne und rote Festfeuer. Bevor man in den nach Süden verlaufenden Hafenschlauch einbiegt, passiert man an Stb. zwei grüne Festfeuer, die auf den Dalben brennen. Danach findet man sich in dem hell von Lampen erleuchteten Hafen gut zurecht.

Adressen: Information: Bredgade 7, T. 49 17 18.

Neben dem Signalmast in Torsminde steht ein kleines bescheidenes Denkmal mit einer alten Schiffsglocke und einem wuchtigen Stockanker. Es erinnert an die größte Strandungskatastrophe an Jütlands Westküste.

Gestrandet

Wenn man sich einmal einen der größeren Bauernhöfe, einen Strandgård, ansieht, so fällt auf, daß die Wohnstuben über jedes Maß hinaus groß geraten sind, fast kleinen Tanzsälen gleich. Die Erklärung klingt wie ein Witz, ist aber dennoch wahr: Diese Stuben wurden deshalb so groß gebaut, weil man Platz brauchte für die Schiffbrüchigen, die in einer warmen Stube aufgewärmt und versorgt werden mußten. Zu Zeiten der Segelschiffe und auch noch zu Beginn unseres Jahrhunderts war es keine Seltenheit, daß nach einem schweren West- oder Nordweststurm ein halbes Dutzend Schiffe hier an der Westküste gestrandet lagen. Die Strandung der beiden britischen Kriegsschiffe, an die Anker und Schiffsglocke in Torsminde erinnern, war nur eine von unendlich vielen, wenn auch jene, die die meisten Menschenleben forderte.

Die Gedenktafel am Erinnerungsmal weist schon auf das Datum hin. Es war in der Weihnachtsnacht des Jahres 1811, als hier in einem schweren Nordweststurm das britische Admiralitätsschiff St. George und das Linienschiff Defence verlorengingen. Die St. George hatte vorher einen Konvoi von 120 Handelsschiffen durch die feindlichen dänischen Gewässer geleitet und dabei in einem Sturm vor Lolland das gerissene Ankertau eines Handelsschiffes ins Ruder bekommen. Das große

Schiff lief auf Grund, verlor das Ruder und mußte das Rigg kappen. Es gelang jedoch, den Havaristen wieder flott zu bekommen und mit Notmast und Notruder versehen nach Göteborg zu bugsieren, wo die Schäden so gut es ging ausgebessert wurden.
Trotz großer Bedenken, denn es stand die Zeit der schweren Herbst- und Winterstürme bevor, stach die St. George, begleitet von den Linienschiffen Defence und Cressy, am 17. Dezember wieder in See. Im Skagerrak gerieten die Schiffe in schlechtes Wetter, das sich nach wenigen Tagen zu einem Sturm aus NNW auswuchs. Auf Grund des Stroms, aber in erster Linie, weil sie in ihren Segel- und Manövriereigenschaften doch recht gehandikapt war, driftete die St. George am 23. Dezember auf die Küste bei Torsminde zu. Ohne Erfolg versuchte die Defence das Admiralitätsschiff in Schlepp zu nehmen. In dieser Situation, die zunehmend aussichtsloser wurde, machte das dritte Schiff, die Cressy, um 2130 eine Wende und segelte ab, mit Kurs England. Gegen Mitternacht hatte die St. George erstmals Grundberührung. Um 0430 setzte die kleinere Defence auf und wurde in der Brandung sofort in Stücke geschlagen. Die Fischer, die auf den Dünen dem Todeskampf der beiden Schiffe tatenlos zusehen mußten, konnten noch bis gegen Mittag Kommandos von der St. George hören. Die Defence hatte rund 600 Mann Besatzung, die St. George 852. Davon konnten sich ganze 17 retten. Auf dem Strand bis hinunter nach Blåvandshuk zählte man später die Leichen von 1391 Engländern.

In der Seekarte ist weniger als 1000 m vor Torsminde ein Wrack verzeichnet; es ist die St. George, die hier seit 170 Jahren auf dem Meeresgrund ruht. Im Sommer 1972 fand man ein paar hundert Meter weiter den Anker, der jetzt hier in Torsminde liegt. Er wiegt gut 4 t und wurde, wie man lesen kann, 1796 von einem Schmiedemeister in Plymouth angefertigt. Die Glocke war schon 1876 gefunden worden, als man erstmals nach dem Wrack tauchte.
Sehr viel glücklicher ging eine andere berühmte Strandung aus, die etwas nördlich von hier geschah, nämlich auf dem Strand von Thyborøn, wo die russische Fregatte Alexander Newsky von ihren 750 Mann Besatzung aufgegeben werden mußte. Das war im Jahre 1868. Für das arme Fischerdorf Thyborøn war diese Strandung ein großer Glücksfall, denn man verdiente sich nicht nur den Bergelohn, sondern bekam auch noch vom Großfürsten Alexej, dem russischen Thronfolger, der sich an Bord befunden hatte, Mann für Mann 3500 Rubel als Anerkennung für die glückliche Rettung der Besatzung.
Wie bei St. George und Defence waren Stürme aus NW die häufigste Ursache für die Strandungen an dieser Küste. Die Schiffe jener Zeit konnten sich nicht freikreuzen, und so trieb man sehenden Auges und hilflos auf die Leeküste zu.
Noch tückischer als Stürme aber war der Strom. Da strandeten dann Schiffe auch bei allerbestem Wetter, nicht nur Segler, sondern auch Dampf- und Motorschiffe. Wenn nämlich eine längere

Die Strandung der russischen Fregatte Alexander Newsky *im Jahre 1868 vor Thyborøn (nach einem zeitgenössischen Stich)*

Periode von Ostwind herrscht, werden aus der Ostsee Unmengen Wasser durch das Skagerrak in die Nordsee getrieben. Flaut der Wind ab, so strömt das Wasser mit Macht wieder ostwärts. Und damit wurden die Schiffe, ohne daß sie dies loggen konnten, ebenfalls nach Ost versetzt. Seitenstrom brachte sie also aus dem Kurs. Die Chronik der Schiffe, die auf diese Weise verlorengingen, füllt Bände. Das passierte praktisch an der ganzen jütländischen Westküste, sei es hier oben bei Torsminde oder auf Horns Rev oder auch am Grådyb und vor Fanø. So strandete wegen dieses Oststroms 1926 bei Torsminde der Schoner ZEEMEEUW, der mit Heringsfässern an Bord auf dem Weg nach Groningen war. Als der holländische Kapitän am nächsten Morgen beim Strandvogt beim Kaffee saß, da sagte der alte, vollbärtige Mann: „Ich habe die ganze Nacht nicht geschlafen vor lauter Grübeln. Wie konnte mir das nach 30 Jahren Seefahrt passieren? Mein Kurs war so abgesetzt, daß ich 30 sm vor der Küste sein mußte, und nun sitze ich hier. Ich kann es einfach nicht glauben."

Er war, wie so viele, ein Opfer des ostwärts setzenden Stroms geworden.

Zu Beginn unseres Jahrhunderts entwickelte sich aus den vielen Strandungen ein großes Geschäft. Mit Hilfe stark motorisierter Schlepper und anderer Bergungsschiffe gelang es, manches gestrandete Schiff wieder flott zu bekommen.

Für die Bewohner an der Küste war jede Strandung eine willkommene Abwechslung im Einerlei der grauen Herbst- und Wintertage. Denn die Seeleute, die in der Welt herumgekommen waren, konnten viel erzählen, und manchem gefiel es hier so gut, daß er gar nicht mehr wegging. Wie jener Kapitän einer holländischen Galeasse, die 1917 bei Ferring gestrandet war. Der junge Mann war beim Strandvogt einquartiert worden, wo er sich anscheinend so wohlfühlte, daß er für immer blieb und die Tochter des Strandvogts zur Frau nahm.

Aber nur die wenigsten Geschichten von Strandungen an dieser Küste schließen mit einem solchen Happy-End . . .

Bevor man in Torsminde ablegt und Kurs auf den Thyborøn-Kanal absetzt, sollte sorgfältig nachgelesen werden, was auf Seite 63 über die Stromverhältnisse vor Thyborøn steht. Es kann nämlich unter Umständen ratsam sein, in Torsminde noch ein, zwei Tage zu bleiben und auf bessere Verhältnisse zu warten.

Von Torsminde nach Thyborøn, wo dieser Törn zu Ende geht, sind es etwa 24 sm.

Dicht hinter Torsminde ist die Küste im Prinzip zunächst genauso, wie sie es zwischen Hvide Sande und Torsminde war: also ein Sandstrand, hohe Dünen und unten dicht am Wasser graue Betonklötze, häufig schon unterspült, so daß sie schräg wegsacken: Reste der großen Verteidigungslinie, die Hitler hier gegen eine denkbare Invasion der Engländer anlegen ließ.

Bei der *Fjaltring-Kirche* beginnt das Land anzusteigen. Ein lehmbraunes, festes Steilufer löst die Sanddünen ab. Die Kirche von *Trans* steht so dicht am Abgrund, daß man glaubt, sie würde jeden Augenblick vornüber ins Wasser kippen. Früher hatte die Kirche noch das halbe Dorf vor sich stehen, bis ein Haus nach dem anderen mit dem abbrechenden Land ins Meer rutschte. Über 200 m Land hat das Meer im Laufe eines Jahrhunderts von dieser Küste herausgebrochen und weggespült, bis man 1875 anfing, die ersten Wellenbrecher *(høfter)* anzulegen. Seitdem hat sich dieser Küstenabschnitt, der besonders der Angriffswut der See ausgesetzt ist, etwas stabilisiert.

Bovbjerg über der Steilküste

Das Steilufer erreicht mit beinahe 40 m am Leuchtturm *Bovbjerg* (Blk.(2)-15s) seine größte Höhe. Der rote Turm sieht so braun aus wie der Lehmabhang unter ihm, ist 26 m hoch und wird von zwei Häusern flankiert. Eine sehr wichtige und gute Landmarke.
Danach fällt das Land nach Norden zu immer mehr ab, bis das Steilufer wieder in niedrige Dünen übergeht. Es gibt hier außer dem Ort *Ferring,* mit seiner Kirche und zwei auffallenden weißen Hotels, keine markanten Punkte mehr.
Eine Buhne folgt der anderen. Sie stehen so akkurat, daß man sich bei schlechter Sicht von Kopf zu Kopf weitertasten könnte, bis hinauf zum Thyborøn-Kanal.
Nur etwas nördlich von Ferring, etwa nach 2,5 sm, steigen die sonst flachen Dünen nochmals zu Höhen an, wie wir sie von Holmslands Klit her kennen.

Nördlich von *Vejlby* wird die Küste immer flacher und auch eintöniger. Fern im Osten sieht man das große Chemiewerk von Harboøre, das aber schon am Limfjord steht.

Danach tauchen auf der Halbinsel *Thyborøn Tange* auch schon die ersten Häuser von Thyborøn auf. Davor noch der kleine Ort *Flyvholm,* wo eine der ersten dänischen Seenotrettungsstationen (im Jahr 1847) entstand. Seit ihrem Bestehen sind von dieser Station 700 Menschen aus Seenot gerettet worden.

Auf Thyborøn Tange ist das Land sehr flach; die Buhnen ragen weit ins Meer hinaus, und am Strand stehen große, zum Teil gesprengte Bunker.

Normalerweise ist die Einfahrt in den Thyborøn-Kanal nicht schwer. Die rot-weiße Ansteuerungstonne (Blk.-10s), die knapp 1,5 sm westlich von Thyborøn ausliegt, braucht man nicht anzulaufen, wenn man den eben beschriebenen Weg gekommen ist. Es genügt, wenn man etwa auf der 6-m-Linie bleibt, denn so trifft man ziemlich genau auf die schwarz-gelbe Tonne (Toppzeichen zwei Kegel, Spitzen oben), die an der westlichen Einfahrt zum Kanal liegt. Danach geht es weiter, entlang dem Badestrand am Südwestufer; und dann kommt auch schon die Hafenmauer, hinter der die Masten der Fischkutter und die roten Dächer von Thyborøn hervorlugen. Knapp 1 sm nach der Schwarz-Gelben dreht man in den Hafen von Thyborøn ein.

Etwas komplizierter kann der Strom die Einfahrt nach Thyborøn machen: Bei ruhigem Wetter wechselt der Strom mit Ebbe und Flut. Der Flutstrom setzt nach Norden und in den Kanal hinein, der Ebbstrom nach Süden und aus dem Kanal heraus. Das ist klar und einfach.

Will man von der Nordsee aus in den Kanal einlaufen, so wäre dafür die Zeit des auflaufenden Wassers der günstigste Zeitpunkt: Die Flut läuft ca. 7½ Stunden und beginnt 3½ Stunden vor Hochwasser*. Sie wird verstärkt durch Winde aus S und W.

Der Ebbstrom wird verstärkt bei Winden aus N und W. Er läuft die letzten 1¾ Stunden, während das Wasser fällt, und die ersten 3¼ Stunden während des Steigens.

Das beste wäre es also – wenn man es einrichten kann –, mit dem parallel zur Küste nordwärts setzenden Strom den Thyborøn-Kanal anzusteuern und sich von der Flut hineinschieben zu lassen.

Zur Not ginge es aber auch gegen den Strom, denn unter normalen Verhältnissen läuft er mit erträglichen 2 bis 3 kn.

Es gibt jedoch besondere Umstände, die das Einlaufen in den Kanal zu einer schwierigen Angelegenheit machen: Längere Perioden mit West- oder Ostwinden verursachen im Limfjord besonders hohe (bei West) oder auch anormal niedrige Wasserstände (bei Ost). Diese Wasserstände bringen dann die normalen Stromverhältnisse, wie sie von den Gezeiten

* Bezugsdaten für HW Helgoland, s. Seite 26.

geschaffen werden, beträchtlich durcheinander: Ist der Wasserstand im Limfjord nach lang anhaltenden Ostwinden sehr gesunken, so wird nach Abflauen des Windes Wasser aus der Nordsee durch den engen Kanal in den Limfjord einströmen, um einen Ausgleich zu schaffen. Umgekehrt wird ein starker Strom nach außen setzen, wenn der Wasserstand im Limfjord nach einer langen Periode westlicher Winde besonders hoch ist.
In beiden Fällen kann der Strom, der normalerweise mit 2 bis 3 kn läuft, Geschwindigkeiten bis zu 6 kn erreichen. Bei auflandigem Wind und aus dem Limfjord ablaufendem Wasser wird die Einfahrt in den Kanal mit beträchtlichen Risiken verbunden sein, zumal sich dann auch noch die See über *Havrevlen* bricht. Mit einem starken Motor dürfte es trotzdem zu schaffen sein, obwohl Schiffe mit mehr als 3 m Tiefgang dann von einer Durchsteuerung des Kanals Abstand nehmen.
Diese extremen Stromverhältnisse sind in den Sommermonaten eher die Ausnahme. Wenn aber solche Wetterbedingungen tatsächlich herrschen, tut man gut daran, sich vorzusehen. Am Hafen von Thyborøn setzt dieser Strom von 6 kn dann übrigens quer zur Einfahrt!
Und noch etwas: Nicht selten geschieht es hier, daß ohne Vorwarnung Seenebel auftritt; zusammen mit dem Rauch aus den Fabriken von Harboøre verursacht er eine rapide Sichtverschlechterung, so daß in dem relativ vielbefahrenen Thyborøn-Kanal allergrößte Wachsamkeit geboten ist.
Hier und auch auf Seekarten und im Seehandbuch wird die Einsteuerung in den westlichen Limfjord als „Kanal" bezeichnet. Man könnte also denken, man hätte einen künstlich geschaffenen akkuraten, womöglich noch von Steinufern eingefaßten Kanal vor sich. Dem ist beileibe nicht so. Vielmehr handelt es sich um einen etwa 400 m breiten natürlichen Durchbruch, der bei einer besonders starken Sturmflut entstanden ist, mit eher flach verlaufenden, unregelmäßigen Ufern. „Kanal" stimmt aber insofern, als hier ständig gebaggert werden muß, um diese Rinne schiffbar zu halten, die jährlich von immerhin 2000 Schiffen angesteuert wird.
Thyborøn-Hafen siehe Törnvorschlag 2, Seite 69.

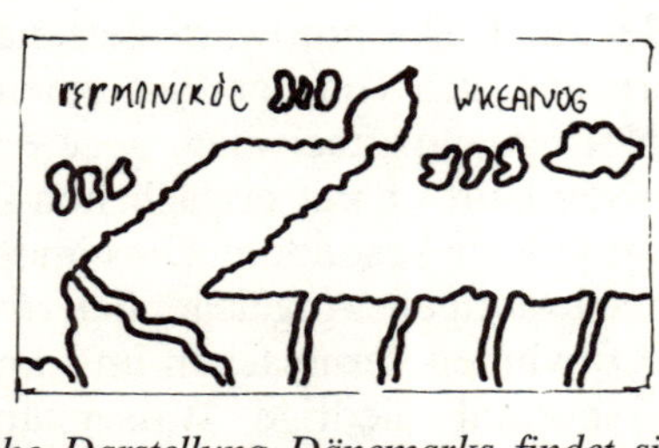

Die erste kartographische Darstellung Dänemarks findet sich auf der Weltkarte des Astronomen und Geographen Ptolemäus (85–160 n. Chr.), zwar nur ein winziger Ausschnitt, aber doch die Form Jütlands recht genau wiedergebend; auch die Elbmündung ist erstaunlich gut getroffen

Durch den Limfjord

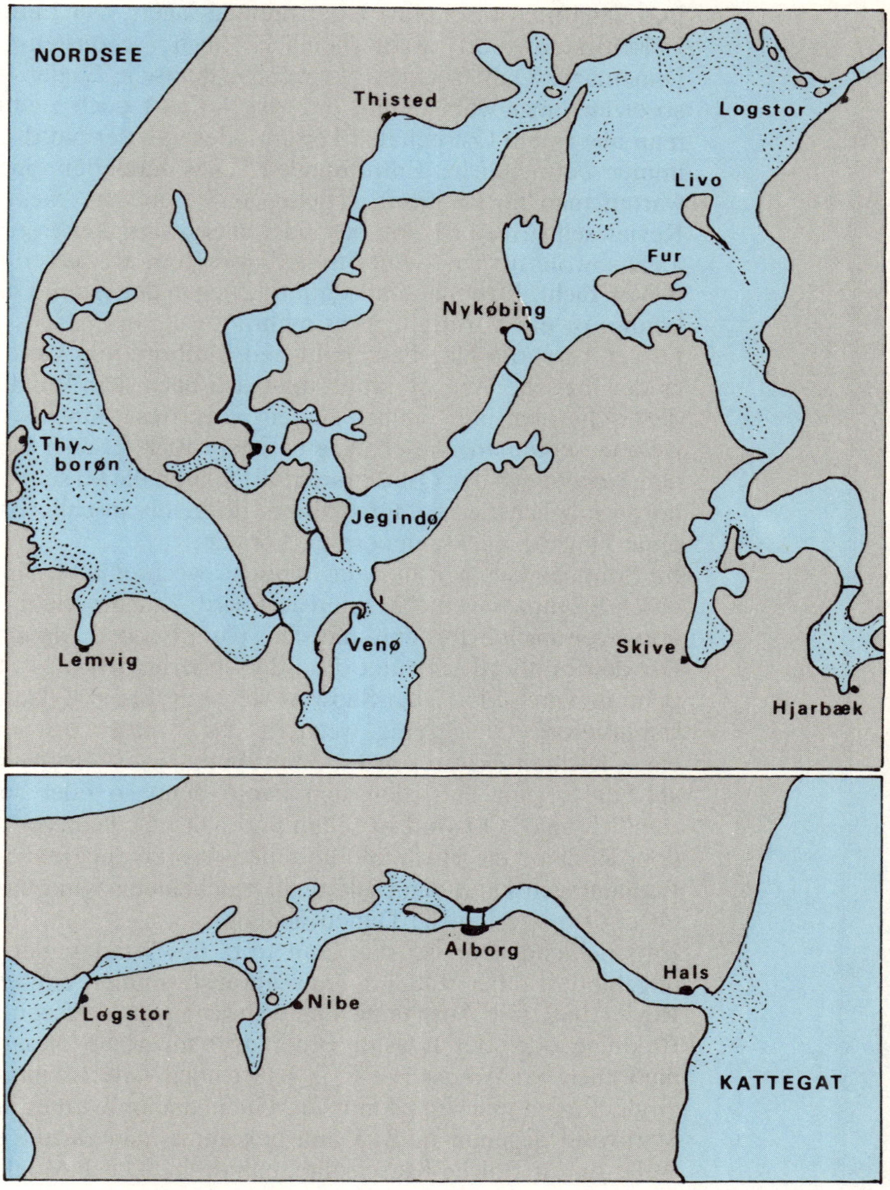

Törnvorschlag 2: Von Thyborøn nach Hals

Das kann man wohl ohne Übertreibung sagen: Der Limfjord ist eines der vielseitigsten und wahrscheinlich auch schönsten Segelreviere in Dänemark. Daß trotzdem so wenige deutsche Segler ihren Kurs dahin absetzen, liegt wohl daran, daß die Anfahrt doch ziemlich lang ist. Ob man aus einem Ostseehafen kommt oder von der Nordseeküste – es sind immer beträchtliche Entfernungen. Dies muß der einzige Grund sein, warum man im Limfjord so selten eine deutsche Yacht trifft. Denn das Revier selbst bietet keine besonderen Schwierigkeiten, mehr noch: Es ist ideal sowohl für ein kleines trailerbares Boot als auch für eine hochseegehende Yacht. Daß man im Limfjord „wegen der vielen Flachs" nicht segeln könne, ist ein Vorurteil, nicht mehr.

Dieser Törnvorschlag beschreibt den Limfjord von West nach Ost – weil es der logische Weg ist, wenn man sich nach dem Wind richten will, und der weht hier nun einmal zumeist aus West. Daß Segler, die aus der Nordsee kommen, diesen Weg nehmen, ist klar, aber ich möchte es auch den Seglern aus der Ostsee raten: Sie sollten die 90 sm von Hals nach Thyborøn möglichst zügig durchfahren, um dann anschließend gemütlich und ohne Hetze zurückschippern zu können.

Im Sommer hat man hier das typische wechselhafte dänische Wetter, das durch Frontpassagen charakterisiert wird. Zumeist zieht ein Tief über Südnorwegen nach Schweden, um sich später bei den Ålandinseln aufzulösen. Für den Limfjord bedeutet dies, daß innerhalb von 24 Stunden die Windrichtung von Südost über Südwest wechselt, um sich dann bei Nordwest zu stabilisieren. Gleichzeitig wechselt das Wetter von Sonnenschein über einen leichten Tagesregen zur Eintrübung. Es ist ein Wetter, mit dem man als Segler ganz zufrieden sein kann, denn so oder so, es ändert sich ziemlich bald. Ostwind ist selten und hält nur dann vor, wenn gleichzeitig über Rußland ein Hoch und über den Azoren ein Tief liegt. Unter solchen Bedingungen kann dann allerdings wochenlang Wind aus Ost wehen, der Øster-Ost, wie ihn die Dänen nennen.

Entscheidend aber ist, daß man trotz des Windes, der ja doch ziemlich ungehindert über Jütland hinwegbraust, immer ein relativ geschütztes Revier hat, mit Ausnahme der weitflächigen Haffseen, wie der Nissum Bredning oder der Løgstør Bredning. Außerhalb dieser Brednings kann man auch bei Windstärke 6, ja selbst noch 7 flott dahinsegeln, ohne sich große Sorgen machen zu müssen. Unangenehm wird es nur, wenn man bei Starkwind gegenan muß: Dann bekommt man es mit einer sehr steilen Welle zu tun. Solche Kurse sollte man deshalb nach Möglichkeit meiden.

Navigatorisch stellt der Limfjord keine besonderen Anforderungen. Das Hauptfahrwasser ist sehr gut betonnt und befeuert und läßt sich auch nachts gut befahren (soweit man nachts durch die Brücken kommt). In den Nebenfahrwassern könnte die Betonnung weniger sparsam sein, aber eigentlich hat man auch da keine Probleme, wenn man nur aufpaßt.
Die Karten – sowohl deutsche als auch dänische – möchte man sich in einem größeren Maßstab wünschen, aber da es nun einmal keine anderen gibt, muß man damit zurechtkommen. Der Limfjord ist ein Revier der kurzen Distanzen. Die Häfen liegen alle so dicht beieinander, daß man schon sehr bummeln muß, will man keinen auslassen. Hafenprobleme gibt es (fast) nicht. Im übrigen findet man eine Fülle von guten Ankermöglichkeiten. Es wird auf einige hingewiesen, ohne daß diese Aufzählung vollständig wäre; denn hier kann jeder noch seinen ganz individuellen Ankerplatz entdecken.
Der *Tidenhub* spielt keine große Rolle. Vereinfacht könnte man sagen, daß er an den Eingängen zum Limfjord im Westen und im Osten etwa 0,5 m beträgt und zur Mitte des Fjords hin auf etwa 0,2 m abnimmt. Es gibt einige Ausnahmen, die dann bei den einzelnen Häfen erwähnt werden. Die *Wasserstandsveränderungen,* die sich aus den Einflüssen des Windes ergeben, werden ebenfalls bei den einzelnen Häfen genannt, sofern sie relevant sind. Die *Gezeitenströme* sind im allgemeinen nicht erheblich: Starkwind kann sie je nach Richtung verstärken und aufheben; lediglich in den schmalen Sunden kann ein nennenswerter Strom bis zu 3 kn auftreten.
Der Limfjord ist, wie ganz Dänemark, eine Schöpfung der Eiszeit, aber hier kann man die Entstehungsgeschichte des Landes besonders gut sehen, nämlich an der Struktur der vielen Sand- und vor allem der typischen Kalkabbrüche, die ihm auch seinen Namen gegeben haben: den „Limsten".

Seekarten: Ob man deutsche Karten wählt oder dänische, bleibt sich gleich. a) deutsche: Nr. 81 „Limfjorden, westlicher Teil", Maßstab 1 : 130 000; Nr. 80 „Limfjorden, östlicher Teil", Maßstab 1 : 50 000. b) dänische: Nr. 104 „Limfjorden, Ålborg – Thyborøn", Maßstab 1 : 130 000; Nr. 106 „Limfjorden, Hals – Ålborg", Maßstab 1 : 30 000.

Seebücher usw. braucht man nicht; sie bringen nicht mehr, als in diesem Buch steht. Leuchtfeuer kann man ohne weiteres aus den Karten entnehmen, wenn man überhaupt nachts fährt, was aber wohl eher der Ausnahmefall sein wird. Zumal man auch gar nicht durch alle Brücken hindurchkommt, also sowieso irgendwo zur Nacht wird liegen müssen.

Distanzen: **Thyborøn – Lemvig** (12 sm) – **Venø** (12 sm) – **Gyldedal** (7 sm) – **Struer** (4 sm) – **Jegindø** (6 sm) – alternativ **Sillerslev** (8 sm) – **Thissinghuse** (5 sm) – **Thisted** (22 sm) – **Feggesund** (8 sm) – **Amtoft** (2 sm) – **Ejerslev** (5 sm) – **Nykøbing** (10 sm) – **Glyngøre** (2 sm) – **Harre Vig**

(7 sm) – **Fur** (14 sm) – **Hvalpsund** (10 sm) – **Skive** (9,5 sm) – **Hjarbæk** (19 sm) – **Livø** (25 sm) – **Rønbjerg** (2 sm) – **Løgstør** (8 sm) – **Nibe** (18 sm) – **Ålborg** (11 sm) – **Hals** (16 sm).

Thyborøn ist ein auch für Segler wichtiger Hafen, wenn man aus der Nordsee kommend in den Limfjord will oder auch hinüber nach Norwegen (bis Mandal 89 sm quer übers Skagerrak). Ansonsten hat der Ort mit seinen 2500 Einwohnern wenig zu bieten. Der Hafen ist in erster Linie für die Fischer gebaut worden und nach Esbjerg und Hanstholm der größte an der Westküste. Dafür hat er alles. Der Ort selbst erstreckt sich weit und langweilig zwischen den Dünen; lediglich das weiß-gelbe barocke Gebäude des alten Hafenamtes mit seinem flatternden Danebrog davor setzt einen gewissen Akzent in dieser architektonischen Einöde. Man kann in Thyborøn festmachen, ruhig liegen, sich mit allem Denkbaren versorgen, auch sein Schiff reparieren lassen, wenn es sein muß, aber damit hat es sich dann auch schon. Danach sollte man wieder aufbrechen.

Thyborøn verdankt seine Existenz allein dem Meer. Früher lebten zwischen den Dünen nur wenige Menschen, die sich vom Fischfang ernährten. Erst als am 3. und 4. Februar 1825 ein Sturm aus WSW Agger Tange durchbrach und somit den Limfjord auch im Westen wieder mit dem Meer verband, eröffneten sich neue Einnahmequellen. Bescheidene zunächst nur. Der Durchbruch aber verbreiterte sich immer mehr und hatte 1847 schon eine Breite von rund 400 m erreicht; allerdings war das Wasser nur 2,5 m tief, also von tiefergehenden Fahrzeugen nicht zu befahren. Trotzdem gab es schon 1850 von hier eine direkte Schiffsverbindung mit England, und die Bewohner von Thyborøn fanden als Kanallotsen ein gutes Auskommen. Doch die Passage versandete bald wieder, und 1860 kam der Schiffsverkehr ganz zum Erliegen. Aber schon 1862 durchbrach eine Sturmflut erneut das flache Land, allerdings etwas südlicher, etwa 1 km nördlich von Thyborøn, ohne daß dies auf die Entwicklung des Ortes zunächst einen Einfluß gehabt hätte.

Der entscheidende Aufschwung kam erst, als der Staat um 1875 damit begann, das Küstenland zu befestigen. Diese Küstensicherungsarbeiten gaben den Leuten nicht nur Arbeit, sondern stärkten auch ihr Vertrauen in die Zukunft. Von da an nahm dann eine starke Aufwärtsentwicklung ihren Anfang, um 1917 mit dem Bau des Hafens einen Höhepunkt zu erreichen. Jetzt liegen hier an die 225 Kutter, und große Betriebe der Fischindustrie sind in Thyborøn ansässig.

Die inzwischen halbverfallenen Bunker, die man an der Einfahrt in den Thyborøn-Kanal sieht, wurden während des 2. Weltkrieges von den deutschen Besatzungstruppen gebaut.

Liegeplatz und Versorgung: Man fährt in das nördlichste Becken, in den Nordre Inderhavn, und macht dort fest, wo die Kaimauer einen sanften Bogen schlägt. Hier liegt man absolut ruhig, wenn auch wenig komfortabel, denn die eiserne Spundwand macht das

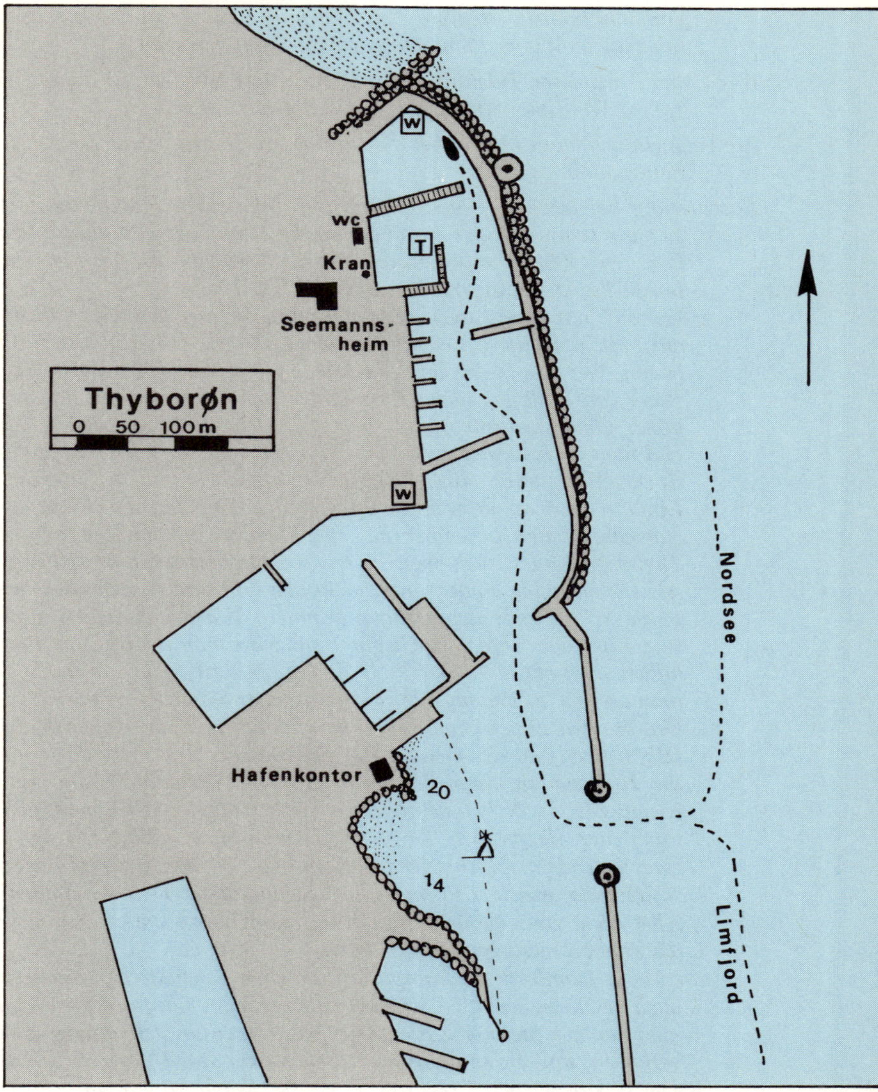

Abfendern nicht ganz einfach für eine kleine Yacht. Von hier aus hat man nur ein paar Schritte zu dem sehr feinen, geschützten Badestrand gleich nördlich vom Hafen. Leider wird einem der Wind auch einige Kilo von diesem feinen Sand innerhalb weniger Stunden aufs Deck geweht haben. Beim Hafenmeister sollte man sich anmelden; zu bezahlen hat man hier wie in den meisten Häfen der Westküste (noch) nichts. Sollte dies der erste dänische Hafen sein, den man anläuft, so dürfte es mit dem Zoll etwas kompliziert werden, denn der residiert in Holstebro-Struer und müßte extra herbeitelefoniert werden. Versorgung sehr gut. Wasser von Zapfsäulen im Vorhafen. Treibstoff

von Tankbooten. Mehrere Werkstätten und Schiffszubehörhändler im Ort, unmittelbar am Hafen. WC s. Plan. Duschen im Seemannsheim.

Wasserstand: Mittlerer Tidenhub 0,5 m. Wind aus SW bis NW erhöht den Wasserstand um 1,0 m; Wind aus NE bis SE senkt ihn um 1,0 m.

Adressen: Information (auch über Thyborøn): in Lemvig (siehe Seite 76); Post: an der Eisenbahnstation.

Ansteuerung bei Nacht: a) aus der Nordsee: Wer einen Funkpeiler hat, ist gut dran, denn er kann schon aus der Ferne das starke Funkfeuer Hanstholm (296,5 kHz, HM · · · · / — —, 100/70) anpeilen, um anschließend eine Zielfahrt auf das (schwächere) Thyborøn-Funkfeuer zu machen (289,6 kHz, TN, — / — ·, 30).

Wer sich auf seine Augen verlassen muß, für den steht das stärkste und von weiter her am besten sichtbare Leuchtfeuer am Lodbjerg (Blz.(2)-20s) 7 sm nördlich von Thyborøn. Wer von Süden an der Küste hochkommt (s. Törnvorschlag 1), der braucht das Feuer von Lodbjerg nicht. Er orientiert sich sofort am Leuchtfeuer Thyborøn: ein 17 m hoher Gittermast mit Blz.(3)-10s. Hier steht auch der Nebelschallsender: (1)-30s.

Hat man dieses Feuer einwandfrei ausgemacht, so sollte man versuchen, die rot-weiße Ansteuerungstonne (Blk.-10s) zu fassen zu bekommen. Sie steht 1,5 sm westlich der Einfahrt und damit weit genug von den Untiefen der Küste ab, so daß man sich zunächst in aller Ruhe über die Feuer klarwerden kann, die ringsum stehen: Durch den Thyborøn-Kanal leitet einen ein etwas kompliziertes, aber sicheres System von Feuern. Als Yachtskipper braucht man nicht alle und darf es sich etwas einfacher machen, als große Schiffe sich das erlauben könnten. Von der Ansteuerungstonne aus sollte man stur Kurs Ost laufen. Nach gut 1 sm wird man an Bb. das Richtfeuer Agger Tange haben. Es steht in Linie 65°. U-F.: Glt.-2s, O-F.: Ubr.w/r/gn.-5s. Weiter Kurs Ost, bis man an Stb. in Peilung 125° das Richtfeuer Svaneholm ausmacht: U-F.: Glt.-2s, O-F.: Glt.-4s. Auf dieser Linie sollte man laufen, bis man dicht vor der roten Leuchttonne (Blz.(2)r.-5s) an der Ostseite des Fahrwassers steht. Von da weiter mit Kurs SSW auf die Hafeneinfahrt von Thyborøn zu. Die Molenköpfe sind rot und grün befeuert, jeweils Blz.-3s. Neben dem grünen Feuer steht ein Nebelschallsender: (1)-20s. Das Sektorenfeuer Thyborøn Tange N, Kanal-Mole (Ubr.(2)w/r/gn.-12s) braucht man eigentlich nicht. Höchstens zur Kontrolle. Ist man erst mal im Kanal, wird man sich sowieso die meiste Zeit im grünen Sektor dieses Feuers befinden.

Alles nicht ganz einfach. Besonders dann, wenn starker Strom setzt und man nachts die Tonnen nicht beobachten kann (vgl. Seite 63).

b) vom Limfjord: So kompliziert die eben geschilderte Ansteuerung aus der Nordsee auch erscheinen mag – ich halte die aus dem Limfjord für weit unangenehmer, weil man nämlich hier keine Richtfeuer hat. Man muß sich anfangs allein auf Leuchttonnen verlassen, und die sind vor dem Lichtermeer von Thyborøn sehr schwer auszumachen. Das Sektorenfeuer Thyborøn Tange N, Kanal-Mole halte ich zunächst für eher verwirrend, weil sein weißer Sektor in Richtung Limfjord über Untiefen führt. Also Tonnen: Die wichtigste und erste ist die grüne Nr. 29 (Blz.(3)gn.). Sie steht dicht neben einer unbefeuerten Gelb-Schwarzen (mit zwei Kegeln, Spitzen unten). Ist es gelungen, die grüne Tonne 29 zu fassen, so müßte man entlang den grünen und roten Leuchttonnen eigentlich auch bis zum tieferen Teil des Søndre Dybs gelangen. Hier ist das Sektorenfeuer Thyborøn Tange N, Kanal-Mole allerdings sehr hilfreich (Ubr.(2)w/r/gn.-12s). Denn der rote Sektor warnt vor einer Untiefe, die dicht hinter der grünen Leuchttonne Nr. 1 Blz.(2)gn.-5s) sich weit nach NW hinzieht. Man sollte von der Grünen aus Kurs NE laufen, bis man an Bb. den allerdings extrem schmalen weißen Sektor hat, der einen dann sicher zur Hafeneinfahrt hinführt.

Die Nordsee bricht durchs Land

Daß man heutzutage überhaupt von Westen aus in den Limfjord einlaufen kann, verdanken wir den Stürmen aus der Nordsee, diesen großen Veränderern und Küstengestaltern. Zwar war zu Zeiten der Wikinger der Limfjord zur Nordsee hin offen, und ihre Flotten, die nach Westen, vor allem nach England, zu Raub- und Eroberungszügen ausliefen, benutzten diesen Weg, was ihnen auch nicht schwerfiel mit dem außerordentlich geringen Tiefgang ihrer Drachenboote. Aber schon im Mittelalter hatte der Sand der Nordsee diese Passage wieder zugeschwemmt. Schiffe, die aus dem westlichen Limfjord zur offenen See wollten, mußten über die flachen Løgstør-Gründe zum Kattegat laufen. Dies war so umständlich und zeitraubend, daß der Handel des Landes nördlich vom Limfjord, aus den Gebieten Thy und Vendssyssel, an der Küste des Skagerraks abgewickelt wurde.

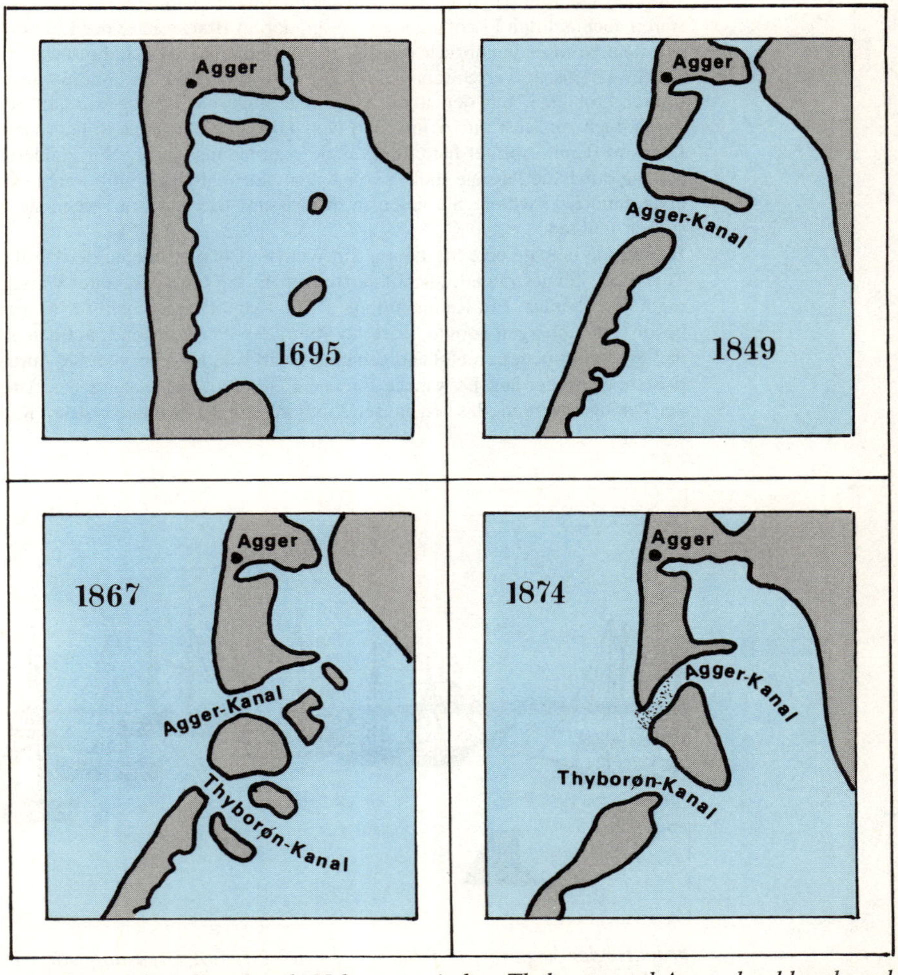

Wie die Nordsee die schmale Nehrung zwischen Thyborøn und Agger durchbrach und wie daraus der Thyborøn-Kanal entstand

Nun gab es an dieser flachen Sandküste keinen Hafen, und so baute man dafür besondere Schiffe, die „Sandskuten", die nahe an den Strand heranliefen und dort von Prähmen geleichtert wurden. Eine sehr komplizierte Angelegenheit, denn kam ein auflandiger Wind auf, so mußten die Sandskuten ihre Ent- oder Beladung abbrechen und schleunigst Kurs auf die offene See absetzen, um ja nicht auf Legerwall zu geraten. Der wichtigste Platz für diese „Skudefahrt" war Klitmøller an der Skagerrakküste nordwestlich von Thisted. Der Handel wurde hauptsächlich mit Norwegen abgewickelt, dem reichen „Sørland", das ja am anderen Ufer des Skagerraks liegt. Die Dänen lieferten in erster Linie Korn, mit dem Jütland reich gesegnet war, und erhielten dafür von den Norwegern Holz für den Schiffs- und Hausbau.

Diese umständlichen Schiffahrts- und Handelswege änderten sich auch dann noch nicht, als in der Nacht vom 3. auf den 4. Februar 1825 ein besonders schwerer Südweststurm gegen die Westküste Jütlands tobte und die Nordsee sich einen Weg durch die Landzunge von Agger Tange brach. Der Limfjord hatte jetzt wieder eine Öffnung nach Westen, aber die Folgen waren zunächst eher katastrophal. Die Menschen am Limfjord konnten nicht allein von der Landwirtschaft leben, sondern waren auch auf den Fischfang angewiesen, der im Brackwasser des Limfjords sehr ertragreich war. Mit dem Nordseedurchbruch veränderte sich nun auch das Limfjordwasser; es wurde salziger, die Brackwasserfische verschwanden. Andere Fische bedeuteten andere Fangmethoden und -geräte. Lauter Probleme, mit denen die Menschen lange nicht fertig wurden. So brachte der Nordseedurchbruch zunächst nur Armut und Not. Die Chancen, die sich dem Gebiet um den westlichen Limfjord damit eröffnet hatten, erkannte man anfangs nicht. Nur kleinere Schiffe segelten mehr zufällig durch die Passage südlich von Agger. Norwegische Schiffe waren es, die sich den Kanal als erste zunutze machten: Sie liefen in die Nissum Bredning ein, wenn sie einen Schutzhafen aufsuchen mußten.

Die Wende brachte eine Strandung. Im Winter 1830/31 wurde an der Westküste, etwas südlich von Thyborøn, ein gestrandetes Schiff versteigert. Es lag fast völlig unter Wasser, nur der Achtersteven ragte noch heraus. Ein Kaufmann aus Thisted konnte es deshalb für wenig Geld erwerben. Noch bevor er es abbergen konnte, warf ein Sturm das Wrack vollends auf den Sand, und nun sah man, daß es ein fast neues, in Holland gebautes Schiff war. Man bugsierte es durch den Agger-Kanal und richtete es wieder her. Es war die JOHANNA ELISABETH, und es sollte das erste Schiff seit den Zeiten der Wikinger werden, das den ganzen Limfjord von der Nordsee bis zum Kattegat durchsegelte.

Frachtsegler liegen – um 1835 – in der Nissum Bredning vor Anker und warten auf die Flut, um durch die nur 2,5 m tiefe Passage des Agger-Kanals in die Nordsee segeln zu können (nach einem zeitgenössischen Stich)

Der Agger-Kanal war mittlerweile an die 400 m breit, aber nur 2,5 m tief. Seine regelmäßige Besegelung begann um das Jahr 1835, allerdings mußten die Schiffe oft lange in der Nissum Bredning liegen und auf einen höheren Wasserstand warten. Aber der Kanal versandete bald wieder, da man nicht die Mittel hatte, um die Tiefe zu erhalten.

Da kam die Natur wieder zur Hilfe. In den Jahren 1862 und 1863 suchten besonders schwere Stürme die Westküste heim, und das Wasser brach erneut durch das Land, diesmal aber etwas südlicher von Agger, dicht bei Thyborøn. Diese Passage war tiefer und breiter als die alte. Und alsbald entwickelte sich rasch ein lebhafter Verkehr an dieser Durchfahrt, die man nun Thyborøn-Kanal nannte. 1868 zum Beispiel passierten erstmals wirklich tiefgehende Frachtensegler den Kanal, und aus den Aufzeichnungen kann man erkennen, wo der jütländische Handel jener Zeit seine Schwerpunkte hatte: Vier Schiffe fuhren nach Altona, eins nach Bremen, 38 nach England, fünf nach Holland, drei nach Hamburg, 124 nach Norwegen, und zwölf liefen andere dänische Häfen an.
Der Thyborøn-Kanal ist seitdem zu einer wichtigen Wasserstraße geworden, der eine geschützte Verbindung vom Kattegat zur Nordsee oder, wie die Dänen auch sagen, Vesterhavet, herstellt, allerdings mehr für kleinere Schiffe. Den Kanal schiffbar zu halten, ist eine wahre Sisyphusarbeit. Jahr für Jahr schwemmt die Nordsee eine dreiviertel Million Kubikmeter Sand an, so daß ständig im Kanal gebaggert werden muß. Der große Saugbagger ist deshalb zu einem vertrauten Anblick geworden; mal liegt er da, mal dort, aber irgendwo wird man ihn immer bei der Arbeit finden, wenn man in den Thyborøn-Kanal hineinsegelt.

Dicht hinter Thyborøn erscheint der Limfjord zunächst nicht sehr beeindruckend: eine eher öde, weite Wasserfläche, ein Haffsee mit nur wenig konturierten Ufern. Im Westen stehen auf den Sanddünen von Harboøre Tange die großen Chemiewerke, die bei Westwind ihre Dunstschwaden über die Nissum Bredning treiben. Haffsee ist schon der richtige Ausdruck, denn nichts anderes bedeutet das dänische Wort „Bredning“ im Deutschen.
Der Tonnenstrich des Thyborøn-Kanals, der in das breite und nach Osten auch zunehmend tiefer werdende Wasser der Nissum Bredning führt, ist sehr eng. An einigen Stellen steht das Wasser dicht neben der Fahrrinne nur handbreit über den Sänden. Auch wenn man die allerneueste Seekarte hat, kann man nicht sicher sein, daß darin die Fahrrinne ganz richtig eingezeichnet ist, da sie durch Versandungen immer wieder verschoben wird. Deshalb werden auch die Gläser des Sektorenfeuers *Thyborøn Tange N, Kanal-Mole* von Zeit zu Zeit versetzt, je nachdem, wie das Fahrwasser gerade verläuft.
Sobald man nach gut 3 sm die grüne Leuchttonne Nr. 29 (Blz.(3)gn.) erreicht hat, ist man auch am Ende des Thyborøn-Kanals angelangt. Von hier nun hat man bis auf weiteres ziemlich tiefes Wasser unterm Kiel, jedenfalls für hiesige Verhältnisse.
Man kann die Nissum Bredning recht gut und gefahrlos aussegeln; lediglich an ihrem Nordostufer, nahe der Untiefe *Mullerne,* hat man ein Sperrgebiet zu beachten, das mit gelben Tonnen markiert ist. Es sind Bänke mit den berühmten Limfjord-Austern.
Ob man nun nach Lemvig will oder sofort weiter zum Oddesund, also im Hauptfahrwasser durch den Limfjord bleiben will, ist egal. Man wird auf

alle Fälle die nächste grüne Leuchttonne (Blz.gn.-3s) ansteuern, die ostsüdöstlich der Aussteuerung Thyborøn-Kanal ausliegt. Diese Tonne befindet sich 1 sm nordöstlich der 0,3-m-Untiefe *Rønnen,* auf die man dann besonders achten sollte, wenn man anstatt von der grünen Tonne 29 aus direkt die rot-weiße Tonne der Ansteuerung nach Lemvig anliegen will. Was durchaus möglich ist, obwohl man damit nicht nur bedenklich nahe an Rønnen herankommt, sondern auch an die Untiefen von *Stenodde.*

Also besser im Hauptfahrwasser nördlich von Rønnen bleiben und ab der grünen Tonne (Blz.gn.) mit Kurs S auf die rot-weiße Ansteuerungstonne zu. Von hier aus hat man sich dann nur noch sauber im Tonnenstrich nach Lemvig zu halten. Unproblematisch, aber nicht immer zu segeln, weil es in der Rinne ziemlich eng wird.

Die Landschaft hier ist nun auch ganz anders geworden, und zwar so, wie man sich den Limfjord wohl vorgestellt hat: Das Ostufer der Bucht steigt schon recht steil an, ist mit dunklem Laubwald bewachsen und wird charakterisiert durch die für den Limfjord typischen gelbbraunen Sandabbrüche.

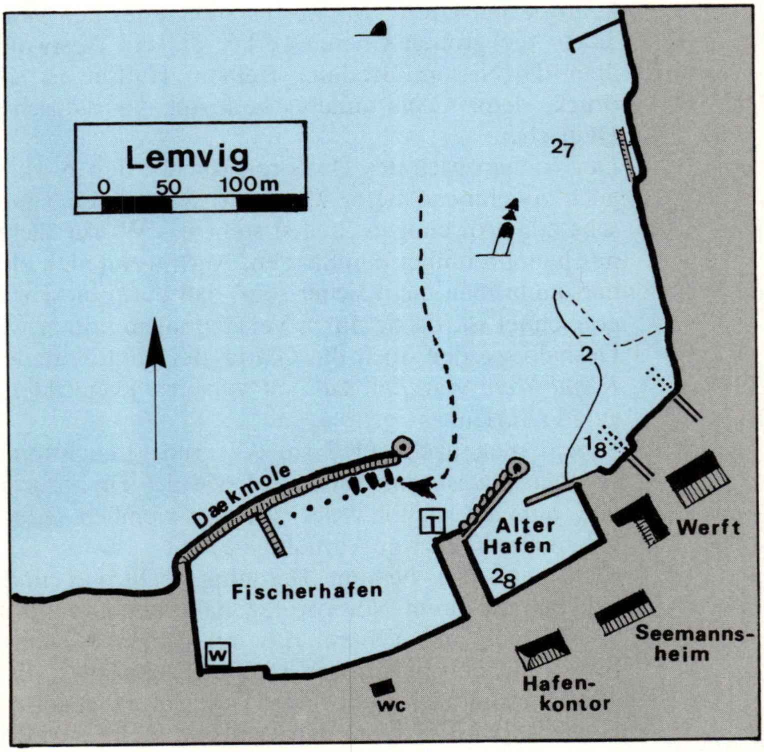

Sobald die Fahrrinne den scharfen Knick nach Süden macht, sieht man auch schon

Lemvig

voraus am Scheitel der Bucht liegen. Das Städtchen, das sich zwischen den steilen, dunkelgrünen Hängen und dem Wasser zusammendrängt, hat eine außergewöhnlich hübsche Lage. Da es etwas abseits der üblichen Route liegt, wird es relativ selten von Yachten angelaufen. Die Stadt ist zwar schon ziemlich alt – 1545 erhielt sie die Rechte einer Handelsstadt, was in der Gegend hier recht selten war –, aber alte Gebäude findet man kaum noch, bis auf die weiße Kirche mit ihrem Zwiebelturm, die der von Ålborg sehr ähnlich sieht, auch wenn sie viel kleiner ist. Was Lemvig so einmalig am Limfjord macht, das ist seine Lage unterhalb der steilen Hänge, nicht aber etwa Sehenswürdigkeiten, von denen es außer der Kirche keine gibt. Eine kleine, gemütliche Stadt.

Der Hafen, um den sich das Städtchen halbkreisförmig herumzieht, ist ungemein lebendig, weniger wegen der Frachtschiffe, die kaum hierherkommen und dann auch den Kai im Osthafen anlaufen, sondern wegen der großen Fischerflotte, die hier in Lemvig liegt. Der Fischexport nach Deutschland hat eine lange Tradition. Etwa parallel zum Hafen zieht sich vom Kirchplatz aus westwärts eine Fußgängerzone hin, die pulsierende Schlagader der Stadt.

Liegeplatz: Früher gab es hinter der Dækmole Gastliegeplätze. Jetzt sollen Yachten in die Marina Lemvig von Vinkelhage gehen. Doch ganz so streng wird das nicht gehandhabt. Wenn ich nicht im Fischerhafen von Lemvig unterkäme, würde ich auch

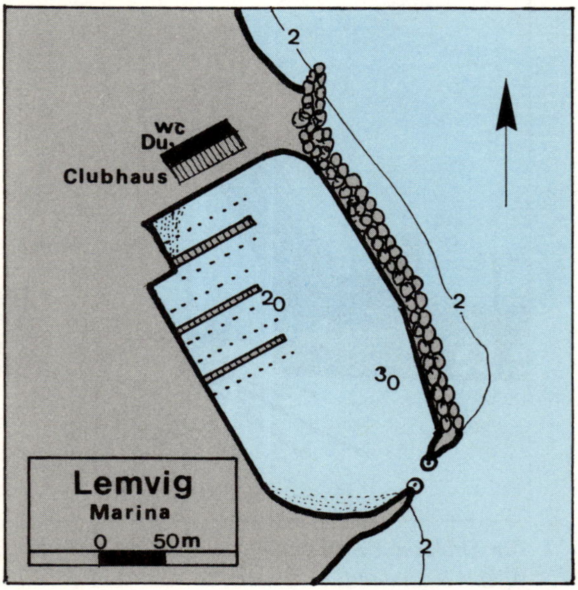

nicht hierher fahren. Die Marina liegt ca. 4 km außerhalb der Stadt, am Rande eines Campingplatzes und einer Feriensiedlung.

Versorgung: Tankstelle siehe Plan. Duschen im Seemannsheim, WC siehe Plan. Wasser sowohl an der Dækmole als auch bei der Eisfabrik. Zubehörgeschäfte am Hafen. Slip und Werft am Alten Hafen. Alles, was man sonst braucht, entlang der Fußgängerzone. Am Hafen, in dem alten gelben Gebäude, das Restaurant „Matrosen", wo man gemütlich sitzt und auch ganz ordentlich, wenn auch nicht umwerfend gut ißt. Neben dem Café vor der Kirche eine gute Kneipe (durch den Hinterhof zu erreichen).

Wasserstand: Tidenhub 0,2 m. Südwestliche bis nordwestliche stürmische Winde können den Wasserstand um 1,7 m erhöhen, nordöstliche bis südöstliche ihn um 0,7 m senken.

Ankerplätze: Auf gut 4 m zwischen der Untiefe Stenodde (im Norden) und der flachen Halbinsel Gellerodde. Oder in der Lemvig-Bucht selbst vor dem Westufer unterhalb des Ortes Underbjerg.

Adressen: Information: Toldbodgade, T. 82 03 72; Fahrräder: beim Ferienzentrum Vinkelhage, T. 82 27 22; Wäscherei: Ågade und Storegade; Post: Andrupsgade 7; Museum: Vestergade 44, T. 82 00 25 (Heimatkunde und Strandgutsammlung).

Ansteuerung bei Nacht: Von der rot-weißen Ansteuerungstonne (Blk.-10s) zunächst in Linie 243,5° auf das Richtfeuer Søgård Mark (beide F.r.) zu, nach gut 2 sm Kurswechsel auf Linie 178° des Richtfeuers Lemvig (beide F.r.). An der Hafeneinfahrt Molenfeuer F.r. und F.gn.

Auf dem Weg zurück in die Nissum Bredning sollte man ruhig bis zur rot-weißen Ansteuerungstonne laufen, auch wenn man der Karte nach schon früher nach Osten abbiegen könnte. Danach dann ist die Nissum Bredning

Die Oddesund-Brücke öffnet sich für einen kleinen Fischkutter, der die Brücke von Westen her anläuft

so tief und breit, daß man sorglos bis dicht unter die Ufer segeln kann, die nun auch zunehmend höher und steiler werden – besonders im Süden, wo sich der gleichmäßige Höhenzug Toftum Bjerge (Naturschutzgebiet) hinzieht, mit dichten Wäldern, immer wieder unterbrochen von steilen Kliffküsten.

Am *Oddesund* verengt sich das Fahrwasser wieder; die Ufer sind auch nicht mehr hoch, sondern ganz flach und erheben sich nur wenig über der Wasseroberfläche. Hier stehen massenhaft Windkrafträder. Über den Oddesund spannt sich eine vielbefahrene eiserne Bogenbrücke.

An den nördlichsten Bogen anschließend, befindet sich eine Klappbrücke, die zu jeder Zeit geöffnet wird. Ausnahme: 15 Minuten bevor ein Zug über die Brücke fährt. Manchmal kommt man ganz schnell hindurch, manchmal muß man auch 15 bis 20 Minuten warten. Verlangt wird, daß man die Signalflagge „N" setzt und das Schallsignal „lang-kurz" gibt; hat man keine Signalflagge „N", hißt man ersatzweise die Nationale auf halber Höhe des Vortopps.

In der Mitte des Brückenbogens neben der Klappbrücke werden Stromrichtung und -stärke angezeigt:

Richtung: Auf einer Scheibe die vier Himmelsrichtungen N, S, E und W. Die Richtung, aus der der Strom setzt, wird dadurch angezeigt, daß der entsprechende Buchstabe blinkt.

Stärke: Der Anzeiger besteht aus je einer Tafel, auf der ein, zwei oder drei waagerechte Streifen aufleuchten (Tag und Nacht ohne Unterschied 60 weiße Blitze in der Minute).

Es bedeutet:

1 Streifen: Stromstärke bis zu 1 kn

2 Streifen: Stromstärke zwischen 1 und 2 kn

3 Streifen: Stromstärke über 2 kn

Die Oddesund-Brücke hat in geschlossenem Zustand eine Durchfahrtshöhe von 5,0 m. Wenn das nicht reicht, muß man mit den schon erwähnten Signalen das Öffnen der Brücke verlangen. Der Brückenwärter antwortet mit folgenden Signalen:

1 rotes Licht + 1 schwarzer Ball	: Brücke bleibt geschlossen.
2 rote Lichter + 2 schwarze Bälle	: Schiffe aus E dürfen die jetzt geöffnete Brücke passieren.
3 rote Lichter + 3 schwarze Bälle	: Schiffe aus W dürfen jetzt passieren.

Ob man die 8 km lange und nur 1,5 km breite

Insel Venø

anläuft, hängt letztlich vom Tiefgang des eigenen Schiffes ab. Zwar soll die Wassertiefe in der Baggerrinne zum Hafen 2,5 m betragen, aber das ist nicht verläßlich, weil nach Starkwindperioden häufig Versandungen auftreten. Ein dänischer Segelkamerad meinte, mit 1,8 m Tiefgang sei der Hafen immer anzulaufen, was ich aber bezweifle, denn ich fand schon

Blick über Venø By nach Norden auf die weite Fläche des Limfjords, im Hintergrund die Insel Thyholm

einmal in der Rinne weniger als 1,5 m Wassertiefe vor (Wasserstände s. Seite 79). Also, das muß man einfach probieren.
Die Insel selbst lohnt unbedingt einen Besuch. Eine Idylle. Im Norden ziemlich hoch, nach Süden flacher werdend, liegt sie mit ihren dunklen Waldufern verlockend da. In Wirklichkeit aber ist sie eine Bauerninsel, auf der Kartoffeln, Gerste und Hafer angebaut werden. Auf Venø wohnen etwa 100 Menschen, die von der Landwirtschaft, ein bißchen vom Tourismus und kaum noch von der Fischerei leben, obwohl der kleine Hafen ursprünglich nur für die Fischerei angelegt worden war. Im Süden, dort, wo die Insel ganz flach ausläuft, besteht eine Fährverbindung hinüber zum Festland über den hier sehr schmalen Venø Sund.

In der Nähe des Hafens stehen – genau gezählt – 27 Häuser: Das ist Venø By. Winzig ist auch die Kirche von Venø, mit ihren 22 Sitzplätzen eine der kleinsten des Landes, 1563 erbaut.

Über der Insel liegt eine große Ruhe. An warmen Sommerabenden treffen sich die Einheimischen zu einem Plausch am Hafen. Von Struer funkeln die Lichter des Hafens und der Fabriken herüber, nah und doch sehr weit weg von dieser Idylle.

Liegeplatz und Versorgung: Es gibt für Yachten keinen eigens reservierten Platz. Man muß sehen, wo man unterkommt; kaum möglich an den Wochenenden, weil dann viele Yachten von Struer herübersegeln. Hafengebühr. Hafenmeister ist Jens Borbjerggaard, den man anrufen kann, um zu erfahren, ob etwas frei ist (07 / 86 80 26).

Wasser, Treibstoff und Toiletten/Duschen siehe Plan. Kleiner Lebensmittelladen in der Nähe.

Eben nördlich vom Hafen, hinter dichten Hecken versteckt, der „Venø Kro", ein sehr gemütlicher dänischer Gasthof.

Für Kinder ist Venø ein schlechthin idealer Platz. Bademöglichkeiten. Weite Wiesenflächen um den Hafen.

Wasserstand: Tidenhub 0,9 m! Faustregel: Hochwasser etwa sechs Stunden nach Helgoland. Östliche und südöstliche Winde können den Wasserstand um 1 m senken, was bedeutet, daß Venø dann nicht mehr angelaufen bzw. verlassen werden kann. Nordwestliche und nördliche Winde können 1,5 m Hochwasser bringen.

Ansteuerung: Segelt man parallel zur Küste von Venø südwärts, so geraten bald die weißen Häuser von Venø By ins Gesichtsfeld. In den Hafen führt ein Tonnenstrich, der so eng

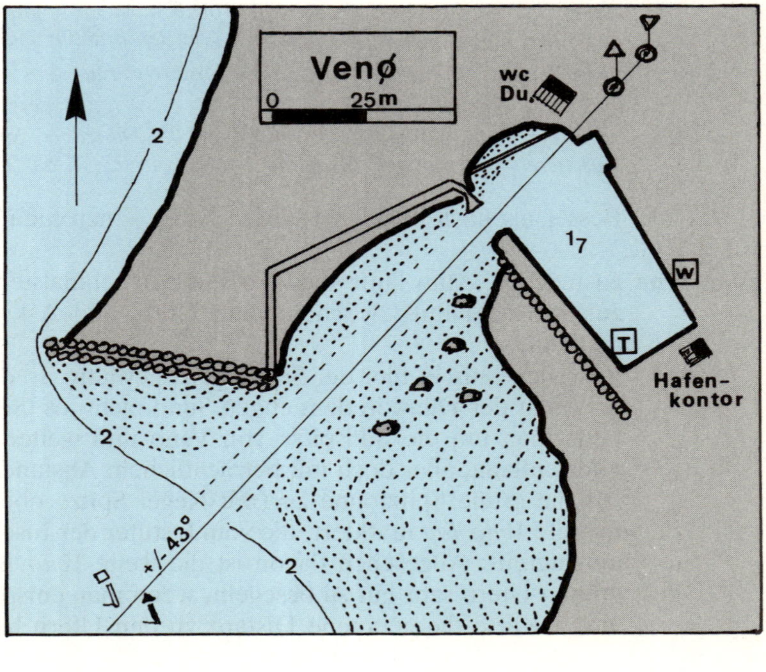

ist, daß er für Manöver keinen Raum bietet. Nachts könnte man in Linie 43° des Venø-Richtfeuers einlaufen (beide F.r. auf zwei rot-weißen Dreiecken). Davon muß man aber abraten: Erstens verändert die Fahrrinne ihren Verlauf. Zweitens kann man des Nachts nicht übersehen, ob man im Hafen überhaupt unterkommt, und zum Wenden dürfte dann auch zu wenig Platz sein. Drittens: Die Richtfeuer brennen nur zeitweise.

Ankerplätze: Nördlich von Venø Odde (56°31'N, 008°37'E), gut bei Winden aus NE über E bis SE. Man achte aber auf die Kabel (Baken!). In der Struer Bugt, südlich von Askœr Odde (56°30'N, 008°36' E), gut bei Winden aus N über NW bis W, allerdings unruhig wegen Fähre und Autostraße.

Von Venø Hafen aus sieht man im Süden über dem flachhügeligen Land große Silos und Tanks stehen. Nachts ist es ein einziges Lichtermeer: der Hafen von

Struer einer Stadt, die man im Urlaub nicht unbedingt anlaufen muß. Struer hat zwar einen großen und recht guten Hafen, aber genau betrachtet ist er doch nur der Ladeplatz der Industriestadt Holstebro. 11 000 Menschen leben hier, was schon einiges über die Größe dieser Stadt aussagt; sie ist der wirtschaftlich bedeutendste Ort am westlichen Limfjord.

Liegeplatz: Man kann in den westlich vom Handelshafen gelegenen Yachthafen gehen, der Platz für 400 Boote hat und der um nochmals 600 Liegeplätze erweitert werden soll. Die Anlage ist heute schon perfekt und wird später einmal der größte Yachthafen im Limfjord sein.
Es gibt keine besonderen Gästeplätze, aber die gerade freien sind in der üblichen Weise (grünes Schild) gekennzeichnet. Die Mitglieder des Segelclubs helfen einem auch, einen Platz zu finden. Hafengebühr. Trotzdem: Wenn schon Struer, dann würde ich in den Alten Hafen gehen, auf den man von der Einfahrt aus direkt zusteuert.

Versorgung: Wasser, Treibstoff, Werft, Slip, Motorenservice am Hafen. Einkaufen in der großen Fußgängerzone.

Adressen: Information: Fiskergade 2, T. 07/85 07 95; Fahrräder: Smedegade 53, T. 85 02 76; Wäscherei: Vestergade 4; Museum: Søndergade 23, T. 85 11 08 (Heimatmuseum).

Besser als nach Struer zu fahren ist es, einen kleinen

Törn rund Venø zu machen. Man läuft südwärts auf den schmalsten Teil des Venø Sunds zu, wo die Fähre zwischen Venø Odde und Askær Odde hin und her pendelt.

Zuweilen rauscht hier der Strom ganz gewaltig, so daß man zusehen muß, daß man der Fähre in dem engen Sund nicht ins Gehege kommt. Danach fährt man um die Südspitze von Venø und weiter immer nordwärts am Ufer entlang, aber doch mit beträchtlichem Abstand. Am besten hält man auf die grüne Spitztonne zu (mit Kegel Spitze oben), die das Ende der Untiefe *Venø Tap* markiert, die vom Ostufer der Insel aus weit in die Bucht hineingreift. Abgesehen davon ist die weite *Venø Bugt* mit ihren flachen grünen Ufern sehr gut zu besegeln, wenn man entsprechend den Angaben in der Karte die gebotene Distanz zu den Ufern hält.

Aber das Ziel ist etwas anderes: An der Nordostspitze von Venø liegt eine große Bucht, besser würde man wohl sagen: eine Lagune, die ein sehr schmaler und flacher natürlicher Damm von der Venø Bugt trennt, die

Klovvig

Mit dem Boot kommt man nicht sehr nahe ans Ufer heran, weil es rasch untief wird. Man muß also ankern und – so man hat – mit dem Dingi an Land rudern. Das Wasser der Lagune ist kaum knietief und erwärmt sich im Sommer sehr rasch. Der Strand ist außen weiß und sandig, in der Lagune aber kieselig. Man muß ein bißchen still hier sein, weil es ein Vogelbrutgebiet ist. Hinter der Lagune steigt das Land von Venø dann wieder an und ist dicht mit Wald bewachsen.
Ein geschützter Ankerplatz ist es nicht, eher etwas, um für ein, zwei Stunden den Anker zu werfen und auf Entdeckungsfahrt zur Lagune zu rudern.

Bradserodde heißt die Untiefe, die sich in nordöstlicher Richtung von der Klovvig aus erstreckt. Hier ist große Vorsicht geboten, weil die grüne Spiere (mit Besen als Toppzeichen) zuweilen nicht diesseits, sondern schon über der Untiefe steht. Wahrscheinlich treten hier so häufig Versandungen auf, daß man mit dem Tonnenversetzen gar nicht nachkommt. Man soll also nicht zu nahe herangehen, sondern sich gut in der Mitte zwischen dieser und der roten Tonne *Hvidestenshage* halten.

Exakt östlich von Bradserodde, gut 1,5 sm entfernt, ist ein neuer Yachthafen gebaut worden:

Gyldedal

auch Gyldendal genannt; er liegt da, wo in der Karte eine Ziegelei (dän.: Tglv.) vermerkt ist. Zum Hafen führt eine ca. 25 m breite, mit Tonnen markierte Rinne. Außerhalb davon ist es sehr flach. Zu beachten ist vor allem die Untiefe *Hvidestenshage.* Der Hafen „steht", mehr kann bei Redaktionsschluß noch nicht gesagt werden.
In der *Kås Bredning,* durch die das Hauptfahrwasser führt, kann man – ganz nach Gusto – nach Sillerslev oder nach Jegindø fahren. Beides sind Fischerhäfen, beide etwas eng und auf Yachten nicht eingerichtet. Zunächst hat man von der *Venø Bugt* die gleiche Anfahrt: Man halte Kurs Nord und achte dabei sehr auf die Untiefe *Jegind Tap,* die von der Südspitze von Jegindø aus weit nach Osten und mitten in das tiefe Fahrwasser hineingreift. Sie wird an ihrem Ende markiert von einer gut sichtbaren roten Tonne, die man auf diesem Kurs an Bb. läßt.
Hier, rings um die Kås Bredning, hat man nun die Limfjord-Landschaft in ihrer typischen Form: hügelig, sanft zum Wasser abfallende Ufer, dazwischen aber auch immer wieder sandige Steilufer. Grün in allen Tönungen und im Spätsommer weite, sattgelbe Kornfelder.
An der Ostseite der

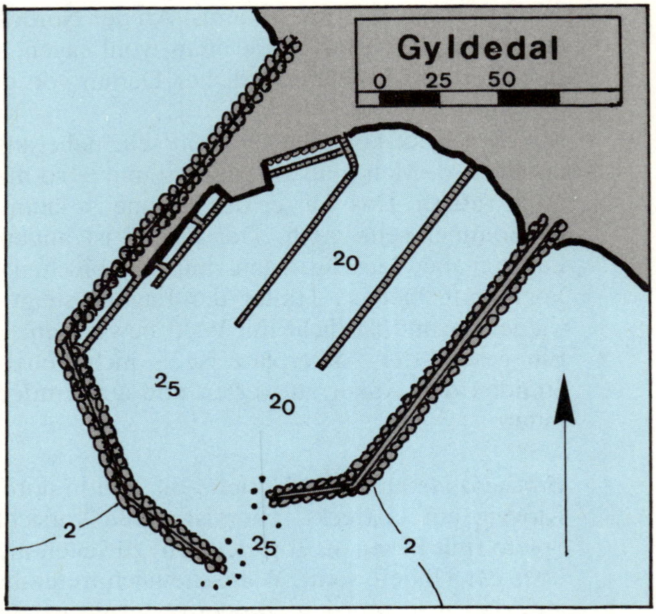

Insel Jegindø liegt der Fischerhafen gleichen Namens, in den eine 2,5 m tiefe Baggerrinne führt. Sicher anlaufen können ihn aber nur Boote mit einem Tiefgang bis zu 1,8 m. Wartet man allerdings auf die Flut, so kann man bei einem Tidenhub von immerhin 1,0 m schon einiges Wasser mehr unterm Kiel haben.

Bereits ab Bft 4 und vor allem bei Winden aus Süd, aber auch West entsteht quer zur Fahrrinne ein beträchtlicher nordwärts setzender Strom. Besser noch als an den Tonnen orientiert man sich an den Peilmarken dicht nördlich vom Hafen, zwei weißen Dreiecken hinter- und übereinander, die auch die Richtfeuer von Jegindø tragen (F. in Linie 315°).

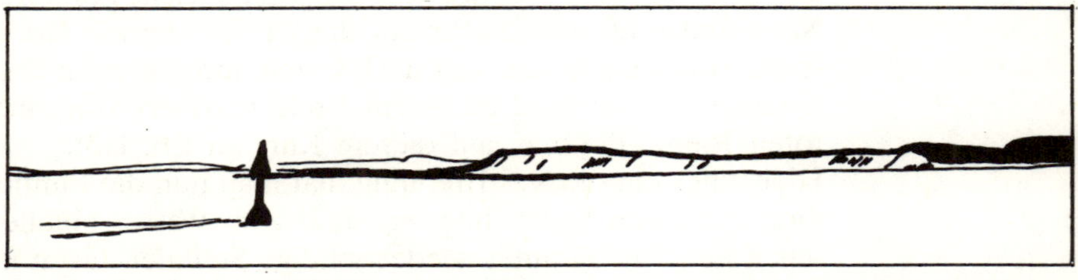

In der Venø Bugt. Voraus liegt die grüne Spiere, die vor (oder auf) dem tückischen Bradserodde Flak steht, im Hintergrund die Steilküste von Kås Hoved

Am Südufer der Kås Bredning liegt die 500 Jahre alte Burg Spøttrup, die einst den Bischöfen von Viborg gehörte, eine Wasserburg, Mitte des 16. Jahrhunderts zerstört, 1937 wiederaufgebaut

Wie man aus dem Hafenplan ersehen kann, geht es aus dem Tonnenstrich „scharf um die Ecke herum" in den Hafen hinein. Der besseren Klarheit wegen ist die Einfahrt hier breiter gezeichnet, als sie in Wirklichkeit ist. Sobald man in dem kleinen Hafen angekommen ist, wird man absolut ruhig und geschützt liegen (mit Ausnahme bei Winden aus NE).

Jegindø ist ein kleiner, uriger Fischerhafen und sonst gar nichts. Die wenigen Häuser liegen alle weiter weg und so verstreut, daß sie sich nicht zum Bild eines Ortes zusammenfügen. Der Fischfang spielt freilich nicht mehr die überragende Rolle wie früher. Noch 1950 war Jegindø nach Hvalpsund der größte Fischerhafen am Limfjord, noch vor Glyngøre und Struer. 80 Kutter lagen zu der Zeit hier. Heute sind es nur noch 25. Diese Reduzierung zeigt schon, wie rapide die Entwicklung nach unten ging. Haupterwerb auf der fruchtbaren und sehr kultivierten Insel ist heute der Ackerbau. Erstaunlicherweise wirkt der Hafen trotzdem sehr voll und geschäftig, wahrscheinlich, weil er so klein ist.

Die Fischauktion in der kleinen Halle am Hafen ist die einzige Attraktion, die er bietet, wenn man nicht seine Atmosphäre selbst schon für eine Attraktion halten will.

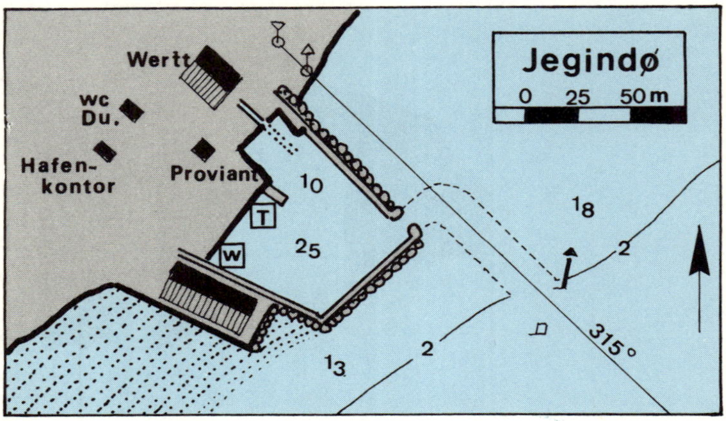

Liegeplatz und Versorgung: Keine festen Plätze für Yachten; man muß sehen, wo man längsseits gehen kann. Abends kommt der Hafenmeister, Kvist Andersen, und kassiert das Liegegeld. Wasser kann man an der Auktionshalle aufnehmen. Treibstoff siehe Plan, Helling, Werft ebenso. Direkt am Hafen ein kleiner Lebensmittelladen und auch ein Kiosk. Den üblichen Touristenservice wie Informationen, Fahrräder usw. gibt es hier nicht.

Wasserstand: Tidenhub 1,0 m. Westliche Winde können den Wasserstand um 1 m erhöhen, östliche ihn um ebenfalls 1 m senken.

Ankerplätze: Angesichts der Liegeplatzmisere im Hafen sind Ankerplätze schon wichtig; zum Glück gibt es ein paar recht gute ganz in der Nähe:
– Sehr geschützt bei westlichen Winden unterhalb der Steilküste südlich vom Hafen (56°39'N, 008°38'E).
– Im Tambo Sund (56°38'N, 008°36'E). Gut bei Winden aus W, E und N.

25 Kutter, für die Jegindø Heimathafen ist, und nochmals an die 800 Yachten, die in der Saison hierherkommen – dies zeigt schon, wie eng es hier zumeist zugeht. Vorschlag und selbstgeübte Praxis: Mal reinlaufen; findet man einen guten Platz, um so besser, wenn nicht, dann eine Kaffeepause und danach gleich weiter, denn nördlich von Jegindø beginnt einer der schönsten Teile des Limfjords.

Mehr der Vollständigkeit halber, aber auch weil er schon erwähnt wurde, vor allem aber, weil er nachts anzulaufen ist, ein paar Anmerkungen zu dem Fischerhafen

Sillerslev

Sein gleichnamiges Richtfeuer (U-F.: Glt.-2s, O-F.: Glt.-4s) in Linie 30,5° geleitet die Schiffahrt sicher zwischen *Jegind Tap* und *Kås Hoved* in die *Kås Bredning* hinein. Zum Hafen führt eine betonnte Rinne, die eine Solltiefe von 2,5 m hat; mit Versandungen muß jedoch gerechnet werden. Mit einem Tiefgang bis zu 1,5 m müßte man dann aber immer noch in den

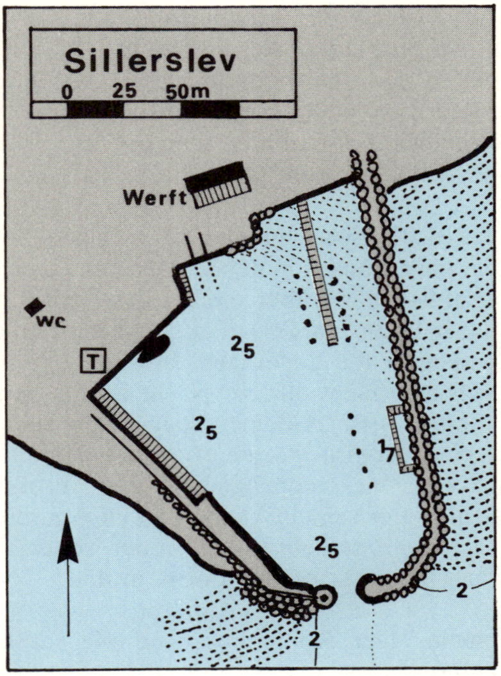

Hafen kommen, der frei und exponiert daliegt. Sehr auffallend und von weitem gut sichtbar: zwei gelbgestrichene Fischerhäuser auf der Westmole. Den besten Platz findet man an der Kade zwischen Tankstelle und Werft. Versorgung: eher mäßig. Ein nicht nur einsamer, sondern auch etwas öder Platz.

Wasserstand: Mittlerer Tidenhub 0,5 m. Westliche Winde erhöhen den Wasserstand um 1,0 m, nord- bis östliche Winde senken ihn um ebenfalls 1,0 m.

Rund Morsø so könnte man diesen Törn nennen, denn es geht tatsächlich immer entlang den grünen Ufern dieser größten Insel im Limfjord.

Läuft man von Jegindø aus nordwärts (oder von Sillerslev aus nach WSW), so hat man nach Passieren von *Bøløre Hage* zunächst nur grüne Tonnen (an der Ostseite des Fahrwassers). Die Ufer sind nicht sehr hoch, hügelig und schön saftig grün. Das Inselchen *Fuglholm,* das westlich von unserem Kurs liegt, guckt kaum aus dem Wasser, eine Vogelinsel, zu der Gott sei Dank keiner hinkommt, weil es ringsum ganz flach ist. Voraus hat man nun die ziemlich steile Insel *Agerø;* das Fahrwasser biegt kurz davor nach Westen ab. Man kann aber auch geradeaus laufen und findet so zwei idyllische Liegeplätze:

Am Ostufer der behäbigen Bauerninsel *Agerø* stößt man auf eine gute Ankerbucht, die allerdings zum Ufer hin sehr rasch untief wird (56°43'N, 008°35'E). Das wäre das eine – nur Natur.
Biegt man jedoch schon vorher nach Osten ab und läuft so in die *Glomstrup Vig* ein, so findet man an deren Scheitel eine richtige, stabile Anlegebrücke vor dem Ort

Thissinghuse wobei die Bezeichnung Ort ein bißchen übertrieben ist, denn es sind nur ein paar Häuser, in denen nach der Statistik zehn Menschen wohnen. Thissinghuse war früher einmal der Verladeplatz für das südwestliche Mors. Deshalb die stabile Brücke und deshalb auch das sehr überdimensioniert wirkende alte Lagerhaus. Ein sehr einsamer Platz. Keine Versorgung.
Will man nicht nur zur Nacht festmachen, sondern einen Tag bleiben, so kann man einen kleinen Spaziergang zum nahen Schloß machen, dem *Herregård Glomstrup,* einem jener typischen jütländischen Herrenhöfe, weiß gekalkt mit Treppengiebeln und Turm. Im Monat Juli kann man das Schloß mit seinem kleinen Heimatmuseum besichtigen.
Liefe man im Fahrwasser wieder weiter, südlich an Agerø vorbei, so käme man mit diesem Kurs direkt in den

Skibsted Fjord hinein. Der Konjunktiv wird hier deshalb gebraucht, weil es nahezu unmöglich ist, in diesen Fjord zu gelangen, aber nur nahezu, es hängt vom Tiefgang des Bootes ab. Die Wassertiefen in den Karten sind sehr großzügig bemessen. Mit einem Tiefgang von 1,5 m wird man mehrmals auflaufen, bis man entnervt wieder umkehrt. Schade. Denn er ist sehr schön, dieser Fjord, dessen Name eigentlich unerklärlich ist. Warum heißt er „Schiffsplatz-Fjord"? Wo es hier doch weder einen Hafen noch eine befahrbare Passage gibt. Man vermutet, daß der Fjord früher mit der Nissum Bredning in Verbindung stand und wahrscheinlich auch tiefer war.

Die Südwesthuk von Agerø. Steil und markant fällt das Land zum Wasser hin ab und täuscht darüber hinweg, daß sich von da noch eine zum Teil überspülte Landzunge weit nach SW erstreckt. Der Segler läuft korrekt das Tonnenpaar an; erst danach kann er auf Kurs Nordwest gehen und das Flach runden

Dann hätten ihn wohl die Wikinger befahren, denn von ihnen gibt es gerade in dieser Gegend viele Zeugnisse.
Die Westspitze von Agerø läuft in eine dieser typischen Landzungen aus, die kaum aus dem Wasser ragen und die die Dänen „Tap“ nennen. Man muß da sehr aufpassen und bis zu dem Tonnenpaar vor der Einfahrt in den Skibsted Fjord laufen; erst da darf man nach Norden abbiegen.
So wie die Westspitze von Agerø sehen viele Landspitzen am Limfjord aus; zumeist heißen sie dann auch Knudshoved. Wenn man diesen Namen auf der Karte liest, weiß man Bescheid: ein Steilufer und davor ein langes schmales Flach. Sie sehen alle gleich aus.
Schon *Næs Øre* ist genauso, aber nun kennt man das ja schon.

Im Westen sieht man in der Verlängerung des hier wiederum nach Norden abbiegenden Fahrwassers unter dem hohen Wald etwas, das wie ein Yachthafen aussieht – es ist die Anlegebrücke von

Doverodde

die etwa 200 m lang ist. Ebenso wie Thissinghuse war das früher ein wichtiger Ladeplatz, aber wahrscheinlich viel älter als jener und auch schon zu Zeiten der Wikinger benutzt. Die alte Ladebrücke hat man inzwischen zu einem kleinen Yachthafen ausgebaut: ein einfacher, familiärer Hafen. Trotz der Autostraße, die nur 200 m weiter westlich über den Damm führt, ein Platz mit Charakter. Da stehen noch unter dem hohen Buchenwald der Kaufmannshof und ein paar alte Packhäuser, aber auch ein neueres großes, weißes Silo.
Daß diese Gegend schon in sehr alter Zeit besiedelt war, zeigen das Gräberfeld auf der *Ydby Heide* aus der Bronzezeit und vor allem die etwa 5000 Jahre alte Grabhöhle etwas nördlicher von hier, bei *Lundbyhøj,* am

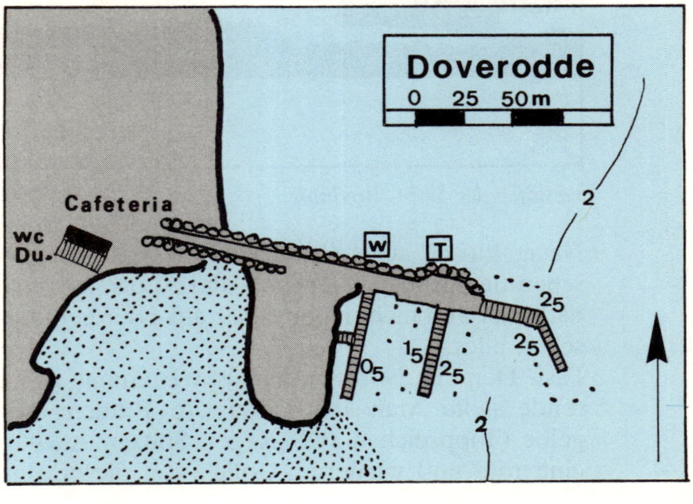

Westufer der *Visby Bredning*. Dieses 6,5 m lange Grab, das so hoch ist, daß man es begehen kann, wurde aus großen Steinen gebildet und ist nicht natürlichen Ursprungs, wie man angesichts der Masse und des Gewichts dieser Steinbrocken annehmen könnte. Wie man diese Zentnerlasten allerdings vor 5000 Jahren von der Stelle bewegt hat, bleibt rätselhaft, wie so vieles in dieser noch nicht ausgeforschten Gegend. So befindet sich hier in der Nähe im Moor eine Ruine, die von den Einheimischen „Voldhøj" genannt wird. Man weiß nicht, was es war, nimmt aber an, daß es sich um eine frühe Wikingerburg handelt, was einen Sinn gäbe, wenn die Theorie stimmt, daß der Skibsted Fjord früher einmal mit der Nissum Bredning und damit auch mit der Nordsee verbunden war.

Liegeplatz und Versorgung: Man kann keine immer gültige Liegeplatzempfehlung geben. Orientierung an Hand des Hafenplans. Wenn Platz, am besten am Kopf der Brücke, nach der Richtung des Windes. Liegegeld.
Lebensmittel beim Kaufmann (drei Minuten zu gehen). Treibstoff, Wasser, WC und Duschen siehe Plan. Hafenmeister: Jens Hasager, Fjordstræde 10.

Wasserstand: Mittlerer Tidenhub 1,0 m. Südwestliche bis westliche Winde erhöhen den Wasserstand um maximal 1 m. Nordöstliche bis östliche können ihn um 1 m senken.

Man kann nur hoffen, daß nun eine frische Brise einsetzt, nach Möglichkeit aus West, denn dann wird man durch den *Næssund,* die *Visby Bredning* und durch den *Vilssund* sehr flott und vor allem komfortabel vorankommen, weil sich in diesen engen Gewässern kaum eine beschwerliche Welle aufbaut.

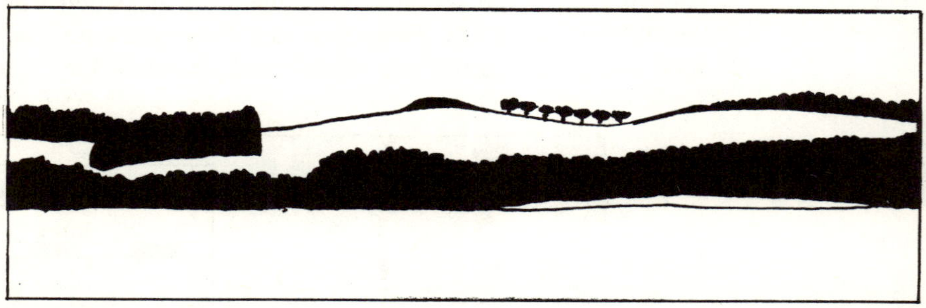

Westufer der Visby Bredning

Navigatorisch sind alle diese Gewässer nicht schwierig. Man segelt zwischen den grünen Ufern; ab und zu passiert man eine Tonne, die anzeigt, daß man nun nicht mehr näher ans Ufer herandarf, aber das ist dann auch schon alles.
Fast. Denn im Nordteil der Visby Bredning gibt es noch eine etwas verwirrende Stelle. Man sieht voraus drei Tonnen: im Westen eine gelb-schwarz-gelbe (Toppzeichen zwei Kegel, Spitzen zueinander), dann östlich davon eine rote und wiederum östlich von dieser eine grüne Tonne. Das geht

dann so: Man kann entweder westlich von der Gelb-Schwarz-Gelben vorbeisegeln. Das ist unproblematisch. Oder auch zwischen der Grünen und der Roten hindurchgehen. Alles andere ist untief. Das sieht aus einiger Entfernung etwas verwirrend aus, weil die Tonnen nicht wie auf der Karte nebeneinander stehen, sondern in Wirklichkeit etwas gegeneinander versetzt sind.

Ankerplätze zwischen Doverodde und Vilssund-Brücke

- Am Ostufer der Visby Bredning vor dem Ort Karby – sehr schön (56°45,5'N, 008°33'E). Gut bei östlichen und südlichen Winden.
- Am Westufer der Visby Bredning unterhalb von Gudnœs Hage (56°48'N, 008°31,4'E). Gut bei Winden aus West und Nord.
- Nördlich der Halbinsel Mågerodde. Bis zur grünen Spitztonne laufen und dann erst nach SE abbiegen (56°47,3'N, 008°33,5'E). Sehr gut bei Süd, mittelgut bei Ost.
- In der Rovvig, die östlich vom Vilssund in die Insel Mors einschneidet. Vorsicht beim Einlaufen, weil sich vom Nordufer wieder so ein tückisches Flach in die Bucht hinein erstreckt! Ufer nicht sehr hoch, aber besonders gut haltender Grund (56°50,3'N, 008°37,8'E). Idyllische, bis auf West rundum geschlossene Bucht. Bester Platz zwischen Doverodde und Thisted.

Die *Vilssund-Brücke* sieht genauso aus wie die über den Oddesund: also eine eiserne Bogenbrücke. Die Durchfahrt ist dort, wo sich *kein* Bogen in den Himmel wölbt. Die Brücke wird von Sonnenaufgang bis zu einer halben Stunde nach Sonnenuntergang jederzeit geöffnet. Man gibt die gleichen Signale wie bei der Oddesund-Brücke.
Der Brückenwärter antwortet so:
1 F.r. = Brücke bleibt zu.
2 F.r. = Brücke offen. Schiffe aus Nord dürfen passieren.
3 F.r. = Schiffe von Süd dürfen passieren.
In den Stoßzeiten herrscht hier ziemlich viel Autoverkehr, so daß einen der Brückenwärter schon einmal etwas warten läßt. Vor der Brücke ist der Sund an sich schon nicht sehr breit; was einen aber wirklich entnervt, sind die Fischernetze, die von beiden Ufern nahezu bis zur Fahrwassermitte ausliegen. Ich nehme an, das geht nur deshalb, weil hier nie größere Schiffe herkommen. Diese Netze jedenfalls machen Manöver so gut wie unmöglich. Dicht vor der Brücke, am Westufer, liegt mit

Vilsund Vest

ein sehr kleiner, doch überaus geschützter, zudem gemütlicher Yachthafen. Ehemals der Fähranleger, bis die 1939 gebaute Brücke die Fähre überflüssig werden ließ. Man sollte sich im nördlichen Teil des Beckens einen Platz suchen. Etwas Unruhe verursacht die dicht südlich vom Hafen gelegene Muschelverarbeitungsanlage.

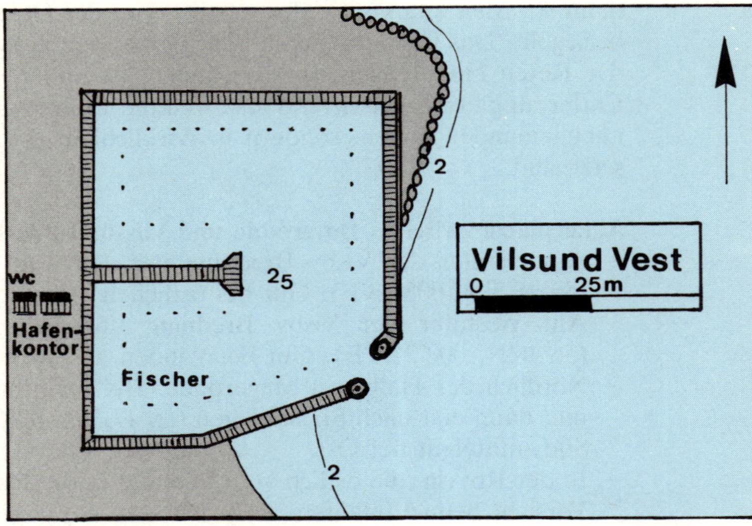

Unmittelbar hinter der Brücke bleiben die Ufer noch steil und dichtbewaldet, aber sie weichen immer mehr zurück, bis sich das Gewässer zur *Thisted Bredning* öffnet, die ein ganz vorzügliches Segelrevier ist, nicht nur wegen ihrer Größe, auch wegen ihrer gleichmäßigen Tiefe. Von der Vilssund-Brücke bis

Thisted

sind es nur 5 sm. Das Städtchen mit seinen 11000 Einwohnern sieht aus der Ferne recht freundlich aus. Es zieht sich lang am Nordufer der Thisted Bredning hin. Die roten Dächer und der weiße Turm der alten Kirche lugen aus dem dunklen Grün der Bäume. Doch hält die Stadt dann nicht ganz, was sie aus der Ferne verspricht. Es gibt nur noch wenige alte, sehenswerte Bauten, weil Thisted im Laufe der Jahrhunderte mehrmals abgebrannt ist und in den letzten Jahren vieles auch noch dem Autoverkehr geopfert wurde. Zu viel wahrscheinlich. Thisted ist heute eine Stadt mit einiger Industrie, vor allem am Rande, und auch als Einkaufsstadt für das Umland von Bedeutung.

Der Hafen ist nicht schwer anzulaufen. Man hält sich ziemlich weit östlich, wo das große Silo nicht zu übersehen ist, mit der Zementfabrik daneben, vor der sich hohe, weiße Sandberge auftürmen.

Der Hafen selbst ist überraschend groß und auch gut gebaut. Er wirkt aber leer und eigentlich ein bißchen überdimensioniert; daran kann man schon erkennen, daß die Schiffahrt heute nicht mehr die Bedeutung wie früher hat.

Thisted ist die größte Stadt Thylands, der Provinz zwischen Limfjord und dem westlichen Skagerrak, daher auch der Name „Thi-Sted“. Vor Jahrhun-

So behäbig sahen die „Sandskuten" aus, die die flache Küste des Skagerraks bei Klitmøller anliefen (nach einem zeitgenössischen Stich)

derten war es sogar Bischofssitz. Aus dieser Zeit stammt die alte, weiße Kirche, jedenfalls in ihrem Kern; in ihrer heutigen Form geht sie auf das Jahr 1550 zurück. An den Bischof erinnert nur noch ein Straßenname, die Bispegårdsstræde.

Das Schicksal der Stadt war mehr mit der Befahrbarkeit des Limfjords verknüpft: Im Osten versperrten die Løgstør-Gründe tiefergehenden Schiffen die Fahrt nach Ålborg und in das Kattegat, und im Westen gab es schon seit Ende der Wikingerzeit kein Durchkommen mehr.

Als Ersatzhafen von Thisted diente lange Zeit Klitmøller, knapp 20 km nordwestlich der Stadt, an der Küste des Skagerraks. Dort lagen die „Sandskuten" auf Reede und mußten mit Prähmen geleichtert werden (s. Seite 72).

Die Situation von Thisted änderte sich schlagartig zum Besseren, als die berühmte Sturmflut von 1825 das Land im Westen bei Agger Tange durchbrach. Nun hatte man wieder einen Zugang zur Nordsee, und dies hieß vor allem nach Norwegen und nach England, den traditionellen Handelspartnern. Jetzt entwickelten sich auch rasch der Handel und die Seefahrt, vor allem mit Norwegens Südküste, dem Sørland. Als 1837 drei Frachtensegler, die vor Thisted auf Reede lagen, in einem Sturm sanken, beschloß die Stadt, einen sicheren Hafen zu bauen, der so wurde, wie er im wesentlichen noch heute ist. Man lieh sich vom Staat 8500 Goldtaler für den

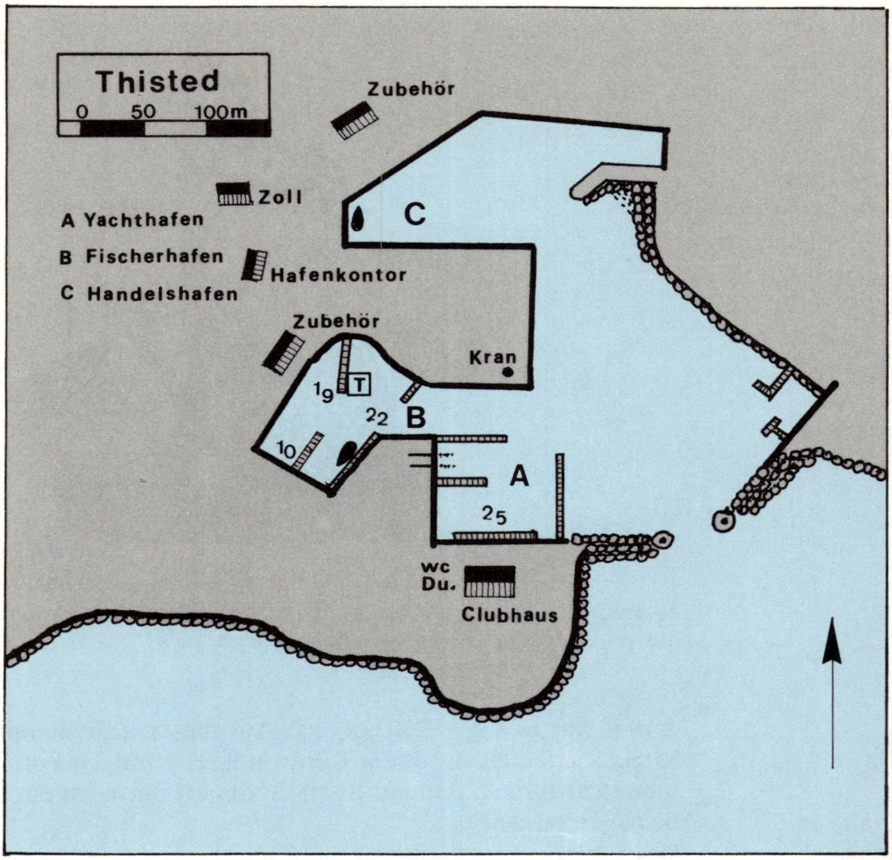

Hafenbau, eine Investition, die nicht vertan war. Bald nannte die Stadt 14 Schiffe ihr eigen, mit einer Tonnage von zusammen 326 t. Thisted entwikkelte sich rasch zum viertgrößten Hafen Jütlands, nach Fanø, Ålborg und Århus. 1867 exportierte man von hier aus 150 000 Tonnen Getreide. Thisted war mittlerweile auch Zollstation geworden. Aus Norwegen importierte man vor allem Holz, aus England kamen Industrieprodukte.

Begünstigt wurde dieser Aufschwung auch durch den Bau des Frederik-VII.-Kanals (1861), der die Schiffahrtshindernisse der Løgstør-Gründe umging und der Thisted nun auch einen einfacheren Weg nach Osten öffnete.

War so die Schiffahrt in nur wenigen Jahrzehnten aufgeblüht, so ging diese Herrlichkeit auch in wenigen Jahren wieder zu Ende. Schon im 1. Weltkrieg erlitt die Handelsflotte von Thisted schwere Verluste, und was man zwischen den beiden großen Kriegen wiederaufbaute, ging dann im 2. Weltkrieg verloren. Interessanterweise aber legte man noch in den drei-

ßiger Jahren unseres Jahrhunderts hier Frachtsegler auf Kiel, nämlich zwei Galeassen und einen Schoner, die alle drei gegen die maschinengetriebene Konkurrenz ihr Geld einfahren konnten.
Wen schlechtes Wetter hier in Thisted festhält, der findet in der städtischen Zentralbibliothek hochinteressante Dokumente und Erinnerungsstücke aus der Zeit der großen Segler. Im Museum (s. u.) kann man sich Funde aus der Vorzeit ansehen.
Thisted ist eine Stadt am Limfjord, die man besuchen kann, aber nicht muß.
Die Bewegung der dänischen Konsumgenossenschaften, deren „Brugsen"-Läden man allenthalben im Lande findet, geht auf Thisted zurück. Hier entstand diese Idee, und der erste Laden der „Brugsforeningen" wurde hier 1866 gegründet.

Liegeplatz und Versorgung: Im Yachthafen (A) finden etwa 200 Boote Platz; er gehört dem Thisted Sejlklub. Man wird hier, soweit etwas frei ist, gerne aufgenommen und kann die Einrichtungen des Clubhauses benutzen. Der Fischerhafen (B) ist sehr eng. Platz findet man hier, wo im Plan das Schiffssymbol eingezeichnet ist. Sehr große Boote sollten in die westliche Ecke des Handelshafens (C) gehen, wo man zwar geschützt, aber wegen des Autoverkehrs nicht ruhig liegt. Versorgung gut: Kran 5 t, Slip 4 t. WC, Duschen, Treibstoff, Zubehör siehe Plan. Reparaturen können ausgeführt werden.

Wasserstand (nur relevant für Yacht- und Fischerhafen): Tidenhub 0,3 m. ENE-Sturm kann den Wasserstand um 1 m senken, Sturm aus SW ihn um 1,5 m erhöhen.

Adressen: Information: J. P. Jacobsens Plads 8, T. 92 19 00; Fahrräder: Østergade 3, T. 92 15 89; Post: Jernbanegade 27; Wäscherei: Vestergade 60; Museum: Jernbanegade 4, T. 92 04 74.

Genau südlich von Thisted sieht man am anderen Ufer der Thisted Bredning die gewaltigen Klippen von

Hanklit

aufleuchten. Ebenso wie am Feggeklit und auf Fur handelt es sich um Molererde, die hier im Limfjord und sonst nirgendwo auf der Welt vorkommt. Das sind versteinerte Pflanzen und Tiere, hauptsächlich Insekten, deren Panzer mit dem weißen Ton zusammengebacken sind. Versteinerungen, deren Alter man auf 50 Millionen Jahre schätzt. Die waagerecht verlaufenden dunklen Streifen, die sich deutlich von der weißen Molererde abheben, sind vulkanischen Ursprungs. Wahrscheinlich stammen sie von einem Vulkan, der vor Urzeiten im nördlichen Skagerrak lag und der seine Asche bis in die Gegend des heutigen Hamburg schleuderte, denn dort hat man genau die gleiche Asche gefunden, wie sie zwischen der Molererde von Hanklit eingepreßt liegt.
Hanklit ist zu Recht ein Naturschutzgebiet. Man kann ziemlich nahe an diese 65 m hohen Klippen heransegeln, die, je nach Lichteinfall, einmal weiß aufleuchten, dann aber auch wieder dunkel und fast rotbraun erscheinen.

Hanklit

Nach Osten zu verengt sich die Thisted Bredning und geht unmerklich in den

Feggesund

über. Die Einsteuerung in dieses enge und relativ vielbefahrene Fahrwasser ist nicht leicht zu finden, vor allem wenn man mit einem günstigen Wind kreuz und quer durchs tiefe Wasser gesegelt ist und darüber die Navigation etwas vernachlässigt hat, was vor lauter Begeisterung über einen schönen Wind schon mal vorkommen kann. Am besten orientiert man sich dann an der Ziegelei, die auf *Skarrehage* steht. Die wirkt aus der Entfernung imposant und ist überhaupt nicht zu übersehen, geschweige denn zu verwechseln. Darauf halte man in etwa zu. Nordöstlich davon steht der massige, flache Kegel von *Feggeklit.* Dazwischen aber ist es wieder flach, und von ferne könnte man meinen, da ginge es ostwärts in die Løgstør Bredning. Es ist aber ein extrem niedriges Stück Land. Wenn man näher ist, sieht man auch Autos darüberfahren.
Also zunächst auf die Ziegelei zu. Dann wird man bald der schwarz-gelben Tonne *Skarrehage* ansichtig (Toppzeichen zwei Kegel, Spitzen oben), die an der Nordwestkante einer 0,6-m-Untiefe steht. Von hier aus dann im Tonnenstrich durch den Feggesund, wobei man schon etwas aufmerksam fahren sollte, denn beiderseits des Fahrwassers ist es stellenweise sehr flach, und außerdem liegen Fischernetze aus.
Wer einen Ankerplatz sucht, der kann von der schwarz-gelben Tonne aus nach Norden abdrehen in die Bucht von *Hovsør,* die von alters her eine gute und gesuchte Ankerbucht ist (56°59'N, 008°52'E). Sie bietet Schutz außer bei Süd.

An der Westseite von Feggeklit, dessen steile Abhänge hier mit Büschen und Gras bewachsen sind, kann man so etwas wie eine senkrechte Furche ausmachen; mit etwas Phantasie könnte man es auch als Schlucht bezeichnen. Das soll der Platz sein, wo der Dänenprinz Hamlet seinen Stiefvater Fegge erschlagen hat. Das stimmt ganz sicher nicht, aber der Sage nach war es hier. Der Platz sieht allerdings nach einer solchen Untat aus, besonders wenn schwarze Sturmwolken über den Limfjord jagen.
Nordöstlich vom Feggesund, am Nordufer der Løgstør Bredning, liegt der alte Ladeplatz

Amtoft

ein Hafen, der in allen einschlägigen Büchern Amtoft Bro heißt, obwohl aus der Brücke längst ein rundum geschlossener, geschützter Hafen geworden ist. Die Einsteuerung ist nicht betonnt. Der Ort hat auch keine auffallenden Landmarken. Wenn man gute Augen hat, kann man einen stummelartigen Schornstein erkennen. Der steht direkt am Hafen. Peilt man ihn in 315°, so läuft man genau auf die Hafeneinfahrt zu. Als Landmarke ist notfalls auch ein dichter Nadelwald brauchbar, der sich vom Hafen aus nach Osten hinzieht. Auffallend auch ein sehr großer, silbern glänzender Windmotor östlich vom Hafen.
Man kann getrost auf die Küste zulaufen. Der Grund steigt gleichmäßig an, und es gibt keine Untiefen.
Der Hafen eignet sich in erster Linie als Nothafen, aber nur dann, wenn man ihn erreicht, bevor das Unwetter losbricht. Wenn sich im Westen über der Thisted Bredning ein Wetter zusammenbraut und einem der Weg zum nächsten größeren Hafen (Løgstør = 11 sm, Nykøbing = 15 sm) zu lang

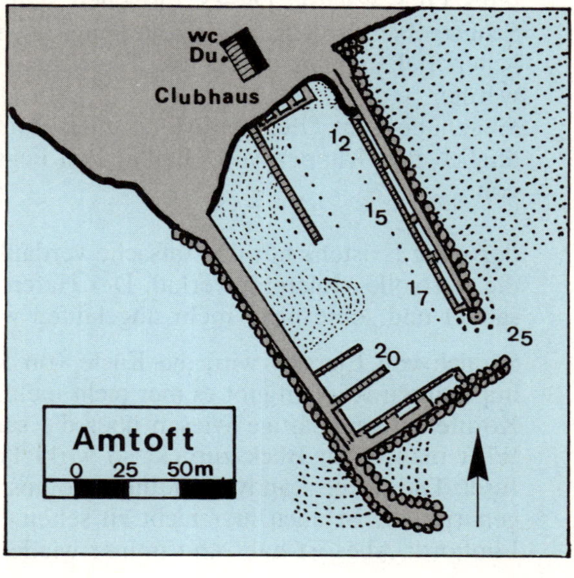

erscheint, dann kann man Amtoft anlaufen. In seinem alten Teil, da, wo die kleinen Fischkutter liegen, hat er noch viel Atmosphäre; sonst aber ist die Umgebung etwas trostlos. An den Wochenenden wird es ein bißchen eng, wegen der Segler, die aus Hvalpsund, Thisted und Nykøbing hierher kommen.

Liegeplatz und Versorgung: Am besten liegt man zwischen Pfahl und Steg bei der Ostmole. Die Stege im Südteil des Hafens sind Fischern vorbehalten. WC und Duschen im Clubhaus. Wasser am Steg. Treibstoff von einer nahen Straßentankstelle. Lebensmittel im Ort, etwa fünf Minuten vom Hafen.

Wasserstand: Tidenhub mit 0,2 m unbedeutend. Östliche Winde können den Wasserstand um 0,6 m senken, westliche ihn um 1 m erhöhen.

Hinweis: Amtoft ist nicht befeuert und könnte – mit Risiko – nur in einer hellen Nacht angelaufen werden.

Wer, statt nach Amtoft zu laufen, den Törn rund Mors ohne Verzug fortsetzen will, der darf nach dem Fähranleger auf Feggeklit nicht sofort nach Süden abbiegen, obwohl es den Anschein hat, als sei dies möglich. In Wirklichkeit liegt hier wieder eines der tückischen Flachs, das sich weit nach Nordosten in die Løgstør Bredning hinein erstreckt.
Man muß also zunächst weiter im Tonnenstrich Kurs NE laufen, bis man ein Paar grüne Tonnen erreicht. Hier kann man dann Kurs SE auf die schwarz-gelb-schwarze Tonne (Toppzeichen zwei Kegel, Spitzen zueinander) absetzen. Ist man bei ihr angelangt, so geht es weiter mit Kurs Süd entlang den weißgelben Klippen von Feggeklit.
3 sm weiter hat man im Osten von Mors das Flach Ejerslev Røn. Es ist eine betonnte, ganz flache Insel aus Kieselsteinen, zwischen denen schütteres Gras wächst. Dieses Inselchen samt dem umgebenden Wasser ist Schutzgebiet für Vögel und neuerdings auch für Seehunde, die dank pfleglicher Behandlung durch den Menschen im Limfjord wieder heimisch werden.
Gegenüber, am Ufer von Mors, unter zwei auffallenden Sandabbrüchen, ähnlich den Klippen von Hanklit und Feggeklit, liegt der winzige Hafen von

Ejerslev

der seine Existenz nur der Tatsache verdankt, daß man hier früher einmal die wertvolle Molererde verlud. Der Hafen ist jedoch inzwischen stark versandet und sollte nicht mehr angelaufen werden.

Südlich von Ejerslev wird die Küste von Mors nun sehr viel flac
imposanten Klippen gibt es hier nicht mehr. Statt dessen ziehen sich gelbe Kornfelder und saftige Wiesen über die sanften Hügel.
Wirft man einen Blick zurück, so wirkt Feggeklit von hier aus wie eine Insel. Die flache Landverbindung, die uns schon in der Thisted Bredning genarrt hat, ist auch hier nicht zu sehen. Das ist ja mit das Schöne am Limfjord: Alles ist nah, und immer wieder kommt man auf diesem Törn

Blick zurück (von Süden) auf Feggeklit

an Orten vorbei, wo man schon einmal war, nur daß man dann eine ganz andere Perspektive hat.
Die Insel Livø, die wir später noch anlaufen werden, liegt auf diesem Kurs östlich von uns. Mit ihren steilen Nordufern sieht sie von hier aus ziemlich gedrungen aus. Im Süden, eben voraus, erkennt man die Insel Fur, ebenfalls mit Steilküsten. Sie wirkt jedoch flacher und nicht so gedrungen wie Livø, weil sie sehr viel größer ist.
Ich rate, von Ejerslev aus mit Kurs 165° auf das Leuchtfeuer *Fur* an der Nordküste der Insel zuzulaufen (ein weißes Haus mit rotem Band: Ubr.w/r/gn.-5s), denn das hat einiges für sich. Als erstes meidet man so die Untiefe *Holmeflak,* an deren Ostkante, also an unserer Stb.-Seite, eine schwarz-gelb-schwarze Tonne (Toppzeichen zwei Kegel, Spitzen voneinander) steht, und außerdem bleibt man frei von dem etwas südlicher gelegenen Muschelfeld und Seehund-Schutzgebiet (gekennzeichnet durch im Viereck angeordnete gelbe Tonnen). Vor allem aber: Man läuft damit direkt an die interessante Steilküste von Fur heran, die von der gleichen Art ist wie Hanklit und Feggeklit, also steil abfallende Klippen aus heller Molererde mit den waagerechten Streifen der Vulkanasche. Hier auf Fur kann man besonders gut sehen, wie das Eis in mehreren Perioden mit unvorstellbarer Wucht den Ton zusammengepreßt und ihn wie Brotteig durchgeknetet hat.
Wer ganz genau hinschaut, erkennt in der Steilküste auch ein paar dunkle Löcher, die wie Stollen anmuten, was sie auch einmal waren. Hier ließen die Dänen nämlich in den Napoleonkriegen von gefangenen Schweden Stollen in die Steilküste treiben, weil man annahm, die dunklen Streifen enthielten Kohle. Als man die Stollen 60 m tief in die Erde vorgetrieben hatte, sah man diesen Irrtum ein und gab das Projekt auf. Die Stollen heißen seit der Zeit „Schwedenlöcher". Man kann übrigens, wenn man genau auf das Leuchtfeuer zuhält, an dieser Stelle ziemlich dicht an die

Die steile Nordküste von Fur. Rechts, nach Westen zu, Knudshoved

Küste herangehen, auch wenn es wegen des Geröllfeldes am Ufer und der Findlinge, die aus dem Wasser gucken, gar nicht so aussieht.
Will man weiter nach Nykøbing, so darf man nicht sofort nach Westen laufen, sondern muß mit Kurs NW erst auf die schwarz-gelbe Tonne (Toppzeichen zwei Kegel, Spitzen oben) zuhalten, die nördlich der Nordwestspitze von Fur steht: Knudshoved – darüber wurde schon einiges bei Agerø (s. Seite 86) gesagt. Hier also wieder so ein spitzes Flach vor einem steilen „Knuds-Haupt".
Vorbei am Knudshoved von Fur läuft man mit Kurs SE im Hauptfahrwasser des Limfjords auf den *Salling Sund* zu. Die Kirchturmspitze von Nykøbing ist im Westen hinter dem Wald schon ganz deutlich auszumachen, ebenso wie die roten Ziegelgebäude der „Limfjordsøsters-Kompagniet" auf der Halbinsel Ørodde. Voraus kommt der weiße Leuchtturm von *Glyngøre* (Ubr.w/r/gn.-5s) in Sicht, der scheinbar dicht an der großen Autobrücke am Salling Sund steht.
Hat man die Südspitze von Ørodde passiert, so sieht man am Nordufer der flachen Nykøbing Bugt, die auch „Klosterfjorden" heißt, schon das Städtchen liegen.
Durch die Bucht führt eine etwas enge, aber dichtbetonnte Fahrrinne, die man bei allen denkbaren Wetterverhältnissen befahren kann; ein spürbarer Strom ist nicht zu registrieren. Der Tonnenstrich führt direkt in den Fischerhafen von

Nykøbing

das mit seinen 9000 Einwohnern der größte und wichtigste Ort auf der Insel Mors ist. Gut ist der Hafen, und schön ist die Silhouette der Stadt, wenn man darauf zusegelt. Bei näherer Betrachtung verliert sie jedoch etwas: Nykøbing ist geprägt von Bauten aus dem vorigen Jahrhundert, als es auch seine große Zeit als Handels- und Seefahrtsstadt hatte, genauso wie sein großer Konkurrent im Norden, Thisted. Sein Ursprung geht zurück auf das Jahr 1299, in dem es erstmals urkundlich erwähnt wurde. Als Stadt aber wurde es um das Jahr 1370 geboren; da schenkte König Valdemar Atterdag dem Bischof von Borghum hier viel Land, und der ließ das Johanniterkloster Dueholm bauen. Dieses Kloster prägte für die nächsten Jahrhunderte die Entwicklung der Stadt. Als es in der Reformation aufgelöst wurde, kamen Not und Armut über die Bevölkerung. Nykøbing, das genauso wie Thisted isoliert im westlichen Teil des Limfjords lag, dämmerte die nächsten Jahrhunderte dahin. Das Getreide der Insel Mors, das wichtigste Handelsprodukt, wurde auf beschwerlichem Landwege nach Klitmøller an der Küste des westlichen Skagerraks geschafft, wo es auf flachgehende Schiffe verladen und hauptsächlich nach Südnorwegen verkauft wurde. Dieser umständliche Transport verursachte so hohe Kosten, daß nicht mehr viel an Gewinn übrig bleiben konnte. 1748 legte ein großer Brand fast die ganze Stadt nieder.

Der Fischerhafen mit der Altstadt von Nykøbing. Das Gebäude mit den Rundbogenfenstern (links) war einst das Zollamt, heute beherbergt es das „Service Center“

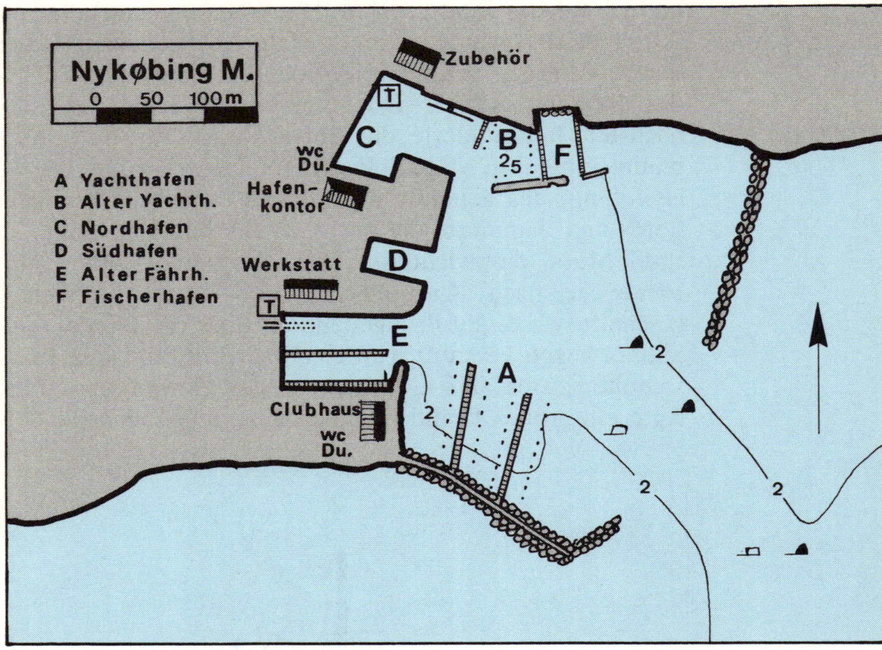

Wie Thisted, so erhielt auch Nykøbing einen wesentlichen Impuls, als 1825 eine Sturmflut den Limfjord wieder nach Westen öffnete. Nun konnte man auch eine eigene Handelsflotte aufbauen und das Korn von Mors auf eigenen Schiffen und deshalb mit mehr Gewinn nach Norwegen exportieren. Auch mit England und Hamburg kam ein regelmäßiger Schiffsverkehr in Gang. 1843 wurde der Hafen großzügig ausgebaut. 1849 fand man im Limfjord Austern und gründete die bereits erwähnte „Limfjordsøsters-Kompagniet". Aber ähnlich wie die von Thisted wurde auch die Schiffahrt von Nykøbing in den beiden Weltkriegen hart getroffen, so daß nach dem 2. Weltkrieg nur noch ein paar Galeassen und Schoner übriggeblieben waren.
Heute hat die Industrie eine weit höhere Bedeutung als die Schiffahrt, und noch wichtiger ist der Tourismus geworden.
Für die 26000 Bewohner von Mors ist Nykøbing die Einkaufsstadt der Insel. Das erklärt auch, warum die Fußgängerzone mit ihren vielen Geschäften, Straßencafés und Restaurants das Stadtbild so sehr beherrscht; genau betrachtet ist Nykøbing heute eine große Fußgängerzone, um die sich eine kleine Stadt gruppiert.
Im ehemaligen Johanniterkloster Dueholm ist jetzt das „Morslands Historiske Museum" untergebracht, mit sehenswerten heimatkundlichen Sammlungen.

Liegeplatz: Ein sehr guter, bei allen Winden geschützter Hafen, wo man sich ganz nach Belieben einen Platz suchen kann. Schwierig ist es nur im Alten Yachthafen (B) und unmöglich im Fischerhafen (F). Ich würde den Yachthafen (A) oder den Nordhafen (C) vorziehen.

Versorgung: Die Stadt hat für Segler eine sehr gute und zur Nachahmung empfohlene Einrichtung geschaffen, das sogenannte „Service Center", das im früheren Zollhaus am Fischerhafen untergebracht ist, mit Duschen, Wasch- und sogar Bügelgelegenheiten; vor allem: alles blitzsauber. Im gleichen Gebäude befinden sich auch die Tourist-Information und das Hafenkontor. Duschen und WC auch im Clubhaus. Treibstoff, Zubehör, Werkstatt siehe Plan. Vom Hafen zur Fußgängerzone sind es nur ein paar Schritte. Am Ostufer von Ørodde findet man einen großen, schönen Sandstrand zum Baden.

Wasserstand (nur relevant für Yachthafen): Tidenhub 0,4 m. Östliche Winde können den Wasserstand um 0,9 m senken, westliche ihn um 1,5 m erhöhen.

Adressen: Information: Havnen 4, T. 72 04 88; Fahrräder: Algade 20, T. 72 01 29; Post: Holmen 5; Wäscherei: Ringsgade 3; Museum: Morslands Historiske Museum, Dueholm-Kloster, Dueholmsgade 2, T. 72 34 21.

Glyngøre ist ein kleiner, aber bedeutender Fischerhafen, dessen ehemaliger Fährhafen zu einem guten Yachthafen umgebaut worden ist. Bei Nord liegt man ziemlich unruhig, sonst aber sehr gut. Läuft man ihn an, so sollte man es nicht unter Segeln tun, weil zu wenig Platz für Manöver ist. Ziemlich auffallend ist der weiße, 1911 gebaute Leuchtturm, der als Sektorenfeuer für die Durchsteuerung des Salling Sunds unentbehrlich ist. Glyngøre ist auch bei uns bekannt für seine guten Fischkonserven.

Liegeplatz und Versorgung: Man sollte sich nach Möglichkeit in den ehemaligen Fährhafen legen, dessen westlicher Teil freilich untief ist. Man liegt gut an den neuen Stegen. Sollte hier kein Platz frei sein, können größere Boote auch in den Fischerhafen gehen, am besten an den Ostkai (Wassertiefe hier 2,8 m). Die Versorgung ist recht gut. Duschen werden wohl auch noch kommen. Diesel erhält man nach Anruf beim Hafenmeister

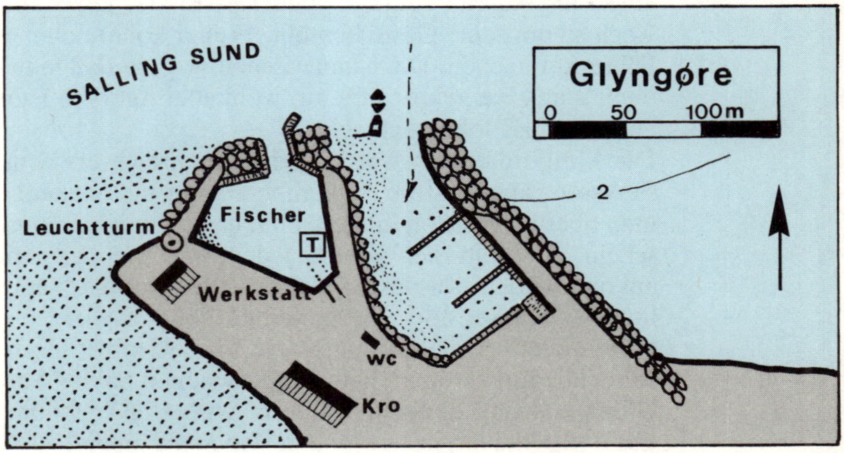

(Orla P. Faaborg, T. 07/73 18 80), der sein Amt nur nebenbei ausübt. Am Hafen eine Werkstatt. Proviant in der Stadt.

Sollte man in Glyngøre keinen Platz finden, so braucht man nur ein paar Seemeilen weiter mit Kurs West und durch den landschaftlich außerordentlich schönen *Salling Sund* zu laufen, um eine sehr gute Ankerbucht zu erreichen: die *Harre Vig.* Exakt sind es bis dahin 7,5 sm. Man passiert die 26 m hohe Salling-Sund-Brücke und biegt danach nach Osten in die *Lysen Bredning* ein, wo man auch schon ankern könnte. Die allerdings nicht sehr hohen Ufer bieten keinen besonderen Schutz. An der Einfahrt greifen auch wieder die üblichen Flachs weit in die Bucht hinein; man muß sich also genau in der Mitte halten. Keine Betonnung. Vor der Einfahrt in die

Harre Vig

wird es noch einmal eng. Das Wasser ist aber tief, so daß man ohne Probleme hier hindurchkommt, sofern man auf die zum Teil überspülten Flachs an beiden Seiten der Einfahrt achtet. Die Harre Vig ist ein nahezu kreisrundes Becken und sehr geschützt. Die Ufer sind hügelig und sattgrün. Vielleicht noch um ein Geringes besser als Ankerplatz ist die nördlich von der Harre Vig abzweigende, schmale Bucht *Harre Nor.* Man darf allerdings nicht zu weit hineinfahren, weil sie rasch untief wird. Vorne kann man auf 3 m Wassertiefe ankern. Gut zum Baden, trotz der Fischstöcke.

Auf dem Weg durch den Salling Sund ist einem am Nordufer, dicht hinter der Brücke, sicher ein ziemlich wuchtiges Gebäude mit tief herabgezogenem Dach aufgefallen. Das ist der „Sallingsund Færgekro“, hier in der Gegend für seine gute Küche berühmt; manche halten ihn sogar für das beste Restaurant am westlichen Limfjord. Früher lag er dicht am Fähranleger, aber jetzt, da der Verkehr über die große Autobrücke rollt, ist er etwas ins Abseits geraten. Vielleicht ist das der Grund, warum sich der Koch so um seine Gäste bemüht. Früher konnte man an der ausrangierten Fähre festmachen. Die ist inzwischen weg, so daß man mit dem Boot nicht mehr zum „Færgekro“ kommt, wohl aber mit dem Fahrrad, von Nykøbing aus etwa. Es lohnt sich sehr!
Die Limfjordaustern wurden schon mehrfach erwähnt. Hier könnte man sie essen, aber erst ab September, wenn die Saison angefangen hat. Was man aber auch schon in den Sommermonaten bekommt, das sind Blaumuscheln und natürlich Fische jeder Art. Wer hier richtig ausgehungert ankommt, dem sei das *Anretning* „Petit de luxe“ empfohlen, die Spezialität des Hauses und eine gewaltige Völlerei.
Nach diesem Abstecher zur Harre Vig setzen wir unseren Kurs wieder ostwärts ab, zurück durch den wunderschönen Salling Sund mit seinen hohen Ufern und den dunklen Wäldern, vorbei an Nykøbing und der Nordostküste von Salling in den engen *Fur Sund* hinein.

St. Mortens auf Fur. Die Kirche ist im Jahre 1115 aus Rotsteinquadern im romanischen Stil erbaut worden. Sie gehört zu den 1650 romanischen Dorfkirchen, die innerhalb ganz kurzer Zeit in Dänemark gebaut wurden. Danach entstanden noch 130 im gotischen Stil, aber um 1250 war der Bau von Dorfkirchen in Dänemark praktisch abgeschlossen: Diese fast gleichzeitige Entstehung erklärt, warum sich alle Kirchen so ähneln.

An der schmalsten Stelle des Sunds, wo vom Salling-Ufer her die Fähre kommt, liegt der Hafen von

Fur

dieser großen und grünen Insel, die von Süd nach Nord gleichmäßig ansteigt, bis ihre Ufer zur Livø Bredning hin steil abbrechen (s. Seite 98). Wenn man von dieser kultivierten Insel etwas mehr als nur den Hafen sehen will, so sollte man sich ein Fahrrad ausleihen und kreuz und quer über die Insel radeln, was allerdings anfangs etwas beschwerlich werden wird, denn es geht zunächst immer bergauf, bis man auf der Heimfahrt den Lohn für diese Mühe erntet und im Freilauf zum Hafen zurücksausen kann. Man radelt erst durch Ackerland, erreicht dann den höchsten Punkt auf Lille Jenshøj (76 m) und kommt durch wildes Heideland im Osten wieder zurück. Im Fur-Museum kann man sich Fossilien von Meeresschildkröten, Fischen, Vögeln und Insekten ansehen, alles aus der Zeit, als die Gegend hier um den Limfjord noch ein tropisches Klima hatte. Die Molererde, in der diese Fossilien seit 50 Millionen Jahren ruhen, ist im übrigen zur Rohstoffbasis für eine bedeutende Bausteine-Industrie geworden. Die

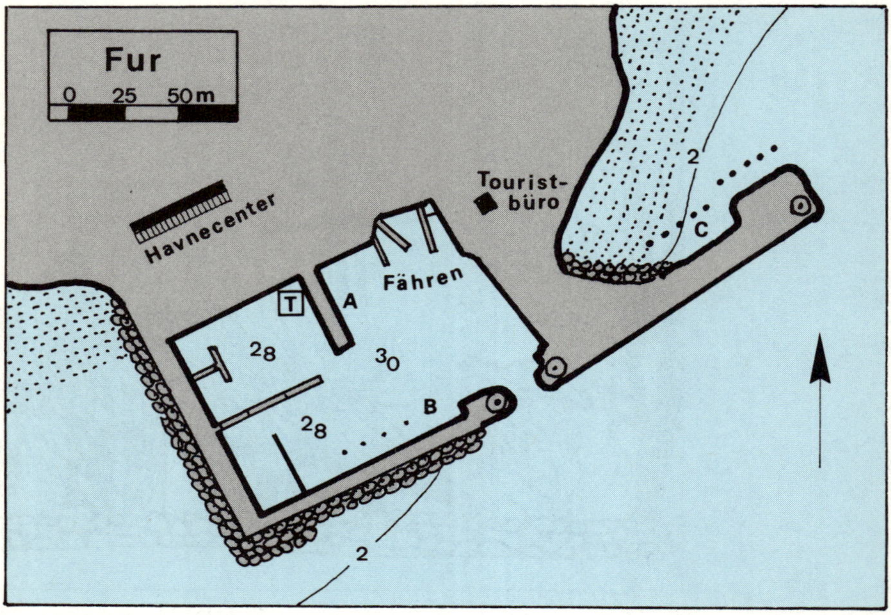

auffallend rote Erde nennt man Rødsten; sie hat ihre Farbe vom eisenhaltigen Wasser.

Wer aber nicht allzuviel Zeit zur Verfügung hat, sollte Fur eher „mitnehmen" und sich etwas Zeit für die Nachbarinsel Livø (s. Seite 111) aufsparen, die meiner Meinung nach sogar noch schöner als Fur ist.

Liegeplatz: In dem erst 1954/55 gebauten Hafen liegt man eigentlich immer recht geschützt. Das vordere Becken (A) ist für Gastyachten reserviert. Ist zufällig ein Platz frei, kann man auch an die Innenseite der Südmole gehen (B). Neue Liegeplätze sind durch Ausbaggern an der Nordseite der Ladebrücke geschaffen worden (C), wo man bis auf östliche und manchmal auch nördliche Winde ruhig und ungestört liegt. Der westliche Teil des Hafens ist für Fischer reserviert.

Versorgung: Tankstelle siehe Plan, Werkstatt ebenfalls. Wasser kann man einem Hahn entnehmen, für den die am Abend kommende Hafenmeisterin einen Schlauch mitbringt. Im „Havnecenter" eine Cafeteria, ein kleines Lebensmittelgeschäft, Münzwaschsalon, Toiletten und Duschen. Fahrräder kann man am Informationskiosk ausleihen.

Wasserstand: Tidenhub 0,6 m. Sturm aus West kann den Wasserstand um 1,3 m erhöhen, Sturm aus Ost ihn um 1 m senken.

Kein schlechter Hafen, in dem es sich aushalten läßt.

Die Fahrt ostwärts in die *Risgårde Bredning* ist gleich zu Beginn mit einer kleinen Schwierigkeit verbunden, nämlich wieder einem der typischen Limfjord-Flachs. Als früher an dessen Nordkante nur eine mickrige schwarze Spiere stand, lief so mancher, der die Augen nicht von der

Schönheit der Landschaft lassen konnte, hier auf, was zwar nicht tragisch, aber wegen des kieselig harten Grundes auch nicht gerade angenehm war. Doch die heutige schwarz-gelbe Tonne (Toppzeichen zwei Kegel, Spitzen oben) ist in all dem Grün ringsum ganz ausgezeichnet auszumachen. Die grüne Tonne, die kurz davor steht, ist eigentlich überflüssig.

Die sich nach Süden erstreckende Risgårde Bredning mit ihren grünen Hügeln und den jütländischen Bauerngehöften darauf gehört nicht zu den schönsten Gewässern des Limfjords, sie ist aber insofern ein recht gutes Segelrevier, als sie bis zur Ansteuerung in den *Hvalpsund* kein nennenswertes Schiffahrtshindernis, sprich: keine Untiefen hat. Erst kurz davor beginnt das große *Rotholm Rev* (mit Steininseln), das aber so gut ausgetonnt ist, daß es einen nicht zu schrecken braucht. Im übrigen ist es sehr viel leichter, zwischen Westufer und Rotholm Rev hindurchzusegeln, als es auf der Karte den Anschein hat.

Danach läuft man in den Hvalpsund ein, wo man auf zweierlei zu achten hat: einmal auf die Fähre, zum anderen auf das lange, schmale Flach, das sich vom Westufer südostwärts erstreckt. An seinem Ende steht eine grüne Tonne. Ab da kann man nach Süden abbiegen, wenn man es nicht vorzieht, dem Fischerhafen von

Hvalpsund

einen Besuch abzustatten. Er liegt am Ostufer, ist nicht sehr groß, bietet aber einer Yacht immer Platz, seitdem knapp nördlich von ihm eine Marina gebaut worden ist. Er ist nicht ganz leicht anzulaufen, unter Segeln überhaupt nicht. Man sehe sich genau den Plan an. Man läuft also in den Vorhafen ein, wie die Fähre auch, kann dabei aber die Einfahrt in den Fischerhafen nicht sehen. Da es im Vorhafen zum Land hin bald untief wird, muß man sehr rasch einen Haken in den Fischerhafen schlagen; die Einfahrt ist ziemlich eng. Man soll, nein: muß warten, bis die Fähre ein- oder ausgelaufen ist.

Der kleine Hafen wirkt ein bißchen rauh, hat aber eine gute Atmosphäre. Die Fischer staunen, wenn sich mal eine Yacht hierher verirrt. Am besten macht man an der Außenmole fest. Ein typischer kleiner Fischerhafen am Limfjord, der aber nicht mehr die Bedeutung von früher hat, als er einer der wichtigsten hier war. Wer Komfort sucht, sollte in die eben nördlich vom Fischerhafen gelegene Marina fahren.

Versorgung: Treibstoff im Fischerhafen. In der Marina Werkstatt, Slip, 6-t-Kran, Proviant, Cafeteria.

Wasserstand: Mittlerer Tidenhub 1,0 m. Östliche und südliche Winde können den Wasserstand um 0,7 m senken, Sturm aus NE bis E sogar um 1,0 m; westliche bis nördliche Winde können den Wasserstand um 1,0 m erhöhen.

Kein Platz zum längeren Verweilen, da gibt es Besseres.

Im engen Hvalpsund wird man ziemlich geschützt fahren, denn die Ufer sind hoch und steil. Am Ostufer brechen sie zum Teil fast senkrecht ab, so bei Bregnedals Hage und vor allem Knudshoved.

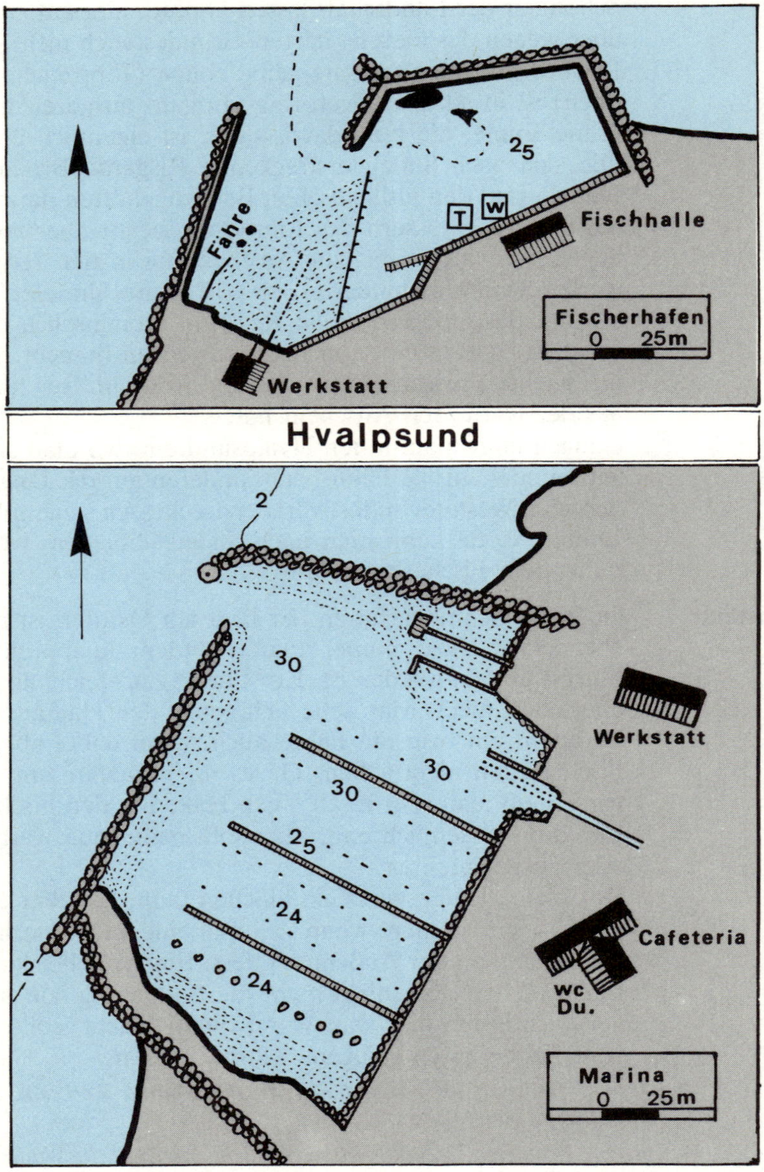

Hier sollte man sich entscheiden, wohin man will: Nach Süden geht es durch den *Skive Fjord* zur gleichnamigen Stadt, ost- und später südwärts gelangt man nach *Hjarbæk*. Beide Törns sind aus unterschiedlichen Gründen nicht unproblematisch. Müßte ich wählen, würde ich Hjarbæk

vorziehen, es sei denn, ich wäre im Juni unterwegs, dann ginge das aus noch zu erläuternden Gründen nämlich nicht.
Von Hvalpsund nach Skive und zurück sind es 19 sm, nach Hjarbæk und zurück 30 sm.
Nach Skive: Man läuft also südwärts durch den Hvalpsund, der tief und schön ist. Um der Untiefe *Jelseodde* (schwarz-gelbe Tonne, Toppzeichen zwei Kegel, Spitzen oben) nicht zu nahe zu kommen, sollte man sich etwas mehr an das Westufer des Fjords halten. Nach 3 sm läuft man auf das Flach *Lundø Hage* zu, das von den vielen flachen Landzungen des Limfjords eine der unangenehmsten ist. Es sperrt fast den ganzen Fjord ab, ragt vom Ostufer nach Westen und wird an seiner Westkante durch eine rote Tonne markiert. Sehr schwierig bei schlechter Sicht und auch gefährlich, vor allem bei hartem Wind aus Süd.
Spätestens hier wird man im Süden die hellen, hohen Silos von Skive ausmachen. Hat man Lundø Hage passiert, so kommt man mit Kurs Süd direkt auf den Tonnenstrich (Wassertiefe 4 m) zu, der in den Hafen von

Skive

hineinführt. Nimmt man die Landschaft als Kriterium, so ist dieser Törn nicht ohne Reiz, vor allem wegen der steilen Ufer im Westen. Die Stadt selbst lohnt nicht unbedingt einen Besuch. 17000 Einwohner. Eine doch mehr moderne dänische Mittelstadt mit einiger Industrie, einer langen Einkaufsstraße und viel Verkehr. Skive stand über Jahrhunderte zu sehr im Schatten des nahen und mächtigen Viborg. Darüber hinaus ist die Stadt auch mehrmals abgebrannt, so daß man nur auf ganz wenige alte Häuser trifft. Eines der interessanteren Bauwerke ist die *Gamle Kirke,* erstmals um 1300 erwähnt, eine Quadersteinkirche mit recht schönen Kalkmalereien im Innenraum. Knapp westlich vom Handelshafen findet man im Park den Backsteinbau des Schlößchens *Krabbesholm,* in dem jetzt die Volkshochschule von Salling, wie das Land hier heißt, untergebracht ist.

Liegeplatz und Versorgung: Ein Hafen, der auch von großen Schiffen angelaufen wird, beherrscht von den hohen Silos und Lagerhäusern. Ohne Atmosphäre. Staubig, wenn geladen wird. Nördlich vom Handelshafen ist vor wenigen Jahren ein moderner Yachthafen (A) gebaut worden. Wenn nicht hier im Grünen, liegt man noch am besten im Nordhafen (B). Es wird einem aber nicht lange gefallen. Zur Stadt hat man etwa 2 km zu gehen. Dort kann man einkaufen. Treibstoff siehe Hafenplan. Reparaturwerkstatt, Slip usw. sind entsprechend der Bedeutung des Hafens vorhanden.

Wasserstand (nur relevant für Yachthafen): Tidenhub 1,1 m. Wind aus W bis NW läßt den Wasserstand um 1,7 m steigen, Wind aus E ihn um 0,8 m sinken.

Adressen: Information: Østerbro 7, T. 52 32 66 (hier auch Fahrrad-Verleih); Post: Posthustorvet; Wäscherei: Østerbro 8; Museum: Havnevej, T. 52 10 93 (kulturhistorische und archäologische Sammlungen aus dem Umland; außerdem eine Grönlandsammlung des Forschers Lauge Koch und Dänemarks größte Bernsteinsammlung).

Nach Hjarbœk: Die Alternative zu Skive beginnt bei Knudshoved am Hvalpsund; hier fährt man nach Osten in die weite und (relativ) tiefe

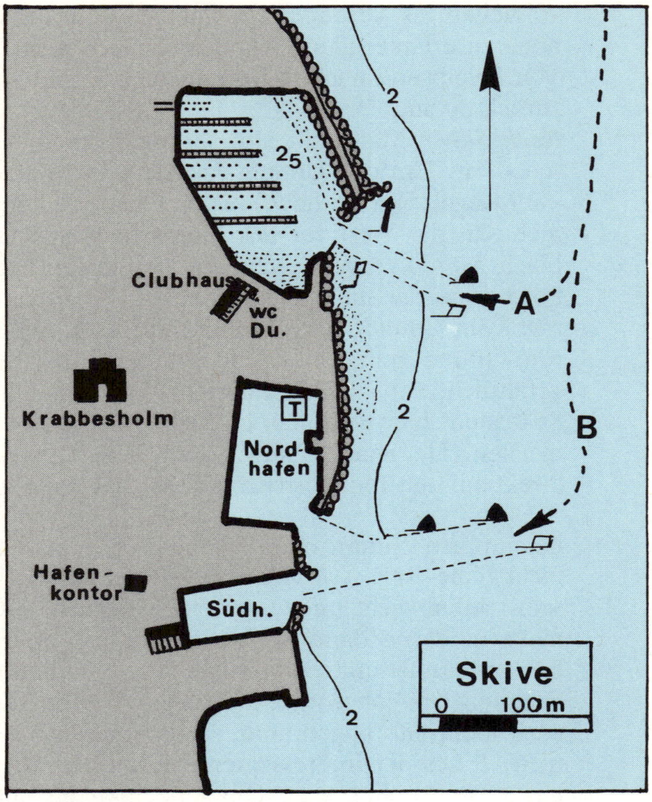

Lovns Bredning, ein ziemlich einsames Gewässer. Nur ganz selten wird einem eine Yacht begegnen oder ein kleiner Fischkutter. Man kann die Lovns Bredning voll aussegeln und auch dicht an ihre grünen, hügeligen Ufer herangehen. Das Nordufer wird immer wieder unterbrochen von gelben Sandabhängen; der größte jedoch liegt am Ostufer, unterhalb des Ortes Ulbjerg. Hält man darauf zu, so kommt man auch ziemlich exakt zum Tonnenstrich des *Virksunds,* an dessen Ende ein Straßendamm liegt, den man aber durch eine Schleuse passieren kann.

Im Juni herrscht im *Hjarbæk Fjord* eine Mückenplage biblischen Ausmaßes. Es ist nahezu unvorstellbar, wie binnen weniger Minuten Myriaden kleiner Mücken Segel und Deck bedecken, bis alles fast schwarz ist. Sie kriechen einem in Mund, Nase, Augen und Ohren, bis man völlig entnervt wieder umkehrt. Vor der Schleuse aber ist merkwürdigerweise von dieser Plage kaum etwas zu bemerken.

Hier zeigt sich, was ein scheinbar harmloser Eingriff des Menschen in ein Öko-System alles bewirken kann. Weil bei kräftigen Winden aus Nord die Wiesen um den Hjarbæk Fjord immer wieder unter Wasser gesetzt

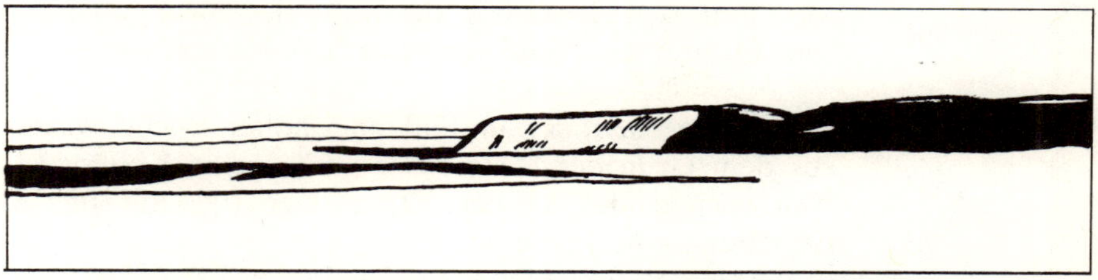

Im Virksund. Blick auf das Steilufer im Osten der Lovns Bredning. Von Westen schiebt sich eine flache Landzunge in den Sund: der Badestrand des Bootshafens von Virksund

wurden, hat man 1965 diesen Damm über den Virksund gebaut und damit dann auch gleich eine inzwischen vielbefahrene Autostraße angelegt – was wahrscheinlich auch das vorrangige Motiv für den Bau des Dammes war. Dieser Damm nun hat zur Folge, daß zwischen dem Limfjord und dem Hjarbæk Fjord kein Wasseraustausch mehr stattfand. Das bißchen Schleusenwasser fällt natürlich nicht ins Gewicht. Der Hjarbæk Fjord verwandelte sich so binnen weniger Jahre in einen Süßwassersee. Fauna und Flora veränderten sich ebenfalls. Zunehmend bedeckt Schilf das Wasser, und der See versumpft: die ideale Brutstätte für Mücken. Die Segler in Hjarbæk knirschen vor Wut mit den Zähnen, wenn man sie auf diese Entwicklung anspricht, aber was sollen sie dagegen tun? Im Juni legen viele von ihnen ihre Boote nach Skive, weil sie es hier nicht mehr aushalten. Andererseits: Der Hjarbæk Fjord ist mittlerweile zu einem ungestörten Brutplatz für Schwimm- und Stelzvögel geworden und zu einem Rastplatz für Zugvögel. Seit 1967 steht das Gebiet auch unter Naturschutz.

Also, wenn man *nicht* im Juni kommt, dann geht es nicht nur, es ist auch sehr lohnend.

Die Schleuse wird im Mai zwischen 0600 und 2000, im Juni und Juli zwischen 0500 und 2100 bedient, im August zwischen 0600 und 1900 und im September zwischen 0600 und 1800. Die Schleusentore fahren nicht seitlich ein und aus, sondern drehen nach unten ins Wasser weg. Man kann also nicht sehen, wenn die Passage frei ist; das zeigt einem ein kleines grünes Licht an: Leuchtet es auf, kann man die Leinen lösen und aus der Schleuse fahren.

Ansonsten kann man vor der Einfahrt in die Schleuse festmachen, und zwar an der Ostseite, wo ein winziger Fischerhafen ist; allerdings unangenehm laut, wegen der dicht vorbeiführenden Autostraße.

Dieser Lärm stört auch, wenn man im Yachthafen von Virksund liegt. Zudem befindet sich dicht daneben ein großer Campingplatz. Trotz des schönen Badestrandes auf der Halbinsel: nur bedingt empfehlenswert.

Der Hjarbæk Fjord gehört mit zu den schönsten Revieren am Limfjord. Das ist eine amphibisch anmutende Landschaft mit ihren flachen Ufern, den Schilffeldern, den Fischreusen und Bundgarnnetzen.

Man muß sich ziemlich in der Mitte des Wassers halten, aber etwas mehr zum Ostufer hin. Bald wird man des Hafens von

Hjarbæk

ansichtig werden, der am Fuß eines hohen Buchenwaldes liegt. Unten lugt aus dem Grün der Bäume der große gelbe Kongsgård (Königshof), das Wahrzeichen des kleinen Ortes, der (bis auf die Mücken) in jeder Beziehung eine Idylle ist.
In den Hafen führt ein enger Tonnenstrich, in dem man etwa 2 m Wasser vorfindet. Die Ansteuerung liegt im Nordosten vom Hafen. Man darf, wenn man von Norden kommt, nicht direkt auf den Hafen zulaufen, sondern muß erst einen leichten Bogen nach Osten machen, um so zu der Ansteuerungstonne zu gelangen. Von dort aus geht es dann im Tonnenstrich in den Hafen (fünf Spierenpaare).

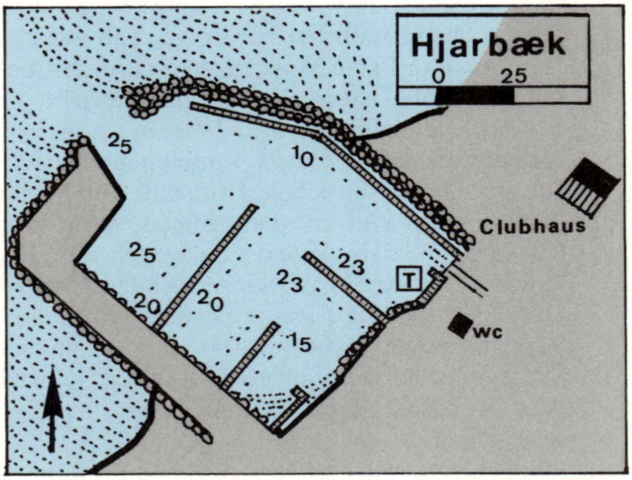

Liegeplatz und Versorgung: Der Hafen ist, wie man schon aus dem Plan ersehen kann, sehr klein. Mit einem größeren Boot liegt man am besten hinter der Nordmole, dicht bei der Einfahrt, sonst am ersten Steg, sofern etwas frei ist. Die Segler des Clubs sind behilflich. Wasser an den Stegen. Waschgelegenheit und Toiletten im Clubhaus. Lebensmittel im Ort. Diesel im Yachthafen Virksund.

Von Hjarbæk nach Livø sind es rund 30 sm – das mag für einen Tagestörn ziemlich viel sein. Man könnte deshalb auf halber Strecke gut in Hvalpsund (s. Seite 105) zur Nacht liegen.
Hjarbæk Fjord, Virksund, Lovns Bredning und Hvalpsund – das alles ist schon von der Hinfahrt her bekannt. In der Risgårde Bredning sollte man sich nun aber etwas mehr am Ostufer halten, weil man so direkt auf Livø zusteuert. Das Rotholm Rev bleibt also an Bb., der untiefe *Rindgrund* (betonnt), 2 sm weiter, hingegen an Stb. Bald danach taucht im Westen die grüne Insel Fur auf und voraus auch schon Livø, die schönste aller Inseln

im Limfjord. Davor aber gibt es noch ein kleines Problem: *Liv Tap,* die lange Südostspitze von Livø, zieht sich besonders weit hin, und nach der Landzunge setzt sie sich auf einer Strecke von etwa 1 sm nochmals als Untiefe fort. Dort, wo dieses Flach endet, steht eine schwarz-gelb-schwarze Tonne (Toppzeichen zwei Kegel, Spitzen voneinander). Diese Tonne darf man nicht aus dem Auge verlieren. Besonders aufpassen muß man, wenn man kreuzt und deshalb mit Segelmanövern beschäftigt ist. Neuerdings ist Liv Tap ein wenig auffallender geworden, weil es nämlich Seehund-Schutzgebiet wurde und man dieses Gebiet mit gelben Tonnen begrenzt hat (es darf selbstverständlich nicht befahren werden).
Man muß die schwarz-gelb-schwarze Tonne auf diesem Kurs also auf jeden Fall an Bb. lassen.
Auffallend am Ostufer der *Bjørnsholm Bugt,* gegenüber der Südspitze Livøs, das leuchtend weiße, langgestreckte Gebäude des Vitskøl-Klosters, eine hervorragende Landmarke.
Sobald man die Schwarz-Gelb-Schwarze passiert hat, läuft man mit Kurs NW auf den Hafen von Livø zu, wobei man praktisch an der Grenze des Seehund-Schutzgebietes entlangsegelt; man orientiere sich also an den beiden gelben Tonnen.
Es wird nun Zeit, sich auf die Ansteuerung von

Livø

zu konzentrieren. Der Inselhafen liegt im südlichen, eher flachen Teil und ist von See her sehr schwer zu erkennen. Es gibt jedoch mehrere gute Anhaltspunkte: Man wird, etwa auf der Mitte der Insel, ein langgestrecktes graues Gebäude ausmachen können: Es liegt nördlich vom Hafen! Peilt man von da nach Süden, so erkennt man zwei auffallende, gelbbraune Häuser mit roten Ziegeldächern. Ziemlich genau in der Mitte zwischen diesen beiden Häusern liegt davor der Hafen, der natürlich immer deutlicher zu erkennen ist, je mehr man sich ihm nähert. Ganz auffallend eine verwitterte Bretterwand mit einem grünen Dach: Südlich davon liegt die Einfahrt in den Hafen.

Liegeplatz und Versorgung: Wie man auf dem Plan erkennen kann, handelt es sich bei diesem Hafen um einen Winzling. Wegen der hohen Bretterwand auf der Ostmole läßt sich von außen nicht feststellen, ob Platz in dem engen Becken ist. Man kann aber auch seine Anfahrt nicht mehr abbrechen, wenn man einmal die Brücke am Fähranleger passiert hat. Ist die Fähre nicht da und auch nicht im Kommen, dann ist es das beste, kurz an ihren Anleger zu gehen und nachzuschauen, ob im Hafen Platz ist. Am besten verholt man danach sein Schiff auch gleich von Hand. Findet man im Hafenbecken keinen Platz, kann man auch an die Nordmole gehen, das ist nicht das schlechteste, oder an die Rückseite der Fährbrücke. Auf jeden Fall liegt man hier gut geschützt vor Winden aus Nord und West. Das Hafenbecken aber ist unbedingt besser.
Bei wenig Wind kann man auch ankern: Der beste Platz befindet sich etwa 90 m vor dem Ufer nordöstlich der Nordmole. Man liegt dann genau richtig, wenn man das Ostufer von Livø mit der Øsløs-Kirche (am Nordufer der Løgstør Bredning) in Peilung hat (340°). Doch Vorsicht: 450 m nordöstlich vom Hafen verläuft ein Unterwasserkabel!

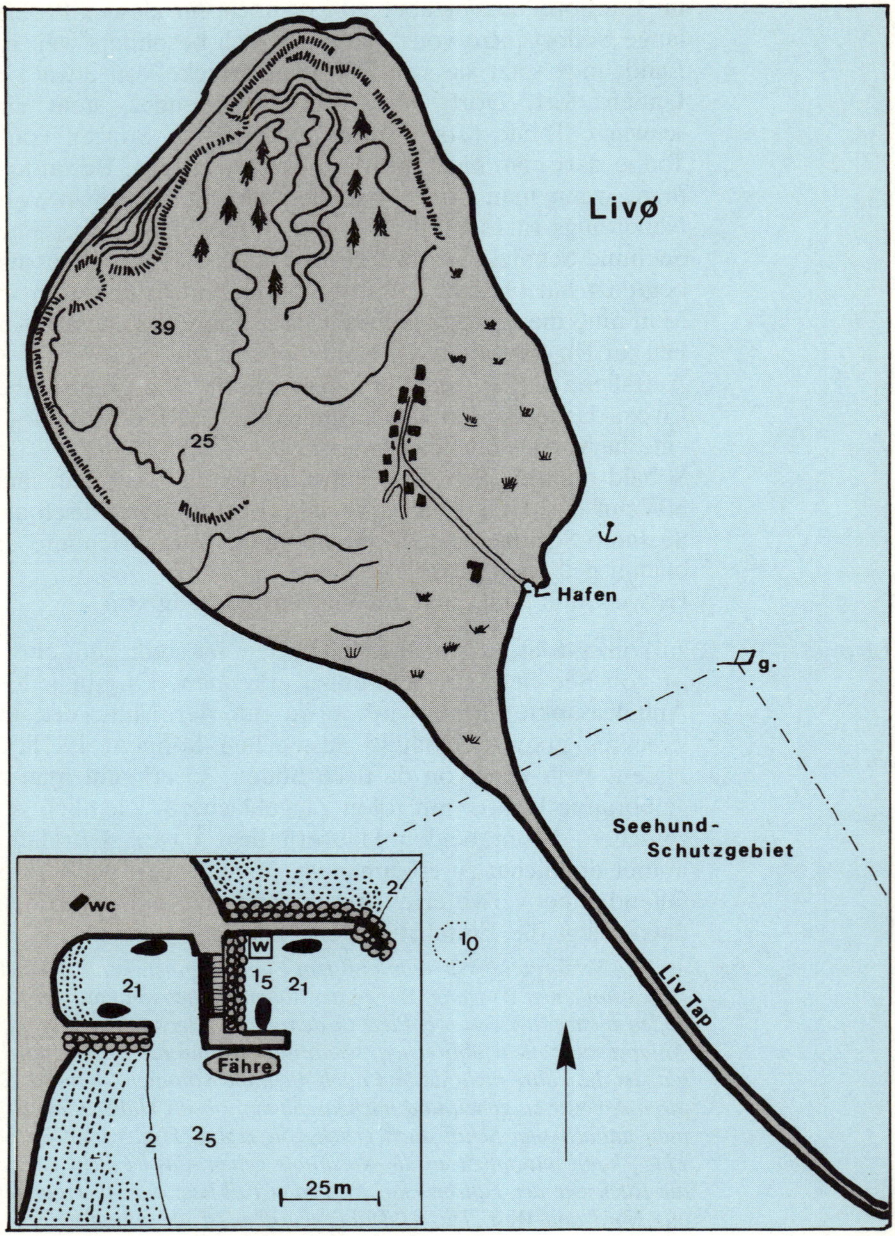

Der Hafen taugt in keiner Weise als Nothafen. Man sollte auch davon ausgehen, daß er nur mit einem Tiefgang von nicht mehr als 1,8 m wirklich sicher angelaufen werden kann.

Während man tagsüber eigentlich nicht an den Fähranleger darf, kann man zur Nacht hier liegen, und zwar ab 2100; denn danach ist die Fähre weg und kommt auch bis zum Morgen nicht wieder.
Um 0700 jedoch, also fast noch zu nachtschlafender Zeit, tuckert sie schon wieder heran, und man bekommt massig Ärger, wenn man dann noch an ihrem Platz liegt.
Die Versorgung ist nicht sonderlich gut. Am Hafen gibt es Wasser, sehr ordentliche Toiletten und Duschen, die im Freien stehen. Duschen auch im „Ort". Dort kann man Lebensmittel in sehr beschränkter Auswahl erstehen.

Wasserstand: Tidenhub 0,1 bis 0,2 m. Wind aus SW erhöht den Wasserstand um 1,2 m, Wind aus NE senkt ihn um 1,5 m (!).

Meine Begeisterung für diese kleine Insel kennt keine Grenzen! Livø ist ein kleines Naturwunder, ein nordisches Paradies. Hier, in der weichen Limfjordluft, wächst und wuchert alles, als läge die Insel in den Subtropen.
Ist das Land um den Hafen flach, so steigt es nach Norden zu immer mehr an, bis es zur Løgstør Bredning hin dann wieder steil abfällt, über die man von dort oben einen phantastischen Blick hat. Hier ist die Insel dicht mit Wald bedeckt, durch den aber kreuz und quer schmale Trampelpfade laufen. Merkwürdig kurzstämmige Eichen mit breit ausladenden Kronen stehen zwischen dichten Holunder- und Kiefernbüschen. Haselsträucher, Himbeer- und Brombeerhecken machen den Wald an manchen Stellen so undurchdringlich wie einen Urwald. Hier lebt noch der Damhirsch, gibt es Rehe, Füchse, Marder und das Hermelin – und Fasanen, wild gackernd, wenn man sie aus ihren Schlupfwinkeln aufstöbert. Um den Hafen und nach Süden zu ist das Land dann wieder ganz flach mit Dünen, weiten Heideflächen und kleinen, schilfbewachsenen Strandmooren.

Auf Livø

Zehn Menschen wohnen auf diesem Eiland, unten im Komplex der ehemaligen „Heilanstalt“, die sich hartnäckig auf allen Seekarten so nennt, obwohl die Anstalt längst aufgelöst ist. Jetzt sind in den Häusern ein Landschulheim und eine Landwirtschaftsschule untergebracht.
Die Insel, die, wie Funde beweisen, schon in vorgeschichtlicher Zeit bewohnt wurde, gehörte seit 1200 dem Vitskøl-Kloster, das weiß vom Festlandufer herüberleuchtet. Die Mönche trieben hier ein bißchen Ackerbau, zogen sich in diese Einsamkeit aber mehr zum Gebet und zum Fasten zurück. Nach der Reformation fiel das Kirchengut an den Herrenhof Bjørnsholm, der auch gegenüber liegt und von dem die Bucht ihren Namen hat. Von da ging Livø dann 1911 an die „Kellersken“-Anstalten über, die hier in den Jahren 1918/20 die bewußte Nervenheilanstalt bauten, mit eigenem Wasser-, Gas- und Elektrizitätswerk. Zu der Zeit durfte die Insel nicht mehr betreten, der kleine Hafen nur in Notfällen angelaufen werden. 1970 übernahm der Staat den ganzen Komplex und öffnete die Insel der Allgemeinheit. Seit 1974 steht sie unter Naturschutz.
Seither zieht es massenhaft Touristen nach Livø, die von Rønbjerg mit der Fähre herüberkommen, abends aber zurückfahren. Dann wird es wieder still auf der Insel, und man hat sie (fast) ganz für sich allein.
Die ehemalige Nervenheilanstalt ist in ihrer Anlage recht interessant. In der früheren Meierei wird jetzt ein kleines Restaurant betrieben. Aber insgesamt wirkt der gewaltige graue Komplex leer und auch etwas bedrohlich – trotz der fröhlichen Kinder aus dem Landschulheim.

Livø ist ein Ort, von dem man so schnell nicht mehr wegmöchte.

Sollte man in Livø nicht unterkommen, so ist der östlich davon am Festlandufer gelegene Yachthafen von

Rønbjerg

zwar keine Alternative, aber doch leicht und rasch und vor allem auch nachts anzulaufen. Von Livø aus sind es 2 sm quer über die Bjørnsholm Bugt. Die Molen an der Einfahrt sind befeuert (F.r. und F.gn.). Eine moderne Marina, in den flachen Strand hineingebaggert. Gut geschützt bei allen Winden. Badestrand. Wer Zeit und Lust hat, kann von hier aus einen Spaziergang zum nahen Vitskøl-Kloster machen.

Liegeplatz und Versorgung: Am besten hinter der Fähre (siehe Schiffssymbole im Plan). Zu beachten ist, daß der Hafen stellenweise untief ist. Treibstoff, Zubehör, Proviant, Werkstatt beim Hafenkontor. Toiletten und Duschen im Clubhaus.

Wasserstand: Tidenhub 0,2 m. Westliche Winde können den Wasserstand um 1,5 m erhöhen, östliche ihn um 0,9 m senken.

Knapp 5 sm nordnordöstlich von Livø beginnt die Rinne über die Flachs der *Løgstør Grunde.* Am Westende der Rinne liegen eine rote Tonne (Blz.(3)r.), eine schwarz-gelbe (Toppzeichen zwei Kegel, Spitzen oben)

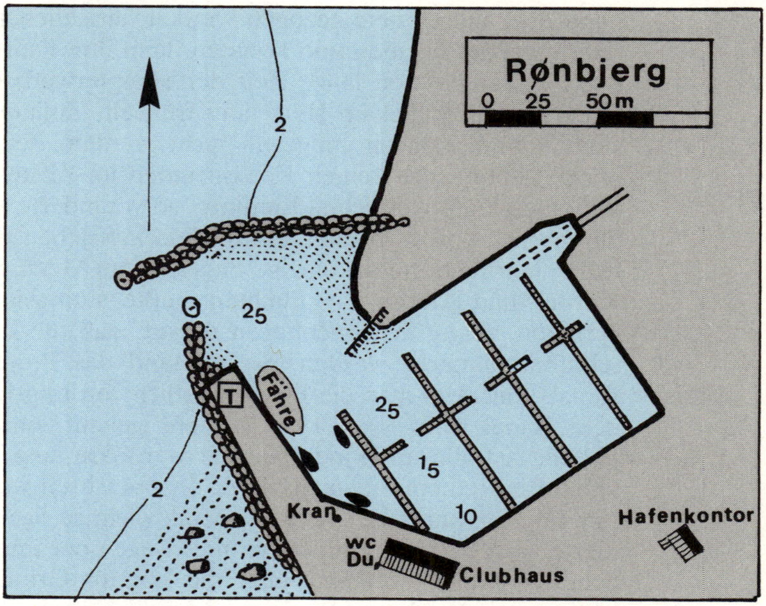

und, dicht nördlich davon, nochmals eine rote Tonne aus. Ab hier ist es nun außerhalb des Tonnenstrichs, der 3 sm lang auf Løgstør zuführt, flach. Die Rinne ist etwa 60 m breit und um 4 m tief.

Auch nachts ohne Probleme zu fahren: Man orientiert sich am Richtfeuer *Løgstør Grunde:* Die U-F. stehen in Løgstør in einem weißen Gebäude mit rotem Dach (Glt.gn.-2s, Glt.r.-2s). Das grüne Feuer markiert die Südseite des Fahrwassers, das rote entsprechend die Nordseite. Das O-F. steht östlich und außerhalb von Løgstør auf einem Berg (Glt.-4s). Es führt in Peilung 79° genau in die Mitte des Fahrwassers.

Bei Tag ist neben der Kirche von Løgstør mit ihrem spitzen Turm das weiße Gebäude, etwas südlich davon, die beste Landmarke: Das Limfjord-Museum mit seinen Treppengiebeln ist nicht zu verwechseln und von weither in der Løgstør Bredning zu sehen.

Løgstør

Obwohl mit seinen 3700 Einwohnern wesentlich kleiner als Thisted und Nykøbing, ist es diesen beiden Städten im Charakter doch ziemlich ähnlich. Das Stadtbild wird geprägt von Gebäuden aus dem vorigen Jahrhundert, der Hafen selbst ist für heutige Anforderungen etwas überdimensioniert. Die Stadt verdankt ihre Entwicklung ihrer Lage. Hier versperrten jahrhundertelang die flachen Løgstør Grunde den Übergang vom westlichen Limfjord in den östlichen. Die tiefergehenden Frachtschiffe konnten die Gründe nur passieren, wenn sie ihre Güter entluden und somit ihren Tiefgang verringerten. Das Leichtern erfolgte mittels flacher Boote, die

dann über die Untiefe gezogen wurden; anschließend wurden die Frachtschiffe wieder beladen und konnten dann ihre Fahrt fortsetzen. Dies und der Fischfang waren lange Zeit der Haupterwerb der Stadt. Wegen des Güterumschlags bekam sie relativ früh ein Zollamt, bereits 1523. Kaufstadt konnte Løgstør hingegen nicht werden, denn das hintertrieb das reiche Ålborg, das keinen Konkurrenten im Westen haben wollte.
Wie überall am westlichen Limfjord, so veränderte auch hier der Nordseedurchbruch von 1825 radikal das Wirtschaftsleben. Der Zugang zum Kattegat, Jahrhunderte die einzige Passage zum Meer, war jetzt nicht mehr so wichtig, und Ålborg, das fürchten mußte, nun seine Monopolstellung zu verlieren, drang in Kopenhagen darauf, daß die Løgstør Grunde besser schiffbar gemacht wurden. So entstand das Projekt des Frederik-VII.-Kanals, mit dem man die Flachs westlich von Løgstør einfach umging. An dem Kanal wurde von 1856 bis 1861 gebaut, ohne große mechanische Hilfen, fast alles in Handarbeit. Er war 4 km lang, 24 bis 28 m breit und konnte mit einem Tiefgang bis zu 3 m befahren werden.
Für Løgstør war dieser Kanalbau eine wichtige Sache. Der Kanal funktionierte auch befriedigend, bis man – wegen der immer größer werdenden Schiffe – 1899 die Rinne über die Løgstør Grunde grub, die wir auch heute noch befahren. In dem schönen weißen Gebäude der Kanalverwaltung ist jetzt das Limfjord-Museum untergebracht. Der Kanal, der inzwischen auf halber Strecke mit einer Brücke gesperrt ist, ist in seinem nördlichen Teil zum Yachthafen von Løgstør geworden. Die ganze Kanalanlage steht jetzt unter Denkmalschutz.

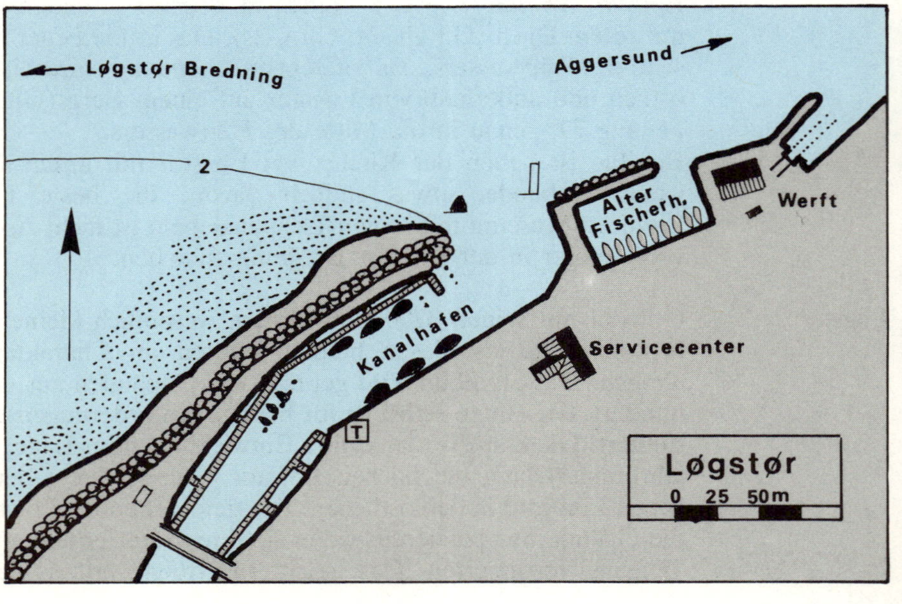

Liegeplatz und Versorgung: Man geht in den Kanalhafen, der in den letzten Jahren von der Stadt mit Stegen usw. zu einem guten Anlegeplatz für Yachten ausgebaut wurde. Hinter der hohen Mole liegt man absolut geschützt. Soweit Platz, kann man sich auch in den Alten Fischerhafen legen, der aber mit dem Kanalhafen nicht mithalten kann. Wasser, Treibstoff. Toiletten usw. im Servicecenter. Werft am Fischerhafen. Lebensmittel usw. in der Stadt.

Wasserstand: Tidenhub 0,2 m. Sturm aus W kann den Wasserstand um 1,6 m heben, Sturm aus E ihn um 0,5 m senken.

Adressen: Information: Østerbrogade 20, T. 67 20 10 (hier auch Fahrräder); Post: Jernbanegade 35; Wäscherei: Østerbrogade 28; Museum: am Kanalhafen, T. 67 18 05 (Geschichte des Limfjords, Seefahrt und Fischerei).

Westlich der Hafenmole, am Ufer der Løgstør Bredning, befindet sich ein guter Badeplatz mit feinem weißem Sand, der, weil sehr flach, besonders für Kinder geeignet ist.
Jenseits des Hafens, im Osten, steigt das Land steil an. Wenn man hier hochklettert, hat man einen weiten Blick über die Løgstør Bredning.
Was man sich unbedingt ansehen sollte, ist das kleine Limfjord-Museum. Man braucht nicht mehr als ein, zwei Stunden, hat danach aber einen sehr guten Einblick in Entwicklung und Geschichte dieser schönen Landschaft.

Wer nicht in die Ostsee will, der kann hier eigentlich wieder umkehren; es sei denn, er wollte nach Ålborg (26 sm von Løgstør aus). Doch den schöneren Teil des Limfjords hat man schon westlich von Løgstør gesehen.
Weiter nach Ålborg geht es so:
Man läuft von Løgstør im engen Tonnenstrich durch den *Aggersund,* über dessen schmalste Stelle die Aggersund-Brücke führt: Sie wird eine halbe Stunde vor Sonnenaufgang erstmals und eine halbe Stunde nach Sonnenuntergang letztmalig geöffnet, in den Stunden dazwischen zu jeder Zeit. Man gibt die üblichen Signale: die Signalflagge „N“ (oder ersatzweise die Nationale im Vortopp oder im Want auf halber Höhe) und das Schallsignal „lang – kurz“. Der Brückenwärter antwortet mit den gleichen Signalen wie bei der Oddesund-Brücke (siehe Seite 77).
Wer sich für die Geschichte der Wikingerzeit interessiert, der sollte vor dem Passieren der Brücke an der 80 m langen Pier des Hafens

Nørre Aggersund (am Nordufer des Sunds, dicht vor der Brücke) festmachen (Wassertiefe 3,7 m). Von hier kann man in einer halben Stunde westwärts am Ufer entlang zu der alten Wikingerburg „Aggersborg“ wandern, besser gesagt: zu dem, was davon noch übriggeblieben ist. Die Anlage findet man auf dem Feld zwischen der Aggersborg-Kirche und dem Herrenhof Aggersborg.

Wikinger im Limfjord

Die Aggersborg am Limfjord ist die größte der Wikingerburgen, die man bisher in Dänemark gefunden hat; Trelleborg, Nonnebakken und Fyrkat (s. Seite 294) waren alle wesentlich kleiner. Die Aggersborg war, wie die anderen auch, kreisrund, hatte jedoch einen Durchmesser von 240 m. In den vier Himmelsrichtungen führten Öffnungen durch die hohen Ringwälle. Entsprechend den vier Ausfalltoren gab es zwei große sich kreuzende Straßen, die das Burginnere in vier Sektoren aufteilten. In der Aggersborg lagen in jedem der vier Sektoren drei Kasernenkomplexe mit jeweils vier Langhäusern, die einen quadratischen Innenhof umschlossen. Insgesamt standen also 48 solcher Langhäuser innerhalb des Ringwalls. Das Grundmaß dieser exakt gebauten Anlage war der römische Fuß (29,5 cm).
Die Häuser waren knapp 30 m lang; man schätzt, daß in jedem 50 Mann untergebracht waren. Danach hätte die Aggersborg feste Plätze für 2400 Mann geboten. In der Mitte stand ein Wachturm, von dem aus man einen weiten Blick über das Land und den Limfjord hatte. Welchem Zweck die Burg letztlich diente, weiß man nicht. War es eine Kaserne oder nur ein Winterlager für die Wikinger? Sollte sie den Heerweg schützen, der von Süden kommend hier über den Aggersund weiter nach Norden führte? Oder war es die Burg des Königs, wenn er im Limfjord seine Wikingerflotten zusammenrief? Bei einem solchen Anlaß jedenfalls – und dies ist historisch belegt – wurde die Aggersborg schließlich zerstört.
Immer wieder hatten die dänischen Wikinger die englische Insel überfallen und sich England zeitweise untertan gemacht. Der englische König war sogar gezwungen, regelmäßig einen Tribut an Dänemark zu zahlen, das sogenannte Danegeld. Knud der Große (1018 – 1035) war nicht nur König der Dänen, sondern gleichzeitig gekrönter König Englands. Damit war aber auch der Höhepunkt der dänischen Macht erreicht. Unter den schwachen Nachfolgern Knuds verlor Dänemark rasch wieder seine englischen Provinzen.

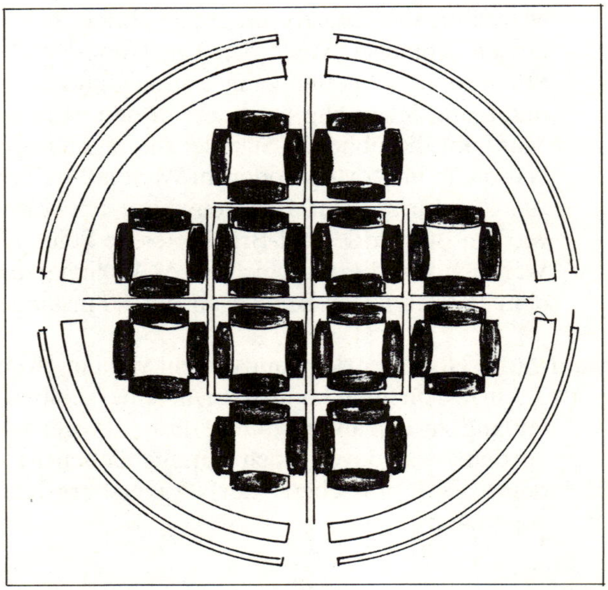

Grundriß der Aggersborg, wie sie zu Zeiten der Wikinger ausgesehen haben mag

Als nun Knud der Heilige 1080 den Thron bestieg, da hofften die Dänen, daß mit ihm wieder die Zeit der wilden und beutereichen Wikingerfahrten anheben würde. Denn Knud war ein Krieger, der seine ganze Jugend auf Heerzügen, vor allem in der Ostsee, verbracht hatte. Kaum war er König geworden, traf er auch schon Vorbereitungen für eine erneute Eroberung Englands. Er rief eine Flotte von 1860 Schiffen zusammen, die sich 1086 im Limfjord, unterhalb der Aggersborg, sammelten. 1200 von ihnen waren dänische Drachenboote, 60 hatte der norwegische König Olav Kyrre mitgebracht, und 600 schließlich kamen aus Flandern, vom Schwager Knuds, dem Grafen Robert. Eine Flotte, so groß, wie sie in Europa bis dahin noch nie gesehen worden war.
Knud dem Großen war es gelungen, mit nur 200 Drachenbooten England zu erobern. Angesichts dieser gewaltigen, um vieles größeren Flotte, die sich da im Limfjord sammelte, bestand für England allerhöchste Gefahr. Aber der Aufbruch verzögerte sich. Denn als sich die Kunde von dem bevorstehenden Heerzug verbreitet hatte, sahen die Völker südlich des Danewerks eine günstige Gelegenheit, nun in das von Kriegern entblößte und somit schutzlose Jütland einzufallen. Knud erkannte diese Gefahr und zog mit einem kleineren Heer erst einmal nach Schleswig, um für Ruhe an seiner Südgrenze zu sorgen. Die große Flotte blieb im Limfjord liegen.
Die Kämpfe in Schleswig zogen sich länger hin, als Knud dies erwartet hatte. So wurden die Besatzungen im Limfjord immer unruhiger: Alle hatten sie sich auf einen schnellen Raub- und Eroberungszug eingerichtet, und nun lagen sie hier untätig, während zu Hause die Höfe nicht versorgt wurden und das Korn heranreifte. Es kam zu Meutereien, denn die Wikingerkrieger, die ja in erster Linie Bauern waren, zog es nunmehr mit aller Gewalt nach Hause. Diese Unruhe wurde zudem noch geschickt vom englischen König geschürt, der Agenten an den Limfjord geschickt hatte, damit sie mit hohen Bestechungssummen Zwietracht unter den Heeren säten. Die Häuptlinge entsandten mehrfach Boten nach Schleswig, um Knud zur Rückkehr an den Limfjord zu bewegen. Aber der Krieg in Schleswig war nicht so schnell zu beenden, und so löste sich die große Flotte im Limfjord langsam auf.
Als Knud endlich an den Limfjord zurückkehrte, lagen da nur noch seine treuen Norweger: Sie entließ er mit Dank nach Hause. Über seine treulosen Dänen aber, die das Aufgebot des Königs gebrochen hatten, verhängte er schwere Bußen. Das wollten die sich nicht gefallen lassen. Sie überfielen noch im gleichen Jahr die Aggersborg und brannten sie nieder. Der König mußte fliehen und zog sich nach Fünen zurück. Die Bauern in ihrer Raserei aber setzten ihm nach und erschlugen ihn in der Kirche von Odense.
Später sollen sich an seinem Grab Wunder ereignet haben, und so wurde er vom Papst heiliggesprochen und ging als Knud der Heilige in die Geschichte ein.
Seit man in Norwegen drei sehr guterhaltene Wikingerschiffe ausgegraben hat, weiß man, wie diese zu ihrer Zeit unvergleichlichen Kampfschiffe ausgesehen haben: um die 20 m lang, gut 4 m breit und extrem leicht gebaut, mit einem Tiefgang von nur etwa 1 m. Man schätzt, daß ein Boot 70 Mann Besatzung aufnehmen konnte. Demnach hätte die Flotte am Limfjord mit ihren 1860 Schiffen eine Streitmacht von 130 000 Mann umfaßt. So viele werden es wohl nicht gewesen sein, denn so große Heere kannte man zu der Zeit im Norden nicht. Wahrscheinlich waren die flandrischen Schiffe auch kleiner. Aber selbst wenn es bedeutend weniger Männer gewesen sein sollten: Knuds Heer war sicher eine gewaltige Streitmacht, und den englischen Spähern mußte der Atem gestockt haben, als sie die Løgstør Grunde bedeckt sahen von dieser riesigen Flotte.

Das ostwärts nach Ålborg führende Fahrwasser wirkt ganz anders als der westliche Teil des Limfjords: nicht mehr seenartig breit, sondern eher einem Kanal ähnlich, mit flachen, zum größten Teil sumpfigen Ufern, Schilffeldern und ganzen Systemen von Fischernetzen beiderseits der Fahrrinne. Weit weg im sanft ansteigenden Land liegen einzelne Gehöfte und kleine Dörfer. Eine eher schwermütige, stille Landschaft. Man muß sich ziemlich exakt im Tonnenstrich halten.

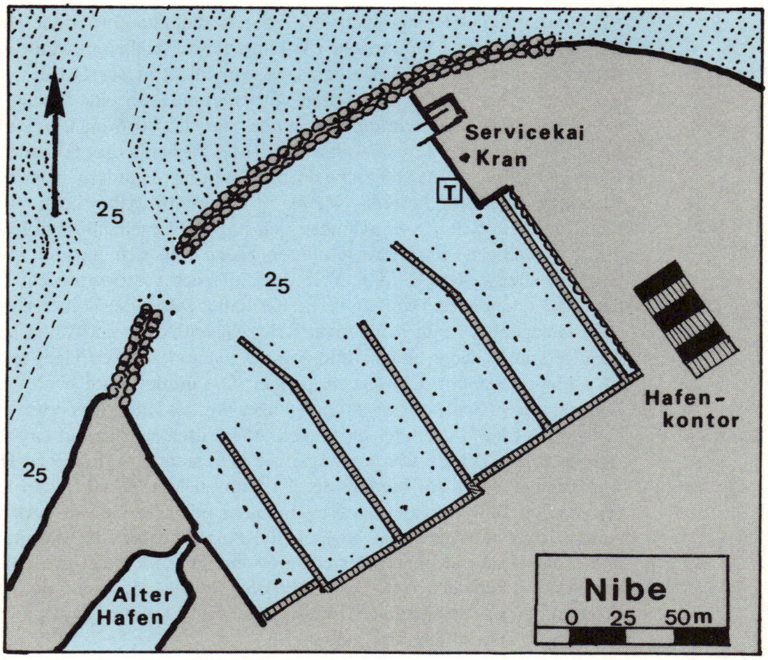

Wahrscheinlich wird man auf den 26 sm bis Ålborg keinen Hafen mehr anlaufen wollen, obwohl auf dieser Strecke noch drei liegen, darunter eine ganz beträchtliche Marina.

- **Attrup** ist ein privater Yachthafen mit 180 Plätzen. Wassertiefe 2 m, im Ostteil aber nur 0,8 m.
- **Gjøl** ist noch ein Winzling mit nur etwa 20 Liegeplätzen, soll aber so sehr erweitert werden, daß später 300 Boote hier unterkommen können. Zur Zeit beträgt die Wassertiefe zwischen 1,5 und 1,0 m.
- **Nibe** ist das, was Gjøl noch werden soll, eine riesige, moderne, perfekte Marina (s. Plan), ein Hafen, der aber nicht nur deshalb, sondern auch wegen des alten Landstädtchens durchaus einen Besuch lohnt.

Ankerplätze findet man bei den Schilfinseln *Troldholme,* und zwar südlich (57°01,14'N, 009°29,10'E) bzw. nördlich (57°01,48'N, 009°30,15'E) der Fahrrinne. Man liegt hier jedoch wenig geschützt. Es sind eher Plätze, um einmal außerhalb der Fahrrinne eine Kaffeepause zu machen.

Spätestens auf der Höhe der flachen Insel *Egholm* wird man der Fabriken und Schornsteine Ålborgs ansichtig werden – nach der Idylle des stillen Limfjords ein kleiner Schock. Sind wir in

Ålborg

angekommen, sollten wir uns beizeiten überlegen, wo wir das Boot zur Nacht festmachen wollen. Die drei Yachthäfen, die man in Ålborg üb-

licherweise anläuft, liegen alle westlich der beiden Brücken. Der erste, den wir passieren, ist *Marina Fjordparken* (A), dann folgen, dicht nebeneinander, *Skudehavnen* (B) und *Vestre Bådehavn* (C). Marina Fjordparken liegt, wie der Name schon sagt, landschaftlich sehr schön, ist dafür aber auch sehr weit vom Stadtzentrum entfernt. In dieser Beziehung hat man es im Skudehavnen und im Vestre Bådehavn besser, die beide schon etwas angejahrt sind, sich jedoch durch besonders gute Versorgungsmöglichkeiten auszeichnen. Mehr über die Häfen unter „Liegeplätze".
Bleibt man in dem Yachthafen von Ålborg, so brauchen einen die beiden Brücken zunächst nicht zu interessieren, sondern erst wenn man weiter will. Es handelt sich um eine Eisenbahnbrücke und, 700 m östlich davon, um eine Straßenbrücke. Beide werden auf Verlangen geöffnet, beide sind stark frequentiert, so daß man unter Umständen schon etwas warten muß. Die Brücken verbinden das alte Ålborg mit Nørre Sundby, einer ehemals selbständigen Stadt, die inzwischen eingemeindet ist und City Nord heißt.
Die *Eisenbahnbrücke* (Durchfahrtshöhe in geschlossenem Zustand 3,8 m) wird zwischen 0500 und 2100 geöffnet, jeweils zu Zeiten, die sich nach dem Fahrplan der Züge richten. Jeweils 15 Minuten vor Passieren eines Zuges wird sie nicht mehr geöffnet. Man gibt das übliche Signal, also die Signalflagge „N", oder hißt ersatzweise die Nationale im Vortopp oder im Want auf halber Höhe, kann auch über Funk, Kanal 16, den Brückenwärter anrufen (gilt ebenfalls für Straßenbrücke).
Der Brückenwärter antwortet mit folgenden Signalen:
1 rotes Licht + 1 schwarzer Ball: Warten!
2 rote Lichter + 2 schwarze Bälle: Durchfahrt von E her erlaubt.
3 rote Lichter + 3 schwarze Bälle: Durchfahrt von W her erlaubt.
Die *Straßenbrücke* (Durchfahrtshöhe 9,75 m) wird ebenfalls zwischen 0500 und 2100 geöffnet. Signale von uns wie bei der Eisenbahnbrücke. Der Wärter dieser Brücke antwortet folgendermaßen:

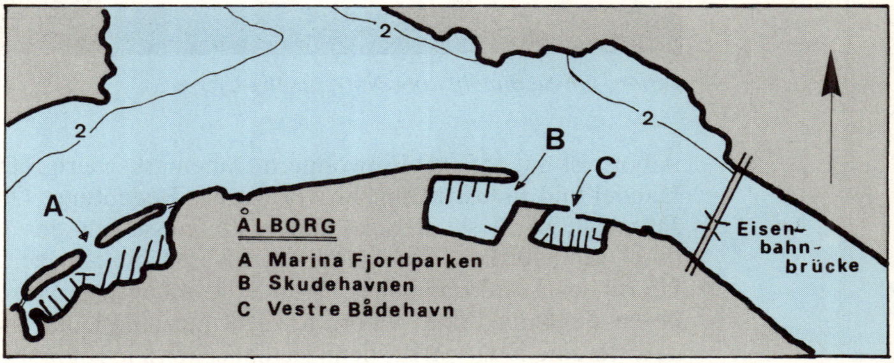

1 rotes Licht:	Warten!
2 rote Blitzlichter:	Öffnung der Brücke wird vorbereitet. Boote östlich der Brücke sollten sich für Passieren bereithalten.
2 rote Lichter:	Durchfahrt von E her erlaubt.
3 rote Blitzlichter:	Durchfahrt von W vorbereiten.
3 rote Lichter:	Durchfahrt von W erlaubt.

Sperrzeiten der Straßenbrücke:
- werktags: 0640–0710, 0740–0810, 0840–0910, 1150–1220, 1240–1310, 1540–1630, 1650–1730
- sonnabends: 0640–0710, 0740–0810, 0840–0910, 1130–1230
- sonntags: 1600–1630, 1700–1730, 1800–1830 (in der Zeit vom 20. Juni bis 15. August)

Ålborg mit St. Budolfi vom Nørresundby-Ufer aus

Ålborg ist mit 155 000 Einwohnern Dänemarks viertgrößte Stadt und, was Handel und Industrie angeht, von großer Bedeutung. Obwohl schon 1000 Jahre alt, wirkt sie weniger durch Zeugnisse aus der Vergangenheit als durch die Fabriken, Schornsteine, Silos und Tankanlagen, alle entlang den Ufern des Limfjords gelegen, und die modernen Verwaltungsbauten in ihrem Zentrum. Aber Ålborg ist nicht nur eine laute, lärmende Stadt, es ist auch eine junge Stadt, denn sie hat sehr viele Bildungseinrichtungen, so

daß sie in ihrem Zentrum dank der vielen Schüler und Studenten jung und überaus lebendig wirkt.
Die alten Bauwerke sind schnell aufgezählt: Da ist die weiße *Budolfi-Kirche* mit ihrem Zwiebelturm, dem Wahrzeichen der Stadt, benannt nach dem englischen Schiffsheiligen Budolfi. Mit ihrem Bau wurde um etwa 1200 begonnen; im wesentlichen stammt sie aus dem Jahre 1550. Ihr Turmdach bekam sie sogar erst im Jahre 1779. Die Kirche ist geöffnet von 0800 bis 1200 und von 1300 bis 1600. Dann, nur ein paar Schritte von Sankt Budolfi entfernt, *Jens Bangs Stenhus* mit seinen vier Stockwerken, das größte bürgerliche Renaissancegebäude des Nordens. Seit die große Durchgangsstraße direkt daran vorbeiführt, verlor es etwas an Wirkung. Entschieden weniger prachtvoll ist *Schloß Ålborghus* unten am Hafen, ein kleines Fachwerkschloß für den höchsten Beamten des Königs. Jens Bangs Stenhus und Schloß zeigen schon, wer in der reichen Stadt Ålborg früher das Sagen hatte: nicht des Königs Vertreter, sondern die selbstbewußten Handelsherren. Sehr viel ältere Zeugnisse aus der Vergangenheit Ålborgs findet man am anderen Ufer des Limfjords, nördlich von Nørresundby: den größten Begräbnisplatz des Nordens aus der Wikingerzeit, auf Lindholm Høje, mit etwa 700 Gräbern, von denen 150 sogenannte Schiffsgräber sind, nicht weil hier Schiffe lägen, sondern weil sie schiffsförmig angelegt sind.
Aber die Vergangenheit ist wirklich Vergangenheit in Ålborg. Man sollte sich durch die lebendigen Geschäftsstraßen treiben lassen, die so turbulent

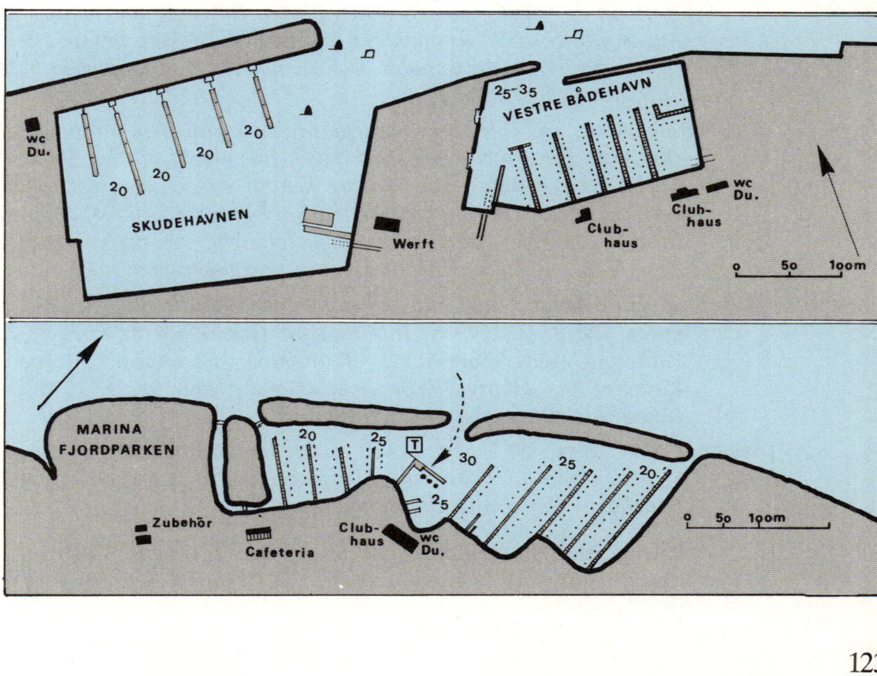

sind, als gehörten sie zu einer Stadt am Mittelmeer. Vor allem die Fußgängerzone um die Bispensgade, wo die Fremden flanieren, oder die (bessere) Algade, wo die Ålborger mehr unter sich sind. Von der Bispensgade zweigt zum Hafen hin die Jomfru Anegade ab, die nun wirklich eine ganz große Attraktion von Ålborg ist. Nicht nur wegen der schönen mittelalterlichen Bürgerhäuser, sondern vor allem, weil sich hier Restaurant an Restaurant, Diskothek an Diskothek reiht: Ålborgs Vergnügungsviertel, wo man keine Sperrstunde kennt. Die Stadt soll 200 Restaurants haben; ob die besten in der Jomfru Anegade sind, weiß ich nicht. Aus eigener Erfahrung aber kann ich mitteilen, daß man hier überall ausgezeichnet und vor allem gemütlich essen kann. Man muß schon ein großer Muffel sein, wenn man an den langen Holztischen im „Regensen" (beispielsweise) nicht mit den Dänen ins Gespräch kommt. Weil wir schon beim Essen sind, sei auch der berühmte Ålborg Aquavit erwähnt, der hier freilich teurer ist als bei uns zu Hause.

Liegeplatz: Marina Fjordparken (A) liegt sehr weit vor der Stadt. Das ist aber auch der einzige Nachteil – sonst liegt man hier sehr schön. Man fährt zunächst an die Tankbrücke, um sich einen Liegeplatz zuweisen zu lassen. Von der Haltestelle (Pferde-)„Rennbahn", etwa 200 m entfernt, fahren Busse (Linien 2 und 12) in die Stadt.

Der nach wie vor am meisten von Yachten besuchte Hafen ist der Vestre Bådehavn (C) (westlicher Bootshafen), wo die beiden ältesten Ålborger Bootsclubs ihre Plätze haben. Der etwas enge und verwinkelte Hafen zeichnet sich durch besonders gute Versorgungsmöglichkeiten aus.

Der unmittelbar daneben gelegene Skudehavnen (B) ist etwas geräumiger. Im Grunde bleibt es sich gleich, ob man in den Vestre Bådehavn oder in diesen Hafen geht. Große Boote (ab 12 m Länge) kommen in einem dieser beiden Häfen nicht immer unter; ihnen ist es erlaubt, zwischen den beiden Brücken am Südufer festzumachen.

Am Nordufer, dicht westlich der Straßenbrücke, befindet sich der kleine Fischer- und Yachthafen von Nørresundby. Der sei nur der Vollständigkeit halber erwähnt. Er hat für Gastyachten keine Plätze.

Versorgung: Alles, was eine Yacht braucht, in den Yachthäfen, am besten im Vestre Bådehavn, alles, was der Crew das Leben angenehm macht, in der Stadt. Wer glaubt, für eine Nacht aus der Bordroutine ausbrechen zu müssen, um wieder einmal in einem richtigen Bett zu schlafen, dem sei das „Limfjordshotellet" empfohlen, das zwischen Jomfru Anegade und dem Stückgutkai steht: ein preiswertes, im besten dänischen Design eingerichtetes Haus mit einem erwähnenswert guten Frühstücksbuffet.

Adressen: Hafenkontor: am Fuß der Straßenbrücke, T. 08/122777, VHF-Kanal 16; Zoll: Østerå 29, T. 08/124388; Information: Østerågade 8, T. 126022; Fahrräder: Palads Parkering, Ved Stranden 11, T. 160066; Hauptpost: Algade 42–44; Wäscherei: Kastetvej 53; Ålborg Historisk Museum: Algade 48, T. 124522 (Zeugnisse aus der Geschichte Ålborgs; sehr interessant).

Wichtig: Man kann sich Post schicken lassen, und zwar an Vestre Baadelang oder Aalborg Sejlklub oder Sejlklubben Limfjorden, alle Adressen DK-9000 Ålborg, Vestre Bådehavn; Name und Bootsnamen angeben!

Eine Sehenswürdigkeit ist auch das Heiliggeistkloster am C.W. Obels Plads (nahe der Bispensgade und Sankt Budolfi), Dänemarks älteste

Sozialeinrichtung (von 1431). Heute noch mit 40 Altenwohnungen. Zu besichtigen nach Absprache mit der Tourist-Information.

Langerak, das Fahrwasser von Ålborg zum Kattegat, hat den Ruf, der langweiligste Teil des Limfjords zu sein. Dem soll hier nicht widersprochen werden. Dafür ist es gut betonnt und befeuert für die großen Schiffe, die nach Ålborg wollen.
Auf dem Weg nach Hals, 2,5 sm westlich davon, passieren wir den neuen Bootshafen **Mon,** der am Südufer vor der gleichnamigen Ortschaft liegt. Klein, aber mit einer Wassertiefe von immerhin 2,5 m. Doch wahrscheinlich wird man weiter nach Hals laufen.
Nach knapp 16 sm von Ålborg aus gerechnet erreicht man den Hafen von

Hals

wo auch der Limfjord im Osten endet. Hals ist ein kleiner Fischer- und Touristenort mit einem sehr guten Hafen (1950 neu erbaut). Man kann sich hier gut versorgen und wird dann bald das nächste Ziel ins Auge fassen, ähnlich wie in Thyborøn am anderen Ausgang des Limfjords. Der Ort ist belanglos, wenn auch nicht häßlich. Die Häuser stehen weit verstreut in dem flachen Land zwischen Sand und Wald. Der Hafen macht's.
Eine wenn auch nicht sehr aufregende Sehenswürdigkeit gibt es doch. Ich war schon mehrmals in Hals, ohne daß sie mir aufgefallen wäre. Nur als

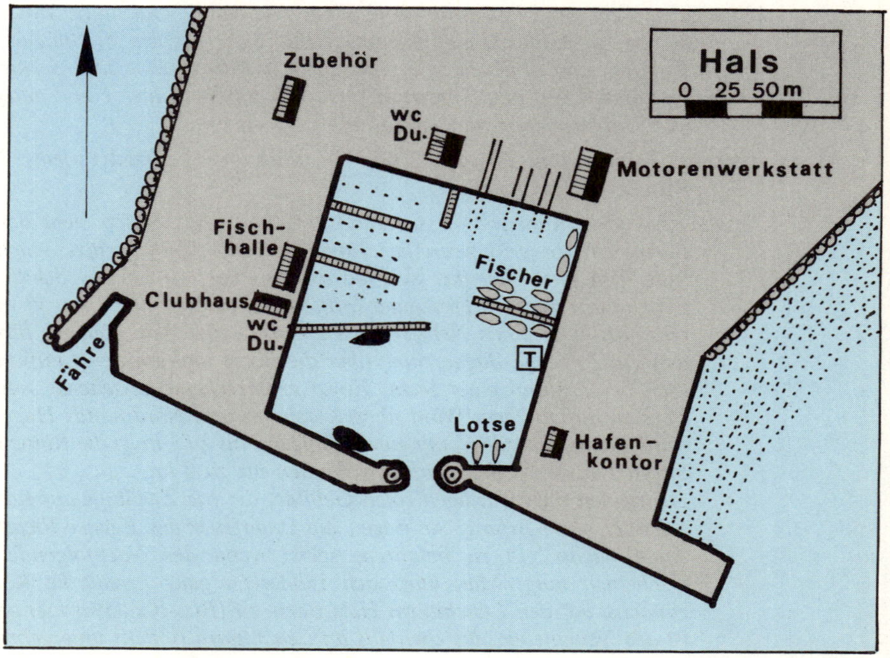

mich einmal ein Sturm länger im Hafen hielt, fand ich sie auf einem Spaziergang aus Langeweile. Dicht nördlich vom Hafen steht ein hoher, dichter Wald, der nebenbei bemerkt auch vom Kattegat her eine gute Landmarke ist. Hinter und unter diesen hohen Bäumen liegt die alte Schanze von Hals, mit der die dänischen Könige die Einfahrt in den Limfjord bewachen ließen. Ziemlich winzig. Begründet von Frederik III. im Jahre 1657, war es eine jener typischen kleinen Festungen mit sternförmig angelegten Erdwällen und einem Wassergraben ringsum und innen mit einigen wenigen Häusern für Offiziere und Mannschaften. Die Kanonen, von denen es noch zwei gibt, standen oben auf den Wällen und schossen hinaus aufs Kattegat. In den Napoleonkriegen wurde die kleine Festung von englischen Schiffen von See her beschossen, allerdings ohne spürbare Folgen. Jetzt steht innerhalb der Wälle noch ein einziges altes, weißes Haus, in dem das kleine Museum von Hals untergebracht ist.

Liegeplatz: Im Sommer, besonders an den Wochenenden, wird der Hafen schon früh voll. Wenn man einen wirklich guten Platz will, sollte man kurz nach der Mittagsstunde einlaufen. Man kann an die Innenseite der Außenmole gehen. Das ist mittlerweile möglich, seit die Frachter zum Entladen an der Seeseite der Außenmole festmachen. Zuweilen, wenn be- oder entladen wird, etwas unruhig, sonst sehr geschützt. Fast ebenso gut liegt man gegenüber an der Südseite der Holzbrücke. Bei dem Andrang an Yachten, der hier sommers herrscht, wird es sich manchmal nicht vermeiden lassen, in den Innenhafen, unter Umständen sogar längsseits an einen Fischkutter zu gehen. Hafengebühr.

Versorgung: Sehr gut. Tankstelle siehe Plan. Hier kann man auch Wasser bunkern (langer Schlauch). Gute Motorenwerkstatt mit Slip. Kleiner Fischladen in der Fischhalle. Duschen und Toiletten sehr ordentlich. Schiffszubehör und Seekarten gegenüber der Fischhalle. Auf dem Weg zum Ort nach 100 m rechter Hand ein großer Supermarkt mit Schiffszubehör und Seekarten.

Adressen: Information: Torvet 4, T. 251450; (hier auch Fahrrad-Verleih); Post: Østergade 22; Wäscherei: Havnegade 2.

Ansteuerung vom Kattegat: 4,5 sm südöstlich von Hals Hafen steht der Leuchtturm Hals Barre, ein rot-weiß gestreifter Turm, der auf einem breiten, wuchtigen Granitsockel ruht. Von fern sieht das ganz so aus, als liefe ein großes Schiff auf einen zu. Der Leuchtturm trägt ein Funkfeuer (310,3 kHz, HB, ····/— ···, 50 sm), ein Leuchtfeuer (Blz.-10s) und einen Nebelschallsender ((1)-30s). Von hier aus führt eine 80 m breite und gut 7 m tiefe Baggerrinne über die Barre und auf den Limfjord zu. Unproblematisch bei Tag und guter Sicht. Etwas erschreckend aussehend, wenn sich die See bei starkem auflandigem Wind über Korsholm und Nordmands Hage dicht an der Fahrrinne bricht. Trotzdem, mit einem Tiefgang bis zu 3 m ist die Rinne immer zu befahren. Strom 1 bis 2 kn, bei stärkeren Winden bis zu 3 kn.

Die beiden merkwürdigen roten Gebilde, die wie Zwillinge auf Korsholm stehen, sind tagsüber ohne Belang; sie tragen die Unterfeuer des Egense-Richtfeuers (s.u.).

Auch nachts gut zu befahren, selbst wenn das Nachfolgende etwas kompliziert erscheinen mag: Man muß sich zuallererst ganz genau die Karte ansehen. Also: zunächst auf den Leuchtturm Hals Barre zu (Blz.-10s). Was hier etwas irritieren kann, ist das Nebenfeuer, das ebenfalls im Leuchtturm (unten) untergebracht ist: Ubr.(2)w/r/

gn.-6s. Man sieht es nur aus SE, und eine Yacht muß sich nicht danach richten, wenn sie die etwa 3 Kbl. südlich des Leuchtturms ausliegende rote Leuchttonne (Blz.(2)r.-10s) ansteuert. (Man sieht diese Tonne allerdings nur, wenn man von S über SE bis E auf Hals Barre zuläuft.) Danach geht es in Peilung 294,1° des Richtfeuers Egense durch den äußeren Teil der Fahrrinne: Das O-F. steht auf einem 20 m hohen Mast auf der Halbinsel Egense, am Südufer des Limfjords: Glt.-4s. Die U-F. brennen in den schon erwähnten roten Behältern auf der Sandinsel Korsholm: Blz.r.-3s und Blz.gn.-3s. Sie markieren also die Fahrwasserbegrenzungen. Kurz vor Korsholm bekommt man an Stb. das Richtfeuer von Hals zu fassen. Es brennt in Linie 315,7°. Das O-F. brennt auf einem 7 m hohen Mast beim Fähranleger von Hals Hafen (Glt.-4s), das U-F. ist ein Sektorenfeuer und befindet sich in einem weißen Haus (mit rotem Band) am Kopf der Hafen-Westmole (Ubr.w/r/gn.-5s).

Zur Beruhigung: Man käme (mit einer Yacht) wahrscheinlich auch mit den Leuchttonnen allein aus, aber die Richtfeuer machen es doch ein bißchen sicherer.

Ankerplätze: Im östlichen Limfjord zwischen Ålborg und Hals wird man nicht ankern wollen, obwohl man hier im Langerak gute Plätze findet: vor Bløden, an der Nordseite des Fahrwassers, und ebenfalls an der Nordseite vor Gåseby. Beide gut bei nördlichen Winden. Bei Winden aus Süd kann man gut liegen vor dem Gudumlund Kanal und bei Bredhage. Das allerbeste aber ist – jedoch nicht bei Starkwind! – das Egense Dyb, nicht mehr im Limfjord, sondern schon am Kattegatufer, und zwar zwischen der Halbinsel Egense und der Sandinsel Korsholm (56°58,45'N, 010°19,1'E).

Hinweis: Den Hals gegenüberliegenden Yachthafen Egense kann man nicht empfehlen, weil er zumeist von Festliegern belegt ist und auch relativ wenig Wassertiefe hat (2,5 m). Hals ist auch dann, wenn es voll ist, diesem Hafen vorzuziehen. Wer es in Egense trotzdem versuchen will: Die Zufahrt ist durch ein 0,3-m-Flach gebaggert und führt in Peilung 305° in das Hafenbecken. Nachts leiten zwei grüne Festfeuer ebenfalls in Peilung 305° in den Hafen.

Die älteste Darstellung des Menschen, die man bisher in Dänemark gefunden hat, ist etwa 10000 Jahre alt: Figuren, die in das Horn eines Auerochsen geritzt wurden

Rund Als

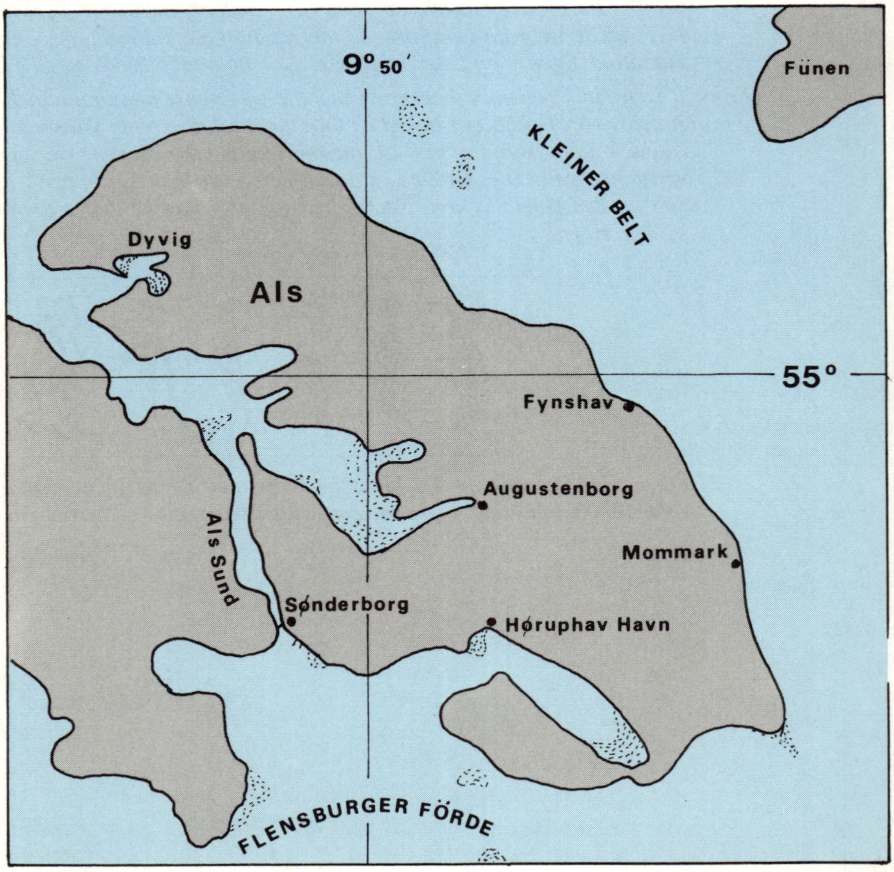

9° 50′
Fünen
KLEINER BELT
Dyvig
Als
55°
Fynshav
Augustenborg
Mommark
Als Sund
Sønderborg
Høruphav Havn
FLENSBURGER FÖRDE

Törnvorschlag 3:
Von Sønderborg nach Høruphav

Diesen Törn kann man aus mehreren Gründen als ideal für den Fahrtensegler bezeichnen, der weniger geübt ist: Zum ersten liegt das Revier ziemlich nahe. Man muß nicht über weite, offene Seeräume, um es zu erreichen; ganz im Gegenteil: Es liegt sozusagen vor unserer Tür, und für den, der seinen Liegeplatz an der Ostsee hat, gehört es zu den nächstliegenden dänischen Gewässern überhaupt.
Zum anderen ist der Törn nicht sonderlich lang: 60 sm – eine Strecke, die man rasch ablaufen kann, wenn einem der Sinn danach steht, für die man sich aber auch sehr viel Zeit nehmen kann, je nachdem, wie lange man im Hafen oder vor Anker liegen will. Gelegenheiten dafür gibt es mehr als genug!
Und was für den Anfänger wohl am wichtigsten ist: Das Revier ist – trotz des Stroms, zu dem noch einiges gesagt wird – doch recht unproblematisch.
Anfangs und sozusagen zum Eingewöhnen hat man mit dem Als Sund, dem Augustenborg Fjord und dem Als Fjord drei ungewöhnlich geschützte Gewässer vor sich. Nördlich und östlich von Als werden dann die Seeräume schon weiter. Indes: Auch wenn man mal östlich von Als einen weiten Schlag in den Kleinen Belt hinaus machen sollte – es bleibt eine Küstenfahrt.
Zwar findet man auf diesem Törn mehrere gute und auch nah beieinander liegende Häfen, aber man muß in den Ferienwochen davon ausgehen, daß sie alle übervoll sind.
Deshalb ein ganz starkes Plädoyer fürs Ankern! Gerade die Gewässer westlich und südlich von Als haben eine Fülle guter und geschützter Ankerplätze. Wer sich gleichwohl in einem Hafen als sechster oder achter ins Päckchen legen will (und dafür auch noch ein saftiges Liegegeld bezahlt), der soll es machen. Seinen Nerven tut er damit sicher keinen Gefallen.
Auf Als, um das dieser Törn im Uhrzeigersinn herumführt, wohnen 60 000 Menschen, die Hälfte davon allein in Sønderborg. Wenn diese Insel einen eher stillen, bäuerlichen Eindruck macht, so täuscht das darüber hinweg, daß die Gegend um Sønderborg eine der am höchsten industrialisierten Regionen Dänemarks ist. Im positiven Sinne schuld daran sind die Danfoss-Werke in der Nähe von Nordborg, im nördlichen Teil der Insel. Sie beschäftigen 5000 Menschen und gehören zu der Welt größten Herstellern von Thermostaten.

Trotz Handel und Industrie ist Als immer noch eine Bauerninsel, fruchtbar und intensiv bewirtschaftet. Bis auf den Nørreskov und den Sønderskov, die, wie ihre Namen schon sagen, im Norden beziehungsweise Süden der Insel liegen, gibt es keine großen zusammenhängenden Waldgebiete, sondern nur endlose Felder mit Schutzhecken dazwischen und manchmal auch noch kleineren Wäldchen. Als wirkt stellenweise wie ein Park, wie ein Englischer Garten.

Jetzt zum Strom: Im Als Sund setzt fast immer ein mehr oder minder starker Strom; normalerweise nordwärts, und zwar mit einer Geschwindigkeit von 1 bis 1,5 kn.

Das ist zu wenig, um kritisch zu sein, aber auch genug, um einen besonders rasch voranzubringen. Südliche und östliche Winde aber können den Strom so verstärken, daß er eine Geschwindigkeit von bis zu 3 kn erreicht. Das ist nun schon etwas und will – beispielsweise beim Anlegen – bedacht sein. Andererseits: Starke Westwinde kehren seine Richtung um; er setzt dann also südwärts, und Nordwinde heben ihn ganz auf.

Seekarten: a) deutsche: Nr. 27 „Als Sund und Augustenborg Fjord“, Maßstab 1: 20000 (ideal); Nr. 16 „Kleiner Belt, nördlicher Teil“, Maßstab 1: 70000; Nr. 26 „Flensburger Förde“, Maßstab 1: 50 000. b) dänische: Zwar nicht besser als die deutschen, aber billiger, weil eine Karte den ganzen Törn abdeckt, nämlich die Nr. 152 „Lille Bælt, sydlige del“, Maßstab 1: 70 000. c) Am besten wäre die Kombination aus der D 27 und der DK 152.

Sønderborg von Süden

Seebücher: Nr. 2003: Ostsee-Handbuch, III. Teil, und Nr. 2004: Handbuch für Belte und Sund (wenn man sie nicht für andere Törns benötigt, kann man auf sie verzichten, jedenfalls auf diesem kleinen Törn); Nr. 2101: Leuchtfeuer-Verzeichnis Teil II: Ostsee, SW-licher Teil, und Gewässer zwischen Ost- und Nordsee.

Distanzen: **Sønderborg** – **Sottrupskov** (4 sm) – **Augustenborg** (6 sm) – **Dyvig** (10 sm) – **Fynshav** (18 sm) – **Mommark** (4 sm) – **Høruphav Havn** (15 sm).

Sønderborg

Obwohl zur Ferienzeit von Touristen überlaufen, laut und voller Lärm, wird die schöne kleine Stadt am Als Sund nach wie vor gern von Seglern besucht. Und eigentlich auch zu Recht. Denn es ist immer wieder ein wunderschöner Anblick, wenn man aus der Flensburger Förde auf die Stadt zuläuft und vor sich zwischen den dunklen, hohen Bäumen das wuchtige, rotbraune Sønderborger Schloß liegen sieht.

Sønderborg ist noch eine richtige schöne, alte Hafenstadt, wie man sie immer seltener findet. Der schmale Als Sund, an dessen Ufern sie liegt, wirkt eher wie ein breiter Fluß, besonders, wenn ein kräftiger Strom setzt und das Wasser dann nur so dahinströmt.

Sønderborg war ursprünglich nur eine Festung und spielte über Jahrhunderte eine wichtige Rolle im umkämpften Herzogtum Schleswig oder, wie es die Dänen nennen, Sønderjylland, in Südjütland. Als es um 1170 gegründet wurde, war die Südgrenze des Königreichs besonders von den Wenden bedroht, die zu der Zeit im heutigen Pommern saßen und immer wieder in die dänischen Provinzen einfielen. Sønderborg gehörte, wie die im Norden von Als gelegene Nordborg, zu einem großen Verteidigungsring, wozu später auch Kolding und Fredericia kamen.

Die Festung von Sønderborg hat im Laufe der Jahrhunderte viele Veränderungen erfahren. War sie ursprünglich eine massive, eher plump wirkende Burg, wie man auf alten Stichen sehen kann, so wandelte sie sich später mehr zu einem Schloß, das zwar auch noch zu verteidigen war, in erster Linie aber doch Wohnzwecken diente. Eine Königin, Dorothea, verbrachte hier in den Jahren 1559–1571 ihre Witwenzeit. Ihr sind besonders viele Verschönerungen am Schloß zu verdanken, vor allem die Schloßkapelle, die nicht nur eine der ersten protestantischen Kirchen in Dänemark war, sondern auch als der älteste Renaissancebau des Nordens gilt. Vorher saß im Südostturm 17 Jahre lang der unglückliche König Christian II. (1513–1523) in Gefangenschaft; doch das wäre eine andere (und zu lange) Geschichte.

Das Schloß wird seit Mitte der sechziger Jahre renoviert, nachdem es vorher arg heruntergekommen war. In seinen Mauern gibt es auch ein Museum, das eine hochinteressante Abteilung über den Deutsch-Dänischen Krieg von 1864 zeigt. Ein Besuch ist lohnenswert; man wird es nicht bereuen, wenn man sich einen ganzen Nachmittag dafür Zeit nimmt.

Danach wird man sicher Lust verspüren, den Ort zu sehen, wo die Schlacht am 18. April 1864 stattgefunden hat. Es ist gar nicht weit dorthin: Man braucht nur über die Christian X. Bro zu spazieren und die Hügel von Sundeved hoch. Dort stößt man dann auch schon auf die Düppeler Mühle und auf das, was von den berühmten Schanzen noch übriggeblieben ist (s. Seite 135).

Als Hafen bekam Sønderborg erst zu Beginn des 18. Jahrhunderts eine größere Bedeutung. Zuvor hatte man sich damit zufriedengegeben, alljährlich zur Heringssaison nach Skanør (Schonen) zu segeln und dort an dem großen Markt teilzunehmen, zu dem sogar englische und niederlän-

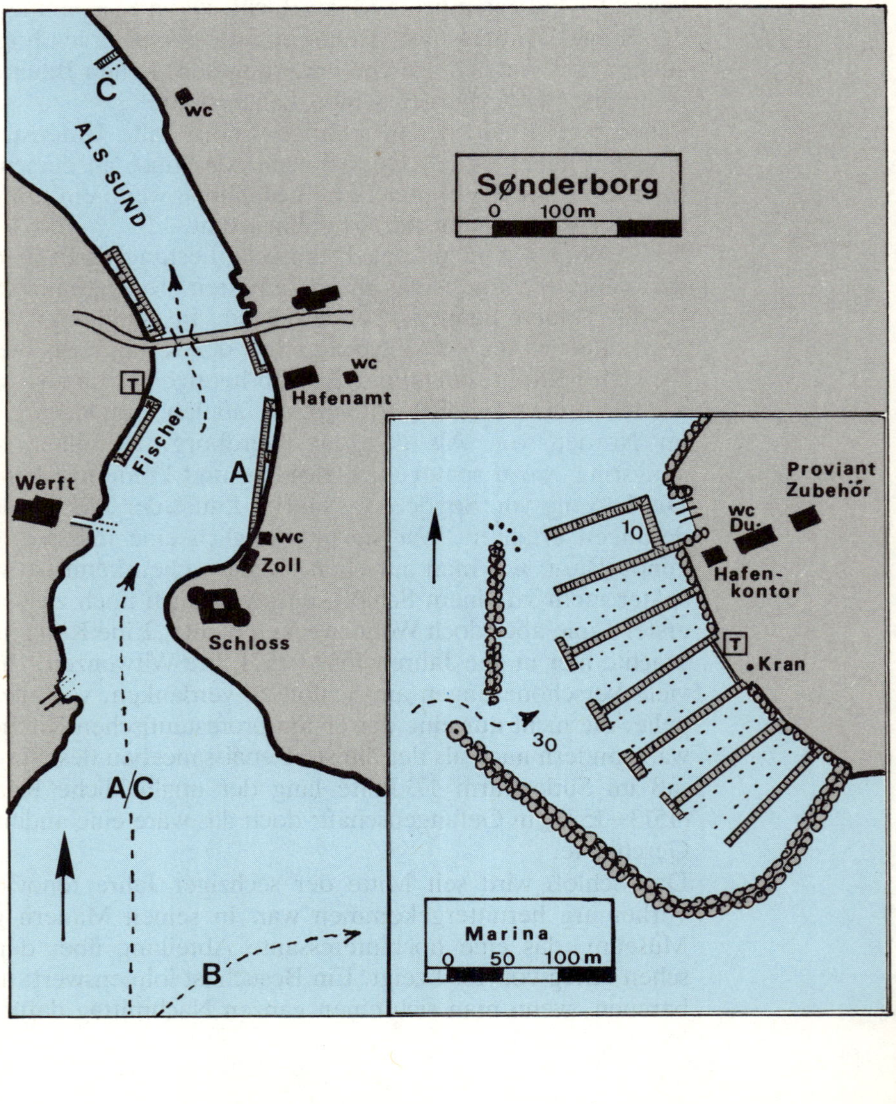

dische Kaufleute gefahren kamen. Später stieg Sønderborg in das Korngeschäft ein. Man hatte ja ein großes Agrargebiet im Rücken, und so exportierte man Korn vor allem nach Norwegen, wie es die anderen jütländischen Hafenstädte auch taten. Ein Zubrot brachte der Transport von Ziegeln aus Egernsund in die rasch wachsende Hauptstadt Kopenhagen. Drei Werften waren in Sønderborg ansässig und bauten hier Schiffe, die auf große Fahrt zu allen Häfen der Welt gingen. Anfang des 19. Jahrhunderts zählte die Handelsflotte von Sønderborg 136 Schiffe, die aber in den Napoleonkriegen bis auf 43 alle verlorengingen. Die überlegenen Engländer wüteten hier ähnlich wie überall in Dänemark.

Am schwersten aber wurde die Stadt im Deutsch-Dänischen Krieg von 1864 getroffen. Denn nachdem die Preußen die Düppeler Schanzen erstürmt hatten, brachten sie am Sundeved-Ufer ihre fürchterlichen Kanonen in Stellung und schossen das schöne Sønderborg erbarmungslos zusammen. Gut ein Drittel der Stadt fiel diesem Bombardement zum Opfer. Auf das, was übriggeblieben war, nahmen die Dänen allerdings später selbst wenig Rücksicht, denn als Schleswig und damit auch Sønderborg 1920 wieder an Dänemark gefallen war, riß man viele der übriggebliebenen Häuser ab, um Platz für die „grandiose" Christian X. Bro zu schaffen.

Sønderborg hat heute drei Hauptadern: die Brücke, den Sund und die lange Geschäftsstraße, die sich oberhalb des Hafens am Hügel hinzieht, wo sich ein Geschäft ans andere reiht und wo an einem schönen Sommernachmittag die Menschen sich so drängen, daß man Platzangst bekommen könnte.

Liegeplatz und Versorgung: Am besten liegt man zweifellos in der Marina (B): landschaftlich sehr schön, vor sich die weite Sønderborg Bugt und dennoch geschützt. Stimmungsvoller ist es im Stadthafen am Ostkai (A). Die Holzbrücke ist freilich nicht für Yachten gebaut, so daß man sich nur schlecht abfendern kann und ständig dem Schwell vom Sund ausgesetzt ist. Auch sind die sanitären Einrichtungen eher mäßig. Der Liegeplatz an der Kongebro (C) kommt eigentlich nur in Betracht, wenn man die Gelegenheit hat, rasch durch die Brücke zu gelangen.

Die Versorgungseinrichtungen in der Marina sind inzwischen vorzüglich (u. a. Mastenkran und 6-t-Kran). Im übrigen siehe Plan.

Adressen: Information: Radhustorvet 7, T. 423555 (hier auch Fahrrad-Verleih); Post: Radhustorvet 1; Wäscherei: Løngang 35-37; Museum: Sønderborg Schloß, T. 422539.

Die Christian X. Bro wurde 1920 gebaut. Ursprünglich bewältigte man den Verkehr über den Sund mit Kähnen, die an Leinen über das Wasser gezogen wurden; dann baute man eine Pontonbrücke, deren schneller Abriß es 1864 den Preußen verwehrte, hinter dem fliehenden Dänenheer herzusetzen. Die Christian X. Bro ist eine kombinierte Eisenbahn- und Straßenbrücke; sie nervt Yachten nach wie vor beträchtlich, da sie die meiste Zeit geschlossen bleibt, und dies, obwohl man erwartet hatte, daß die neue Autobrücke bei Møllehoved sie doch etwas entlasten würde. Der Teil der Christian X. Bro, der geöffnet werden kann, liegt westlich des stählernen Brückenbogens: zwei Flügel, die nach oben aufgeklappt werden. Die Brücke wird nur auf Verlangen geöffnet, n i c h t aber zu folgenden Zeiten:

Montags bis freitags: 0628–0700 / 0718–0800 / 0918–0933 / 0953–1008 / 1100–1133 / 1200–1215 / 1300–1333 / 1512–1530 / 1600–1700 / 1728–1745 / 1754–1809 / 1815–1845 (nur freitags) / 1915–1945 (nur freitags) / 1918–1933 (freitags nicht) / 1957–2012.
Samstags: 0629–0644 / 0718–0733 / 0918–0933 / 0953–1008 / 1015–1030 / 1100–1133 / 1145–1200 / 1318–1333 / 1512–1527 / 1754–1809.
Sonntags: 0718–0733 / 0918–0933 / 1118–1133 / 1318–1333 / 1512–1527 / 1729–1744 / 1918–1933 / 2018–2033 / 2318–2333
Man gibt das Signal „lang – kurz" und setzt die Signalflagge „N" oder die Nationale im Vortopp oder im Want auf halber Höhe. Das tun allerdings die wenigsten; sie huschen mit den anderen, die vor der Brücke kreisend auf das Öffnen gewartet haben, rasch hindurch. Nachts muß man am Bug ein weißes Licht zeigen.
Zu der geschlossenen Brücke muß ein Abstand von mindestens 100 m gehalten werden. Die geöffnete Brücke darf jeweils nur von einem Fahrzeug passiert werden, was zwar eine Vorschrift, aber für Yachten pure Theorie ist, wie der Augenschein immer wieder zeigt. Man muß auch den Anker klar zum Fallen halten. Yachten, die ohne Motor laufen beziehungsweise geschleppt werden, dürfen das Öffnen der Brücke nur in der Zeit von 1900–0630 verlangen.
Der Brückenwärter gibt folgende Signale:
1 F.r.: Durchfahrt verboten!
2 Blk.r.: Brücke wird in Kürze für von N kommende Schiffe geöffnet.
2 F.r.: Schiff aus N darf jetzt passieren.
3 Blk.r.: Brücke wird in Kürze für von S kommende Schiffe geöffnet.
3 F.r.: Schiff aus S darf jetzt passieren.
Für Yachten:
5 Blk.r.: Die Brücke wird in Kürze für Yachten geöffnet.
5 F.r.: Yachten von N und S können die geöffnete Brücke jetzt gleichzeitig passieren (man hält sich jeweils rechts).

Hinweis: An der Brücke findet ein Seitenwechsel der Betonnung statt. Die Richtung des Fahrwassers verläuft nördlich der Brücke nun von Nord nach Süd; die roten Tonnen stehen also ab hier an der Ostseite des Fahrwassers.

Ansteuerung bei Nacht: Hat man die Sønderborg Bugt erreicht, so halte man Ausschau nach der gelb-schwarz-gelben Leuchttonne Østerhage (Toppzeichen zwei Kegel, Spitzen zueinander / Fkl.(9)-15s), die an der Westkante des gleichnamigen Flachs und knapp 1 sm südlich der Hafeneinfahrt von Sønderborg steht. Dicht dahinter, genau in Nord, liegt an der Westseite des Fahrwassers die rote Leuchttonne Vesterhage (Blz.(2)r.-5s). Jetzt hat man voraus, dicht hintereinander, zwei grüne Blitzfeuer: zunächst auf einem grünen Pfahl Slot SSW (Blz.gn.-3s) und schon auf dem Bollwerk vor dem Schloß Slot W (Blz.gn.-5s), ebenfalls auf einem grünen Pfahl. Genau gegenüber steht an der Westseite der Einfahrt ein roter Pfahl (Blz.r.-5s). Hier nun hat man den Hafen von Sønderborg erreicht und dreht nach rechts auf den Liegeplatz A zu (siehe Hafenplan). Die Marina trägt auf dem Kopf der Südmole ein F.gn.

18. April 1864: Der Sturm auf die Düppeler Schanzen

Schlag vier Uhr heulten Granaten über den Vemmingbund und verwandelten die Nacht in ein Inferno. Schon drei Wochen lang hatten die dänischen Schanzen ununterbrochen unter Beschuß gelegen, aber dieser Tag sollte die Entscheidung bringen. Aus 102 preußischen Geschützen ging ein verheerendes Bombardement auf die Schanzen von Düppel hernieder. Die dänischen Besatzungen, von der Wucht dieses Angriffs völlig überrumpelt, zogen sich eilends aus ihrer Festung zurück. Nach sechs Stunden schwiegen die preußischen Geschütze. Es war zehn Uhr. Die Düppeler Schanzen waren zum größten Teil zerstört, die Holzpalisaden abgebrannt oder umgestürzt, die Mannschaftsbunker dem Erdboden gleichgemacht. Aus den Laufgräben, die die preußischen Truppen bis dicht an die dänische Linie getrieben hatten, ertönten Sturmsignale. Dann erhoben sich 10500 Mann und stürmten auf die Schanzen zu. Zu gleicher Zeit sprangen die dänischen Soldaten aus ihren rückwärtigen Laufgräben und hetzten ebenfalls zu ihrer verlassenen Festung. Zum

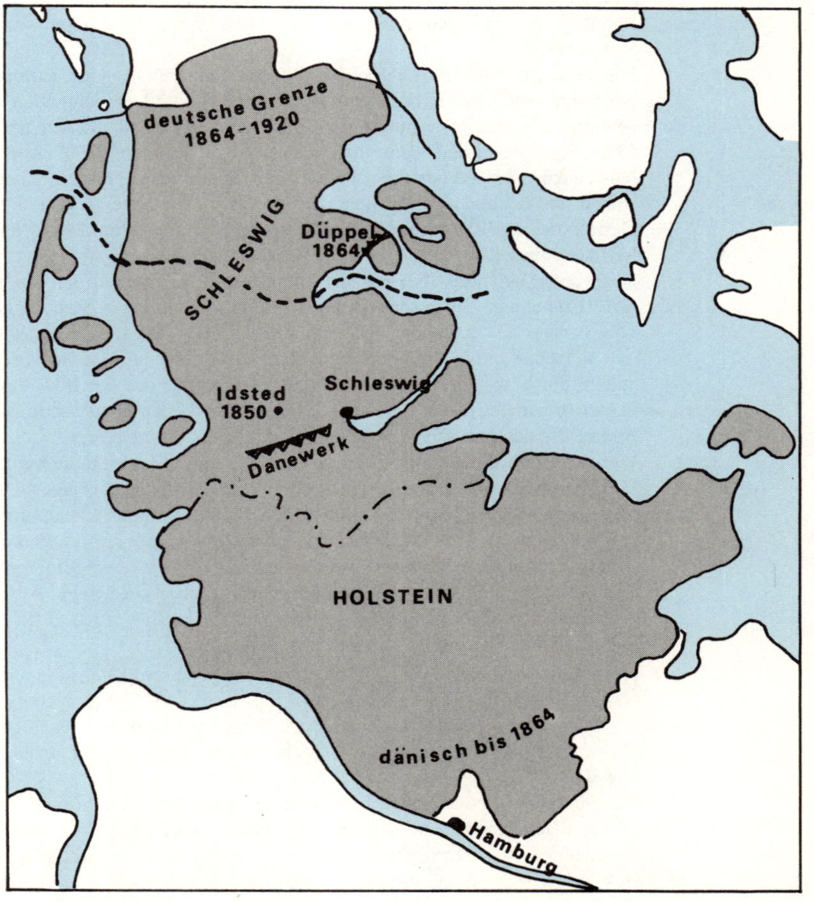

Teil waren die Preußen früher dort und eroberten eine Schanze, ohne daß ein Schuß gefallen wäre. Eine andere erreichte man gleichzeitig, und es begann ein fürchterliches Hauen und Stechen.
Die dänischen Truppen waren schon rein zahlenmäßig unterlegen, und ihre Befestigungsanlagen waren nach dem fürchterlichen Bombardement auch nicht mehr viel wert. So gelang es den Preußen in nur 20 Minuten, die südlich gelegenen Schanzen 1 bis 6 in ihren Besitz zu bringen. Zum Teil konnten die Dänen nicht einmal ihre rückwärtige zweite Verteidigungslinie halten.
Nach diesem Desaster mobilisierten die Dänen ihre ganzen Reserven, und es gelang ihnen sogar, die Preußen aus der zweiten Linie zu werfen, nicht jedoch die Schanzen 1 bis 6 zurückzuerobern. Die Schanzen 7 bis 10 waren zu der Zeit immer noch in dänischer Hand. Die Situation jedoch wurde für ihre Besatzungen immer kritischer, denn noch standen 27000 Mann frischer preußischer Truppen in Reserve, und man mußte damit rechnen, daß sie jede Minute eingreifen würden.
Die Dänen, die fürchteten, eingekreist und abgeschnitten zu werden, begannen ihre Besatzungen aus den restlichen Schanzen abzuziehen. Aber noch ehe dieses Manöver beendet war, griff die preußische Reserve-Armee von Sundewitt aus an und marschierte gegen die ungedeckte Südflanke der Dänen. Unter überaus verlustreichen Kämpfen gelang es den dänischen Truppen, einer Umzingelung gerade noch zu entgehen und sich hinter ihre zweite Linie zurückzuziehen. Aber die Schlacht war nun endgültig verloren. Für die Dänen konnte es nur noch darum gehen, ihre Truppen möglichst heil auf die Insel Als zu evakuieren. Das gelang. Um 13.30 Uhr war der Übergang über den Sund beendet. Die beiden Pontonbrücken konnten abgebrochen werden. Die Preußen aber standen oben auf den Hügeln des Westufers: Vor ihnen lag die alte Stadt Sønderborg.
Die Schlacht bei den Düppeler Schanzen hat damals ganz Europa über die Maßen erregt. Niemand hatte nämlich mit einem derart schnellen und vernichtenden Sieg der preußischen Armee gerechnet. Später aber mußte man einsehen, daß die dänischen Truppen von Anfang an keine Chance gehabt hatten; denn ihr Gegner war nicht nur in einer erdrückenden Überzahl, sondern hatte auch noch die besseren Waffen. Die Dänen hatten in den Schanzen 4000 Mann Besatzung stehen und nochmals 5000 Mann als Reserve in den hinteren Linien, zusammen also 9000 Mann. Denen standen 10500 preußischer Sturmtruppen und weitere 27000 Mann Reserve gegenüber. Das Verhältnis war also etwa 1 zu 4 zu Gunsten der Preußen.
Noch entscheidender aber war die unterschiedliche Qualität der Waffen. Die Preußen hatten 102 für die damalige Zeit hochmoderne Hinterladegeschütze in Stellung gebracht. Damit konnten sie von Broager aus quer über den Vemmingbund die Düppeler Schanzen in Beschuß nehmen, ohne daß sie selbst durch die alten dänischen Vorderlader in Gefahr gerieten, von denen die Dänen zudem nur 37 zur Verfügung hatten. Ähnlich sah es mit der Bewaffnung der Infanterie aus: Die Dänen benutzten noch die alten Vorderlader, die Preußen schon die modernen Zündnadelgewehre, die achtmal schneller feuern konnten.
Wie war es zu dieser ungleichen, aber kriegsentscheidenden Schlacht gekommen?
Vordergründig ging es um die Herzogtümer Schleswig und (weniger) Holstein. Der dänische König war gleichzeitig Herzog von Schleswig und Holstein und als solcher auch deutscher Fürst. Holstein galt relativ zweifelsfrei als deutsch. Über Schleswig aber stritten sich die Gelehrten. Lord Palmerstone, der britische Premierminister, sagte über die schleswig-holsteinische Frage, daß diese nur drei Menschen jemals begriffen hätten: der britische Prinzgemahl Albert, aber der sei mittlerweile gestorben, ein deutscher Professor, aber der sei darüber verrückt geworden, und er, Palmerstone selbst, aber er hätte alles wieder vergessen.

Es war ein jahrhundertealtes Problem, das aber erst im 19. Jahrhundert, der Zeit des erwachenden Nationalstaatentums, zu einer Kriegsfrage wurde. Im Jahre 1460 hatten sich die Herzogtümer Schleswig und Holstein den dänischen König zu ihrem Herrscher gewählt, aber gleichzeitig im Vertrag von Ribe festgehalten, daß die beiden Herzogtümer sollten „bliven ewich tosamende ungedelt".
Was über Jahrhunderte auch funktionierte, wurde im 19. Jahrhundert zum großen Problem. Die Dänen dehnten ihre neue Verfassung von 1848 wider jedes Recht auf Schleswig und Holstein aus. Sie glaubten diese Kraftprobe mit dem Reich wagen zu können, weil Deutschland schwach und in viele miteinander rivalisierende Fürstentümer zerfallen war. Der erste Waffengang ging denn auch

zu Gunsten der Dänen aus: Sie vertrieben die Preußen und Holsteiner, die schon bis Fredericia marschiert waren, und schlugen die Holsteiner, nachdem sich Preußen auf Druck Englands und Rußlands aus dem Krieg zurückgezogen hatte, vernichtend in der Schlacht auf der Idstedter Heide (1850).
Damit schien zunächst Ruhe. Dänemark fuhr unter der Hand fort, Schleswig zu „dänisieren“: So wurden beispielsweise von 571 Beamtenstellen im Herzogtum Schleswig 541 mit Dänen besetzt. Da starb am 17. November 1863 auf Schloß Glücksburg König Frederik VII., der letzte Oldenburger auf dem dänischen Thron. Er hinterließ keinen männlichen Erben. Nun war die schleswig-holsteinische Frage erneut hochaktuell geworden. Der Herzog von Augustenborg grub den Vertrag von Ribe aus und forderte für seinen Sohn die beiden Herzogtümer, worum sich die Dänen aber in keiner Weise scherten. Sie wählten einen Glücksburger Prinzen zu ihrem neuen König und fuhren auch fort, Schleswig eng an das Königreich zu binden. Nun gingen in Deutschland die Wogen der Empörung hoch. Die „Befreiung“ Schleswig-Holsteins war nicht nur zu einer nationalen Frage, sondern zu einer Herzensangelegenheit für jedermann geworden.
Verhandlungen, die auf Druck Englands zustande gekommen waren, scheiterten: einmal an der Überheblichkeit der Dänen, die sich so stark fühlten wie zur Zeit des ersten, für sie erfolgreichen Krieges (1848–1850), aber auch an der Politik des preußischen Kanzlers Bismarck, der unauffällig die friedliche Lösung des Problems hintertrieb. Berlin wollte den Krieg, um die leidige Frage mit einem Schwertstreich endgültig beenden zu können. Was lediglich fehlte, war ein plausibler Anlaß. Den lieferten die Dänen, indem sie eine Gesamtstaatsverfassung einführten, die endgültig auch für das Herzogtum Schleswig geltend sein sollte. Das war das Signal, jetzt wurde marschiert.
Als sich die schleswig-holsteinische Frage ihrem Höhepunkt näherte, hatte Bismarck schon zu seiner Frau gesagt: „Dat Land un de Lüüd mööt wi hebben...“ Er hat sie schließlich bekommen, seine „zwei schönen Provinzen“, wie er Schleswig und Holstein nannte. – Dänemark aber hatte damit fast ein Drittel seines Staatsgebietes verloren.

Als Sund ist ein eher flußähnliches Gewässer, ein Eindruck, der noch verstärkt wird, wenn ein starker Strom nordwärts setzt. Der Sund verbindet die Sønderborg Bugt mit dem Als Fjord und weiter mit dem Kleinen Belt. Er wird viel befahren, nicht nur von Yachten, auch von kleineren Berufsfahrzeugen. Stellenweise ist er nur 180 bis 200 m breit, hat aber eine relativ breite und tiefe, betonnte und befeuerte Fahrrinne.
Die Hafenanlagen von Sønderborg ziehen sich bis zur neuen Autobrücke bei Møllehoved hin. Diese Brücke hat eine freie Durchfahrtshöhe von 33 m bei einer Breite von 50 m. Die beiden Passagen sind befeuert: Der Mittelpfeiler trägt F., der Westpfeiler F.gn., der Ostpfeiler F.r. (sowohl von N als auch von S gesehen). Nordlaufende Boote nehmen die Ost-, südlaufende die Westpassage.
Nördlich von hier wird der Sund etwas breiter und verläuft nun ziemlich genau in Süd-Nord-Richtung. Die Ufer sind jetzt auch nicht mehr so hoch wie an der Sundeved-Seite gegenüber von Sønderborg, aber doch zumeist steil und bewaldet.
Der winkelförmige Steg von

Furlehave gegenüber der grünen Tonne Nr. 9 ist zugunsten der neuen Marina von Sønderborg wieder abgerissen worden; hier haben sich die Umweltschützer gegen die Sportschiffer durchgesetzt. Schade um die schönen Plätze.

Das Rokokoschlößchen Sandbjerg sieht man für einen Augenblick zwischen den Bäumen auftauchen; dann nähert man sich auch schon dem idyllisch am Westufer gelegenen Ort

Sottrupskov oder Sattrupholz, wie er auf deutsch heißt. Ursprünglich ein wichtiger Fischerplatz, aber das ist längst vorbei. Das Dorf hat heute ungefähr 100 Einwohner und liegt recht hübsch unter dem hohen Buchenwald. Im Jahr der Schlacht bei den Düppeler Schanzen machte es einen Lidschlag lang Geschichte. Da schoben in der Nacht vom 29. Juni, als es vom nahen Schloß Sandbjerg zwei Uhr schlug, die preußischen Truppen unzählige kleine Boote ins Wasser, die sie vor den Dänen im Sottruper Wald versteckt hatten. Sie wollten damit unbemerkt über den Sund paddeln, um Als zu erobern, wo immer noch 12000 dänische Soldaten lagen. Der Übergang über den Sund wäre fast gescheitert, denn völlig überraschend tauchte das dänische Kanonenschiff ROLF KRAKE auf und trieb die Preußen wieder zurück. Als es aber von Land her unter Beschuß genommen wurde, drehte es ab und verschwand nach Norden. Wie es später hieß, hatte der Kommandant angenommen, daß die preußische Invasion schon geglückt sei und er nun besser daran täte, bei der Evakuierung der dänischen Truppen hinüber nach Fünen zu helfen.
Wer hier festmacht und durch den Wald von Sottrup spaziert, der kann – vielleicht – in den mächtigen Buchenstämmen die Erkennungszeichen der preußischen Regimenter eingeschnitzt finden, die dadurch ihren Standort festhielten. Das kann man nach mehr als 120 Jahren immer noch sehen.

Liegeplatz und Versorgung: Man muß den Steg im rechten Winkel zum Ufer anfahren, weil beiderseits Fischstöcke stehen. Anlegen ist nur am Kopf des Stegs möglich – nicht ganz einfach, wenn stärkerer Strom setzt, weil man im allgemeinen keinen Platz zum Längsseitsgehen finden wird, sondern mit dem Bug an den Steg gehen und Leinen an den

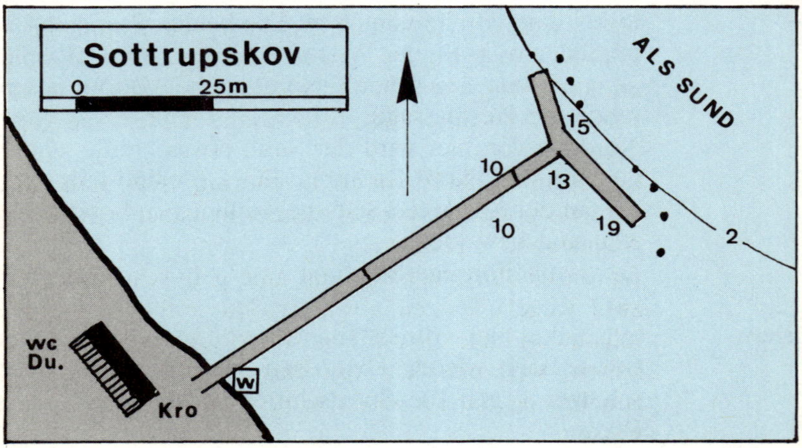

Heckpfählen belegen muß. Der Abstand zwischen Pfahl und Brücke beträgt etwa 12 m.
Am Ufer ein recht guter Kro, hier auch WC und Waschgelegenheit. Wasser kann man am Ende der Brücke aufnehmen.

Hinweis: Mehr als 2,5 m Wassertiefe wird man nicht vorfinden, und das wäre schon gut. Es können aber auch weniger sein, nämlich nach anhaltenden Winden aus SSW und WNW. Bei Ost- und Weststürmen kann der Wasserstand sogar 1 m unter normal sinken!

Ankerplätze im Als Sund
Am Westufer, etwas nördlich vom Sandbjerg-Schloß, dicht unter Land auf 3 m Wassertiefe. Gut bei westlichen Winden. Des weiteren vor *Arnkil* auf 4 m Wassertiefe. Die 2-m-Linie verläuft hier im Abstand von 70 m parallel zum Ufer. Geschützt bei Winden aus östlichen Richtungen. Aber Vorsicht wegen der Fischzucht„becken“ (markiert mit gelben Tonnen)!

Die Untiefe *Snogbæk Hage,* die sich am Ausgang des Als Sund vom Westufer aus weit in das Fahrwasser hinein erstreckt, ist für den bedeutungslos, der in den Augustenborg Fjord will, denn er wird schon vorher nach Nordosten abbiegen. Ansonsten müßte man bei Snogbœk Hage schon etwas aufpassen; das Flach ist allerdings unverkennbar markiert, und zwar mit einer schwarz-gelb-schwarzen Leuchttonne (Toppzeichen zwei Kegel, Spitzen voneinander, SFkl.(3)-5s).
Will man in den Augustenborg Fjord, so kann man auf der Höhe der grünen Leuchttonne Nr. 3 (Blz.(2)gn.-5s) den Als Sund verlassen und mit zunächst Kurs NE und danach mit Kurs SE in den Fjord einlaufen.

Etwa auf der Linie Arnkilsøre–Stolbro Næs zweigt der

Augustenborg Fjord nach SE ab. Er ist im Vergleich zum Als Sund ein eher breites, seeartiges Gewässer, das man gut aussegeln kann, still und ohne markante Punkte. Die Ufer scheinen ferner, als sie es in Wirklichkeit sind. Viel Bauernland über den flachen Ufern mit Wäldchen zwischen Weiden und Feldern. Man muß auf große Steine achten, die vor dem Ufer im Wasser liegen.
Gut 3 sm südöstlich der Einsteuerung trifft man auf den Beginn des Tonnenstrichs, der mehr oder minder in östlicher Richtung auf den Hafen von Augustenborg zuführt.
An dieser Ansteuerung liegt eine gelb-schwarze Tonne aus (Toppzeichen zwei Kegel, Spitzen abwärts). Die roten und grünen Tonnen, die nun folgen, sind alle eher winzig. Es ist ratsam, sich sauber im Tonnenstrich zu halten, weil nunmehr das Wasser außerhalb der schmalen Rinne doch zunehmend flacher wird. Zumeist stehen auch Fischstöcke dicht am Fahrwasser.

Hier hat man nun an den Ufern schon den hohen, prachtvollen Buchenwald, der Augustenborg auszeichnet. Am Nordufer sind es die riesigen Bäume des Schloßparks, am Südufer wächst der Wald wild, ist aber genauso mächtig und beeindruckend.
Das erste, was man von

Augustenborg

in Sicht bekommt, enttäuscht: ein riesiges, düsteres Silo am Nordufer und dahinter der niedrige Straßendamm, der den Fjord nach Osten abschließt. Nur für einen kurzen Augenblick sieht man am Nordufer das weiße Schloß zwischen den Bäumen auftauchen. Der Ort selbst hat 3000 Einwohner, wirkt aber entschieden kleiner und ist auch nicht besonders alt. Er entstand als eine Art Anhängsel zum weißen Schloß der Augustenborger Herzöge, das in den Jahren 1770-1776 in einem schon etwas klassizistischen Rokoko erbaut wurde: eine mächtige, dreiflügelige Anlage, der ein älteres, bescheidenes Fachwerkschlößchen weichen mußte. Die Augustenborger pflegten hier eine prachtvolle Hofhaltung; und um die adeligen Herrschaften mit allem Nötigen zu versorgen, siedelten sich, östlich vom Schloß, Handwerker, Händler und auch Hofbeamte und Dienstpersonal an, ohne daß der Ort dabei jedoch den Charakter eines Residenzstädtchens bekommen hätte.
Die Herzogsfamilie hielt hier nicht nur prächtig Hof, sondern pflegte auch die schönen Künste und wirkte als Mäzen: Im Schloßpark steht noch die Linde, unter der Hans Christian Andersen gerne saß. Vielleicht wäre Friedrich Schiller niemals der große Dichter geworden, hätte es nicht die Augustenborger gegeben; denn sie unterstützten ihn so großzügig, daß er sich ohne Existenzsorgen seinen Studien in Weimar widmen konnte.
Das glanzvolle Hofleben endete abrupt mit den Kriegen um Schleswig. Der Herzog, der in Opposition zu Kopenhagen stand, wurde mit 2,5 Millionen Talern abgefunden und verließ sein schönes Schloß. Im ersten Krieg

Schloß und Park Augustenborg

um Schleswig (1848–1850) diente es den Dänen schon als Feldlazarett. Als aber Anfang der sechziger Jahre die schleswig-holsteinische Frage erneut die Gemüter bewegte (s. Seite 135), da meldete der alte Herzog Thronansprüche an und ließ seinen Sohn von den Landständen zum Herzog Friedrich VIII. von Schleswig und Holstein wählen. Der junge Augustenborger hatte alle Sympathien der Deutschen auf seiner Seite, aber als der Krieg 1864 mit einem deutschen Sieg zu Ende gegangen war, stand er dennoch auf Seiten der Verlierer. Bismarck dachte nun nicht mehr im Traum daran, die von den Preußen eroberten zwei schönen Provinzen dem Augustenborger zu geben. Damit hatten die Herzöge ihre Rolle in der dänischen Geschichte ausgespielt, nicht ganz aber in der deutschen. Die Familie kaufte sich von ihrer Abfindung ein Gut in Schlesien, auf dem die Tochter des Herzogs zu einer hübschen Prinzessin heranwuchs. Als Gemahlin Wilhelms II. wurde sie später deutsche Kaiserin. Wie weit in politischen Dingen ihr Einfluß reichte, ist schwer zu sagen. Bekanntlich hat Wilhelm II. seinen Kanzler Bismarck sehr schnell entlassen – vielleicht war das eine späte Rache der Augustenborger.

Nach dem siegreichen Krieg machten die Preußen – wie konnte es anders sein – aus dem schönen Schloß eine Kaserne. Später wurde es eine Leh-

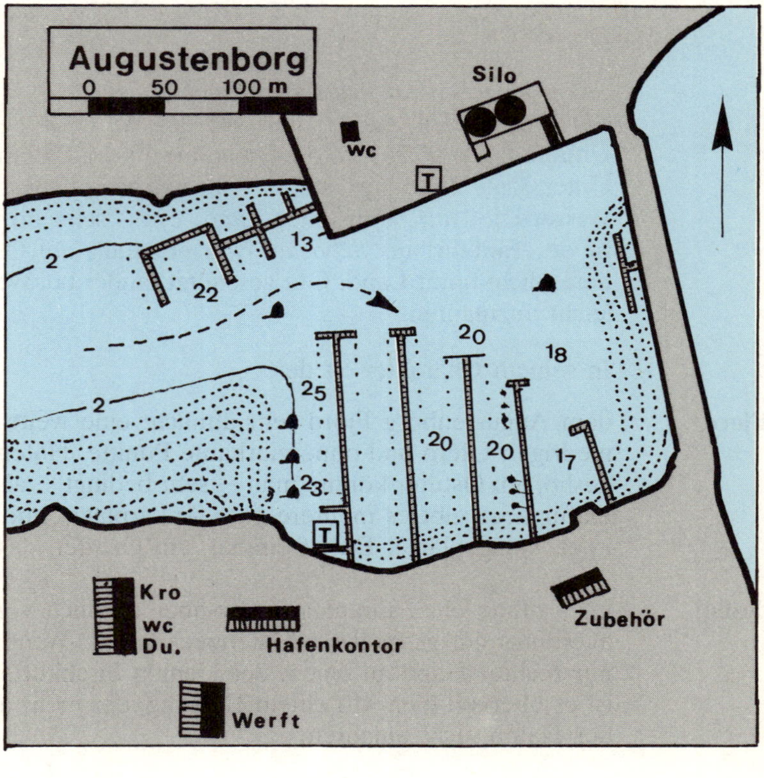

rerbildungsanstalt, und jetzt ist darin eine Nervenheilanstalt untergebracht.
Das Schloß kann man sich nur von außen ansehen, hinein darf man nicht; wohl aber kann man die Schloßkapelle besichtigen, in der ein Taufbecken steht, das der russische Zar der Herzogsfamilie geschenkt hat. Am schönsten aber ist der große Park mit seinen jahrhundertealten Bäumen. Da darf man ungestört lustwandeln.

Liegeplatz und Versorgung: Seit es den neuen Yachthafen gibt, kann man hier immer einen guten Liegeplatz finden. Man geht am besten an den Kopf eines der Stege oder in eine freie Box. Genausogut kann man jedoch auch am Steinkai unterhalb des Silos liegen, obwohl es dort etwas staubig und öde ist. Die alten Yachtstege westlich vom Silo wären auch eine Möglichkeit. Für den besten Platz aber halte ich doch die Stege des Yachthafens, weil man hier den schönen Blick auf den Schloßpark und hinaus auf den Fjord hat. Wassertiefen am Kopf der Stege 2,5 m, ebensoviel in den vorderen Boxen, jedoch zu den Ufern hin abnehmend.
Der Yachthafen, der etwas ländlich, aber dennoch gemütlich wirkt, hat sehr gute sanitäre Einrichtungen. Wasser an den Stegen, Treibstoff usw. siehe Hafenplan. Lebensmittel im Ort. Schiffszubehör neben dem „Fjordhotellet“ (empfehlenswert). Reparaturmöglichkeit.

Wasserstand: Nordöstliche Winde können den Wasserstand um 1,4 m erhöhen, nordwestliche ihn um ebenfalls 1,4 m senken.

Adressen: Information: Storegade 28, T. 471720; Post: Storegade 14; Wäscherei: Kastanienallee 4

Ankerplätze im Augustenborg Fjord
Bei Westwinden ankert man gut am Westufer des Fjords bis hoch zur Untiefe *Halvmånen,* wo die 2-m-Linie 100 bis 200 m vorm Ufer verläuft.
Unter *Egen Næs* am Ostufer. Sehr gut geschützt, außer bei West, auf 3 m Wassertiefe, nur 50 m unter Land; etwas schwierig anzulaufen. Loten!
In der Einfahrt ins *Sebbelev Nor,* ebenfalls am Ostufer, auf 3 m Wassertiefe, dicht unter Land. Gut geschützt, außer bei West; ebenfalls nicht ganz leicht anzulaufen.

In seinem Charakter ist der

Als Fjord

dem Augustenborg Fjord sehr ähnlich: eine weite Wasserfläche mit eher niedrigen Ufern und ohne markante Punkte. Häfen hat er keine, nur Hardeshøj am Ostufer könnte man – sehr bedingt – als solchen bezeichnen. Dafür aber gibt es mehrere gute Ankerplätze und, mit Abstrichen, auch zwei Anlegeplätze. Da ist einmal, am Ostufer, das schon erwähnte

Hardeshøj

im Grunde ein Fähranleger, der aber nördlich von diesem ein winziges, allerdings gut geschütztes Hafenbecken hat. Wenn überhaupt, kann man nur rechter Hand an einem der kleinen Fischkutter festmachen. Zumeist ist es übervoll hier. Mit einem Tiefgang, der mehr als 1,4 m mißt, läßt sich der Hafen nicht anlaufen.

Gegenüber, am Ufer von Sundeved, liegt der alte Fährplatz

Ballebro

von wo die Fähren Jacob und Jacobine von frühmorgens bis spätabends nach Hardeshøj fahren. Mit einem Tiefgang von nicht mehr als 1,6 m kann man an den Pfählen nördlich des Anlegers festmachen, was aber nur sehr bedingt zu empfehlen ist: Einmal liegt man hier völlig ungeschützt, und zum anderen kommt man auch nur mit Hilfe eines Dingis an Land, so daß man also genausogut in der Nähe ankern kann.

Ankerplätze im Als Fjord

Im *Stevning Nor* an der Südküste der Halbinsel Stevning Næs, unter der Steilküste auf 3 bis 4 m Wassertiefe. Hier befindet sich eine kleine Brücke, die zwar in Privatbesitz ist, an der man aber auch festmachen darf. Wassertiefe am Kopf 3 m. Oben am Ufer ein Kro. Guter Platz bei allen Winden außer West.

In der breiten und weiten *Sandvig* liegt man nur gut bei schwachem Wind, weil ihre flachen Ufer zu wenig Schutz geben. Man kann bis auf etwa 150 m an das Ufer heran, vor dem dicke Steine im Wasser liegen.

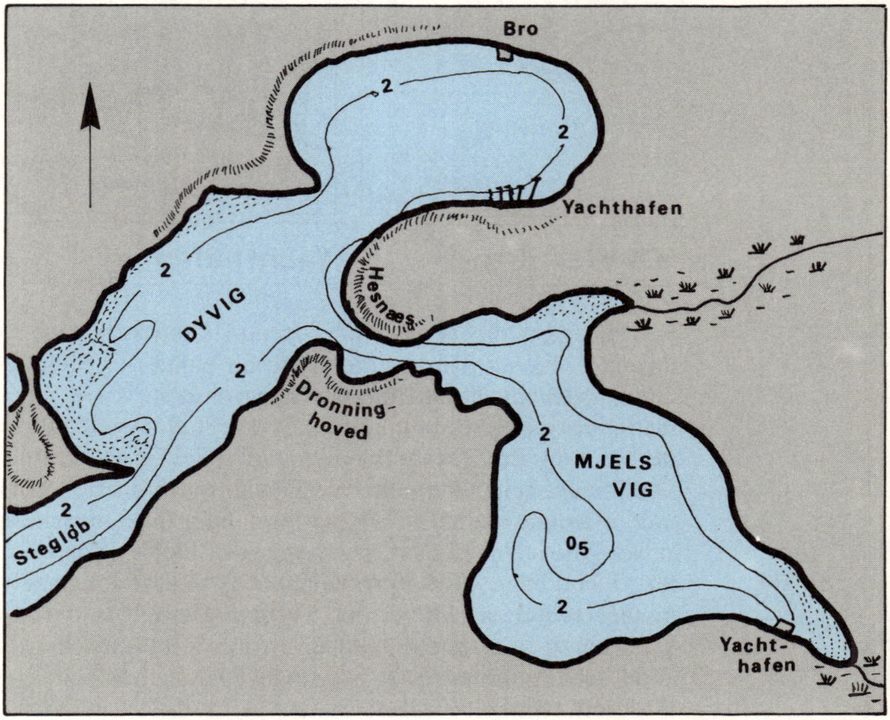

Am Sundved-Ufer liegt man gut bei West und Süd südlich des kleinen weißen Leuchtturms von Ballebro in der *Knarhøy Bugt,* deren hohe Kliffküste einen sehr guten Schutz gibt.
Das Allerbeste aber findet man etwas nördlicher, am Ufer von Als, östlich der *Stegsvig,* einer (auch guten Anker-)Bucht, die knapp 1,5 sm ostwärts in das Ufer von Als einschneidet:

Dyvig und Mjels Vig Bessere Ankerplätze lassen sich schwer vorstellen, obwohl – und das ist halt einmal so – beide im Sommer ziemlich überlaufen sind. Die Einsteuerung in die Dyvig ist nicht schwer, auch wenn es aus der Seekarte nicht klar hervorgeht. Man sieht am Scheitel der Stegsvig, und zwar am Südufer, ein paar Häuser liegen. Darauf hält man zunächst einfach zu; denn dort vorbei führt das *Stegløb* in die *Dyvig:* eine etwa 20 m breite, gut 3 m tiefe, betonnte Fahrrinne. Die vier roten Spieren stehen an der Nordseite, die vier grünen an der Südseite des Fahrwassers. Von dem eigenartig geformten grünen Hügel, der Stegsvig und Dyvig trennt, verläuft eine ganz flache Landzunge, die zumeist noch überspült ist, bis dicht an die Fahrrinne heran; sie endet erst dicht bei der dritten roten Spiere.

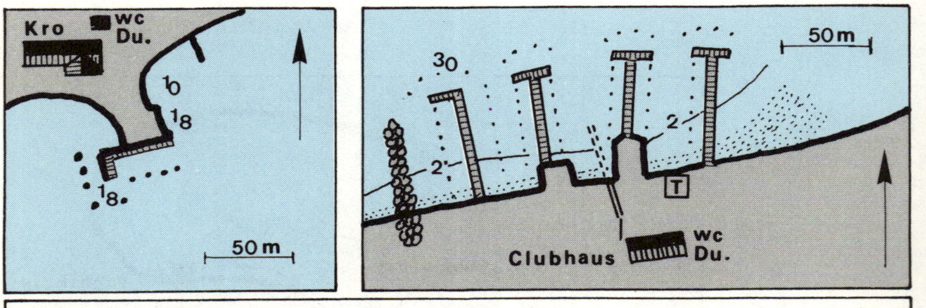

DYVIG Bro Yachthafen

Nun hat man die Dyvig vor sich und kann sich nach einem Ankerplatz umsehen. Es sei denn, man wollte an einen der Stege des kleinen Yachthafens oder an die alte Laderampe vor dem Kro (s. Plan). Ankern aber ist immer besser, wenn auch der Boden stellenweise stark verkrautet ist.
Ob man in der Dyvig bleiben will oder in die Mjels Vig verlegt, ist Geschmacksache: Ich halte die Dyvig mit ihren steilen Ufern für schöner, andere mögen die Mjels Vig mit ihren eher flachen, schilfigen Ufern mehr.
In der Mjels Vig ist Ankern wegen des Flachs, das ziemlich im Zentrum der Bucht liegt, etwas problematisch, und so bleiben viele auch in der Passage zwischen *Hesnæs* und *Dronninghoved.* In die Mjels Vig führt eine Art Tonnenstrich mit grünen und roten provisorischen Kugeltonnen. Am Ende der Bucht liegen die Stege eines ländlichen Segelclubs. Am Kopf des mittleren, winkelförmigen Stegs findet man 2 m Wassertiefe vor. Eine

Die Dyvig. Der Blick geht vom Steilufer Hesnæs aus, vorbei an Dronninghoved nach Westen. Man läuft durch das Stegløb in die Bucht ein

hübsche, idyllische Anlage, die im Sommer freilich meist rappelvoll ist. Am besten liegt man an dem westlichen Steg.
Stegsvig, Dyvig und Mjels Vig gehören zu den typischen Urstromtälern von Als, die in der letzten Eiszeit vom Schmelzwasser der Gletscher gebildet wurden.
Vor langer Zeit führte aus der Mjels Vig noch ein befahrbares Gewässer bis zur Nordborg. Wo jetzt die Häuser am Stegløb stehen, befanden sich

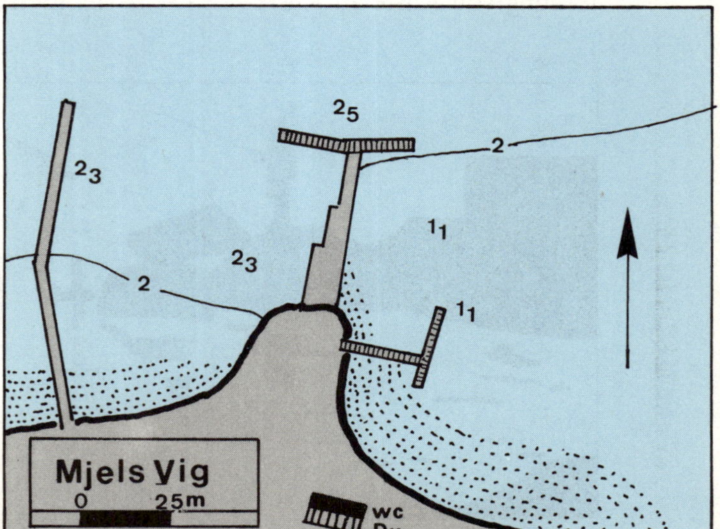

früher die Packhäuser von Nordborg, das wie das südlicher gelegene Sønderborg zu den Schutzburgen gehörte, die in der Waldemar-Zeit gegen die räuberischen Wenden hier angelegt wurden. Bis Nordborg sind es auf der Landstraße nur 4 km. Wer sich am Yachthafen ein Fahrrad leiht, kann schnell dort sein. Dieser kleine Landausflug lohnt sich, denn Nordborg mit seinem Wasserschloß ist ein wirklich hübsches Städtchen. Das weiße Schloß allerdings hat mit der alten Nordborg, die ursprünglich Alsborg hieß, nichts mehr gemein; es wurde erst zu Beginn unseres Jahrhunderts gebaut. Das Steilufer Dronninghoved (Königinhaupt) an der Dyvig hat seinen Namen von der mittelalterlichen Königin Dagmar, die im westjütländischen Ribe lebte, aber eines Tages mit dem Schiff nach Als kam und damals auch noch bis zur Alsborg, dem heutigen Nordborg, segeln konnte.

Versorgung: Der Kro ist ein recht ordentliches Restaurant. Lebensmittel bekommt man in dem 1 km entfernten Dorf Holm. Beim Clubhaus am Yachthafen kann man Brötchen bestellen. Treibstoff und Wasser gibt es am Yachthafen, hier auch Duschen, ebenso am Kro.

Wasserstand: Tidenhub etwa 0,6 m. Wind aus NE kann den Wasserstand um 1,2 m erhöhen, Wind aus SW ihn um 1,0 m senken. Man beachte dies, wenn man nahe dem Ufer im flachen Wasser ankert.

Wer statt weiter „Rund Als“ nordwärts in den Kleinen Belt will, der lese weiter auf Seite 153; dort wird die Fahrt nach Åbenrå und von dort nach Norden beschrieben.

Ist man bisher in einem außerordentlich geschützten Fahrwasser gesegelt, so wird das Revier nördlich und östlich von Als offener und die Entfernung von Küste zu Küste doch sehr viel größer. Hat man einen – im

An der Dyvig

allgemeinen vorherrschenden – Westwind, so beeinflussen diese größeren Seeräume unsere Törnplanung nicht weiter, denn am Nordufer von Als wird man mit raumem Wind und entlang dem Ostufer im Schutz der Küste segeln. Anders sieht es natürlich aus, wenn wir Winde aus Nord, Ost oder Süd haben; dann sollte man seine weitere Fahrt doch genau bedenken und sich vor allem aktuelle Informationen über das Wetter beschaffen (s. Seite 20); denn man hat nun über relativ weite Distanzen keine Häfen mehr, um rasch unterzukommen.

Von der Dyvig bis zum nächsten Hafen auf Als, nach *Fynshav,* sind es 18 sm, nach Mommark nochmals 4 sm, wobei Mommark bei auflandigem Starkwind unbedingt vorzuziehen ist: also 22 sm, mit denen man unter ungünstigen Bedingungen rechnen muß.

Von der Dyvig aus geht es im Uhrzeigersinn immer an der Küste von Als entlang. Navigatorische Probleme wird man allerdings kaum haben: Man fährt in Sichtweite an der Küste entlang, vorbei am Leuchtturm *Nordborg* (Ubr.w/r/gn.-5s), der über einem steilen, wenn auch nicht hohen Ufer steht und zusammen mit dem Haus davor von ferne ein bißchen wie eine Kirche aussieht.

Wahrschau vor der Untiefe *Tranesand* an der Nordspitze von Als, die mit einer schwarz-gelben Tonne (Toppzeichen zwei Kegel, Spitzen aufwärts) bezeichnet ist.

Sollte man Lust bekommen, von der Küste weg und etwas mehr in den hier immerhin 7 sm breiten Kleinen Belt hinauszuhalten, so achte man auf die Untiefen *Hesteskoen* oder *Alssten* (0,5 m) und *Søndre Stenrøn* (0,7 m), die mit gelb-schwarz-gelben beziehungsweise schwarz-gelben Tonnen gut bezeichnet und auch von weiter her deutlich auszumachen sind.

Gut 5 sm südöstlich des Leuchtturms *Tranerodde* (Glt.w/r/gn.-2s) und 1 sm südöstlich des Leuchtfeuers *Taksensand* (Ubr.(2)w/r/gn.-12s) passiert man den Fährhafen

Fynshav

den Yachten nicht anlaufen dürfen, was auch nicht weiter tragisch ist, denn nur 200 m weiter liegt der relativ neue Yachthafen Fynshav. Fähren, ob ein- oder auslaufend, haben immer Vorfahrt, was also zu beachten ist, wenn man den Fährhafen passiert. Von der Spitze des nach Osten weisenden Wellenbrechers des Fährhafens läuft man Kurs Süd, bis man sich querab vom Molenkopf des Yachthafens befindet. In diesen Hafen hinein führt eine Passage, die an beiden Seiten von roten und grünen Holzpfählen markiert ist (s. Plan).

Obwohl der Yachthafen nicht befeuert ist, ließe er sich auch des Nachts relativ leicht finden und – mit Schwierigkeiten! – auch anlaufen. Man orientiert sich zunächst am Leuchtfeuer *Taksensand* und danach an dem Feuer Blz.r.-3s auf dem Kopf der Südmole des Fährhafens. Das Richtfeuer von Fynshav (in Linie 211°) ist auf dem hier vorgeschlagenen Kurs unwichtig, weil man ja den Fährhafen nicht anlaufen darf. Hat man den

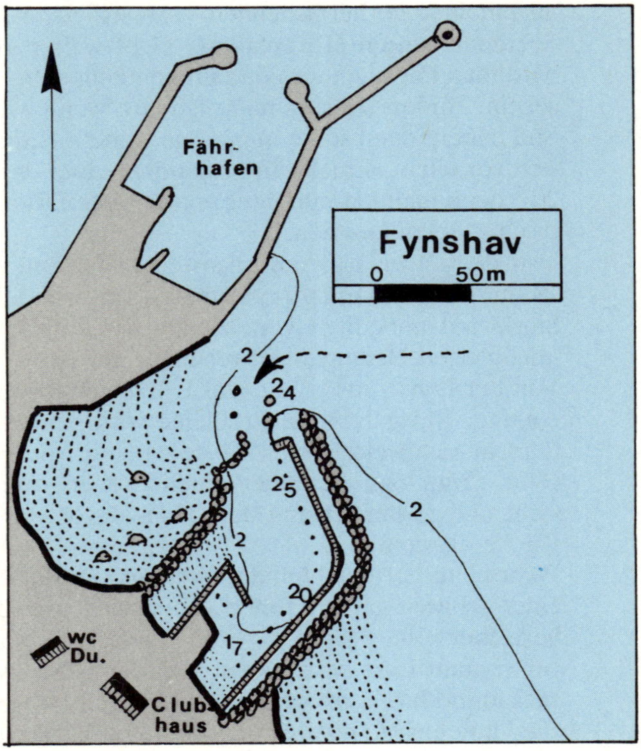

roten Blitz an der Südmole passiert, so muß man versuchen, in den 200 m entfernten Yachthafen hineinzufinden, was in einer hellen Nacht geht, sonst aber doch etwas problematisch ist.

Kopfzerbrechen kann einem der Strom bereiten: Bei stärkeren Winden setzt er mit einer Geschwindigkeit von 2 bis 3 kn (!) parallel zur Küste und somit quer zur Anfahrt in den Yachthafen, und zwar bei Winden aus ENE über E bis SW nach Norden und bei Winden aus WNW über N bis NNE nach Süden.

Der Ort Fynshav mit seinen 800 Einwohnern ist überhaupt nicht interessant. Ein Fährort von alters her, von wo aus schon im Mittelalter die Fähren nach Ærø und Fünen fuhren. Heute bestimmen die Busse und Pkw das Bild, die alle hinüber nach Bøjden auf der Halbinsel Horne Land wollen.

Nördlich von Fynshav liegt eines der beiden großen Waldgebiete von Als, der schöne Nørreskov mit seinen jahrhundertealten Eichen und hohen schlanken Buchen – ein gutes Wanderrevier.

Liegeplatz und Versorgung: Es ist hier die Rede vom Yacht-, nicht vom Fährhafen, den man ja nicht anlaufen darf, also: ein Hafen wie ein Steinbruch. Die aus Steinen aufgeschüt-

teten Molen schützen zwar recht gut, sind aber auch so hoch, daß man sich dahinter wie eingekesselt vorkommt. Der Hafen wirkt unfertig, was er auch ist. Zum Land hin verkrautet er ziemlich stark; wahrscheinlich sind daran die stinkenden Abwässer schuld, die hier in die Bucht fließen. Die Stege sind neu, stabil und gut zum Festmachen; überall Trinkwasseranschlüsse. Treibstoff müßte man sich im Kanister von einem kleinen Tank holen. Brötchen kann man beim Kiosk am Fährhafen bestellen. Ordentliche Duschen und Toiletten.

Wasserstand: Nordöstliche Winde können den Wasserstand um 1,2 m erhöhen, südwestliche ihn um ebenfalls 1,2 m senken.

Kein Platz, der einen länger als nötig halten wird.

Mit mehr als 2 m Tiefgang und bei hartem, auflandigem Wind würde ich statt Fynshav das nur 4 sm südlicher gelegene

Mommark

anlaufen, ein Ort, der, genau besehen, so wenig interessant ist wie Fynshav auch, mit seinen 200 Einwohnern sogar noch beträchtlich kleiner, als Hafen aber doch sehr viel mehr Atmosphäre hat und trotz des Campingplatzes auch ruhiger ist als Fynshav mit seinem Fährbetrieb. Der Hafen liegt sehr hübsch unter dem dunklen Buchenwald und hat auch einen recht ordentlichen Badestrand.
Die Hafeneinfahrt öffnet sich nach Norden. Wir laufen also auf unserem Kurs „Rund Als“ direkt darauf zu. Der Hafen ist schon wegen der beiden eigenartig geformten weißen Türmchen an der Einfahrt, die früher die Molenfeuer trugen, nicht zu verwechseln.
Etwa 120 m nordwestlich vom Sandfänger liegt eine rote Spiere (mit einem Radarreflektor als Toppzeichen), die man beim Einlaufen unbedingt an Bb. lassen muß, weil zwischen ihr und dem Sandfänger ein ziemlich häßliches Flach liegt. Die Stromverhältnisse sind hier die gleichen wie vor Fynshav (s. Seite 147), zumeist sogar um ein Geringes stärker. Mommark dürfte jedoch auch unter widrigen Umständen gut anzulaufen sein, bis zu einem Tiefgang von 3 m immer. Nachts ist es etwas schwierig, seit der Hafen umgebaut wurde und die hübschen Leuchttürmchen pensioniert worden sind. Ein Problem ist, daß es jetzt nicht mehr zwei, sondern nur noch ein Molenfeuer gibt: F.r. Da auch der Sandfänger ein rotes Feuer trägt (Blz.r.-3s), muß man schon etwas aufpassen, zumal man die schon erwähnte rote Spiere vor dem Flach ja nicht sehen wird.

Liegeplatz und Versorgung: Der kleine Hafen ist meist übervoll. Man muß sehen, daß man überhaupt unterkommt. Eine Liegeplatzempfehlung kann deshalb nicht gegeben werden. Trinkwasser an den Stegen, Treibstoff siehe Plan. Ordentliche Duschen und Toiletten. Einfaches, preiswertes Restaurant. Kleiner Supermarkt. Bei Winden aus NW über N bis E läuft Schwell in den Hafen, was das Liegen außerordentlich unbequem macht.

Wasserstand: Winde aus NE können den Wasserstand um 1,5 m erhöhen, Winde aus W bis SW ihn um 1,5 m senken.

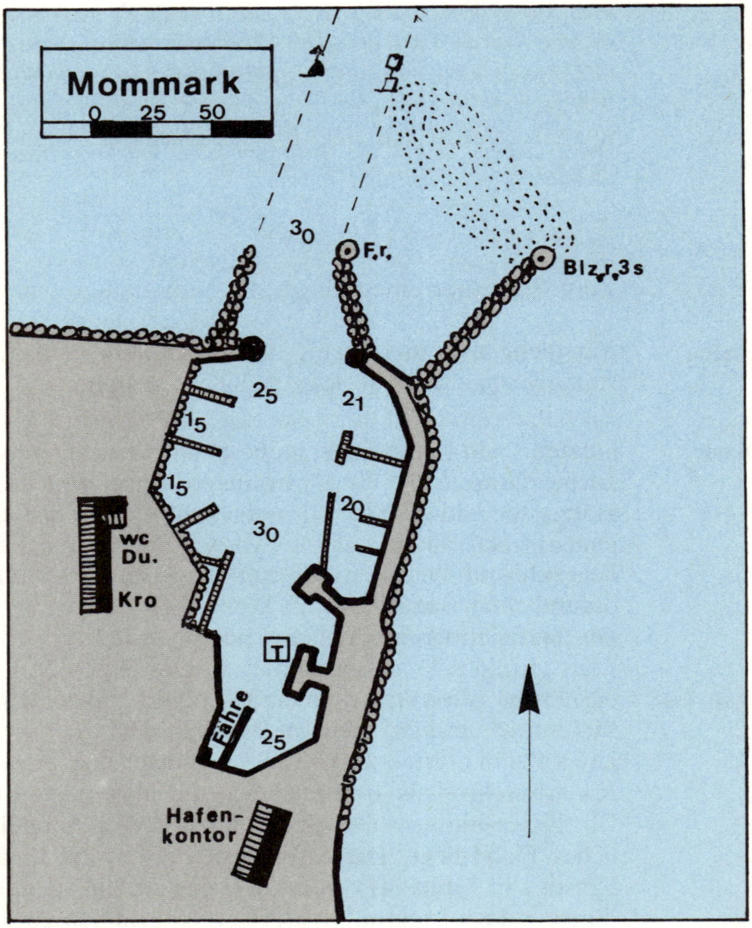

Von Mommark aus geht es weiter, immer mit der Insel Als an Steuerbord. Das Leuchtfeuer von *Gammel Pøl,* ein runder, weißer Turm mit rotem Band, 11 m hoch (Ubr.(3)w/r/gn.-15s), steht etwas nördlich der Südosthuk von Als, die Pøls Huk heißt. Von hier reicht ein Flach etwa 1 sm in die See hinaus. Man muß nicht die schwarz-gelb-schwarze Leuchttonne (SFkl.(3)-5s), Toppzeichen zwei Kegel, Spitzen voneinander, runden, sondern kann als Yacht etwa in der Mitte zwischen der Tonne und Pøls Huk auf 3 m Wasser in die Flensburger Förde hineinsegeln.
Man passiert die auffallenden Steilufer von *Kegnæs,* auf denen das gleichnamige Leuchtfeuer steht (Ubr.w/r/gn.-5s), und läuft weiter parallel zur Küste, wobei man wegen der Flachs *Flejmose Sand* und *Fisker Sand* einen Abstand von 0,5 sm zum Ufer halten sollte.

Der Leuchtturm *Kalkgrund,* der an der Nordseite des Kalkgrunds auf einem Betonsockel mitten im Wasser steht, bleibt immer an Bb., auch wenn man weit von der Kegnæs-Küste aus nach Süden und Westen kreuzt. Kalkgrund Leuchtturm ist nicht schön, aber sehr auffallend: ein runder roter Betonturm mit einer flachen Dachscheibe und zwei weißen Bändern. Nachts ist er unentbehrlich für die Ansteuerung der Flensburger Förde.
Auf den *Middelgrund* mit seinen 2,8 m Wassertiefe 1,5 sm westlich von Kegnæs wird eine Yacht (anders als beim Kalkgrund) normalerweise keine Rücksicht nehmen. Wir bleiben weiter am Westufer von Kegnæs, bis sich nach Nordosten die sehr schmale, sehr schöne Bucht

Hørup Hav

öffnet. Sie ist 6 sm lang und liegt gut geschützt zwischen dem Südufer von Als und der Halbinsel Kegnæs, die wiederum mit der schmalen und niedrigen Landbrücke Drejet mit Als verbunden ist. Hørup Hav ist im allgemeinen tief, allerdings mit ziemlich steil abfallendem Landgrund. Lediglich an ihrem Ende, nach Drejet zu, wird die Bucht flach. Sie hat viele gute Ankerplätze, jedoch nicht südlich von Høruphav Havn, weil dort ein Kabelfeld liegt (mit Tonnen bezeichnet).
Bei ruhigem Wetter ist Hørup Hav stromfrei; bei Starkwind allerdings kommt rasch eine häßliche, kurze Welle auf.
An ihrem nördlichen Scheitel liegt

Høruphav Havn

bei dessen Ansteuerung man etwas Vorsicht walten lassen muß. Man halte sich immer in der Mitte der Bucht, bis man die Halbinsel Trillen passiert

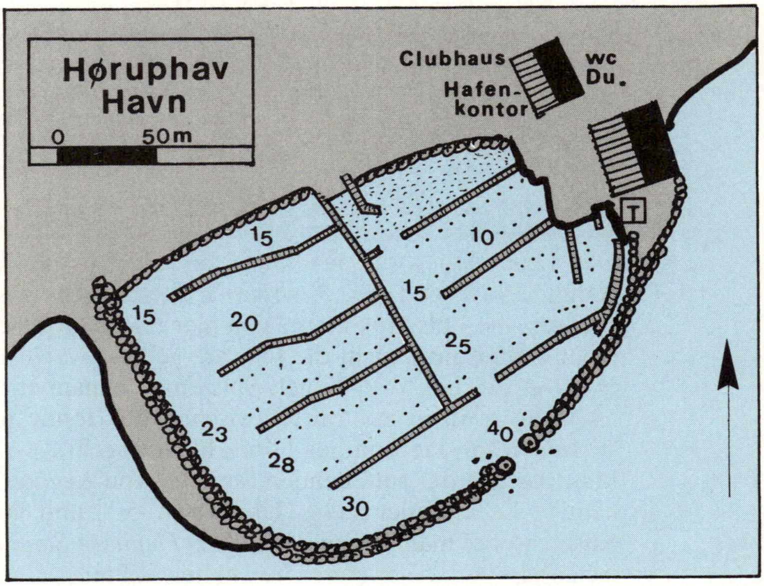

hat. Die ist unverwechselbar: Außen steht ein kompakt wirkendes Wäldchen und über dem flachen Stück Land zum Ufer hin eine Gruppe bizarr gewachsener Kiefern. Weit nach Osten erstreckt sich von Trillen aus ein Flach mit moorartigem Wasser. Man dreht erst dann nach Bb. und auf den Hafen zu, wenn man ihn querab hat, also in Peilung Nord. An der Ostseite des Hafens stehen zwei wuchtige, aneinandergebaute Lagerhallen, die so wenig zu verwechseln sind wie vorher Trillen. Beim Einlaufen muß man auf Grundnetze achten, die südwestlich vom Hafen, also auf beziehungsweise vor dem schon erwähnten Flach stehen.

Der Ort hat knapp 2000 Einwohner und ist ein ehemaliges Fischerdorf. Heute überwiegen die gelben Bungalows, die typischen Parzellenhäuser der Dänen. Die Brücke, an die der Yachthafen angebaut wurde, ist im Deutsch-Dänischen Krieg von 1864 angelegt worden: Als sich nach der Schlacht bei den Düppeler Schanzen die dänischen Truppen auf die Insel Als zurückgezogen hatten, baute man hier diese Brücke, um die Truppen notfalls rasch nach Fünen evakuieren zu können. Später wurde sie von einem Holzhändler erworben, nach dem sie auch benannt ist: Willemsens Bro. Bis zu ihrer Stillegung im Jahre 1962 verkehrte hier die Fähre nach Kegnæs.

Høruphav Havn ist ein Urlaubs- und Freizeitort, wohl auch eine Schlafstadt des nahen Sønderborg und sicher nicht so idyllisch wie die Bucht selbst. Man kann allerdings schöne Spaziergänge zu den nahen Wäldern machen, am besten zu dem interessanten Naturschutzgebiet der Halbinsel Trillen.

Liegeplatz und Versorgung: Der Hafen wird gern von Fahrtenseglern angelaufen; für viele ist er auch ein nahes Ziel am Wochenende. Dementsprechend voll ist er in den Sommermonaten und eben besonders an den Wochenenden. Doch seit er umgebaut worden ist, ist die Situation sehr viel besser. Der Hafenmeister weist einem den Platz zu.

Wasser an den Stegen, Toiletten siehe Plan. Schiffszubehör am Hafen, Lebensmittel im Ort (etwa fünf Gehminuten). Oberhalb des Hafens der mächtige weiße Kasten des Hotels „Baltic“ – schon etwas angejahrt, aber gemütlich, vor allem in der Schankstube.

Wasserstand: Sturm aus NE kann den Wasserstand um bis zu 1,2 m erhöhen, Sturm aus NW ihn um ebenfalls 1,2 m senken.

Im Kleinen Belt

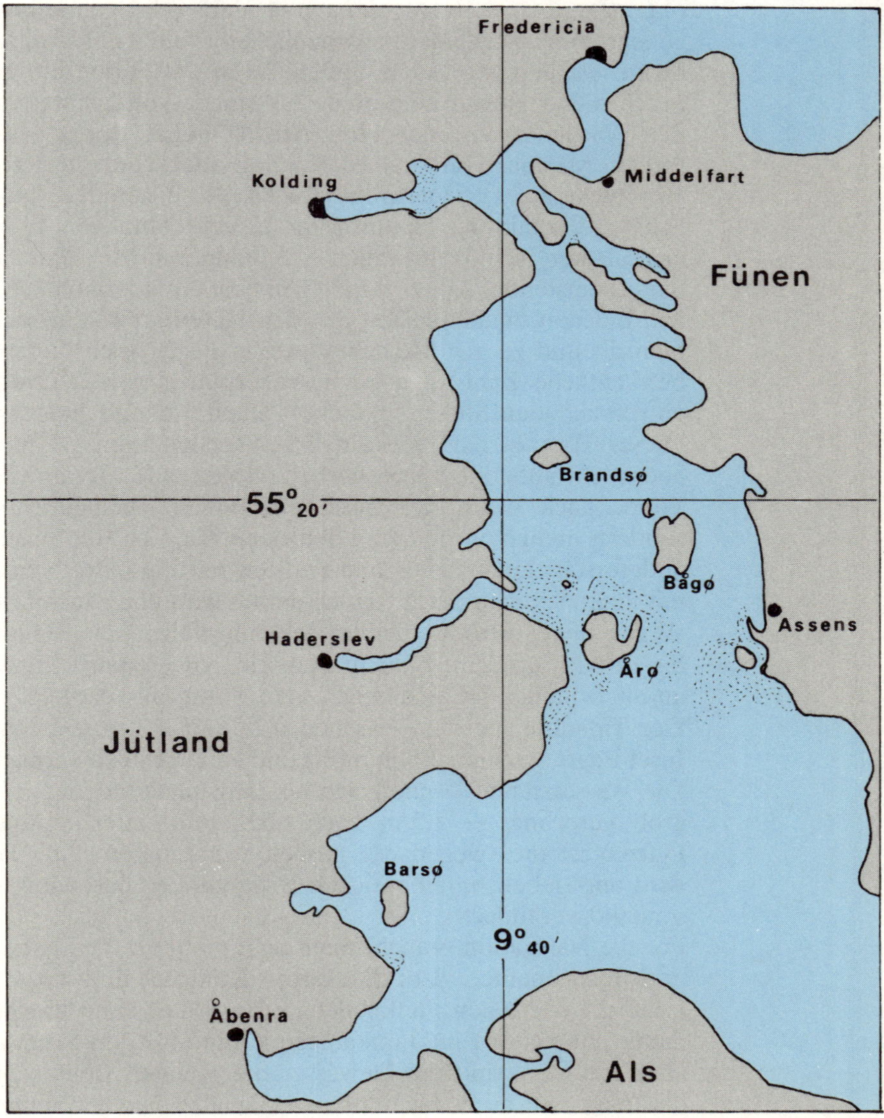

Törnvorschlag 4: Von Åbenrå nach Fredericia

Diese logische Fortsetzung eines Törns durch den Als Sund (Törnvorschlag 3) gehört zu den klassischen Segeltörns in den dänischen Gewässern. Ganz ohne Zweifel zu Recht. Aber man darf sich auch keinen Illusionen hingeben: Wer hier einen beschaulichen, ruhigen Urlaub verbringen will, dürfte enttäuscht werden. Jedenfalls in der Ferienzeit. Im Sommer zieht durch dieses Revier eine endlose Armada von Yachten, zu denen sich an den Wochenenden noch Hunderte dänischer Boote gesellen, die in den großen Marinas von Assens, Kolding oder Middelfart zu Hause sind.
Wer nicht auf Ferientermine Rücksicht zu nehmen braucht, sollte möglichst außerhalb der Hauptsaison fahren. Dann sieht alles schon sehr viel erfreulicher aus. Wer freilich Schulkinder in der Familie hat, muß sich darauf einstellen, daß er seinen Kurs auf ein überlaufenes Revier absetzt.
Ein bißchen unabhängiger von den Häfen kann man sich machen, wenn man ab und zu zur Nacht vor Anker liegt. Auch dieses Revier hat eine beträchtliche Zahl recht guter Ankerplätze; soweit erprobt, wird an den entsprechenden Stellen in diesem Kapitel darauf hingewiesen.
Dieser Törn ist eine Küstenfahrt. Man hat immer Landsicht, was einen aber nicht unbedingt in Sicherheit wiegen darf. Gefahr droht weniger vom Wind, auch wenn der rasch eine steile, unangenehme See aufbaut, sondern mehr von den zum Teil doch recht harten Strömungen, die man andererseits auch zu raschen Fahrten nutzen kann, wenn man sich etwas mit ihnen vertraut macht. Doch darauf wird noch ausführlich hingewiesen.
Wegen dieses Stroms, der (in seltenen Fällen) eine Geschwindigkeit von bis zu 6 kn erreicht, braucht man eine zuverlässige Maschine; denn nicht an allen Stellen ist es möglich, den Strom auszusegeln.
Der Tidenhub beträgt zwischen 0,2 und 0,3 m (mit Ausnahme bei der Insel Bagø, wo man 0,8 m mißt) und kann deshalb vernachlässigt werden.
Die Wasserstände können sich bei langanhaltendem starkem Wind um – grob gerechnet – 1,5 m nach oben und unten verändern. An vielen Plätzen ist dies wegen der großen Wassertiefen ohne Belang, wo doch, wird angegeben, unter welchen Bedingungen und wie stark sich der Wasserstand verändert.
Für die Navigation braucht man nicht mehr als die klassischen Unterlagen und Instrumente, also: Seekarte, Kompaß und Glas, dazu noch ein Echolot. Wer einen Funkpeiler an Bord hat, kann hier wohl kaum etwas damit anfangen. Eine Funkanlage könnte für den Notfall wichtig werden, aber sommers sind die Gewässer des Kleinen Belts so voll mit Booten, daß man sich auch mit optischen Signalen bemerkbar machen könnte.

Seekarten: a) deutsche: Im allgemeinen reicht die Nr. 16 „Kleiner Belt, nördlicher Teil" aus, Maßstab 1:70000, nicht aber, wenn man in den Kolding Fjord will; dann braucht man dazu noch die Nr. 17 „Horsens Fjord und Häfen im Kleinen Belt", Maßstab für Kolding Fjord 1:20000. Empfehlenswert, wenn auch nicht unbedingt erforderlich, die Nr. 21 „Snävringen und Odense Fjord" (nur Pläne). b) dänische: Wählt man dänische Karten, so würde eine Karte reichen, nämlich die Nr. 151 „Lille-Bælt, nordlige del", Maßstab 1:70000 (entspricht der deutschen Nr. 16, bringt aber eine – allerdings nicht sehr genaue – Durchsteuerung des Kolding Fjords).

Seebücher: Nr. 2004: Handbuch für Belte und Sund (entbehrlich); Nr. 2101: Leuchtfeuer-Verzeichnis Teil II: Ostsee, SW-licher Teil, und Gewässer zwischen Ost- und Nordsee.

Distanzen: **Åbenrå** – **Barsø** (9 sm) – **Kalvø** (3 sm) – **Årøsund** (15 sm) – **Haderslev** (9 sm) – **Bågø** (14 sm) – **Assens** (4 sm) – **Brandsø** (9 sm) – **Fænøsund** und **Gamborg Fjord** (9 sm) – **Kolding** (8 sm) – **Middelfart** (9 sm) – **Fredericia** (4 sm).

Im allgemeinen bietet der

Åbenrå Fjord

ein reines Segelvergnügen: Er ist breit, tief und auch rein, wenn man den Ufern nicht zu nahe kommt, weil dort dicke Steine im Wasser liegen. Strom ist normalerweise kaum spürbar und wenn, dann setzt er mit dem Wind. Nur bei West und wenn man gegenan muß, wird es ziemlich ruppig.
Der Fjord ist umgeben von hohen, zumeist bewaldeten Ufern, die steil zum Wasser hin abfallen. Immer wieder wird das Grün der Wälder unterbrochen vom Sandbraun der Moränenabbrüche.

Ankerplätze im Åbenrå Fjord
In der *Varnæs Vig* liegt man ruhig bei Winden aus E über S bis SW; die 2-m-Linie verläuft 120 bis 80 m vor dem Ufer.
Bei Nordwind kann man gut ankern in der *Åbæk Bugt* auf 3 m Wassertiefe, ebenfalls 120 bis 80 m vorm Land.
Bei N bis NW kann man östlich der Halbinsel *Skærrev* vor Anker gehen, und zwar bis 120 m vorm Ufer, auf 3 m Wassertiefe.
Kommt man aus dem Als Fjord, so rundet man das markante, 24 m hohe Steilufer von Varnæs Hoved und hat dann bis zu dem am Scheitel des Fjords gelegenen Åbenrå 5 sm lang tiefes Wasser vor sich.
Bei dem riesigen Komplex des E-Werks von Enstedværket mit seinen superhohen Schornsteinen, das am Südufer liegt, dreht man nordwärts auf die Einfahrt nach Åbenrå zu. Am Beginn des Tonnenstrichs liegt eine gelb-schwarze-Tonne aus (Toppzeichen zwei Kegel, Spitzen abwärts); danach rote Tonnen an der West- und grüne an der Ostseite des Fahrwassers.

Auf dem Weg zum Hafen von Åbenrå passiert man den im Westen an dem flachen Sønderstrand gelegenen neuen Yachthafen. Wenn man da hinein will (Näheres unter „Liegeplatz"), so verläßt man nach der zweiten roten Tonne den Tonnenstrich und hält auf die Nordspitze der Steinmole zu. Man erreicht dann die sich nach Norden öffnende Einfahrt des Yachthafens.
Sonst geht es weiter im Tonnenstrich auf den Hafen von

Åbenrå

zu, von dem man zunächst nur Silos und große Öltanks sieht. Åbenrå oder Apenrade, wie es auf deutsch heißt, ist zwar eine recht alte Stadt, aber da sie mehrmals in ihrer Geschichte abgebrannt ist, konnte sich kein geschlossenes, mittelalterliches Stadtbild erhalten. Am schönsten ist noch ihre Lage inmitten der baumbestandenen, grünen Berge. Das Zentrum zieht sich einen Hügel hoch, und entlang des Kammes dieses Hügels verläuft eine Fußgängerzone, die die Åbenråer Bürger für die größte Attraktion ihrer Stadt halten. Am meisten Atmosphäre hat die Stadt jedoch um den Vægterpladsen, wo man noch kleine Giebelhäuser aus dem 18. Jahrhundert findet. Hier steht auch die kleine Statue des Wächters, der früher für „Licht aus!" in der Stadt zu sorgen hatte.
Der geschützte und wegen seiner Breite und Tiefe sehr gut schiffbare Fjord bot eine natürliche Voraussetzung für das Entstehen eines Hafenplatzes. Åbenrås Entwicklung wurde begünstigt, als der an der Westküste Jütlands gelegene Hafen Tønder eingedeicht wurde. Åbenrå übernahm dessen Rolle als Lager- und Verladeplatz für die nordschleswigschen Agrarprodukte.
Ihre beste Zeit aber hatte die Stadt in der ersten Hälfte des vorigen Jahrhunderts. Ein junger Mann aus Åbenrå namens Jens Bruhns war nach Amerika gegangen, um dort Schiffbau zu studieren, ein Gebiet, auf dem die Amerikaner damals führend waren. Wieder daheim, steckte er seine Kenntnisse in den Bau richtig schöner, großer Rahsegler. In Åbenrå entstanden in kurzer Zeit fünf Werften, die Schiffe bis zu einer Größe von 400 t auf Kiel legen konnten. In den Jahren von 1840 bis 1878, dem Jahr, da hier der letzte große Segler vom Stapel lief, waren insgesamt 120 große Dreimaster gebaut worden. Åbenrå war zur größten Schiffsbaustadt Dänemarks geworden.
Parallel zum Schiffsbau hatte sich die Schiffahrt entwickelt. Waren ursprünglich Norwegen und die Niederlande die traditionellen Handelspartner der Stadt, so dehnte man dank der großen Schiffe die Handelsaktivitäten immer weiter aus, nach England und ins Mittelmeer. Ein Segler aus Åbenrå, die Brigantine PERLEN, soll 1824 als erstes dänisches Schiff Kap Hoorn umrundet haben.
Eine besondere Spezialität der Åbenråer aber wurde die große Chinafahrt. Es wird berichtet, daß im Hafen von Hongkong zuweilen bis zu zwölf Segler aus Åbenrå lagen und den Danebrog zeigten. Die Kapitäne,

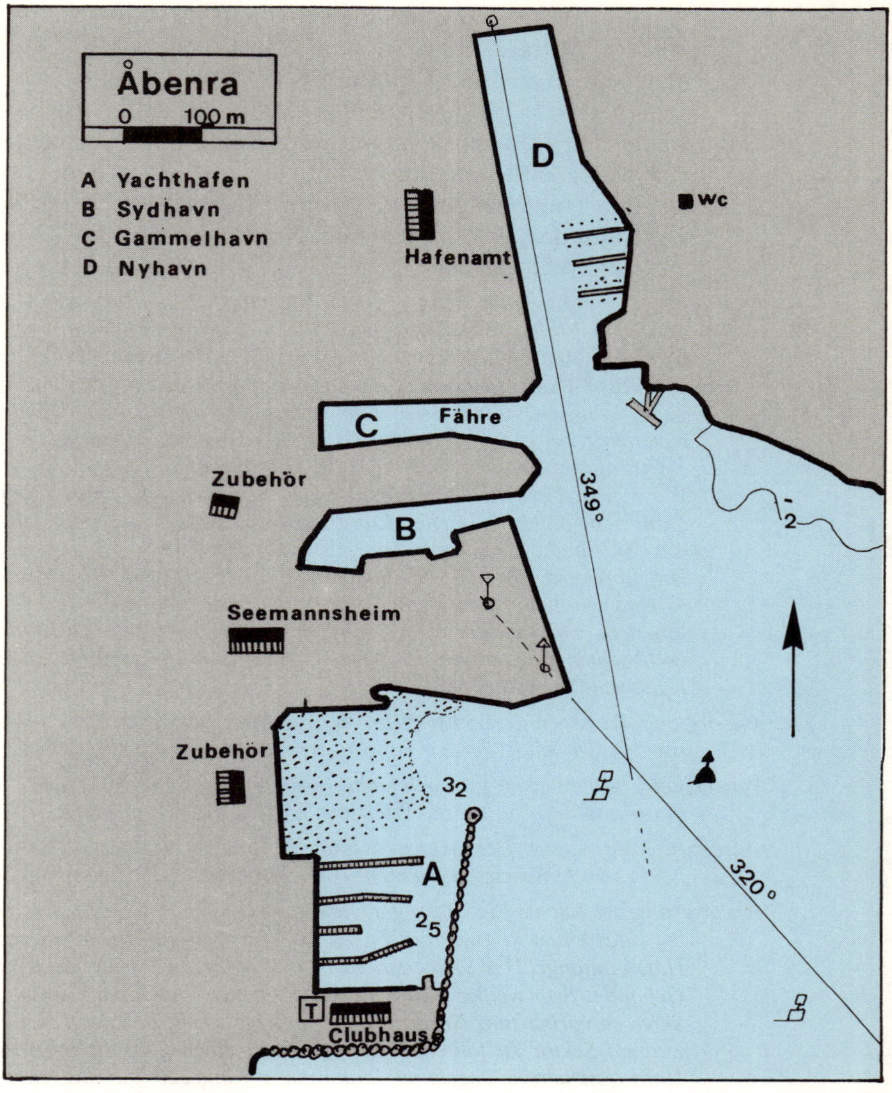

die dabei zu einigem Wohlstand kamen, fanden es standesgemäß, sich in der feinsten Gegend der Stadt anzusiedeln. Noch heute heißt deshalb dieses im Norden von Åbenrå gelegene Viertel unter den Einheimischen „Chinatown".

Im Museum der Stadt ist eine Abteilung der alten Seefahrt gewidmet – ein Besuch lohnt sich sehr.

Als Åbenrå 1864 preußisch wurde, kamen für die Stadt schwere Jahre. Die Werften und Reedereien verlegten nach Flensburg und Hamburg. Für

Åbenrå, den wichtigsten Hafen von Nordschleswig, blieb nur noch ein bißchen Ostseefahrt, und statt Chinaseide und indischer Gewürze fuhr man jetzt Korn und Ochsen aus Jütland. Dies brachte allerdings in den Jahren des 1. Weltkrieges viel Geld, aber schon nach 1920, als Åbenrå wieder mit Dänemark vereint war, folgten Jahre des politischen Chaos und der wirtschaftlichen Stagnation, die erst nach dem letzten Krieg überwunden werden konnten. Åbenrå hat sich seither zu einem kulturellen Zentrum des Deutschtums in Nordschleswig entwickelt; hier erscheint auch die deutschsprachige Zeitung „Der Nordschleswiger".

Liegeplatz: Der am Sønderstrand gelegene Yachthafen (A) wurde schon erwähnt. Man halte sich beim Einlaufen nahe zu den Pfählen am Molenkopf hin, weil sich ziemlich dicht westwärts eine Untiefe bis zum Ufer erstreckt. Wassertiefe im Hafen 2,5 m. Man läßt sich einen Platz zuweisen beziehungsweise geht in eine Box mit grünem Schild. Ein guter, moderner Yachthafen; sehr ordentliche Duschen und Toiletten. Die Cafeteria bietet eine gute Küche. Wegen des großen Parkplatzes und der dicht vorbeiführenden Fernstraße ist es nicht unbedingt ein Urlaubshafen.
Wer in den Handelshafen will, der geht normalerweise in den Südhafen (B), der mir immer ein bißchen wie der Lumpensammlerhafen vorkommt; da werden alle hingeschickt, für die man sonst keinen rechten Platz weiß. Man geht an die Nordseite des Hafenbeckens. An der Süd- und Westseite liegen kleine Fischerboote. Die Toilette hier ist eine ziemliche Katastrophe; mit dem Liegegeld erwirbt man jedoch das Recht, die sanitären Einrichtungen des Yachthafens mitzubenutzen. Der Gammelhavn (C) darf von Yachten nicht angelaufen werden, mit Ausnahme der Stege an der Ostseite auch der Nyhavn (D) nicht.

Versorgung: Wasser und Treibstoff im Yachthafen. Schiffszubehör siehe Plan. Lebensmittel usw. in der Stadt. In der Fußgängerzone ein gutes Bistro: „Det Gamle Apotek".

Wasserstand (nur relevant für Yachthafen): Tidenhub 0,3 m. Wind aus NW kann den Wasserstand um 1,4 m erhöhen, Wind aus SW ihn um 1 m senken.

Adressen: Information: H.P. Hanssensgade 10, T. 62 35 00 (hier auch Fahrrad-Verleih); Post: Nørretorv 3; Wäscherei: Nørreport 15; Museum: H.P. Hanssensgade 33, T. 62 26 45.

Ansteuerung bei Nacht: Eigentlich ganz leicht. Das Sektorenfeuer Sønderstrand (Ubr. w/r/gn.-5s) führt einen in etwa auf die gelb-schwarze Tonne zu, an der die Fahrrinne in den Hafen anfängt. Das Sønderstrand-Feuer brennt am Scheitel des Fjords in einem weißen Gebäude. Sein weißer Sektor führt für meinen Geschmack etwas dicht an der Untiefe Skærrev vorbei (am Nordufer). Ich möchte raten, auf der Linie zwischen rotem und weißem Sektor zu fahren, weil man dann einen ganz sicheren Abstand hat. An der Hafenansteuerung angelangt, läuft man in Linie 320° auf das grüne Richtfeuer am Südhafen zu: U-F. Glt.gn.-2s, O-F. Glt.gn.-4s. Anschließend auf das Richtfeuer Nyhavn in Linie 349°: U-F. Glt.r.-2s, O-F. Glt.r.-4s. Danach dreht man in den Südhafen ein und legt sich an die Nordpier. Die Hafenbeleuchtung gibt genug Licht zum Festmachen. Will man in den Yachthafen, so verläßt man den Tonnenstrich (in Linie 320°), wenn man den roten Blitz (Blz.r.-3s) auf dem Kopf der Steinmole in Peilung West hat: Darauf zu und von Norden in den Hafen – näher an die Steinmole halten!

Fährt man aus dem Åbenrå Fjord kommend nordwärts, so hat man am östlichen Nordufer den *Starbœk Grund* zu passieren, an dessen Ostkante eine schwarz-gelb-schwarze Tonne (Toppzeichen zwei Kegel, Spitzen von-

einander) ausliegt. Dieses Flach hat gut 3 m Wasser, so daß man ohne Probleme mitten zwischen der Tonne und dem Steilufer Knudshoved fahren kann. Hält man diese Distanz von etwa 0,5 sm zum Ufer hin auch weiterhin ein, so bleibt man damit ebenfalls frei von den beiden dicken Steinen, die am *Knudsgrund* (0,6 m) und *Brøde Grund* (0,7 m) gut 500 m und unbezeichnet vor der Küste liegen.
Voraus hat man die schöne, bucklige Insel

Barsø

die im Süden flach ins Wasser des Kleinen Belt übergeht, nach Norden aber mit der Lådenhøj bis auf eine Höhe von knapp 40 m ansteigt. Ein liebliches, fruchtbares Eiland, auf dem 20 Menschen wohnen, die von Ackerbau und Viehzucht leben. Die Insel hat mehrere Gesichter: Im Osten und auch im Norden sind die Ufer steil, zumeist sandige Kliffküsten, im Westen hingegen fallen sie eher sanft zum Wasser hin ab und sind mit Feldern, Wiesen und kleinen Wäldern bestanden. Nach Süden geht die Insel ganz flach ins Wasser über. Am Westufer liegt am Scheitel einer sanft geschwungenen Bucht eine kleine Anlegebrücke. Hier legt die Fähre vom Festland an und bringt den Bewohnern von Barsø, was sie brauchen, und nimmt umgekehrt die landwirtschaftlichen Produkte mit zurück zum Festland.

Westufer von Barsø, etwa auf der Höhe von Sønderballe Hoved. Der halbkugelförmige Hügel ist eine ebenso unverwechselbare wie weithin sichtbare Landmarke

Liegeplatz und Versorgung: Die Mole verläuft an ihrem äußeren Ende von Nord nach Süd und ist etwa 25 m lang. Wassertiefe 2 m. Die Ostseite ist für die Fähre reserviert, Yachten können an der Westseite festmachen. Die Mole läßt sich mit einem Tiefgang bis zu 1,6 m jederzeit anlaufen, außer bei westlichen Winden, die den Wasserstand beträchtlich senken können. Geschützt bei Winden aus Nord und Ost, aber nicht bei Süd und West. Versorgung gleich Null. Wer länger hier bleiben will, tut gut daran, sich vorher ausreichend zu verproviantieren.

Das Inselchen ist gewiß eine Idylle, aber am schönsten im Vorbeisegeln; zum längeren Liegen taugt es weniger. Man wird auch nicht lange brauchen, bis man die ganze Insel erwandert hat.
Barsø liegt wie ein schützendes Bollwerk vor dem

Genner Fjord

der sowohl als Ankerplatz als auch hinsichtlich seines Hafens Kalvø der Insel Barsø vorzuziehen ist. Der Fjord, der eher den Eindruck einer tiefen Bucht macht, ist rundum geschützt, sein Wasser tief und rein. Würde der Landgrund nicht zumeist steil abfallen, wäre er eine ganz ausgezeichnete Ankerbucht. So aber gehört er zur Kategorie der etwas problematischen Ankerplätze. Die Ufer des Fjord sind ziemlich hoch und steil und von Wäldern bewachsen, was ihnen einen ausgeprägt parkähnlichen Charakter gibt.

Ankerplätze im Genner Fjord
Am Südufer in der schmalen, spitzen Bucht, die unterhalb des Nørreskov liegt, obwohl der Grund hier etwas weich ist, und genau gegenüber am Nordufer, auf allerdings steiler abfallendem Grund.

An der Nordseite, und zwar etwas westlich des Kliffs *Sønderballe Hoved,* ist eine Anlegebrücke gebaut worden. Sie hat die Form eines auf dem Kopf stehenden „F“ und öffnet sich nach W. Wassertiefe an der äußeren Brücke 5 m, an der inneren außen 3 und zum Ufer hin 1,5 m. Platz für etwa 40 Boote. Wasser am Steg, WC.

Strom ist im Genner Fjord normalerweise kaum spürbar und wenn, dann nur bei länger anhaltendem Starkwind. Der Strom läuft dann in der gleichen Richtung, wie der Wind weht. Mehr zu achten hat man in diesem etwas abseits gelegenen Gewässer auf Grundnetze und andere Fischereieinrichtungen.

Am Scheitel des Fjords liegt auf einer Halbinsel, die durch einen Damm mit dem Festland verbunden ist, der kleine und überaus idyllische Hafen

Kalvø

der bis auf Winde aus NE unter allen Bedingungen sehr geschützt ist. Auf Kalvø leben etwa 30 Menschen. Der Hafen, der vor gut 130 Jahren angelegt wurde, war ursprünglich als Werftanlage gedacht. Jetzt gehört er einem Sägewerk, das hier den Bau einer Zellulosefabrik plante,
aber zum Glück nichts geworden ist. Die Werft aus dem vorigen Jahrhundert gehörte dem reichen Åbenråer Bürger Jørgen Bruhn, der hier große Schiffe für die Langfahrt, unter anderem auch nach China, bauen ließ. Der Kalvø-Werft war aber nur eine kurze Blüte beschert, und sie wurde wie auch Åbenrå in den dänisch-deutschen Auseinandersetzungen schwer in Mitleidenschaft gezogen.

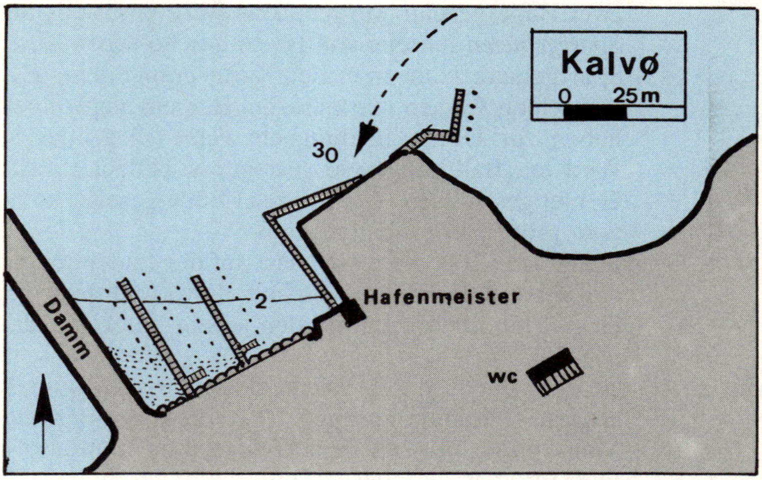

Von der Werft kann man heute noch einiges sehen: In dem Gebäude, wo sich jetzt die Toiletten befinden, arbeitete damals die Schiffsschmiede, und im heutigen Badehotel waren das Kontor und das Zeichenbüro untergebracht.

Rings um Kalvø kann man in dem flachen Gewässer, das mit seinen Seerosen eher wie ein Süßwassersee wirkt, ein reiches Vogelleben beobachten, und in dem kleinen Wald der Insel wird man einige exotische Bäume finden, die vor 100 Jahren von den Chinafahrern als Erinnerung hier eingepflanzt wurden. Wer ein Dingi hat, sollte mal um Kalvø rudern: einmalig! An den Wochenenden herrscht hier leider viel Rummel (Busse).

Liegeplatz und Versorgung: Beides nicht unproblematisch. In dem nach Norden offenen Hafenbecken ist so gut wie kein Platz; er ist zum größten Teil von den einheimischen Booten belegt. Vielleicht hat man aber Glück, und an der Ostseite ist etwas frei. Am ehesten findet man noch einen Platz vor dem Bollwerk oder an der kleinen Brücke, außen zum Fjord hin. Starker, anhaltender Wind aus NW läßt weite Teile des Hafens trockenfallen; dann kann man bestenfalls mit einem Tiefgang von 1,6 m an das äußerste Ende der Brücke gehen.

Wasser, Toiletten am Hafen. Lebensmittel könnte man in sehr beschränktem Umfang im Restaurant des Hotels bekommen; sonst müßte man die 3 km nach Genner gehen, wo man mehr Auswahl hat. Sonntagsmorgens kommt der Bäcker mit Brötchen zum Hafen gefahren. Zur Not könnte man sich in Genner auch Treibstoff im Kanister holen.

Ansteuerung bei Nacht: Weder Genner Fjord noch der Hafen von Kalvø sind befeuert. Man kann aber beide in einer hellen Nacht durchaus anlaufen, wenn man sich in der Mitte des Fjords hält. Am Hafen dann ist die hellerleuchtete Fassade des weißen Badehotels ein guter Anhaltspunkt, ebenfalls eine Bogenlampe am Steg.

Verläßt man den Genner Fjord, um seinen Kurs nordwärts fortzusetzen, so sollte man nachsehen, ob nicht am Signalmast oben auf Barsø ein oder zwei Bälle gezeigt werden. Das wäre dann das Signal dafür, daß in den *Sperrgebieten* jenseits von Barsø geschossen wird. Lage und Größe dieser Sperrgebiete kann man der Karte entnehmen. Es sind zwei. Beide sind mit gelben Tonnen markiert; die Begrenzungstonnen des größeren Gebiets haben zur Unterscheidung ein gelbes liegendes Kreuz als Toppzeichen. Wird ein Ball auf Barsø gezeigt, so bedeutet das: Es wird im kleineren Gebiet geschossen. Werden zwei Bälle gezeigt, so heißt dies, daß man sich vom größeren fernhalten muß.

Hängt kein Ball oben am Mast auf der Lådenhøj, so weiß man ganz sicher, daß man ohne Risiko zwischen Barsø und dem Steilufer von Sønderballe Hoved hindurch nach Norden segeln kann, auf die

Sandvig

zu, eine Bucht, die als solche nicht sehr aufregend ist, aber mit einer eigenartigen, seltsamen Landschaft an ihrem Ostufer: einer Brackwasserlagune. Man kommt nur mit dem Dingi dahin, muß also in der Sandvig ankern. Das tut man am besten unterhalb des hohen Waldes vor der Feriensiedlung *Hejsagerstrand.*

In dem flachen Wasser stehen Felder von Fischstöcken, und vor dem Ufer liegen kleine hölzerne Brücken. Von beiden muß man fernbleiben. Man ankert auf etwa 7 m Wassertiefe.

Das Spannende an der Sandvig ist die schon erwähnte Lagune am Ostufer, ein ganz flaches, klares Wasser. Im Westen hat sie ein marschartiges Vorland, über das man aber gut wandern kann. Nach Süden zu wird sie von einer langgezogenen Sanddüne geschützt. Früher konnte man in einem schmalen Priel von der Sandvig bis in die Lagune hineinrudern. Auf den Seekarten sieht das auch noch so aus. In Wirklichkeit aber endet dieser Priel mittlerweile irgendwo im Marschvorland, und man muß seinen Weg zu Fuß fortsetzen. Diese eigenartige Landschaft wird jedem gefallen,

Von der Sandvig aus auf Halk Hoved zu

für Kinder aber ist sie geradezu ideal. Die Sache hat allerdings einen kleinen Haken: Östlich der Lagune, auf den steilen Hügeln, ist der Schießstand für die schon erwähnten Schießgebiete. Das braucht einen aber nicht zu kümmern, denn wenn geschossen würde, so käme man ja wegen der Sperrgebiete gar nicht in die Sandvig.

Weiter auf den *Årø Sund* zu läuft man unter der gewaltigen, gelbbraunen Kliffküste Halk Hoved entlang. Hier läßt sich an den verschiedenen Färbungen des Sandes sehr schön erkennen, wie die Gletscher der Eiszeit Schicht um Schicht aufeinandergepreßt haben. Bei ruhigem Wasser kann man vor Halk Hoved auch ankern und an dem endlos langen, gelben Sandstrand baden.
Zwischen der tiefen und breiten *Genner Bugt* im Süden und dem tiefen und breiten Gewässer *Bredningen* im Norden schiebt sich zwischen Årøsund und Assens ein Riegel aus Flachs und Inseln quer über den Kleinen Belt. Da hindurch führen drei mehr oder minder brauchbare Passagen:

- Die breiteste und sicherste ist die östlichste, die zwischen dem Westufer von *Fünen* und der Beltinsel *Bågø* hindurchführt. Muß man bei Nacht über die Flachs zwischen Årøsund und Assens, so sollte man diese Passage wählen, wobei aus dem „sollte" ein „muß" wird, wenn man die Fahrt von Nord nach Süd macht. Es sei denn, man hätte einen ortskundigen Mann am Ruder und gute Sicht.
- Die mittlere Route – *Fyrrenden* – ist nur eine Variante der obigen. Man sollte sie bei Tag nehmen und wenn man unter bestimmten Umständen (s. unten) einen besonders starken Strom nutzen will.
- Die westliche Passage, durch den *Årø Sund,* wird von Yachten am meisten benutzt. Sie ist etwas eng, allerdings gut befeuert und auch trotz des Stroms nicht problematisch, jedenfalls nicht tagsüber und bei guter Sicht. Ihr größter Vorzug: Sie hat zwei Häfen, Årøsund und den Inselhafen Årø.

Es ist logisch, daß in diesen Engen Strom stehen muß, wenn der Wind das Wasser in Bewegung bringt. Faustregel:
Nordwärts setzt der Strom bei Winden aus ENE über E und S bis SSW.
Südwärts setzt der Strom bei Winden aus SW über W und N bis NE.
Der Nordstrom läuft am stärksten im Fahrwasser Fyrrenden, der Südstrom am schwächsten im Gewässer zwischen Bågø und Fyn. In der Bredningen wiederum ist westlich der Insel Brandsø kaum mehr Strom zu spüren, auch dann nicht, wenn er anderswo kräftig läuft.
Setzt man den Strom bei seinem Törnplan in Rechnung, so wäre es bei Nordstrom also am besten, durch Fyrrenden zu laufen und anschließend östlich von Brandsø zu bleiben, während einem ein Südstrom am wenigsten hinderlich sein wird, wenn man zunächst das Fahrwasser zwi-

schen Assens und Bågø nimmt und anschließend südlich und später westlich an Brandsø vorbeiläuft.
Die Einsteuerung in den Årø Sund beginnt an der gelb-schwarz-gelben Tonne (Toppzeichen zwei Kegel, Spitzen zueinander), die südwestlich vom Årø Sund und der flachen Insel Årø ausliegt. Man halte sich danach gut in der Mitte des etwa 600 m breiten und gut 20 m tiefen Fahrwassers.
Am Westufer des Sunds liegt der kleine, geschützte, aber zumeist überfüllte Hafen

Årøsund

Er ist schon von weitem an dem kleinen weißen Leuchtturm (Ubr.w/r/gn.-5s) und dem alten braunen Badehotel zu erkennen. In den Hafen gut hineinzukommen ist wegen des Stroms, aber auch wegen seiner Enge nicht ganz einfach. Der Strom setzt vor der Hafeneinfahrt besonders hart. Man muß also entsprechend vorhalten, weil man sonst unweigerlich an der Hafeneinfahrt vorbeitreibt und unter Umständen zu raschen und riskanten Manövern gezwungen wird. Ist man selbst endlich gut untergekommen, so kann man vom Hafen aus immer wieder beobachten, wie Boote ihn zu spät ansteuern und dann quer an der Einfahrt vorbeitreiben. Der Hafen füllt sich in den Sommermonaten sehr rasch.
Der Ort selbst, obwohl mit 2000 Einwohnern ziemlich groß, ist völlig uninteressant. Eine Ansammlung aus weitverstreuten Bauernhöfen und Einfamilienhäusern. Årøsund war einst der Gegenpunkt zur Fähre von Assens,

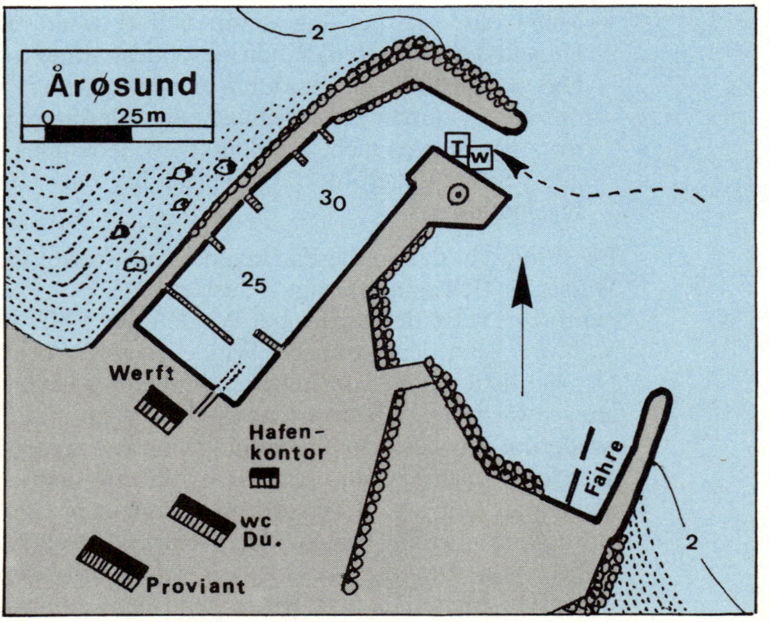

mit der über Jahrhunderte der Viehexport von Fünen abgewickelt wurde. Im 1. Weltkrieg lagen in Årøsund, das seit 1864 preußisch war, deutsche Truppen und versperrten den Sund mit Ketten und Netzen, um ein Befahren für feindliche Schiffe unmöglich zu machen. Der Ort gehört heute zur Gemeinde Haderslev, die auch für den Unterhalt des kleinen Hafens zuständig ist.
Als Hafen kein schlechter Platz, wenn man außerhalb der Saison kommt, sonst zumeist hoffnungslos überfüllt.

Liegeplatz und Versorgung: Der Hafen besteht aus zwei Komplexen: dem Fährhafen, der keinen Liegeplatz für Yachten hat, und dem Fischerhafen. Dazwischen erstreckt sich eine breite Mole, auf deren Kopf der weiße Turm des Leuchtfeuers Årøsund steht. Der Fischerhafen ist geschützt, auch eng und hat sehr, sehr wenig Platz. Man muß froh sein, wenn man irgendwo unterkommt. Wenn möglich, würde ich den Platz an dem Pfahlwerk, gleich rechter Hand der Einfahrt, wählen, weil man hier noch eine Chance hat, aus dem Hafen wieder hinauszukommen, was weiter hinten, wenn man zwischen zahlreichen Booten eingezwängt liegt, schier unmöglich ist. Wichtig: Bis Ende des Heringsfangs (Juni) dürfen Yachten nur an die nordwestliche Mole gehen; während der übrigen Zeit kann man überall festmachen, wo etwas frei ist.
Treibstoff und Wasser unterhalb des Leuchtturms auf der Mole. WC und ordentliche Duschen (s. Plan). Gleich hinter dem Toilettengebäude ein kleiner Supermarkt. Sonst: mit dem Bus nach Haderslev fahren! Auch eine gute Abwechslung, wenn man in Årøsund eingeweht ist. Dicht südlich vom Hafen ein guter, vielbesuchter Badestrand.

Wasserstand: Den Tidenhub mit 0,3 m kann man vernachlässigen. Stürme aus SW bis W können den Wasserstand um 1,7 (!) m senken; ein Sturm aus NE vermag ihn um 1,6 m höher zu machen.

Ansteuerung bei Nacht: Von Süden einfach, von Norden nur, wenn ein ortskundiger Mann am Ruder steht, die Nacht hell und das Wasser ruhig ist. Von Süden: Zunächst im weißen Sektor des Feuers von Årø (ein weißer, runder Turm mit rotem Band, der am flachen Westufer von Årø steht: Glt.w/r/gn.-2s), das heißt: praktisch Kurs Nord. An der grünen Tonne, die vor der Untiefe Syvsig Hage ausliegt, wechselt man auf das Sektorenfeuer von Årøsund über; es brennt in einem weißen Turm auf der Mittelmole: Ubr.w/r/gn.-5s. Der weiße Sektor führt jedoch ganz hart am Ufer vorbei. Eingedenk des Stroms, der mich in meiner Manövrierfähigkeit ja behindert, würde ich mich mehr an der Grenze zwischen weißem und grünem Sektor halten. Das rote Festfeuer, das auf dem Molenkopf des Fähranlegers im Süden des Hafens brennt, ist eigentlich nur als Kontrollmarke interessant.

Hinweis: Årøsund nach Möglichkeit nicht nachts anlaufen, weil man nicht weiß, ob man im Hafen überhaupt unterkommt. Stellt man fest, daß es nicht möglich ist, wird man schon ziemlich dicht dran sein, und dann kann es wegen des Stroms schwer werden, noch eine Wende zu fahren. Stünde ich nachts südlich von Årø, würde ich im Zweifel immer nach Assens laufen (s. Seite 173). Das ist nicht nur gut befeuert, sondern hat auch einen so großen Hafen, daß man immer einen Liegeplatz finden wird.

Der gegenüberliegende Inselhafen

Årø

ist genauso problematisch wie sein westlicher Nachbar. Man läuft auf den Fähranleger zu und dreht, sobald man den Kopf der nördlichen Mole

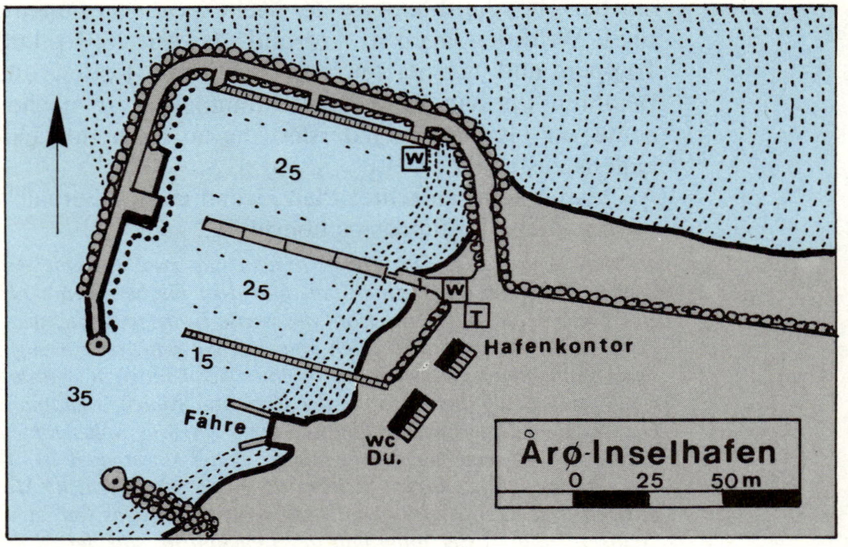

erreicht hat, sofort hart nach Norden in das Hafenbecken ein. Auch hier steht Strom. Die kleine Bucht südlich vom Fähranleger ist untief. Alles sehr schwierig, besonders bei stärkerem Strom.

Liegeplatz und Versorgung: Man darf überall festmachen, nur nicht an den im Plan durch die punktierte Linie markierten Plätzen. An den Stegen Heckpfähle. Ein kleiner, meist übervoller Hafen. Wasser und Treibstoff siehe Hafenplan. Diesel muß man im Kanister zum Schiff tragen. WC und Duschen ordentlich. In dem 800 m entfernten Dorf findet man einen guten Supermarkt und einen Kro.

Wasserstand: Tidenhub ähnlich gering wie im gegenüberliegenden Årøsund. Stürme aus W bis NW können den Wasserstand um 1,5 m (!) senken; ein Nordoststurm vermag ihn um ebenfalls 1,5 m zu erhöhen.

Ansteuerung bei Nacht: Im Prinzip wie nach Årøsund und mit den gleichen Problemen. F.r. und F.gn. auf den Molenköpfen. Man beachte, daß das grüne Feuer ungünstig steht. Man sollte hart an das rote herangehen und gleich danach in das Hafenbecken eindrehen. Nachts ziemlich kritisch!

Besser als ihr kleiner Hafen ist die Insel selbst. Zwar platt und flach im Kleinen Belt liegend, ist sie doch nicht ohne Reiz für den, der diese etwas schwermütige Landschaft aus Schilffeldern, Mooren und steinigen Stränden mag. Dort, wo es möglich ist, wird die Insel intensiv landwirtschaftlich genutzt. Dies, ein bißchen Tourismus und die Fischerei, vor allem der Aalfang im Herbst, sind die Einnahmequellen der 170 Menschen, die hier leben. Geht man vom Hafen über den Damm auf die Insel zu, so trifft man auf eine Steinsäule, die anzeigt, wie hoch das Wasser bei der großen Sturmflut von 1872 gestanden hat. Bei nur 6 m maximaler Höhe war das meiste Land überspült. Dabei verschwanden auch die

Die flache Bucht nördlich des Årø-Hafens

letzten Reste der großen Eichenwälder, die früher einmal die ganze Insel bedeckten. Zum Ausgleich für diese Katastrophe schwemmte der Kleine Belt soviel Erde und Schlamm an die Insel, daß ihre Fläche um die vordem selbständigen Inselchen Kalvø und Korsø vergrößert wurde.
Wen Wind, Regen oder sonstwie schlechtes Wetter hier festhält, der kann genausogut wie von Årøsund von hier aus mit Fähre und Bus nach Haderslev (s. Seite 169) fahren, was sehr zu empfehlen ist.

Ankerplätze beim Årø Sund

Wegen des Stroms gibt es im Sund selbst keine Ankerplätze, die besonders gut wären. Eventuell könnte man nordwestlich des Hafens von Årøsund ankern, und zwar außerhalb des Fahrwassers und so nahe an Land, wie es der Tiefgang des Bootes erlaubt (s. aber Wasserstand, Seite 166). Besser: Man läuft 3 sm weiter zum *Haderslev Fjord,* wo man außerhalb des Tonnenstrichs zwischen *Stagodde* und *Ørby Hage* gut ankert. Am SE-Ufer von Ørby Hage findet man sogar eine kleine Brücke (Länge 50 m), die am Kopf 3 m Wassertiefe aufweist.
Von Årøsund aus ist es naheliegend, einen Abstecher in die schöne, alte Domstadt Haderslev zu machen.*
Man läuft nordwärts aus dem Årø Sund bis zur rot-weißen Ansteuerungstonne und danach zwischen *Knude Grund* (im Süden) und *Ørby Grund* (im Norden) auf den Tonnenstrich zu, der durch den

Haderslev Fjord führt. Vor Beginn des Tonnenstrichs liegt nochmals – aber nicht immer – eine schwarz-gelbe Tonne (Toppzeichen zwei Kegel, Spitzen oben) aus. Die Fahrrinne durch den schmalen, gewundenen Fjord ist auf 6,5 m ausgebaggert, allerdings streckenweise sehr eng. Fährt man hier zum erstenmal, sollte man sich strikt innerhalb der Fahrrinne halten, weil es an manchen Stellen dicht daneben doch sehr flach wird. Entgegenkom-

* Wer nicht nach Haderslev will, lese weiter auf Seite 171.

menden größeren Schiffen muß man als Sportboot ausweichen, denn die haben keinen Platz für ein Ausweichmanöver. Segeln wird nur möglich sein bei raumem Wind. Bei Starkwind aus SW bis W wird die Fahrt nach Haderslev zur Schinderei. Es setzt jedoch kaum Strom, und eine Befeuerung gibt es auch nicht. Gleichwohl ist der Fjord in einer hellen Nacht dank der relativ engstehenden Tonnen durchaus zu befahren.

Der Fjord ähnelt stark einem Fluß, wie er sich zwischen seinen grünen, sanft zum Wasser abfallenden Ufern dahinwindet. Viel Schilf an den Rändern. Erst auf Haderslev zu wird das Nordufer etwas steiler und steigt im Hinterland bis auf 50 m an. Eine stille, verträumte Fjordlandschaft.

Schon dicht an Haderslev liegt am Südufer des Fjords eine wuchtige, weiße Kirche, merkwürdig überdimensioniert für diese bäuerliche Umgebung: die Kirche von Starup. Vermutlich stand hier einst das größte Gotteshaus von Sønderjylland: eine dreischiffige romanische Basilika,

In der Altstadt von Haderslev. Die Gasse führt auf den Südchor des Doms zu

wahrscheinlich um das Jahr 1000 n. Chr. gebaut, also zu Zeiten der Wikinger. Lange war hier eine bescheidene Dorfkirche. Bei Reparaturen stieß man 1907 auf alte Fundamente und förderte dann bei Ausgrabungen die Grundmauern jener Basilika zutage. Man riß das Dorfkirchlein ab und baute auf die alten Fundamente eine Kirche in einer Form, von der man annahm, daß so die alte romanische Basilika ausgesehen hat. Der Bau überzeugt nicht restlos. Es blieben auch viele Rätsel: Warum wurde ausgerechnet hier eine so große Kirche gebaut? War es eine Missionskirche, ein Bischofssitz gar? Alles Fragen, auf die man bis heute keine Antwort gefunden hat.
Am Scheitel des Fjords liegt die Stadt, von der er seinen Namen hat:

Haderslev

oder Hadersleben, wie sie einmal auf deutsch hieß. Eine Stadt, in der die Verbindungen zwischen Deutschen und Dänen enger und älter sind als sonstwo in dieser Gegend, und dabei waren die Jahre von 1864 bis 1922, in denen die Stadt preußisch-deutsch war, nicht einmal die prägendsten. Die Stadt gruppiert sich um einen kleinen Berg, auf dem der Dom zu St. Marien steht. Heute wohnen in Haderslev etwa 30 000 Menschen. Die Stadt lebt von Handel und Industrie. Der beachtliche, gut ausgebaute Hafen hat jedoch keine große Bedeutung mehr. Das war in der ersten Hälfte des vorigen Jahrhunderts noch ganz anders, denn als der Fjord endlich schiffbar gemacht worden war, war in Haderslev eine ansehnliche Handelsflotte beheimatet.
Wie alt die Stadt ist, weiß man nicht. Erwähnt wurde sie im Jahre 1292 in einem Privilegienbrief des Königs Waldemar, aber aus der gleichen Urkunde geht auch hervor, daß sie zu der Zeit nach Schleswig und Flensburg schon die drittgrößte Stadt im Herzogtum war. Einen weiteren Hinweis, daß sie noch um einiges älter ist, geben die Reste einer romanischen Kirche, die früher auf dem Platz stand, auf dem sich jetzt der gotische Dom erhebt.
In Haderslev residierten zeitweise die Herzöge von Schleswig. Ihre Burg lag auf einer kleinen Insel östlich der Stadt, etwa da, wo sich heute der Hafen befindet. Die Burg hieß zu ihrer Zeit Haderslevhuis oder auch, nach dem Herzog Hans, Hansburg. Von Insel und Burg ist keine Spur mehr zu entdecken. Lediglich auf alten Stichen kann man sehen, daß es sich um ein ziemlich imposantes Gebäude gehandelt haben muß.
Eine markante Rolle hat die Stadt in der Reformation gespielt. Herzog Christian, der auf Haderslevhuis residierte, hatte in seiner Eigenschaft als deutscher Fürst an jenem denkwürdigen Reichstag zu Worms (1521) teilgenommen, auf dem Martin Luther zum Widerruf gezwungen werden sollte, was er bekanntlich nicht tat. Der Herzog war von der Standhaftigkeit Luthers so beeindruckt, daß er als überzeugter Lutheraner nach Haderslev zurückkehrte und anordnete, daß im katholischen Dom zu St. Marien die Messe nur noch nach reformiertem Ritus gefeiert wurde. So wurde aus

dem Mariendom zu Haderslev die erste reformierte Kirche Dänemarks. Haderslev galt deshalb als das „Wittenberg des Nordens".

Ganz entscheidend für die Ausbreitung des neuen Glaubens war, daß derselbe Herzog wenig später als Christian III. (1535–1559) König von Dänemark wurde.

Nach heftigen Kämpfen setzte er das Luthertum überall in Dänemark durch, und auch in Norwegen, das zu der Zeit noch ein Teil des Königreiches war, wurde es eingeführt.

Im Dreißigjährigen Krieg wurde die protestantische Stadt von den katholischen Truppen Wallensteins eingenommen und zerstört, und wenige Jahre danach widerfuhr ihr das gleiche von den protestantischen Schweden. Auch der Dom brannte ab.

Erstaunlicherweise findet man trotzdem noch viele alte Häuser in der Stadt – vor allem in den engen Gassen um den Dom –, aber auch andere Gebäude wie die alte Schloßmühle, die vom Wasser des Haderslever Damms getrieben wird, eines Sees, der die Stadt nach Westen hin abschließt, oder das Reithaus unten am neuen Hafen und das Herzog-Hans-Spital, ein wuchtiger, einem Speicherhaus ähnlicher Bau.

Eine starke Komponente im Stadtbild bilden die vielen Häuser aus der Jahrhundertwende. Hier spürt man nun doch sehr stark den preußischen Einfluß, und manche Seitenstraße wirkt mit ihren verschnörkelten Fassaden ein wenig wie Berlin-Charlottenburg, nur eben viel, viel kleiner, bescheidener und provinzieller.

Eine Stadt mit einer guten Atmosphäre in einer schönen Umgebung.

Liegeplatz und Versorgung: Ein sehr großer Hafen, der etwas öde und unbenutzt wirkt, was er in Wirklichkeit ja auch ist. Die Kais am Nordufer haben eine Länge von gut 1000 m. Hier findet man, wo immer man will, einen guten Platz.

Der eigentliche Yachthafen (hier auch Duschen) liegt am Südufer. Man kann ihn mit einem Tiefgang bis zu 1,6 m anlaufen.

Wasser und Treibstoff am Hafen. Reparaturwerkstatt, Helling ebenso. Wenn man ein Problem am Schiff hat, läßt man sich am besten im Hafenamt beraten. Lebensmittel und noch mehr in einem großen Einkaufscenter nahe dem Hafen, gegenüber dem Reithaus. Alles übrige in der Stadt.

Adressen: Information: Apotekergade 1, T. 525550 (hier auch Fahrrad-Verleih); Post: Gravene 2; Wäscherei: Nørregade 29; Museum: Dalgade 7, T. 527566 (Archäologisches Landesmuseum von Sønderjylland mit Freiluftareal, Häusern, Einrichtungen usw.).

Ziemlich am Ende des Hafens liegt fest vertäut ein ausrangiertes Feuerschiff, das in seinen besseren Zeiten als Feuerschiff Nr. XV bei Vyl in der Nordsee, vor Anholt Nord und am Gilleleje Flak den Seefahrern den Weg wies.

Ob man aus dem Haderslev Fjord kommt oder von Süden aus dem Årø Sund, man wird zunächst die rot-weiße Tonne ansteuern, die südlich von *Linderum Grund* liegt. Danach läuft man, sich an den Tonnen orientierend, im Fahrwasser weiter Kurs NNE. Die Flachs beidseitig des Fahrwassers brauchen einen weiter nicht zu interessieren, denn die Rinne ist breit und tief. Man achte allerdings auf den Strom (s. Seite 163), der gerade hier nicht immer der allgemeinen Fahrtrichtung folgt, sondern stellenweise quer dazu setzt.

Die Südwesthuk von Bagø mit dem Leuchtturm – von Westen gesehen

Im Osten sieht man den gedrungenen, weißen, viereckigen Leuchtturm von *Bågø* (Ubr.(2)w/r/gn.-6s). Sobald man ihn etwa in Peilung 85° hat, kann man den bisherigen Kurs verlassen und direkt auf den Leuchtturm und damit auf das Fahrwasser *Fyrrenden* zuhalten. Die 85° entsprechen dem weißen Sektor des Bågø-Feuers. Man hat auf diesem Kurs immer gut 5 m Wasser unterm Kiel und läuft an mehreren südlich gelegenen kleinen Gras- und Steininseln vorbei.
Bei starkem Strom und vielleicht auch noch schlechter Sicht wäre es allerdings sicherer, nicht diesen Kurs zu nehmen, sondern im bisherigen Fahrwasser weiter bis zu der roten Tonne zu laufen, die an der Nordwestkante der Untiefe *Bardenfleths Grund* ausliegt, und danach mit Kurs Ost auf die schwarz-gelbe Tonne (Toppzeichen zwei Kegel, Spitzen oben) nördlich von *Bastholm Hage* zuzuhalten, womit man die nördliche Einsteuerung in das Fahrwasser Fyrrenden erreicht hätte. Auf die Stromverhältnisse, die hier herrschen können, wurde schon hingewiesen. Der Strom kann hier mit einer Geschwindigkeit von bis zu 3 kn setzen.
Die Ansteuerung des Inselhafens von Bågø ist dann nicht ganz einfach, wenn man von Norden durch Fyrrenden kommt, und zwar wegen der 1,5-m-Untiefe *Sandhammeren,* die an der Ostkante des Fahrwassers liegt und nicht markiert ist, genausowenig wie die Ansteuerung nach Bågø selbst. Am besten geht es so: Hat man die grüne Tonne erreicht, die an der Nordosthuk von *Årø Flak* ausliegt, so sollte man ab hier 0,5 sm lang Kurs Ost laufen. Man verläßt dabei die Fahrrinne von Fyrrenden, aber das muß man sowieso, wenn man nach Bågø will. Die Wassertiefe auf diesem Kurs bis hin zum Hafen: 3,5 m. Hat man die 0,5 sm hinter sich, dreht man auf Kurs NNW und damit auf den Inselhafen zu, der sich kaum von der flachen Insel Bågø abhebt, zumeist aber an den Masten der Yachten, die im Hafen liegen, doch recht gut auszumachen ist. Vielleicht läuft ihn gerade die Fähre aus Assens an; dann folgt man ihr und ist damit aller

Sorgen ledig, wenn man nur genügend Abstand hält. Wie auch immer: Von Sandhammeren ist man nun gut freigeblieben.

Bågø ist in allem seiner westlichen Schwester Årø sehr ähnlich: genauso flach, etwa genauso groß und auch hauptsächlich eine Bauerninsel, auf der intensiv Landwirtschaft betrieben wird. Vielleicht ist sie noch ein bißchen einsamer. Die meisten der 40 Häuser gruppieren sich im Dorf um die Kirche. Die fruchtbare Insel war schon zu Zeiten der Wikinger besiedelt, wie Funde von Goldreifen beweisen.

Im 1. Weltkrieg erlebten ihre Bewohner ganz am Rande die große Skagerrak-Schlacht mit: Die Deutschen hatten schon gleich zu Beginn des Krieges Fyrrenden ausgebaggert, damit es auch für größere Schiffe passierbar wurde. Am 30. Mai 1916, am Vorabend der Skagerrak-Schlacht, dampfte ein Geschwader der Kaiserlichen Marine mit Kurs Nord an Bågø vorbei. Wie verlustreich und hart diese letzte und größte aller Seeschlachten gewesen war, sahen die Bauern von Bågø wenige Tage später, als sich die Reste des Geschwaders, zerschossene Torpedo- und Minenboote, heimwärts nach Kiel schleppten.

Der weiße Leuchtturm von Bågø, der auf der ganz flachen Landzunge im Südwesten steht, wurde 1816 gebaut, an der gleichen Stelle, wo sich vordem das älteste Leuchtfeuer im dänischen Innenfahrwasser befand, das schon 1705 eingerichtet worden war. An der Mauer des heutigen Leuchtturms findet man eine Markierung, die anzeigt, wie hoch das Wasser bei der großen Sturmflut von 1872 gestiegen war: Genauso wie Årø lag der größte Teil des flachen Bågø unter Wasser.

Liegeplatz und Versorgung: Der geschützte Inselhafen wurde 1936 gebaut. Seit die Assens-Fähre ihren Anleger außen vor hat, hat er auch etwas mehr Platz für Yachten, aber für den großen Andrang in den Ferienmonaten ist er viel zu klein. Der beste Platz ist längs-

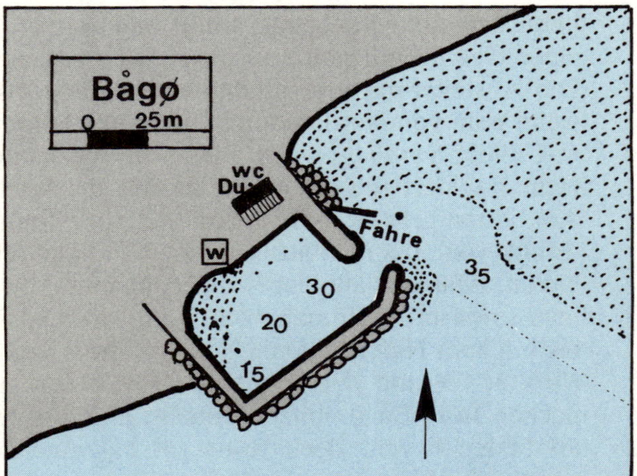

seits an der Südmole. Weiter nach hinten wird der Hafen untief. Auf die Wasserstandsangaben kann man sich wegen Versandung nicht immer verlassen.
Wer länger auf Bågø bleiben will, tut gut daran, alles, was er braucht, schon mitzubringen. Wasser kann man am Hafen aufnehmen, Treibstoff nicht. Am Kiosk kann man Lebensmittel bestellen, die dann tags darauf von der Fähre aus Assens mitgebracht werden. Es sei denn, man zöge es vor, zu dem kleinen Laden im Dorf zu wandern (2 km). Duschen und Toiletten sind vorhanden; sie sind so urig wie der ganze Hafen. Der Hafenmeister Jørgensen wohnt im Prinsehøjvej 15.
Kinder haben viel Platz zum Spielen und einen großen Auslauf.

Ansteuerung bei Nacht: Davon muß abgeraten werden; es sei denn, man versucht es in einer hellen Nacht und bei ruhigem Wasser.

Wasserstand: Tidenhub 0,8 m (!). Winde zwischen N und W können den Wasserstand um 1,6 m senken, Winde zwischen N und E ihn um 1,2 m heben.

Die 4 sm nach Assens verlangen einem navigatorisch normalerweise nichts ab. Die hohen grauen Silos von Assens sieht man ganz nah im Osten liegen, bei klarer Sicht konnte man sie sogar schon in Årøsund ausmachen. Sie sind unser Ziel.
Man läuft von Bågø aus auf die grüne Tonne *Bågø Flak* zu, hält danach auf die schwarz-gelbe Tonne (Toppzeichen zwei Kegel, Spitzen oben) nördlich des *Asnæs Rev* und von da aus südwärts auf den Hafen von Assens zu. Kein Problem.

Assens der erste Hafen auf Fünen auf diesem Törn, ist Pfeifenrauchern bekannt als Sitz einer berühmten Tabakmanufaktur. Die Stadt hat – ähnlich wie Haderslev – für den heutigen Schiffsverkehr einen viel zu großen Hafen, doch so findet man hier immer einen guten Platz, auch mit einer sehr großen Yacht. Die Stadt hat 11000 Einwohner und in ihrem Kern kein schlechtes Milieu: Die meisten Häuser wurden zwar erst im vorigen Jahrhundert oder um die Jahrhundertwende gebaut, aber sie passen gut zu den alten, zum Teil reichverzierten Fachwerkhäusern, die noch aus der besten Zeit von Assens stammen. Das war jene Jahrhunderte währende Periode, als die Stadt der wichtigste Fährhafen von Fünen nach Jütland war. Im Mellemhavn findet man noch die beiden alten morschen Fähranleger, die 1972 zum letztenmal benutzt wurden. Seither verkehrt keine Fähre mehr hinüber nach Årøsund.
Über Assens wurde der bedeutende Viehexport Nordfünens abgewickelt. Die Herden wurden hierhergetrieben, mit Fähren über den Kleinen Belt gesetzt und nach Haderslev geschafft, wo sie auf den alten „Hærvej" trafen, den Heerweg aus der Wikingerzeit, auf dem die Tiere dann weiter nach Süden auf die großen Viehmärkte von Schleswig und Holstein getrieben wurden. Mit diesem Fährbetrieb wurde die Stadt ziemlich wohlhabend. Man sieht es an den prächtigen Fachwerkhäusern, von denen das schönste in der Hauptstraße steht, das heutige „Peter Willemoes Museum".

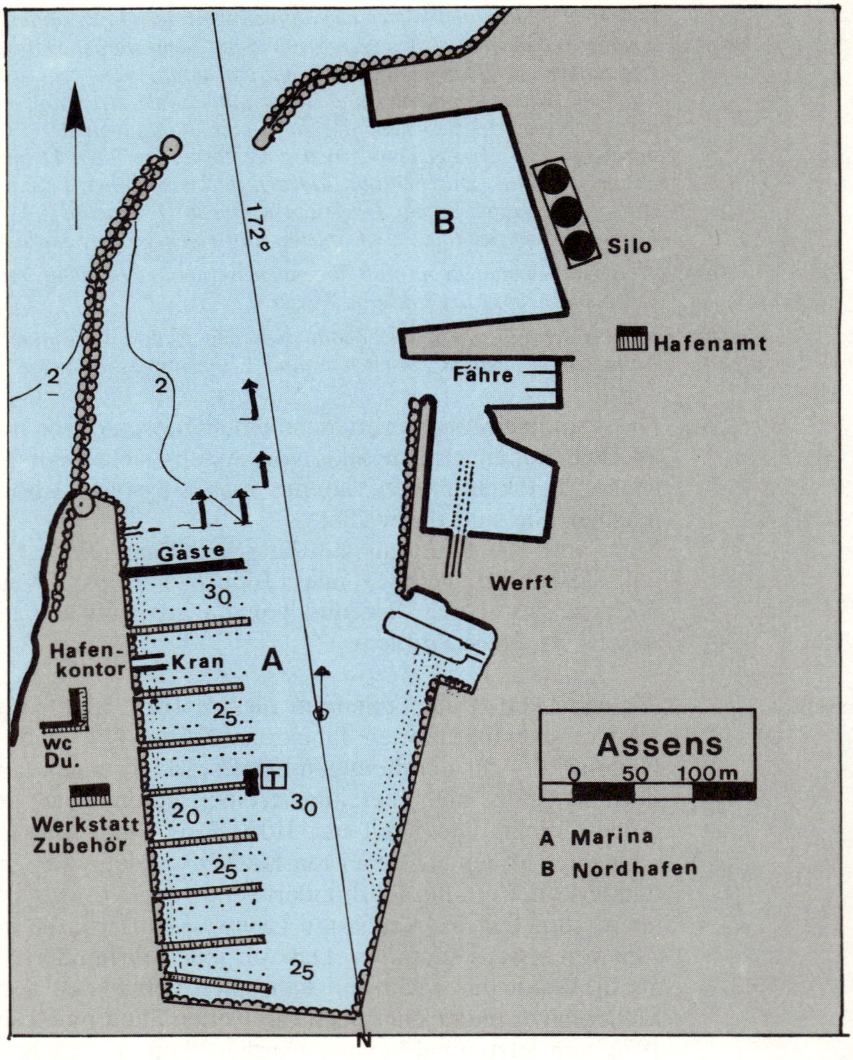

Das Monopol für die Ausfuhr von Vieh hatte Assens zusammen mit Ribe und Kolding schon 1475 als Königliches Privileg erhalten. Die lang anhaltende Blütezeit ging 1804 zu Ende, als das größere Odense nach dem Kanalbau einen eigenen Zugang zum Meer erhielt. Und nach dem 64er Krieg wurde der Fährbetrieb ganz eingestellt, denn nun saßen an der anderen Seite des Kleinen Belts ja die Preußen. Assens verlegte sich nun mehr auf die Schiffahrt, und auf einer stadteigenen Werft wurden Schoner und Galeassen gebaut, die eine nicht unbedeutende Handelsflotte bildeten. Im 1. Weltkrieg allerdings kam auch die Seefahrt zum Erliegen, nachdem die Deutschen den Kleinen Belt vermint hatten.

Liegeplatz und Versorgung: Beides für Kleine-Belt-Verhältnisse optimal. Bei stärkeren Winden aus W bis NW liegt man allerdings sehr unruhig. Die moderne Marina bietet neben ihren 500 Plätzen (davon 50 Gastplätze) allen erdenklichen Service, der Nordhafen viel Platz für größere Boote.
Spätestens im Vorhafen sollte man sich klar darüber sein, wo man hin will: geradeaus weiter in die Marina oder links ab in den Nordhafen. Ginge es nach den Vorschriften, müßten alle Sportboote in die Marina (A), und nur Yachten ab 13 m Länge sollten in den Nordhafen (B).

Wasserstand: Tidenhub 0,3 m. NW- bis NE-Sturm und vorausgegangene Westwinde können den Wasserstand um 1,4 m erhöhen, S- bis W-Stürme ihn um 1 m senken.

Ansteuerung bei Nacht: a) von Süden, aus der Genner Bugt: Östlich von Årø im weißen Sektor des Richtfeuers Tvingsbjerg in Linie 42° (U-F.: Glt.w/r/gn.-3s, O-F.: Glt.-4s) so lange laufen, bis man an Stb. in den weißen Sektor des Assens-Feuers kommt (Ubr.w/r/gn.-10s). Nun scharfe Wende nach SSE und stur im weißen Sektor bleiben, aber allerspätestens dann, wenn man das Feuer Blz.gn.-3s am Kopf der Schutzmole ausmacht, nach Osten drehen. Es kommt immer wieder vor, daß Yachten zu lange im weißen Sektor weiterlaufen und so östlich der langen Schutzmole auf Grund geraten, denn das Sektorenfeuer Assens steht etwas unglücklich auf der Halbinsel Asnœs mit ihrem großen Flach im Westen. In den Hafen führt nun in Linie 172° ein rotes Richtfeuer: U-F.: Glt.r.-2s, O-F.: Glt.r.-4s. Das Unterfeuer brennt auf einem Pfahl im Becken der Marina – man kommt also mit diesem Richtfeuer genau zu den Stegen des Yachthafens.
b) von Norden, aus der Bredningen: Im Fahrwasser nördlich von Bågø orientiert man sich am weißen Sektor des Feuers Tvingsbjerg, das zwar genauso heißt wie das unter a) beschriebene Richtfeuer und auch im selben Behälter brennt, aber nichts damit zu tun hat; es hat die Kennung Ubr.w/r/gn.-5s. Der weiße Sektor liegt zwischen 121 und 125°. Danach weiter wie unter a) beschrieben: also zuerst im weißen Sektor des Assens-Feuers und so fort.

Adressen: Information: Østergade 57, T. 71 20 31; Fahrräder: Korsgade 15, T. 71 18 61; Post: Søndre Ringvej 4; Münzwäscherei: Marina; Museum: Østergade 36 (Erinnerungen an den dänischen Seehelden Peter Willemoes und Heimatmuseum).

Eben südlich von Assens, 2 sm weiter, findet man in der Bucht *Torø Red* einen bekannt guten Ankerplatz, der Schutz bei Winden aus W, S und E bietet: eine lagunenartige, zu den Ufern hin allerdings rasch untief werdende Bucht mit guten Sandbadestränden auf der Insel Torø.

Bredningen heißt das breite, seenartige Gewässer, das sich von Årø aus 12 sm weit nordwärts erstreckt, bis es etwa auf der Linie Stenderup Hage (im Westen) und Fønsskov Odde (im Osten) endet. 7 sm mißt es an seiner breitesten Stelle, überall umgeben von schönen Ufern, die teils bewaldet sind, teils als gelbbraune Sandabbrüche steil zum Wasser hin abfallen. Bredningen hat nirgendwo überraschende Untiefen; der Landgrund fällt überall ziemlich gleichmäßig auf 10 bis 20 m Wassertiefe ab. Innerhalb der 2-m-Linie liegen vor den Ufern dicke Steine im Wasser.

Lediglich ziemlich weit im Norden von Bredningen, 2,5 sm südlich von Fænø, stößt man auf das Flach *Flækøjet.* Es hat Wassertiefen zwischen 4 und 5 m, ist also für eine Yacht unter normalen Umständen ungefährlich. An seiner SE-Kante steht eine schwarz-gelb-schwarze Tonne (Toppzeichen zwei Kegel, Spitzen voneinander).

Für den Strom gilt in etwa das, was schon auf Seite 163 für die Gewässer um Årø und Bågø gesagt wurde:

Nordwärts setzt der Strom bei Winden aus ENE über S und SW (in einigen Fällen auch bei W).

Südwärts setzt der Strom bei Winden aus WNW über N bis ENE (ebenfalls unter Umständen bei W).

Bei Starkwind kann der Strom Geschwindigkeiten von 2 bis 3 kn erreichen, jedoch nicht westlich von Brandsø, wo er kaum zu bemerken ist. Bei Starkwind baut sich auch rasch eine steile, kurze See auf. Sie läßt das Vorankommen sehr mühsam werden, wenn man gegenan muß. Überraschenderweise ist die Bredningen auch dann immer noch voller Segler, wenn Windstärke 6 (und mehr) herrscht. Wahrscheinlich ist das psychologisch bedingt: Man sieht immer die Ufer sehr nahe und fühlt sich deshalb wohl sicherer, als man es in Wirklichkeit ist.

Durchsteuerung bei Nacht: Ohne Probleme möglich. Es gibt zwar keine Leuchttonnen, aber man kann sich an mehreren Leuchtfeuern gut orientieren. Ob von Norden oder Süden kommend, man wird immer den Weg näher dem Ostufer wählen. Nachfolgend wird – diesem Törnvorschlag folgend – nur die Durchsteuerung von Süden nach Norden beschrieben; für die umgekehrte Richtung orientiert man sich an genau den gleichen Leuchtfeuern. Man läuft zuerst im Richtfeuer Tvingsbjerg (U-F.: Glt.w/r/gn.-2s, O-F.: Glt.-4s) in Linie 42° östlich an Årø und Bågø vorbei. Gut 1,5 sm nördlich von Assens kommt man in den weißen Sektor des Leuchtfeuers von Assens (Ubr.w/r/gn.-10s). Nun geht man auf Kurs Nord, den man 1,5 sm beibehält, bis man in die Sektoren des Feuers Tvingsbjerg (Ubr.w/r/gn.-5s) läuft. Im weißen Sektor (das Feuer hat man achteraus) mit Kurs NW etwa 4 sm, bis man westlich der Halbinsel Wedellsborg steht. Nun macht man an Steuerbord voraus das Sektorenfeuer Fænø aus (Blk.w/r/gn.-5s). Bis dahin noch 7 sm im tiefen Wasser. (Wie es dann weitergeht, s. Seite 188.)

Hinweis: Die Richtung des Fahrwassers verläuft von N nach S. Häfen gibt es in der Bredningen außer Hejlsminde keine, dafür aber viele gute Ankerplätze.

Ankerplätze in der Bredningen

Am Westufer, vor der idyllischen *Avne Vig,* liegt ein breiter Landgrund, wo man gut ankern kann. Schutz bei Winden aus W und SW.

Gegen Winde aus S, W und NW schützt die etwas nördlicher gelegene *Hejlsminde Bugt,* an deren Scheitel ein kleiner Hafen liegt, den man mit einem Tiefgang von maximal 1,6 m anlaufen kann; sonst ankert man 400 bis 500 m davor.

Die noch etwas nördlicher gelegene breite *Mosvig* bietet Schutz bei Winden aus W; man ankert auf 3 bis 5 m Wassertiefe etwa 400 m vor dem Ufer. Von hier aus hat man einen großartigen Blick auf den mit 113 m

höchsten Berg von Sønderjylland, den Skamlingsbanken, auf dessen Kuppe eine schlanke hohe Steinsäule als Symbol des dänischen Freiheitswillens steht.
Vor der Küste Fünens kann man ankern in der *Føns Vig,* allerdings über verkrautetem Grund. Schutz bei Winden aus E, NE, SE und S.
Etwas besser ist die südlich davon gelegene *Tybrind Vig.* Man gehe möglichst nahe an ihrem Scheitel, bis auf ca. 120 m vor dem Ufer, auf 5 m Wassertiefe vor Anker. Gut haltender Sandgrund. Ebenfalls Schutz vor Winden aus N über E bis S.
Gut bei Winden aus N und zur Not auch E ist ein Platz am Südufer der Halbinsel *Wedellsborg,* und zwar vor dem versandeten Hafen, der früher unter Fischern „Rattenloch" hieß, weil er bei Starkwind aus S und SW nicht mehr verlassen werden konnte.
Recht gut, allerdings nur bei mäßigen Winden, ist die Bucht zwischen dem Westufer von *Bågø* und der nördlich davon gelegenen kleinen Insel *Egholm.* Die 2-m-Linie verläuft jeweils gut 200 m vor beiden Inseln. Egholm ist unbewohnt, eine kleine Idylle. Hier hausen und brüten Unmengen von Schwimm- und Stelzvögeln.
Problematisch und allen Ankerplätzen in der Bredningen gemeinsam ist der Umstand, daß sie entweder nach Osten oder Westen offen sind. Springt also der Wind um, liegt man völlig ungeschützt und hat zudem noch eine quer über die ganze Bredningen heranlaufende Welle. Man sollte also immer ein wachsames Auge auf die Entwicklung des Wetters haben.

Ziemlich in der Mitte der Bredningen liegt die schöne, kleine Insel

Brandsø

die normalerweise nicht zugänglich ist, da sie sich im Privatbesitz der Familie von Wedellsborg befindet. Wer aber hartnäckig genug ist, der kann den Gutsverwalter anrufen (T. 09/78 12 77); vielleicht bekommt er dann die Erlaubnis, an Land zu gehen. Sonst muß man ankern, was man rings um die Insel tun kann, aber nach Möglichkeit nicht im Nordosten über der Untiefe *Sœlhage* – wegen der vielen Steine, die dort über und unter der Wasseroberfläche liegen.
Brandsø ist wie die anderen Belt-Inseln im Grunde eine Eiszeitmoräne; wegen des hohen Waldes am Ostufer wirkt sie aber sehr viel höher und auch gedrungener als Årø oder Bågø.
Die Insel ist uraltes Siedlungsland. Im Süden kann man noch Hünengräber finden. Im frühen Mittelalter soll hier ein Thingplatz gewesen sein. Jetzt wohnen nur noch sechs Menschen auf der Insel, die das Gut bewirtschaften.
Am Südostufer befindet sich ein kleiner Anlegeplatz, der der Versorgung des Gutes dient: teils Damm, teils Brücke, 125 m lang. Am Kopf darf man festmachen, ohne fragen zu müssen. Wassertiefe zwischen 2 und 2,5 m. Es

treten allerdings immer wieder Versandungen auf, so daß man sich auf diese Angaben nicht unbedingt verlassen kann. Die Erfahrungen haben gezeigt, daß das Anlaufen mit einem Tiefgang von nicht mehr als 1,6 m risikolos ist, nicht jedoch bei Wind aus NW, der den Wasserstand um 1,4 m senken kann. Beiderseits des Damms ist das Wasser seicht.
Etwas westlich der Brücke liegt über einem Steilufer der mit 8 m höchste Punkt der Insel, die Svenskehøj, die Schwedenhöhe, die ihren Namen aus den frühen Schwedenkriegen hat. Von dort oben nämlich leitete in einer eisigen Winternacht des Jahres 1658 der schwedische König Karl X. Gustav den Übergang seines Heeres über den Kleinen Belt. Das Wasser war gefroren, und so konnten 6000 Reiter und 2500 Mann Fußvolk hinüber nach Fünen ziehen.
Wie lange man sich noch an der wunderschönen Insel Brandsø erfreuen kann, ist fraglich, denn schon seit Jahren haben die Behörden den Plan, hier ein Kernkraftwerk zu bauen.

Das sich im Norden an die Bredningen anschließende Gewässer namens

Snævringen wird zu den schönsten Dänemarks gezählt. Seit der Mensch die ursprüngliche Landschaft aber mit zum Teil rohen Eingriffen verändert hat, läßt sich darüber streiten. Man erlebt und erfährt Snævringen mit sehr zwiespältigen Gefühlen und sieht sich einem ständigen Wechselbad ausgesetzt: Fuhr man eben noch durch eine unberührte Idylle, so kann man sich im nächsten Augenblick schon inmitten einer zerstörten Umwelt befinden. Die Übergänge sind nicht fließend, sondern abrupt und fast brutal.
Von Süden kommend, sieht man zunächst die hohen, bewaldeten Ufer von Fænø und links und rechts davon sattgrüne, wenn auch eher flache Ufer. Eine Idylle. Aber ist man an der Südspitze von Fænø angelangt, so wird man im Nordwesten des großen, häßlichen E-Werks von Skærbæk gewahr, und im Nordosten sieht man jenseits von Middelfart die riesige Betonbrücke aufragen. Überall dorthin ist es noch ziemlich weit, aber da das Fahrwasser so gekrümmt ist, sind die Entfernungen in der Luftlinie nicht sehr groß.
Im Fænø Sund fährt man dann schon wieder durch eine wunderschöne, unberührte Landschaft. Hat man aber nur gut 3 sm weiter die neue Kleine-Belt-Brücke passiert, so trifft es einen wie ein Schlag: Im Norden liegt scheinbar quer über den Belt das gewaltige Industriegebiet von Fredericia, wo aus den Schornsteinen der chemischen Fabriken giftig-gelber Rauch in den Himmel steigt. Dort oben, auf der Linie Skanseodde – Strib, endet Snævringen und auch dieser Törn.
Im Fahrwasser Snævringen spielt der Strom eine ganz besondere Rolle. Hat man ihn mitlaufend, so kann man sehr schnelle Fahrt machen. Setzt er indes entgegen, so muß man anfangen, ein bißchen zu rechnen und zu planen, denn dies ist das Besondere an den Stromverhältnissen in Snæv-

ringen: Es gibt immer – gleich in welche Richtung man segelt und in welche der Strom auch setzt – die Möglichkeit, ihn für sich zu nutzen. Denn hier herrscht nicht nur ein Hauptstrom – ob nord- oder südsetzend –, sondern daneben gibt es Neerströme, die in genau der umgekehrten Richtung laufen. Natürlich sind sie schwächer, aber immerhin: Hat man den Hauptstrom gegenan, so kann man mit Hilfe dieser Neerströme doch recht gut vorankommen.

Nordwärts setzt der Hauptstrom bei Winden aus ENE über E bis S und SW (und manchmal auch bei W).

Südwärts läuft er bei Winden aus WNW über N bis ENE (und manchmal auch bei W).

Bei Windwechsel kann das Wasser für kurze Zeit stillstehen.

Die Stromgeschwindigkeit kann zwischen 3 und 5 kn betragen. Läuft man mit dem Hauptstrom, ist alles unproblematisch. Man bekommt ihn am besten mit, wenn man sich gut in der Mitte des Fahrwassers hält.

Was macht man bei Gegenstrom? Wenn man sich die beiden Skizzen ansieht, so kann man seinen Kurs danach leicht festsetzen. Beispielsweise: Will man nordwärts durch Snævringen und der Hauptstrom läuft entgegen, so könnte man am besten so fahren: Im Fænø Sund würde man sich hart am Ostufer von Fænø halten, um so am besten den Neerstrom zu nutzen. Etwa auf der Höhe der Untiefe *Flessingen* (zu erkennen an der gelb-schwarz-gelben Tonne) würde man die Fahrwasserseite wechseln und anschließend am Ufer von Galsklint entlangsegeln, jenseits der Eisenbahnbrücke aber schon wieder hinüber zum Nordufer kreuzen, da weiter, entlang Lyngs Odde. Danach wieder ein Wechsel hinüber zum Ufer von

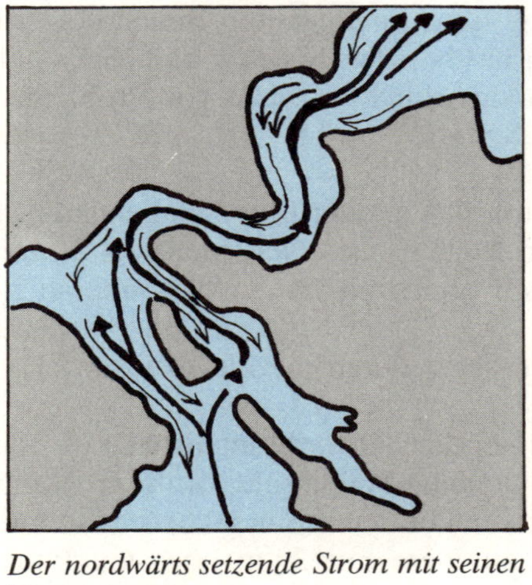

Der nordwärts setzende Strom mit seinen Neerströmen

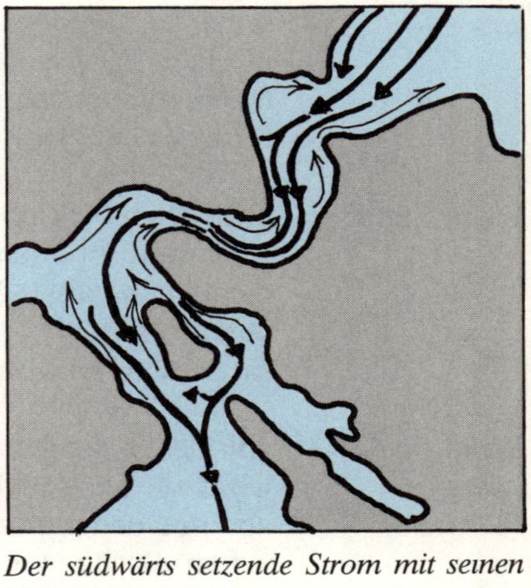

Der südwärts setzende Strom mit seinen Neerströmen

Fünen, südlich von Strib, und zum Schluß hinüber in die Møllebugt südlich von Fredericia.
Man muß auf diesem Kurs mehrmals den entgegengesetzten Hauptstrom kreuzen, was unterhalb der alten Belt-Brücke sehr problematisch ist, weil hier der Strom zum Teil sehr hart schräg gegen die Brückenpfeiler setzt (etwa im Winkel von 30°). Die Pfeiler können einem auch den Wind wegnehmen, oder eine der Böen, die hier besonders überraschend einfallen, kann zu einem blitzschnellen Manöver zwingen. Ob dann der Raum noch reicht, mag dahingestellt sein. Ich halte es deshalb nicht für eine Schande, den Motor vor dieser kritischen Stelle anzuwerfen und mitlaufen zu lassen.
Die *Kleine-Belt-Brücken:* Die alte Eisenbahnbrücke westlich von Middelfart ist die problematische. Vier Pfeiler tragen ein altmodisches Eisengerüst. Darüber verkehren Züge (und auch Autos) zwischen Fünen und Jütland. Die Durchfahrtshöhe beträgt 33 m. Es gibt drei Durchfahrten. Die mittlere ist mit 210 m die breiteste. Man kann sie in beiden Richtungen passieren. Will man eine der beiden – jeweils 155 m breiten – Nebendurchfahrten benutzen, so muß man bei Kurs Ost die südliche und bei Kurs West die nördliche nehmen, was ja ganz logisch ist: Man hält sich rechts an der Fahrwasserseite.
Die Brücke ist 1935 im Rahmen eines Arbeitsbeschaffungsprogramms in der Rezession errichtet worden. Die 15000 Tonnen Stahl, die dabei verbaut wurden, lieferte Krupp aus Essen. Viele Dänen dachten damals, die Kosten würden den Staat ruinieren, und außerdem sei das ganze Projekt sowieso sinnlos, weil es gar nicht genug Verkehr gäbe, um sie auszulasten. Beide Befürchtungen waren falsch, vor allem: Schon bald war die Brücke dem steigenden Verkehr nicht mehr gewachsen, so daß man etwas östlich davon die neue Belt-Brücke bauen mußte. Diese Betonbrücke – Dänemarks erste Hängebrücke – ruht nur noch auf zwei schlanken Pfeilern und führt im eleganten Bogen nördlich von Middelfart in einer Höhe von 44 m über den Kleinen Belt. Sie stellt Segler mit ihrer 600 m breiten Durchfahrt durchaus nicht vor Probleme. Sie wurde 1970 fertiggestellt. Der

Fænø Sund auch Djenæs Sund, Troldslykke oder Lille Sund genannt, gehört zum Allerschönsten im Kleinen Belt. Er ist etwas mehr als 3 sm lang und zumeist nicht mehr als 0,25 sm breit, mit hohen, fast überall steilen und bewaldeten Ufern.
Im Westen wird er begrenzt durch die kleine Insel

Fænø von der er seinen Namen hat. Obwohl intensiv landwirtschaftlich genutzt, wirkt sie doch mehr wie eine Waldinsel. An ihrem Nordufer fällt sie steil ab, mit den typischen hellbraunen Sandabbrüchen. Die Insel ist in privatem Besitz. Oben auf dem mit 39 m höchsten Punkt steht eine ehrwürdige Windmühle, der man pietätlos die Flügel abgeschnitten hat.

Ankerplätze im Fænø Sund

Schutz findet man bei allen Winden, aber wegen des zumeist steil abfallenden Landgrunds keine überragenden Ankermöglichkeiten, wobei auch der Strom noch eine Rolle spielt. Landschaftlich sehr schön sind sie alle. Der beste Platz ist wohl in der *Lænkevig* vor dem Ostufer von Fænø, unterhalb des hohen Buchenwaldes. Ungefähr 120 m vor dem Ufer kann man auf 3 m Wassertiefe ankern. Geschützt bei Winden aus W, S und zum Teil noch aus SE. Bei nordsetzendem Strom liegt man hier noch gut im toten Winkel von Nordkajshoved.

Bei *Sydkajshoved,* östlich des Fænø-Feuers, liegt man gut bei Nordwind; man achte jedoch auf die beiden Steine Tyven und Dynen, die nur eine Handbreit unter der Wasseroberfläche liegen. Ein etwas problematischer Platz wegen des Stroms und der vielen Grundnetze, die hier ausliegen.

Nordwestlich vor *Slotsbanke,* ca. 120 m vor dem Ufer auf 3 bis 4 m Wassertiefe, hat man guten Schutz bei Ostwinden. Gleich oberhalb liegt

Im Fænø Sund

mitten in einem prachtvollen Park das rotgemauerte Schloß Hindsgavl, gebaut 1784, heute eine Bildungs- und Tagungsstätte.
Man findet im Sund auch mehrere kleine Holzbrücken, die den Seglervereinen der Umgebung gehören. Da die Wassertiefen sehr unterschiedlich sind, kann man sie nicht empfehlen.

Bläst es einmal wirklich sehr stark und setzt dann auch noch ein entsprechend starker Strom, dann bietet die

Middelfart Marina eine gute Zuflucht. Sie liegt am Ostufer des Fænø Sunds in der breiten Teglgårds Bugt. Der lange Damm aus ausgebleichten, braungelben Steinen ist nicht zu übersehen. Die Einfahrt erfolgt von Westen her. Die Marina hat etwa 500 Liegeplätze, bald sollen es 1000 sein. Am besten geht man an den Kopf einer der vielen Stege. Sehr gute Versorgung; Einzelheiten siehe Plan. Man kann in wenigen Minuten zu Fuß nach Middelfart kommen. Vor dem Fünen-Ufer liegen viele Fischstöcke aus. Sie tragen rote Toppzeichen. Auf dem Kopf der Mole brennt ein grünes Festfeuer. Die Bucht fällt zum Teil trocken.
Dieser Hafen, der lange etwas öde wirkte, hat sich fein herausgemacht. Man liegt ruhig und geschützt am landschaftlich so schönen Fænø Sund.

Nicht schlecht wäre ein kleiner Abstecher in den

Gamborg Fjord der eine Art Verlängerung des Fænø Sunds nach Südosten und durch die schmale, lange Halbinsel Fønsskov von Bredningen getrennt ist. Der Name Fønsskov täuscht allerdings; hier steht kein großer, zusammenhängender Wald, nur viele Wäldchen und Gebüsche trennen die Felder von-

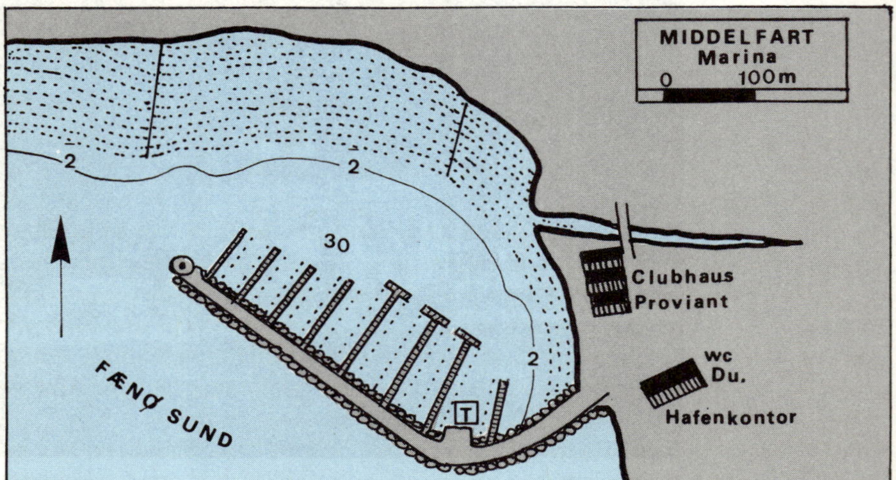

einander. Ein stilles, etwas entlegenes Gewässer, in das sich selten eine Yacht verirrt.
Von Fønsskov Odde aus erstreckt sich 400 m weit in nordöstlicher Richtung das nicht bezeichnete *Fønsskov Rev.* Beim Einlaufen in den Fjord von Norden stört es normalerweise nicht, aber wenn man ihn wieder verläßt und um die Landspitze nach Westen will, muß man schon etwas aufpassen.
Der Gamborg Fjord war früher ein bekanntes Revier für die Jagd auf Wale und Delphine. Über Jahrhunderte war der Walfang für die Bevölkerung eine wichtige Einnahmequelle. Man trieb die Tiere in die Ellebæk Vig hinein, in deren flachem Wasser es ein leichtes war, sie mit Knüppeln zu erschlagen. Die Uferhügel, besonders an der Halbinsel Svinø, sind auffallend rostbraun gefärbt. Dem Volksmund zufolge rührt das vom Blut der getöteten Wale her. Die wahre Erklärung ist etwas nüchterner: Es handelt sich um eine besondere Art von Sandstein, der sich durch Oxydation rötlich gefärbt hat. Der Walfang wurde noch bis Ende des vorigen Jahrhunderts betrieben, lohnte dann aber nicht mehr, als mit dem Petroleum ein billigeres Lampenöl auf den Markt kam, als es der Waltran war. In den Notzeiten des 1. und 2. Weltkrieges lebte die Jagd auf Delphine nochmals auf; jetzt konnte man den Tran teuer als Rohstoff für die Margarineproduktion verkaufen.

Ankerplätze im Gamborg Fjord
Der Fjord hat viele Plätze, die auch alle guten Schutz bieten, nur nicht bei Winden aus NW, weil dann rasch eine böse Welle in den Fjord hineinsteht. Bewährt hat sich die schon erwähnte *Ellebæk Vig,* wo man etwa 200 m vor dem Ufer auf 3 m Wassertiefe gut liegt. Weiter nach hinten allerdings wird die Bucht untief und schlammig. Im Scheitel der Ellebæk Vig befinden sich Stege mit sehr geringer Wassertiefe, am Kopf vielleicht 1,2 m. Zu der Anlage führt ein privater „Tonnenstrich". Vorsicht: 400 m nordwestlich von Svinø liegt ein Wrack; es ist provisorisch mit einem Stock markiert. Recht gut liegt man bei westlichen Winden auf dem langen und breiten Landgrund vor *Fønsskov.* Man fahre jedoch mit Vorsicht an, weil stellenweise große Steine im Wasser liegen.

Verläßt man den Fænø Sund mit Kurs Nord, so stellt sich die Frage, ob man weiter im Fahrwasser Snævringen bleiben soll, das jetzt noch einmal besonders schön wird, oder den kleinen Abstecher nach Kolding macht. Kolding ist ohne Frage ein geschichtsträchtiger Ort; wenn man es nicht gesehen hat, hat man allerdings nichts versäumt. Andererseits wird der Abstecher nicht mehr als einen Tag beanspruchen. Also westwärts in den

Kolding Fjord Wäre da nicht das große E-Werk von Skærbæk, so gehörte der Fjord, zumindest in seinem äußeren Teil, sicher zu den schönsten Landschaften

am Kleinen Belt. Aber so verschandelt diese riesige Anlage die Umgebung doch allzu sehr.
Im Kolding Fjord setzt kaum Strom und wenn, dann nur bei Starkwind, und dann folgt er der Richtung des Windes. Bei hartem West ist es mühsam und sehr naß, bis man in Kolding ist.

Ankerplätze im Kolding Fjord
Es gibt mehrere recht gute Ankerplätze, wenn man auch immer das E-Werk vor Augen hat. Gut liegt man bei südlichen Winden in der nicht ohne Grund „Paradisbugten" genannten Bucht zwischen *Løverodde* und *Skarre Odde,* ca. 200 m vor dem Ufer. Hier befindet sich auch eine Brücke (Wassertiefe 2 bis 3 m), die Platz für 200 Boote bietet. Die Brücke wird von den Motorbootclubs aus Kolding und Fredericia unterhalten. Gäste sind willkommen.
Sehr viel besser und gegen Westwind geschützt liegt man im Norden davon, in der *Gudsø Vig,* und zwar nordöstlich von Drejensodde, außen vor dem 33 m hohen Hügel Elvighøj. Man fährt bis auf etwa 100 m an das schöne, hohe Steilufer heran und läßt auf 3 m Wassertiefe den Anker fallen.
Die besten Ankerplätze findet man jedoch wohl in der südlich von Drejensodde gelegenen halbkreisförmigen *Agtrup Vig.* Man kann bis auf 50 m an das Ufer heranfahren; je nachdem, wo man liegt, schützt einen die Bucht gegen Winde aus W, S oder E. Am schönsten ist es nahe dem Steilufer im Ostteil der Bucht.

Eben östlich des E-Werks liegt

Skærbæk

früher ein kleiner, meist voller Fischerhafen (B), nun aber erweitert um einen kleinen, feinen Yachthafen (A). 1987 war der Yachthafen so weit fertiggestellt, wie es der Plan zeigt. Es fehlten allerdings noch die üblichen Einrichtungen; man mußte die sanitären Anlagen am Fischerhafen benutzen. Der neue Yachthafen gefällt mir gut, wenn er auch etwas eng ist. Bei stärkeren Westwinden wird es hier unruhig, zumal die aus Brettern gebaute Westmole den Wellen wenig Widerstand entgegensetzt.
Das nahe Kraftwerk mit seinen Kohlehalden, Öltanks und Schlackebergen ist nicht gerade eine Zierde, aber übermäßig stören tut es auch nicht.

Wasserstand: Westliche Winde können den Wasserstand um 0,8 m senken, östliche ihn um 1 m erhöhen.

Etwas verwirrend mutet das Fahrwasser südlich von Drejensodde an, denn geradeaus nach Westen führt ein Tonnenstrich und nach Süden im Bogen durch die Agtrup Vig ein zweiter. Es ist egal, welchen Weg man nimmt. Die nördliche Route ist eine Baggerrinne, die schnurgerade über ein Flach führt, das mit seinen 3 bis 4 m Wassertiefe aber für eine Yacht keines ist.

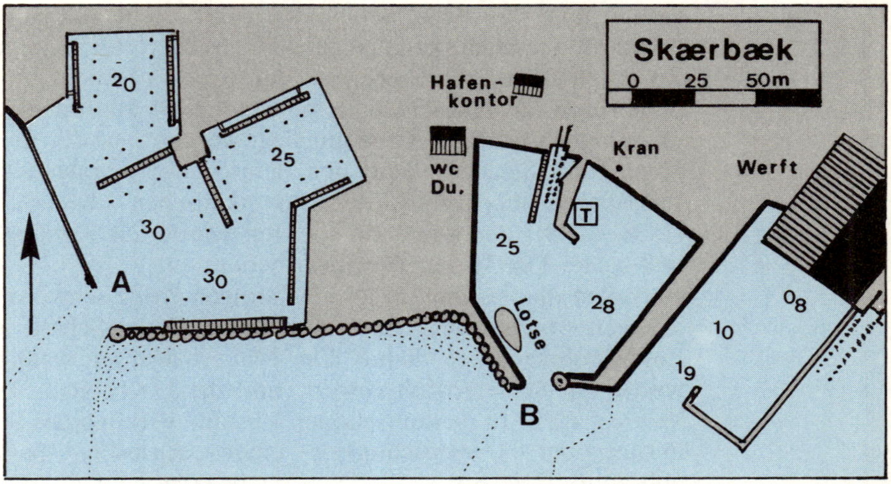

Das ist es auch, was einen etwas verblüfft: Man sieht Tonnen, aber keine der vielen Yachten, die sommers hier segeln, scheint sich darum zu kümmern.
Man braucht es auch nicht. Die Tonnen markieren eben diese Rinne, die für die großen Frachtschiffe gebaggert wurde.
Das südliche Fahrwasser durch die Agtrup Vig ist das natürliche; es hat 10 m Wassertiefe und ist an seinen Rändern mit roten und grünen Spieren bezeichnet.
Danach geht es immer mit Kurs West weiter auf Kolding zu. Auch hier braucht einen der Tonnenstrich (zunächst) nicht zu kümmern, da die 2-m-Linie doch ziemlich nahe an den Ufern entlangführt. Spätestens 0,5 sm vor der Hafeneinfahrt sollte man aber zwischen den Tonnen bleiben, weil sich nämlich nördlich davon eine Schüttstelle befindet und südlich eine Unmenge von Fischstöcken aus dem Wasser ragen.
Das erste, was man von

Kolding

in Sicht bekommt, sind mehrere große, weiße Wohnblocks, die südlich vom Hafen auf den grünen Hügeln stehen.
Kolding ist eine geschäftige Handels- und Industriestadt – mit ihren 55000 Einwohnern die viertgrößte in Jütland. Sie hat nur noch wenige Sehenswürdigkeiten zu bieten; die bekannteste ist die Ruine des Schlosses Koldinghus mit seinem wuchtigen Westturm. Dann gibt es noch ein paar schöne Fachwerkhäuser aus der Renaissance mit reichem Schnitzwerk. Wer an Botanik interessiert ist, kann einen Spaziergang durch den großen Geographischen Garten machen, wo man an die 2000 verschiedene Baum- und Buscharten vorfindet. Das ist dann auch schon alles.

Koldinghus, das Wahrzeichen der Stadt, steht auf einem steilen Hügel mitten in der Stadt, nach Norden zu gesichert von dem breiten Schloßsee. Zwischen dem Schloßberg und der Ribe Å, einem Flüßchen, drängten sich früher die Häuser des alten Städtchens zusammen. Koldinghus war ursprünglich als Grenzfeste angelegt worden, auf der Linie zwischen dem Herzogtum Schleswig und den dänischen Stammlanden. Im Mittelalter residierten hier zeitweise die dänischen Könige. Christian IV. (1588–1648), der große Baumeister, wurde auf Koldinghus erzogen und ließ später (1603) den Westturm bauen.
Nachdem die Festung im Dreißigjährigen Krieg schwer in Mitleidenschaft gezogen worden war, baute man sie zu einem Schloß um, das in erster Linie Wohnzwecken diente. Die Mauern wurden weiß gekalkt, obenauf wurde ein Schieferdach gesetzt, und die Dachspitzen bekamen goldene Verzierungen. In diesem schönen Zustand verblieb das Schloß, bis es 1809 infolge der Unvorsichtigkeit einer Garnison spanischer Soldaten abbrannte. Die Spanier waren von Napoleon, der mit Dänemark gegen England verbündet war, zur Unterstützung nach Kolding gesandt worden. Aber die einzige nennenswerte Tat dieser Hilfstruppen war das Abbrennen von Koldinghus. Angeblich passierte das nur, weil es die an mehr Wärme gewohnten Spanier in der Burg so fror, daß sie in den Wohnräumen Lagerfeuer anzündeten. Wie dem auch sei: Danach zogen die Spanier eilends ab, weil bei ihnen zu Hause die Revolution ausgebrochen war, und da wollten sie ganz offensichtlich nicht fehlen. Die Ruine wurde inzwischen so restauriert, daß sie als Ruine erhalten bleibt. In ihr ist auch ein durchaus sehenswertes, kleines Museum untergebracht, das Kriegserinnerungen und ausgewähltes Kunstgewerbe zeigt.
Im Mittelalter war Kolding reich geworden als Handelspartner von Ribe (s. Seite 35); denn die dort aus Holland und England angelandete Handelsware wurde über den kurzen Landweg nach Kolding transportiert, hier erneut auf Schiffe verladen und dann zu den Märkten der Ostsee gefahren. Das war ein sichereres Verfahren, als ein Schiff die gefährliche Westküste Jütlands hoch und durch das Skagerrak zu schicken. Dieser Handel kam zum Erliegen, als der Hafen von Ribe immer mehr versandete und man es dank besserer Schiffe auch wagen konnte, rund Skagen zu laufen.
Im Gegensatz zu den anderen schleswigschen Hafenstädten wie Åbenrå und Haderslev war Kolding Nutznießer des Krieges von 1864; denn es mußte nicht an Preußen abgetreten werden und konnte so das Hinterland von Haderslev als Absatzmarkt übernehmen. Gleichzeitig wurde der schon 1843 angelegte Hafen weiter ausgebaut, so daß Kolding bald eine nicht unbedeutende Rolle als Handels- und Schiffahrtsstadt spielte. Ein Teil der Flotte wurde auf Werften der Stadt gebaut, und die Schiffe aus Kolding befuhren nicht nur die traditionellen Routen der Ostsee, sondern segelten zu allen Häfen der Welt.

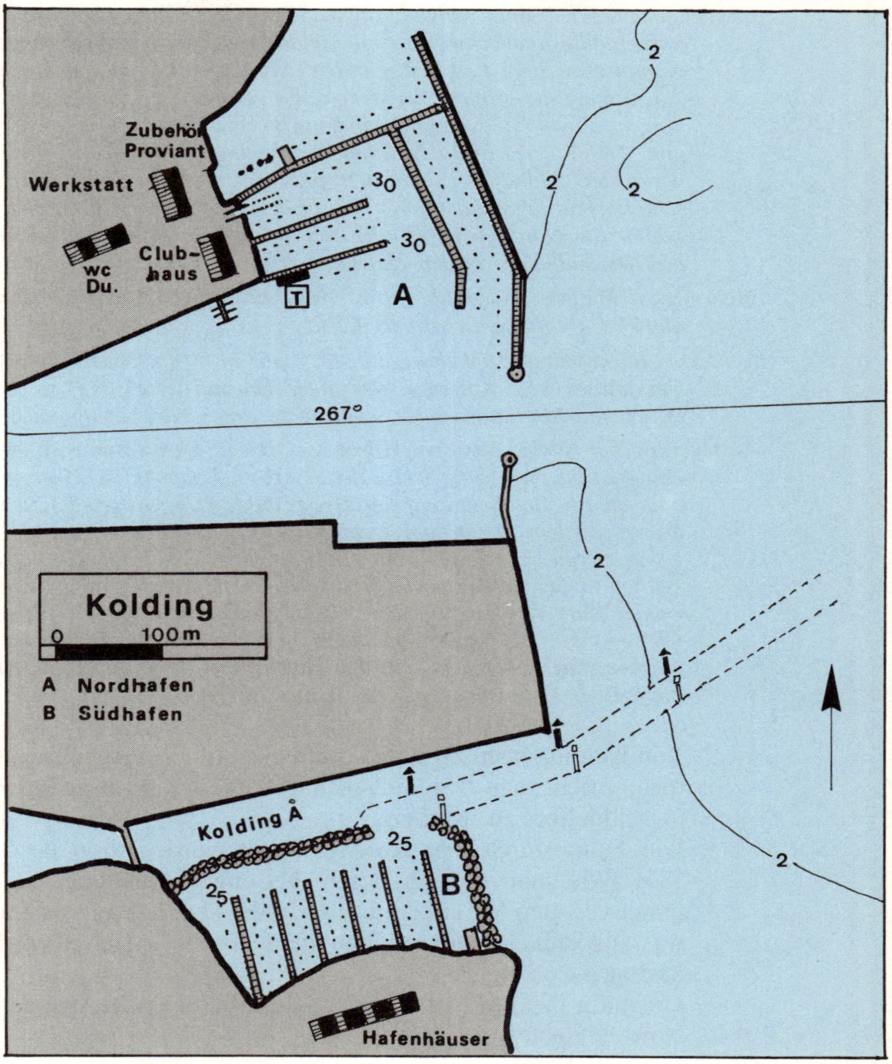

Der 1. Weltkrieg brachte der Stadt nochmals einen kräftigen Aufschwung, denn nun war sie dank ihrer günstigen Lage zur nahen deutschen Grenze ein wichtiger Exportplatz geworden. Von hier aus gingen Vieh, Fisch und andere Lebensmittel in das unter der Blockade leidende Kaiserreich.
Ein Nachmittag reicht für die Stadt, weil man eben kaum mehr Zeugen aus der durchaus interessanten Vergangenheit finden kann; aber dafür ist Kolding dank seiner Marina ein ganz ausgezeichneter Versorgungshafen.

Liegeplatz und Versorgung: Obwohl die beiden beiderseits der Hafeneinfahrt gelegenen Yachthäfen völlig unterschiedlich sind, bilden sie d e n Yachthafen von Kolding mit insgesamt etwa 1000 Liegeplätzen. Der Nordhafen (A) ist der ältere; er hat mit 3,0 zu 2,5 m auch die größere Wassertiefe. Er verfügt über die besseren Versorgungseinrichtungen, obwohl es auch im Südhafen (B) einen Bootsbauer sowie ein Zubehörgeschäft gibt. Dafür herrscht im Nordhafen stets eine beträchtliche Unruhe; verglichen damit wirkt der Südhafen mit seinen hübschen ockerfarbenen Hafenhäusern geradezu schläfrig-still. Zur Stadt ist es von beiden Häfen aus nahezu gleich weit. Das Hafenkontor des Nordhafens befindet sich auf dem Schwimmponton neben der Tankstelle, das des Südhafens in den Hafenhäusern.

Wasserstand: Mittlerer Tidenhub 0,2 m. Wind aus E hebt den Wasserstand um 1,5 m, Wind aus W senkt ihn um ebenfalls 1,5 m.

Adressen: Information: Helligkorsgade 18, T. 53 21 00 (in einem der schönsten alten Fachwerkhäuser von Kolding; hier auch Fahrrad-Verleih); Post: Banegårdspladsen 8; Wäscherei: Markdanersgade 9; Museum: im Schloß Koldinghus, T. 52 25 02.

Ansteuerung bei Nacht: Aus dem Fahrwasser Bredningen kommend, läuft man westlich an Fænø vorbei im weißen Sektor des Skærbæk-Feuers (Ubr.(2)w/r/gn.-12s) Kurs NW, bis man an Bb. das Sektorenfeuer Drejensodde (Ubr.w/r/gn.-5s) zu fassen bekommt. In dessen weißem Sektor gut 1 sm Kurs W; anschließend auf die südwestlich davon gelegene rote Leuchttonne zu (Blz.(3)r.-10s). Als Kontrolle hat man achteraus den zweiten weißen Sektor des Skærbæk-Feuers, in dem die rote Leuchttonne liegt. Danach wieder Kurs W vorbei an den grünen Leuchttonnen Nr. 5 (Blz.(2)gn.-5s) und Nr. 3 (Blz.gn.-5s). Hier spätestens kann man voraus das Richtfeuer von Kolding ausmachen, das in Linie 267° in den Hafen führt (U-F. und O-F.: F.r.). Auf den Molenköpfen der Hafeneinfahrt Blz.r.-3s und Blz.gn.-3s.

Von Kolding nach Fredericia sind es nun nur noch 12 sm, ein kleiner Tagestörn. Bricht man früh auf, so hat man auch noch genug Zeit, einen Stopp in Middelfart zu machen.
Die Fahrt durch den Kolding Fjord wurde schon beschrieben (s. Seite 183). Wie man danach durch das enge Fahrwasser Snævringen steuert, hängt von den Stromverhältnissen ab. Man lese am besten nochmals nach, was auf Seite 179 geschrieben steht, und sehe sich auch die beiden Stromkarten an.
Ungefähr 200 m östlich der Eisenbahnbrücke passiert man das am Nordufer gelegene

Snoghøj einen kleinen Ort, der bis 1935 der Gegenpunkt der Fähre aus Middelfart war. Man könnte zur Not an der kleinen Brücke festmachen, die dem Hotel gehört, nicht aber mit einem größeren Tiefgang als 1,5 m. Besser, wenn auch nicht optimal, wäre der gegenüber, dicht östlich hinter der Eisenbahnbrücke gelegene kleine Hafen

Kongebro der so idyllisch unter dem hohen Buchenwald liegt, daß man große Lust hat, ihn anzulaufen. Vor allem lockt der weiße „Kongebrogården“, ein guter Kro. Der Hafen ist nicht nur sehr eng, sondern auch von einheimi-

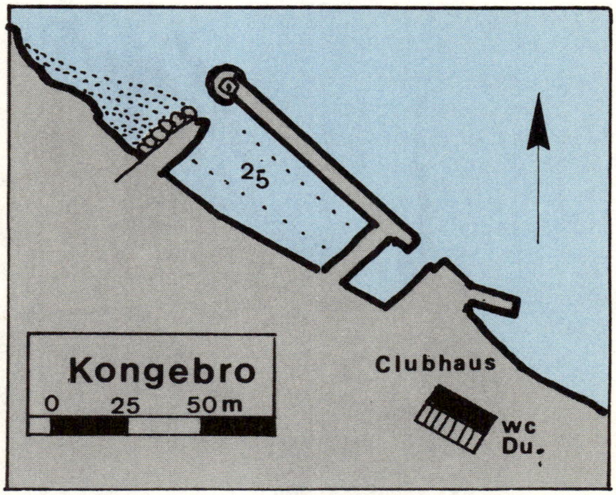

schen Booten zumeist dicht belegt. Da man im Becken kaum Platz zum Manövrieren hat, sollte man zuerst außen am Bollwerk unterhalb des Molenfeuers festmachen und die Lage inspizieren. Man denke beim Anlegen an den Strom! Zur Not könnte man – bei ruhigem Wasser – auch zur Nacht hier draußen liegenbleiben. WC und Duschen findet man im Clubhaus. Nach Middelfart führt entlang dem Waldufer ein schöner Spazierweg (etwa 15 Minuten). Nur eines stört bei diesem idyllischen kleinen Hafen: die über die nahe Brücke donnernden Eisenbahnzüge.

Wasserstand: Tidenhub 0,3 m. Wind aus NE kann den Wasserstand um 1,5 m erhöhen, Wind aus SW ihn um 1,2 m senken.

Middelfart die alte Fährstadt, liegt trotz Belt-Brücken und Industrie, die es mittlerweile bei der Stadt auch gibt, recht schön am Ufer des Kleinen Belts. Die große, rotbraune Ziegelkirche mit dem wuchtigen Turm beherrscht den Ort. Hier und am Alten Hafen hat die Stadt sich auch noch ein recht schönes Milieu bewahrt. Middelfart mit seinen heute 17 000 Einwohnern entstand aus einem Fischerdorf, aber sein Wohlstand rührte vom Fährbetrieb her. Daher hat es auch seinen Namen: *melfar.* Es war der *mittlere* der drei Fährorte zwischen Fønsskov am Gamborg Fjord und Strib, das etwas nördlich von Middelfart liegt.

Middelfart war mit Abstand am bedeutendsten von den dreien. Seine Fähren verkehrten noch in unserem Jahrhundert. Erst als 1935 die Brücke über den Kleinen Belt fertiggestellt war, wurde der Betrieb eingestellt.

Die einschiffige Kirche St. Nicolaj, die so sehr das Stadtbild beherrscht, ist in ihrem Kern spätromanisch, wurde aber im Laufe der Jahrhunderte immer wieder verändert, umgebaut und vergrößert. So findet man an ihr Stilelemente von der Spätromanik bis hin zum Historizismus des 19. Jahr-

Am Hafen von Middelfart. Der Motorsegler hat außen vor dem Gamle Havn an dem weniger guten Liegeplatz festgemacht

hunderts. Erstaunlicherweise wirkt sie trotzdem recht geschlossen. Wahrscheinlich wurde sie auch zu Verteidigungszwecken benutzt, worauf die schießschartenähnlichen Öffnungen im Turm hindeuten.
Es war zwangsläufig, daß die Stadt mit ihrer exponierten Lage immer wieder in kriegerische Auseinandersetzungen hineingezogen wurde und darunter zu leiden hatte. Zuletzt im Deutsch-Dänischen Krieg von 1848 bis 1850, wo sie durch das Bombardement der preußischen Kanonen schwer beschädigt wurde. Dabei wurden auch viele der alten Bürgerhäuser zerstört, von denen man jetzt nur noch wenige um die alte Kirche herum

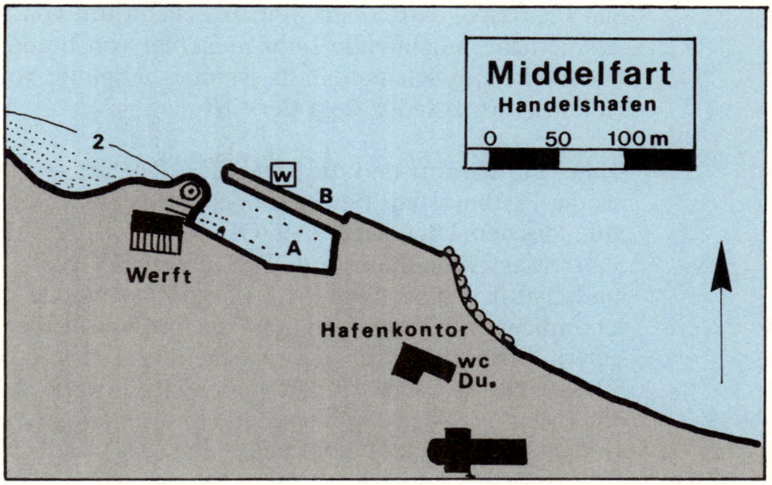

findet. Mit das schönste ist wohl das rote Fachwerkhaus, in dem das Stadtmuseum untergebracht ist.

Middelfart hat um den Hafen eine immer noch sehr angenehme Atmosphäre, trotz des Parkplatzes, den man hier sinnigerweise zugelassen hat.

Liegeplatz und Versorgung: Die großen Kaianlagen entlang dem Kleinen Belt sind alle ungeschützt und deshalb als Liegeplatz für eine Yacht nicht geeignet, jedenfalls nicht für einen längeren Aufenthalt. Will man länger bleiben, sollte man versuchen, im Gamle Havn unterzukommen, wo man in dem kleinen Becken sehr gut liegt (A). Will man nur für ein paar Stunden rasten, kann man auch außen am Bollwerk vor dem Gamle Havn festmachen (B). Man braucht für die Spundwand dicke Fender und sollte feste, lange Leinen ausbringen. Wasser am Bollwerk vor dem Gamle Havn. Diesel kommt mit dem Tankwagen. Lebensmittel in der Stadt. Kleine Werft mit Helling. Toiletten und Duschen siehe Plan. Das Hafenkontor ist nur von 1100 bis 1200 geöffnet.
Gemütliches Restaurant, mit Glasveranda im ersten Stock, direkt am Hafen.
Wer übrigens die Middelfart Marina sucht, der sucht sie hier vergebens: Sie liegt ganz woanders, nämlich am Südausgang des Fænø Sunds (s. Seite 182).

Adressen: Information: Havnegade 10, T. 41 17 88 (hier auch Fahrrad-Verleih); Post: Stationsvej 36; Wäscherei: Havnegade; Museum: Brogade 8, T. 41 01 74 (Heimatmuseum, Ausstellungen über Delphinjagd und Seefahrt).

Wasserstand: Tidenhub 0,3 m. NE- bis E-Sturm kann den Wasserstand um 1,5 m erhöhen, Sturm aus SW bis W ihn um 1,2 m senken. Alles unerheblich angesichts der großen Wassertiefen.

Ansteuerung bei Nacht: Außer Strom keine Probleme. Westlich vom Gamle Havn eine Untiefe, die mit einer schwarz-gelb-schwarzen Tonne (Toppzeichen zwei Kegel, Spitzen voneinander) bezeichnet ist. Am inneren Molenkopf ein grünes Festfeuer. Die ganze Wasserfront von Middelfart ist nachts ein Lichtermeer.

Schon von weitem kann man unter der neuen Belt-Brücke hindurch, die sich fast so elegant über das Wasser schwingt wie die Hängebrücke von

San Francisco, den hohen weißen Leuchtturm von Strib und dahinter das schauerliche, qualmende Industriegebiet von Fredericia sehen.
Die Idylle des Kleinen Belts ist nun endgültig vorbei. Auf der flachen Halbinsel Strib Odde liegt der Ort

Strib

früher ein Fährort und für Middelfart eine ernstzunehmende Konkurrenz, als die Festungsstadt Fredericia gebaut wurde, die ja genau gegenüber am jütländischen Ufer liegt. Der Ort hat heute 1200 Einwohner und ist für Fahrtensegler uninteressant. Wie überhaupt die ganze Gegend, obwohl landschaftlich nicht übel, viel zu sehr bebaut ist, als daß man sie noch schön nennen könnte. Von den Fabriken von Fredericia einmal ganz abgesehen. Strib hat zwei Hafenbecken, die sich beide nach Nordwesten öffnen. Das nördlichere gehört dem Eisenwerk „El-Tin" und dürfte nur mit Erlaubnis angelaufen werden, wenn man auf einen solch verwegenen Gedanken überhaupt kommen sollte. Das südlichere Becken ist Sport-

Stribs Odde mit dem großen weißen Leuchtturm. Dahinter die Chemiefabriken von Fredericia

booten zugänglich, aber unschön mit dem nahen Schrottplatz. Beim Einlaufen müßte man auf einen fest verankerten Ponton achten, der das Becken ein bißchen vor Nordwestwinden schützen soll.
Der gewaltige Industriekomplex, der scheinbar den ganzen Belt abriegelt, läßt nicht vermuten, daß dahinter eine alte, einst strategisch wichtige und früher auch einmal sehr schöne Festungsstadt liegt:

Fredericia

Die Stadt gehört mit Kolding und Vejle zu den „Trekantbyen", einem hochentwickelten Wirtschaftsgebiet, das von diesen drei Städten gebildet wird. Von den 45 000 Einwohnern Fredericias leben die allerwenigsten im alten Stadtkern. Die schachbrettartig angelegte Altstadt liegt zwischen den Ufern des Kleinen Belts und den mächtigen Wallanlagen, die die alte Festungsstadt halbkreisförmig zum Land hin abschirmten. In der Altstadt wird man jedoch kaum mehr alte Häuser finden, dafür ein Geschäftshaus neben dem anderen. Fredericia ist in seinem Kern eine Einkaufsstadt für die Stadtrandsiedlungen und das Hinterland geworden. Während aber die alten Häuser niedergelegt wurden und modernen Gebäuden weichen mußten, sind die Wallanlagen mit ihren Wassergräben und mehrfach gestaffelten Erdwällen noch sehr gut erhalten. Da sie inzwischen auch mit mächtigen hohen Bäumen bestanden sind, wirken sie wie eine große Parkanlage, über die man gern spazieren wird.
Ursprünglich befand sich auf dieser strategisch wichtigen Halbinsel nur ein Fischerdorf, als König Frederik III. ein Jahr nach Ende des Dreißigjährigen Krieges beschloß, hier vorsorglich eine starke Festung anzulegen. So begann der Bau der Festung „Frederiksodde". Der König gab der jungen Stadt unerhörte Privilegien, um sie mit Leben zu füllen. So erhielt jeder, der sich in ihren Mauern niederlassen wollte, freies Bauland sowie Steuer- und Zollfreiheit auf zehn Jahre. Man sieht daraus, daß „Wirtschaftsförderungsprogramme" gar keine so modernen Erfindungen der Nationalökonomen sind.
Aber die Festung war noch nicht fertig, da wurde sie schon im 1. Schwedischen Krieg belagert, eingenommen und zerstört (1657). Danach waren noch größere Anstrengungen nötig, um Stadtbürger anzulocken. Es kamen Juden aus Polen und Hugenotten aus Frankreich. Die Stadt kam trotz des Fleißes ihrer neuen Bürger nicht recht hoch. Die Bevölkerungszahl ging sogar zurück. Die Festung Fredericia spielte erst ziemlich genau 200 Jahre nach ihrer Gründung eine glanzvolle Rolle, und dies ausgerechnet im Krieg mit den Deutschen.
Im 1. Deutsch-Dänischen Krieg (1848-1850) standen preußische und holsteinische Truppen vor der Festung und hielten sie lange belagert, allerdings ohne sie nehmen zu können. Nach hin und her wogenden Kämpfen wagte die dänische Besatzung am 6. Juli 1849 einen Ausfall und errang einen glanzvollen Sieg. Die deutschen Truppen zogen sich danach zurück; die Preußen schieden gar ganz aus dem Krieg aus, so daß die Dänen die

Am Prinsenport

Holsteiner ein Jahr später in der Schlacht auf der Idstedter Heide endgültig schlagen konnten und damit auch den Krieg zu ihren Gunsten entschieden. An diese Kämpfe erinnert am Prinsenport das Denkmal „Den tapre Landsoldat" (der tapfere Landsoldat); dort sollte man auch seinen Spaziergang über die Wälle beginnen.

Die Rache für die Niederlage von 1849 ließ nicht lange auf sich warten, und im Deutsch-Dänischen Krieg von 1864 waren es ausgerechnet österreichische Truppen, denen es gelang, die stolze dänische Festung zu nehmen.

So schön diese Stadt wohl einmal war – ein Land kann nicht von der Erinnerung leben, sondern braucht Industrie, und die gibt es hier jetzt massenhaft. Man sollte Fredericia trotzdem anlaufen und sich von den Schornsteinen mit ihren Qualmwolken nicht irritieren lassen. Die alten hohen Wälle mit den tiefen Wassergräben, die still unter den mächtigen Bäumen liegen, sind einen Gang schon wert, und mit ein bißchen Phantasie kann man sich dort oben vorstellen, wie die Preußen schier verzweifelten, wenn sie mitansahen, wie ihre Kanonenkugeln mit einem schmatzenden Geräusch in den dicken Erdwällen verschwanden, ohne daß sie einen spürbaren Schaden angerichtet hätten.

Liegeplatz und Versorgung: Mein Lieblingsplatz war immer der Gamle Havn, der Alte Hafen also, ein schmaler Schlauch, eingezwängt zwischen Docks und Industrie. Doch die Hafenverwaltung will es nicht mehr, daß Yachten länger hierherkommen. Vielmehr sollen sie in den Yachthafen von Fredericia, nach Erritsø, fahren, der südwestlich von Fredericia liegt, etwa 2 km vom Stadtzentrum entfernt. Ein recht guter, moderner Yachthafen, wie man sie allerorten findet. Die Industrie von Fredericia ist weit, dafür stört beträchtlich der Zubringer zur Belt-Brücke. Ausgesprochen gute Versorgungsmöglichkeiten (s. Plan).

Wasserstand: Mittlerer Tidenhub 0,4 m. Nördliche bis östliche Winde können den Wasserstand um 1,4 m erhöhen, Winde aus S bis SW ihn um 1,6 m senken.

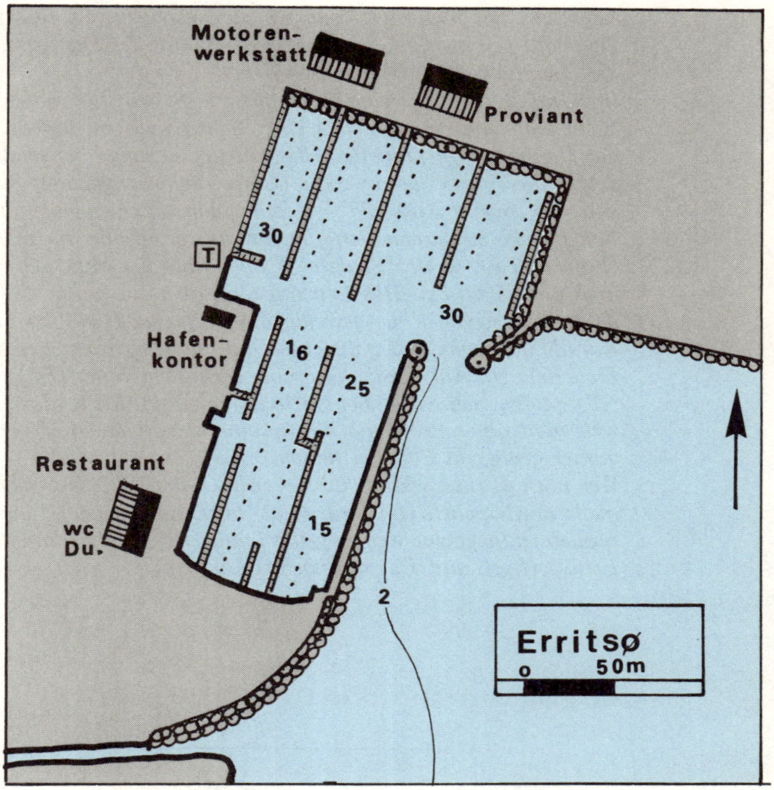

Adressen: Information: Gothersgade 24, T. 92 13 77; Post: Odenborggade 33; Wäscherei: Gothersgade 33; Museum: Jernbanegade 10 (Heimatmuseum und Erinnerungen an die Kriege von 1848–1850 und 1864).

Ansteuerung bei Nacht: Man steuert nachts am besten nach Sektorenfeuern. Ob man aus dem Kolding Fjord (s. Seite 188) oder aus dem Fahrwasser westlich von Fænø (s. Seite 176) kommt – man läuft zunächst im weißen Sektor auf das Feuer Børup N zu (Glt.w/r/gn.-4s). Vor diesem Feuer liegt ein für das Fahrwasser Snævringen ungewöhnlich breiter Landgrund mit nur 0,3 m Wassertiefe. Man sollte deshalb, sobald man den weißen Sektor des Feuers Snoghøj zu fassen bekommt, den weißen Sektor von Børup N verlassen. Wenn man der alten Belt-Brücke ansichtig wird (Distanz knapp 1 sm), dreht man darauf zu. Die Brückenpfeiler sind befeuert: F.gn. und F.r., ebenso die mittlere Hauptpassage: F. Die Feuer der nördlichen Nebenpassage, die man mit Kurs E ohnehin nicht passieren darf, sind von Westen her nicht zu sehen.

Man läuft also entweder durch die südliche Passage oder – besser – durch die mittlere, die Hauptpassage. Auf die Stromverhältnisse an den Brücken wurde schon eingegangen. Nachts ist es noch ein wenig komplizierter, weil man den Strom nicht beobachten kann. Man sollte hier also unbedingt die Maschine mitlaufen lassen und zügig unter der Brücke hindurchfahren.

Achteraus hat man zur Kontrolle die Sektorenfeuer Børup W (Glt.w/r/gn.-2s) und Damgård (Ubr.w/r/gn.-5s). Der weiße Sektor des Damgård-Feuers führt genau durch die Hauptpassage der alten Belt-Brücke.
Im Grunde ist dieses ganze komplizierte System für große Schiffe erdacht. Mit einer Yacht kann man es sich ein wenig leichter machen, indem man mit Kurs 115° durch die Hauptpassage fährt und diesen Kurs so lange beibehält, bis man in den weißen Sektor des Feuers Stavrby Skov (Ubr.w/r./gn.-5s) gelangt. Bleibt man in diesem Sektor etwa 0,5 sm mit Kurs 175°, so kann man anschließend mit Kurs N unter der neuen Belt-Brücke hindurchlaufen, die nur eine, dafür aber mit 600 m sehr breite Passage hat (F.gn. und F.r. an den Pfeilern, F. oben über der Mitte der Passage). Diesen Kurs hält man für 2,5 sm bei. Das Leuchtfeuer Strib (Ubr.w/r/gn.-5s) braucht man nicht, es sei denn, man wollte seinen jeweiligen Standort an Hand der Sektoren kontrollieren. Mit Kurs N läuft man jedenfalls direkt auf die hellerleuchteten Anlagen des Vesthavns von Fredericia zu. Auf dessen Westmole brennt ein Feuer (F.r.), auf der Ostmole ebenfalls (Blz.gn.-3s). Ich würde bei Nacht in diesen an sich häßlichen Vesthavn gehen; einmal, weil man ohne Probleme hineinkommt, zum anderen, weil man sicher sein kann, immer genügend Platz zu finden.
Wer nach Erritsø will, sollte die gelbe Tonne Blz.(4)g. suchen, die eine knappe Seemeile nordwestlich von Strib Odde liegt. Auf gleicher Linie, 0,6 sm entfernt vor der Møllebugt, liegt eine weitere gelbe Tonne (Blz.g.). Hier müßte man die Molenfeuer von Erritsø (F.gn. und F.r.) ausmachen können.

Wattenfahrt-Kogge von einer mittelalterlichen Handschrift. Diese Schiffe verkehrten zwischen Ribe und Hamburg/Amsterdam. Sie konnten 18 Lasten = 36 Tonnen transportieren

Zu den Fjorden von Vejle und Horsens

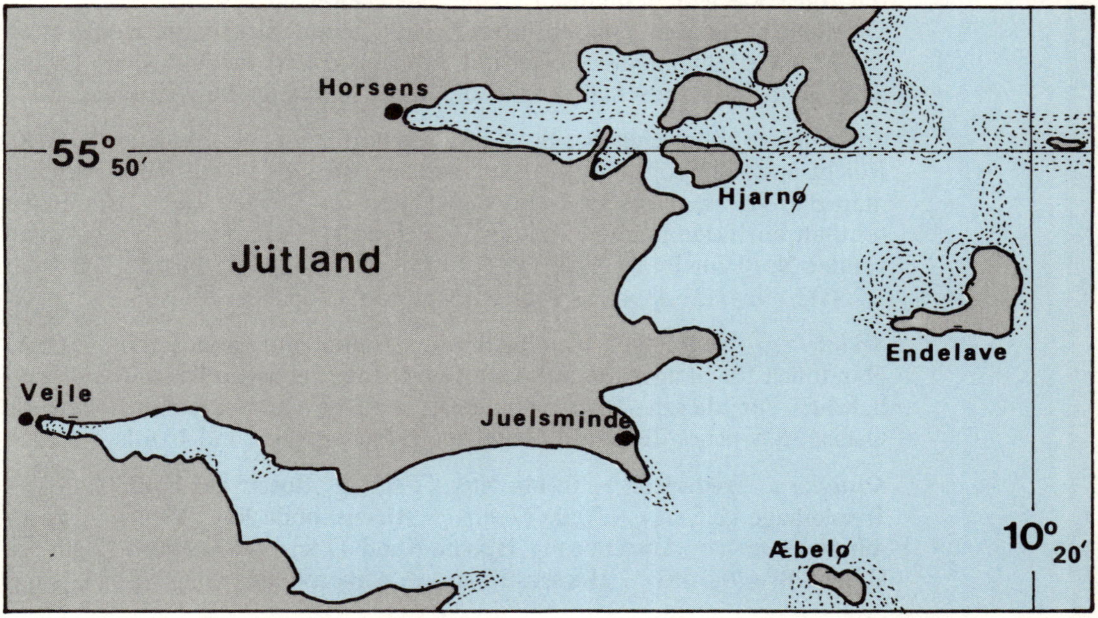

Törnvorschlag 5:
Von Fredericia nach Gylling Næs

Ein kleiner Törn, und wenn man erst einmal dort ist, ideal für ein Trailerboot, das man am besten in Vejle zu Wasser läßt. Sonst eher ein „Füller", denn man wird nicht einen ganzen Sommerurlaub darauf verwenden wollen, sondern einen oder auch beide Fjorde auf dem Weg zu einem anderen Revier „mitnehmen".
Beide Fjorde sind sehr schön, wenn auch ganz unterschiedlich. Der Vejle Fjord ist tief und breit, mit hohen, steilen und bewaldeten Ufern, der Horsens Fjord dagegen flacher, mit niedrigen Ufern und stiller, landschaftlich weniger dramatisch als der Vejle Fjord.
Die Städte, die den Fjorden ihren Namen geben, sind beide wenig interessant. Was einen zum Vejle und Horsens Fjord ziehen wird, ist die Schönheit der Landschaft – und die sucht allerdings ihresgleichen.

Seekarten: a) deutsche: Nr. 18 „Gewässer nördlich Fyn", Maßstab 1:70000. Reicht auch für Vejle Fjord, nicht aber für Horsens Fjord; dafür benötigt man die Nr. 17 „Horsens Fjord und Häfen im Kleinen Belt", nur Pläne (enthält auch den inneren Teil des Vejle Fjords). b) dänische: Nr. 114 „Farvandet Nord for Fyn", Maßstab 1:70000; Nr. 157 „Vejle Fjord", Maßstab 1:25000; Nr. 113 „Horsens Fjord", Maßstab 1: 25000.

Seebücher: Nr. 2004: Handbuch für Belte und Sund; Nr. 2005A: Handbuch für Skagerrak und Kattegat, I. Teil, Dänische Küste (beide entbehrlich für diesen Törn); Nr. 2101: Leuchtfeuer-Verzeichnis, Teil II: Ostsee, SW-licher Teil, und Gewässer zwischen Ost- und Nordsee.

Distanzen: **Fredericia** – **Trelde Næs** (7 sm) – **Rosenvold Pynt** (3 sm) – **Træskohage** (2,5 sm) – **Vejle** (7 sm) – **Bjørnsknude Rev** (18 sm) – **Juelsminde** (4 sm) – Ansteuerung **Hjarnø Sund** (7 sm) – **Snaptun** (2 sm) – **Hjarnø Bro** (0,5 sm) – **Horsens** (8 sm) – Ankerplatz **Gylling Næs** (11 sm).

Hat man die Shell-Raffinerie auf Skanseodde mit ihren Tanks, Verladeeinrichtungen und Schornsteinen endlich passiert, so kann man unbeschwert mit Kurs NE in das Fahrwasser *Tragten* einbiegen, das zusammen mit der *Båring Vig* den nördlichsten und letzten Teil des Kleinen Belts bildet. Das Wasser ist nun wieder weit, ohne Hindernisse, und die verzwickten Strömungen von Snævringen kann man hier auch vergessen. Es sei denn, Ostwind und Nordstrom treffen aufeinander.
Die Industrie von Fredericia liegt achteraus. Man passiert die hohen und steilen Ufer von Røjle Klint auf Fünen und hält parallel zur jütländischen Küste auf die Landspitze Trelde Næs zu, wo auch schon der schöne Vejle Fjord beginnt.

Von Trelde Næs aus zieht sich gut 1,5 sm gen Ost das *Kasserodde Flak* hin, an dessen Kante eine schwarz-gelb-schwarze Tonne (Toppzeichen zwei Kegel, Spitzen voneinander) ausliegt. Hat man diese erreicht, so dreht man mit Kurs NW in den breiten und tiefen

Vejle Fjord

ein. Der Fjord, der mit seinen bergigen und vor allem an der Nordseite mit mächtigen Buchenwäldern bewachsenen Ufern ein wenig norwegisch anmutet, schneidet 14 sm tief ins Land ein. Er hat keine wirklich gefährlichen Schiffahrtshindernisse, auch selten Strom, und wenn, dann folgt dieser gutmütig der Windrichtung. Dieser Fjord zählt zu den schönsten des Landes, hat aber praktisch nur einen brauchbaren Hafen, nämlich den von Vejle selbst, und der ist so häßlich wie die Stadt auch. Dafür gibt es eine Unmenge guter, zum Teil idyllischer Ankerplätze und den kleinen, schön gelegenen Yachthafen Brejningen.

Ankerplätze im Vejle Fjord

Unmittelbar hinter Trelde Næs am Südufer in der *Kulvig,* etwa 150 m vor dem Ufer auf 2,5 m Wassertiefe, wo früher der alte Fährhafen Trelde Havn lag. Man sieht da noch in Resten seinen Umriß, Steine und vermoderte Pfähle.

Knapp 3 sm weiter westlich vor den Lehmabbrüchen des Hvidbjergs vor *Hølsminde,* etwa 150 m vorm Strand, mit gutem Schutz bei Winden nicht nur aus Süd, sondern auch aus West.

Etwas östlich des hohen, braunen Kliffs Brejninge Hoved befindet sich der von Steinmolen geschützte, ländliche Yachthafen *Brejningen.* Die Einfahrt öffnet sich nach N. Am mittleren Steg, einlaufend linker Hand, kann man mit Wassertiefen von gut 2 m rechnen, ansonsten sind sie wechselnd und zum Teil sehr gering. Treibstoff, Wasser, Mastenkran, WC. Ein ganz einfacher Hafen, der jedoch gemütlich in einer schönen Landschaft liegt.

Der allerbeste Platz am Südufer des Fjords aber ist die *Andkær Vig,* wo man eigentlich bei jedem Wind gut liegt, wenn er nur nicht zu stark weht; am besten im östlichen Teil der Bucht, wo man nahe dem hohen, steilen und bewaldeten Ufer noch 3 m Wassertiefe vorfindet. In der Andkær Vig gibt es zwei Brücken, die dem Motorbootclub von Vejle gehören. Die östliche ist schon arg vergammelt; wenn überhaupt, so sollte man mit dem Bug an den Kopf gehen und den Heckanker ausbringen. Am besten aber ist es, in der stillen, dunklen Bucht zu ankern. Beim Ansteuern muß man sich gut freihalten von der Untiefe *Holtserhage:* Man sollte die nördlich davon liegende rote Leuchttonne (Blz.(2)r.-10s) ansteuern und *danach* mit Kurs SW in die Bucht einlaufen.

Das (schönere) Nordufer bietet unendlich viele Möglichkeiten zum Ankern beziehungsweise Festmachen: Gegenüber von Holtserhage findet man vor *Ulbæk Huse* eine etwa 80 m lange Brücke, die aber nur an ihrem Kopf mit 2,5 m ausreichende Wassertiefe hat; zum Land hin wird es ganz

Schloß Rosenvold

rasch untief. Die Brücke ist in Privatbesitz, man darf sie aber benutzen. Besser liegt man östlich des Leuchtturms *Træskohage* in der sanft geschwungenen Bucht von *Rosenvold,* und zwar an der inzwischen renovierten Brücke unterhalb von *Fakkegrav.* Rundet man von Ost kommend die Untiefe *Rosenvold Hage,* so sieht man oben am Ufer ein auffallendes dunkelrotes Gebäude, zu dem sich S-förmig ein lehmgelber Pfad hochzieht. Dort, kaum sichtbar unter den dicht am Wasser stehenden Buchen, liegt ein Yachtsteg, an dessen Kopf man gut 2 m Wasser vorfindet. Man darf den Steg nicht schräg anfahren, sondern muß im rechten Winkel auf das Ufer zuhalten, weil links und rechts Untiefen sind. Sehr lohnenswert, weil man von dort wunderschöne Spaziergänge am Fjordufer entlang machen kann. Etwa zum Schloß Rosenvold, von dem man sonst im Vorbeifahren nur für einen kurzen Augenblick einen Zwiebelturm zwischen den Bäumen auftauchen sieht. Das aus roten Klinkern 1585 gebaute Wasserschlößchen mit seinen zwei runden Türmen gehörte einst der berühmten dänischen Adelsfamilie Rosenkrantz, ein Name, der zusammen mit Güldenstern in Shakespeares Hamlet vorkommt.
Der kleine Seglerhafen, der (bis auf den Wohnwagenplatz) sehr idyllisch westlich von Schloß Rosenvold liegt, fungierte einst als Holzverladeplatz für das Gut. Jetzt wird er vom Vejle-Segelclub genutzt und auch unterhalten. So schön er auch liegt, man muß davon abraten, ihn anzulaufen, jedenfalls wenn das Boot mehr als 1,7 m Tiefgang hat. Bei Winden aus SE bis SW fällt der Hafen teilweise trocken.

Rosenvold Hage gehört zu den ganz wenigen Untiefen im Fjord, auf die man achten muß, wie auf das schon erwähnte *Holtserhage* und auch auf

Træskohage, auf dem der gleichnamige (tote) Leuchtturm steht. Alle diese Untiefen sind durch Tonnen markiert, aber nicht durch die gelb-schwarzen Kardinaltonnen, sondern durch rote beziehungsweise grüne Fahrwassertonnen. Nur Rosenvold Hoge macht eine Ausnahme: Hier warnt uns eine Gelb-Schwarze (Fkl.(6)+Blk.-15s).

Bei Holtserhage nähert man sich dem Tonnenstrich nach Vejle, um den sich eine Yacht jedoch zunächst nicht zu kümmern braucht, weil links und rechts davon und hin bis zu den Ufern das Wasser ausreichend tief ist. Kritisch wird es erst, wenn man die neue Autobahnbrücke passiert hat; dann muß man korrekt zwischen den Tonnen bleiben, weil das Wasser dicht neben der auf 7 m ausgebaggerten Fahrrinne an manchen Stellen nur noch 1 m tief ist.

Die Passage durch die neue Brücke ist 40 m hoch und 54 m breit; sie befindet sich zwischen dem 5. und 6. Pfeiler von Norden aus gesehen. Läuft man anschließend in den Hafen von

Vejle

ein, so ist der erste Eindruck ziemlich trostlos; und er wird sich auch nicht sehr ändern, wenn man die Stadt erst einmal kennt. Am Hafen wie üblich Silos, Öltanks, Kohlehalden und Lagerschuppen. Ein großes Schild am Kai besagt – nicht nur auf dänisch, sondern auch auf deutsch –, daß Yachten im Handelshafen nur *nach* Genehmigung des Hafenmeisters festmachen dürfen – eine etwas rätselhafte Vorschrift, denn wie soll man *vor* dem Festmachen die Erlaubnis dazu einholen? Sie gibt aber etwas mehr Sinn, wenn man später sieht, wie stark der Hafen von der Berufsschiffahrt frequentiert wird, und dafür ist er ja letztlich da. Man sollte also gar nicht geradeaus weiter in den Handelshafen hineinlaufen, sondern gleich die dicht hinter der Einfahrt am Nordufer liegenden Stege des Yachthafens ansteuern. Man geht an die erste, schräg zum Hafenbecken verlaufende Brücke, wo man zwischen Steg und Pfahl festmachen kann, sofern das Boot nicht mehr als 2 m Tiefgang hat. Sonst müßte man doch in den Handelshafen.

Vejle, eine wichtige Industrie- und Handelsstadt mit 45 000 Einwohnern, hat abgesehen von einer lebhaften Fußgängerzone kaum Interessantes zu bieten, außer eben einer einmalig schönen Lage am Fjord. Dabei hat die Stadt eine lange, sogar weit über die Wikingerzeit zurückreichende Geschichte: Wie man an Funden im Vejle-Museum sehen kann, waren die Ufer an der Fjordbucht und längs des Flusses Vejle schon zur Steinzeit dicht besiedelt. Die nahe dem wichtigen Heerweg später entstandene Stadt hat aber immer wieder heftig unter Kriegswirren zu leiden gehabt, besonders in den Schwedenkriegen (1658–1660), so daß man kaum noch alte Gebäude finden kann. Selbst die aus der Mitte des 13. Jahrhunderts stammende Kirche St. Nicolaj ist mehr neogotisch, jedenfalls wurde der große Turm erst 1887 erbaut. Die Stadt hat über 100 Jahre gebraucht, um sich einigermaßen von den Verwüstungen des Schwedenkriegs zu erholen.

Der Hafen war zudem lange versandet, so daß die Schiffe im Fjord ankern mußten und nur mit Hilfe von Leichtern entladen werden konnten. 1787 brannte die Stadt dann auch noch ab. Ihre Situation besserte sich ganz entscheidend, als man in den Jahren 1824 bis 1827 den heutigen Hafen baute und eine tiefe Rinne grub; seitdem hat Vejle eine kontinuierliche Aufwärtsentwicklung erlebt.

So langweilig die Stadt selbst ist, so interessant ist ihre Umgebung, und wenn es – außer zur Versorgung – überhaupt Gründe gibt, Vejle anzulaufen, dann diese: Man sollte sich ein Fahrrad mieten und etwa zu dem naturgeschützten Grejstal radeln oder durch das Vejle-Flußtal zum Randbøldal, wo man viele Gedenkstätten aus der Vorzeit findet, oder noch weiter zum Naturschutzgebiet Randbølheide oder auch zum alten Heerweg. Mit 28 km ziemlich weit weg liegt Billund mit dem weithin berühmten Legoland, das Kinder begeistern wird (ein Bus fährt auch hin). Was man sich aber keinesfalls entgehen lassen darf, das sind die Königsgräber und die beiden Runensteine von Jelling (s. weiter unten: „Wo das Reich entstand").

Liegeplatz und Versorgung: Man wird im Yachthafen gastfreundlich aufgenommen. Von hier bis zum Stadtzentrum hat man etwa zehn Minuten zu gehen. Dort Lebensmittel usw. Schiffszubehör – gut sortiert – neben dem Zollamt. Am Yachthafen eine Motorenwerkstatt, ein 15-t-Portalkran und die berühmte Børresen-Werft, die die schlanken und schnellen Kielkreuzer baut, denen man überall in den dänischen Gewässern begegnet. Wasser am Steg. Treibstoff muß man im Kanister holen. Kleines Essen im Clubhaus. Ziemlich eng die Toilette samt Dusche.

Wasserstand: Tidenhub 0,6 m. Bei stürmischen Winden aus S bis SW kann der Wasserstand um 1,4 m sinken; Sturm aus NW bis NE kann ihn um 1,6 m erhöhen.

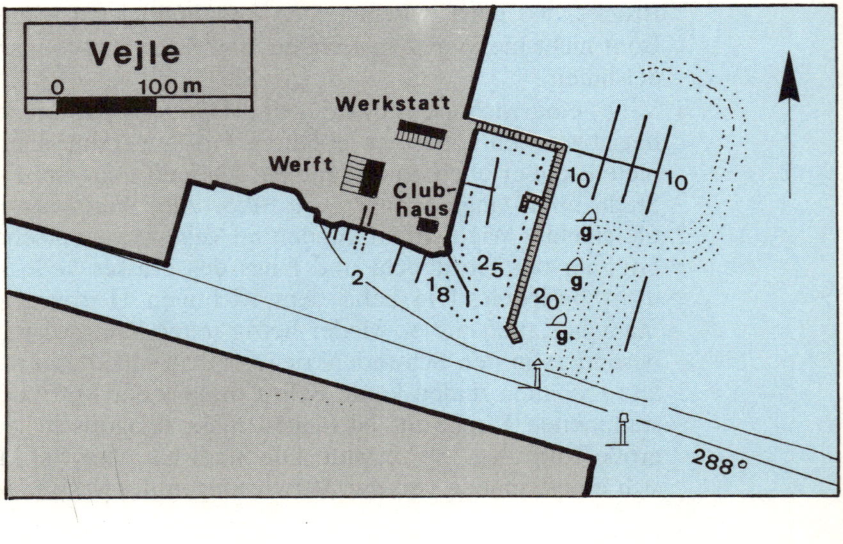

Adressen: Zoll: Havnepladsen, T. 05/82 44 00; Information: Havnegade 1, T. 82 19 55 (hier auch Fahrrad-Verleih); Post: Borgvold 1; Wäscherei: Fredericiagade 9; Vejle-Museum: Flegborg 16 (stadthistorische und archäologische Sammlungen).

Ansteuerung bei Nacht: Hat man das Feuer von Trelde Næs (Blz.w/r/gn.-5s), das auf einem 21 m hohen Gittermast brennt, in einer Distanz von etwa 1,5 sm passiert, so läuft man von der schwarz-gelb-schwarzen Tonne Kasserodde Flak (Toppzeichen zwei Kegel, Spitzen voneinander) im weißen Sektor des Leuchtfeuers Træskohage (Ubr.w/r/gn.-5s) mit Kurs NW im tiefen und freien Wasser in den Fjord ein. Sobald man der grünen Leuchttonne (Blz.gn.-3s) ansichtig wird, die südlich von Træskohage liegt, kann man den weißen Sektor verlassen und – etwa in der Mitte des Fjords – weiterlaufen, bis man die rote Leuchttonne (Blz.(2)r.-10s) zu fassen bekommt, die nördlich von Holtserhage liegt.

Gut 1 sm westlich davon beginnt bei der roten Leuchttonne Nr. 1 (Blz.(3)r.-10s) der Tonnenstrich, der zunächst ziemlich genau westwärts führt, bis zur roten Leuchttonne Vejle Havnerende (Blz.(2)r.-5s). Ab hier weist einen dann das Richtfeuer von Vejle in Linie 288° in den Hafen hinein (U-F.: Glt.r.-2s, O-F.: Glt.r.-4s). Die Passage unter der Brücke hindurch wird angezeigt durch ein weißes Festfeuer oben am Brückenbogen; außerdem sind die beiden Pfeiler, zwischen denen die Passage hindurchführt, nachts hell angestrahlt.

Wo das Reich entstand

Etwa auf der Mitte zwischen der alten dänischen Südgrenze nahe Schleswig und dem Limfjord im Norden, ganz in der Nähe des alten, von Norden nach Süden quer durch Jütland führenden Heerwegs, liegt der kleine Ort Jelling. Von Vejle aus kann man ihn mit dem Fahrrad (das man sich beim Touristbüro ausleihen kann) in einer knappen Stunde erreichen, und dorthin sollte man unbe-

Jelling, wie man es vor 400 Jahren auf einem patriotischen Prospekt zeigte: (A) die Kirche, (B) der große Stein von Harald Blauzahn, (C) der nördliche Grabhügel, (D) Thyras Stein, (E) der südliche Hügel (nach einem Stich von 1591)

dingt auch fahren, wegen der Grabhügel, die Dänemarks älteste Königsgräber enthalten, wegen der beiden Runensteine, die man die Taufscheine des Königreichs nennt, und wegen der Kirche, die die ältesten Kalkmalereien des Landes birgt.
Alles drängt sich auf einem kleinen Platz zusammen: Zwischen den beiden Grabhügeln liegt die weiße Kirche, und davor stehen die beiden Runensteine. Ursprünglich war der Platz wohl eine Kultstätte der Wikinger, wahrscheinlich noch unter dem heidnischen Wikingerkönig Gorm dem Alten, den der Bischof Adam von Bremen den „Grausamen" nannte. Der Platz war begrenzt von zwei Steinreihen, die nach Südwesten leicht aufeinander zuliefen. Im Norden zwischen den Steinen ließ Gorm für seine Gemahlin Thyra einen Grabhügel errichten, der dann auch so hieß: „Nordhøjen" oder „Thyras Høj". Wahrscheinlich wurde er um 935 angelegt.
Als Archäologen 1820 damit begannen, diesen Hügel zu erforschen, fand man darin eine Grabkammer, die genau in Ost-West-Richtung angelegt war. Die Kammer aber war leer, sah jedoch nicht so aus, als ob sie geplündert worden wäre, so daß man annahm, Harald Blauzahn, der Sohn von Gorm und Thyra, hätte seine Eltern nach Roskilde, seiner neuen Residenz auf Seeland, überführt. Der kleinere der beiden Runensteine stammt von Gorm dem Alten und trägt die für einen Wikinger poetische Inschrift: „Gorm, der König, errichtet diese Mäler nach Thyra, seiner Königin, dem Stolz Dänemarks." Dies ist die älteste Erwähnung des Namens „Dänemark".
Der größere der beiden Steine stammt von Harald Blauzahn, er trägt die Inschrift: „Harald, der König, ließ diese Mäler errichten nach Gorm, seinem Vater, und nach Thyra, seiner Mutter; jener Harald, der für sich Dänemark gewann und ganz Norwegen und der die Dänen zu Christen machte."

Markiert Gorms Stein die Gründung des Reiches, so Haralds Stein (um 980) die Christianisierung Dänemarks. Harald ließ zu dem ersten Hügel einen zweiten errichten: „Sydhøjen", und zwar über den Steinen, die ursprünglich den heidnischen Kultplatz umgrenzten.
Wahrscheinlich war Haralds Hügel ursprünglich befestigt und trug einen hölzernen Wachtturm. Als man 1861 den Südhügel aufgrub, fand man auch hier eine Grabkammer, die jedoch genau wie die des Nordhügels leer war. Welchen Zweck sie hatte, weiß man nicht.
Das Rätsel um die leere Grabkammer von Thyras Hügel löste sich erst vor wenigen Jahren: 1978 fand man bei Ausgrabungen in der Kirche von Jelling die Gebeine von Gorm und Thyra. Harald, der nicht nur den Südhügel aufschichten ließ und den großen Runenstein setzte, hatte auch eine Holzkirche gebaut, und eigentlich war es naheliegend, daß er, der erste christliche König Dänemarks, seine Eltern in diese Kirche umbetten ließ.
Man fand bei Grabungen unter der jetzigen Steinkirche, die um 1050 erbaut wurde, die Spuren von zwei hölzernen Stabkirchen und neben dem Altar eine große Platte aus Gneis mit vielen eingesprengten Granaten: ein sehr seltenes Stück. Vermutlich war dieser Stein die Altarplatte von Haralds Stabkirche, und wahrscheinlich hatte sie vorher unter Gorm als heidnischer Opferstein gedient. Der Stein befindet sich jetzt an der Südwand des Chores. Die berühmten Malereien des Chores entstanden mutmaßlich um 1100. Sie waren jahrhundertelang wie verschwunden und kamen erst wieder zum Vorschein, als 1874 plötzlich das Chorgewölbe einstürzte. Danach wurden sie zusammen mit der Holzdecke restauriert, sind also nicht mehr ganz original, was aber ihrer Schönheit keinen Abbruch tut.
Konzentrierte sich unter Gorm hier um Jelling das Königreich, so verlor der Ort diese Bedeutung bereits wieder unter Harald. Die Schiffswege waren wichtiger geworden als die Landwege, und außerdem war Jelling einer ständigen Bedrohung durch die Reichsdeutschen ausgesetzt. Denn die waren der Meinung, daß den ewigen Überfällen und Plünderungen der Wikinger nur dann ein Ende gesetzt werden könnte, wenn man deren Schlupfwinkel in Jütland ausräucherte. So zog sogar einmal ein deutscher Kaiser, Otto der Große, mit einem Heer nordwärts durch ganz Jütland, um dort für Ruhe zu sorgen. Harald und seine Nachfolger fühlten sich unter diesen Umständen auf der Insel Seeland sehr viel sicherer, und so verlor Jelling schon früh wieder seine Bedeutung als Residenz der dänischen Könige.
Harald, der trotz seiner norwegischen Eroberungen im Grunde ein friedlicher Bauernkönig war, wurde seiner Übersiedlung nach Seeland nicht froh. Sein Sohn, Sven Gabelbart, erhob sich gegen ihn, und nach einer Schlacht wurde der alte König ermordet. Mit Sven Gabelbart, dem Enkel

Gorms des Grausamen, kam die große Zeit der dänischen Wikinger, die in der Eroberung Englands ihren Höhepunkt fand.

Aus dem Vejle Fjord auslaufend, kann man zunächst – die wenigen problematischen Stellen sind einem ja nun vertraut – das Gewässer voll aussegeln; aber sobald man Trelde Næs querab hat, sollte man sich schon etwas mehr zum Nordufer hin orientieren, um so die Umrundung von *Bjørnsknude Rev* und *Bjørnsknude Flak* vorzubereiten. Sobald man auf der Höhe der großen Gebäude des Juelsminde-Sanatoriums ist, müßte man die gelb-schwarze Tonne (Toppzeichen zwei Kegel, Spitzen unten) schon in Sicht haben, die 1,5 sm südöstlich der Landspitze Bjørnsknude liegt. Sie markiert die Südostkante von *Bjørnsknude Rev* und zeigt – nebenbei gesagt – auch das nördliche Ende des Kleinen Belts an.
Wer, hier angekommen, feststellen muß, daß es draußen vor dem Fjord doch zu stark weht, der findet auf halbem Wege zwischen dem Sanatorium und Bjørnsknude auf 7 m Wassertiefe einen guten Ankerplatz, der Schutz bietet bei Winden aus N und NE (und teilweise auch E).
Obwohl sowohl *Bjørnsknude Rev* als auch *Bjørnsknude Flak* für eine Yacht ausreichend Wasser haben, sollte man doch die obenerwähnte gelbschwarze Tonne anliegen, weil man von hier aus mit einem unkomplizierten Kurs in den Hafen von Juelsminde hineinkommt. Man läuft von dieser Tonne aus zunächst Kurs Nord, etwa 2,5 sm, bis man ziemlich genau im Westen eine schwarz-gelbe Tonne (Toppzeichen zwei Kegel, Spitzen oben) peilt. Diese Tonne zeigt die nördliche Begrenzung von *Bjørnsknude Flak* an; dicht südlich der Tonne ist wenig Wasser. Auf dieses knapp 1,5 sm entfernte Schiffahrtszeichen hält man nun zu und läuft anschließend mit Kurs SSW auf den Hafen von

Juelsminde

zu, vor dessen Ostmole häufig Versandung auftritt, so daß man sich davon gut freihalten muß; eine rote Stumpftonne (manchmal auch nur eine provisorische rote Kugeltonne) hilft bei der Orientierung. Man darf den Fischerhafen nicht mit dem nur wenig entfernten, nordwestlich davon gelegenen Fährhafen verwechseln, der für Yachten gesperrt ist.
Juelsminde wird gerne von Yachten angelaufen, wahrscheinlich weil es so günstig am Wege liegt und so leicht anzusteuern ist. Entsprechend voll ist der Hafen in den Ferienwochen. Zudem herrscht um den Hafen ein ziemlicher Rummel, woran einmal der nahe, übergroße Campingplatz schuld ist und wozu auch die vielen Touristen beitragen, die die Zeit, in der sie auf die Fähre warten, zu einem Bummel zum Hafen nutzen. Über den Ort (200 Einwohner) gibt es ansonsten wenig zu sagen. Ursprünglich war er nicht mehr als der Hafen des etwas landeinwärts gelegenen Ortes Klakring und hieß zu der Zeit auch so: Klakring Strand.
Juelsminde ist ein guter (wenn auch zumeist übervoller) Übernachtungshafen mit recht ordentlichen Versorgungsmöglichkeiten. Indes: Auch der Badestrand wird einen wohl nicht länger halten können.

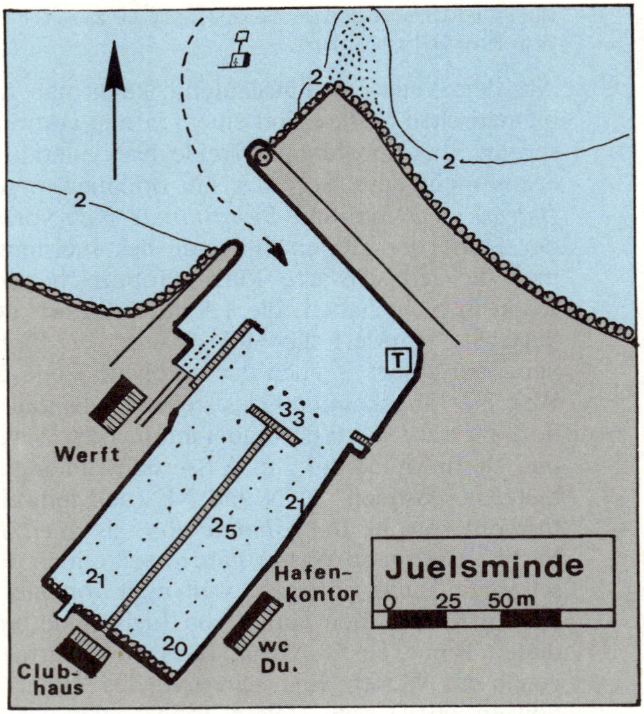

Liegeplatz und Versorgung: Am besten längsseits an der Ostmole, sonst an den Stegen, sofern man Platz findet. Wasser an den Stegen, Treibstoff und Werft direkt am Hafen. Restaurant, WC und Toiletten im Clubhaus. Außerdem ganz moderne Wasch- und Duschräume (WC) an der Ostmole. Schlüssel (Stechkarte) beim Hafenmeister, der sein Büro im selben Gebäude hat.

Wasserstand: Tidenhub etwa 0,4 m. Sturm aus NW bis NE kann den Wasserstand um 1,5 m erhöhen, Sturm aus SE bis SW ihn um 1 m senken.

Ansteuerung bei Nacht: Obwohl Juelsminde kein weittragendes Feuer hat, läßt es sich auch nachts relativ problemlos ansteuern. Steht man außen vor der Sandbjerg Vig, so kann man sich zunächst an den vielen Lichtern des Ortes orientieren, insbesondere an denen der Strandpromenade. Man darf sie allerdings nicht in West peilen, sondern mehr in Südwest, weil man sonst auf das Bjørnsknude Flak geriete. Der Kopf der Ostmole des Fischerhafens trägt auf einem Pfahl ein Feuer (Blz.r.); man darf es nur nicht verwechseln mit dem Feuer (Blz.r.-3s) vom Fähranleger.

Und noch etwas: Man beachte, auch wenn man nachts Juelsminde anläuft, die flache, möglicherweise versandete Stelle vor der Ostmole des Fischerhafens (siehe Hafenplan).

Zurück durch die schöne, von bewaldeten Ufern eingerahmte *Sandbjerg Vig,* die im Westen mit dem Troldemose Bakke den mit 110 m Höhe höchsten Punkt der Gegend hat – eine sehr brauchbare und wegen des Funkmastes, der dort steht, auch unverwechselbare Landmarke.

Unser nächstes Ziel, der

Horsens Fjord hat mit dem Vejle Fjord zwei Dinge gemeinsam: Er ist ebenfalls wunderschön, und er hat ebenfalls an seinem Scheitel eine große Stadt liegen, Horsens, die genauso langweilig ist wie Vejle. Sonst aber ist er grundverschieden: Sind die steilen, mit hohen Buchenwäldern bewachsenen Ufer charakteristisch für den Vejle Fjord, so ist dieser hier ein ausgeprägt flaches Gewässer mit endlosen Schilffeldern und niedrigen, zum Teil moorigen Ufern. Ein intensives, dunkles Grün ist neben dem Blau des Wassers die charakteristische Farbe dieser schwermütigen Fjordlandschaft.
Die klassische Einfahrt in den Horsens Fjord bildet der tiefe *Hjarnø Sund,* der in nordwestlicher Richtung zwischen dem Festlandufer und der flachen Insel Hjarnø in den Fjord führt und der sich fortsetzt in dem ebenfalls tiefen Fahrwasser *Draget.*
Hjarnø Sund und Draget sind gute, sehr tiefe (um die 20 m) und 400 bis 700 m breite Fahrwasser, auch relativ gut betonnt, obwohl die Tonnen etwas weit auseinanderliegen.
Der Landgrund steigt neben dem Fahrwasser immer überraschend und steil an: So hat man kurz vor den Kanten oft noch 15 m Wasser unterm Kiel, und dicht daneben droht man schon auf einer 0,6-m-Stelle aufzubrummen.
Im Fjord ganz allgemein und im Sund läuft bei ruhigem Wetter ein beständiger Strom von 1 kn, der alle sechs Stunden seine Richtung wechselt. Bei starkem Wind kann dieser regelmäßige Strom aber so gestört werden, daß er zwölf Stunden eine Richtung beibehält. Im Hjarnø Sund und im Fahrwasser Draget können bei lang anhaltenden Starkwinden Stromgeschwindigkeiten bis zu 3 kn auftreten; was beachtet sein will, wenn man etwa den Hafen von Snaptun oder die Brücke von Hjarnø anlaufen will.
Hat man die Landzunge Hundshage mit dem großen, dunklen Nederskov im Hintergrund passiert, so nähert man sich rasch zwei kleinen Häfen: Snaptun am Westufer und Hjarnø Bro gegenüber.

Im Horsens Fjord

Die Ansteuerung des ersten sieht etwas kompliziert aus mit den Flachs und den vielen kleinen Fischerbooten, die an der Muring liegen, und den unendlich vielen Fischstöcken.

Snaptun ist ein guter, wenn auch recht kleiner Hafen, den ein Boot bis zu 2,50 m Tiefgang sicher anlaufen kann, wenn dies auch manchmal wegen des quer zur Einfahrt setzenden Stroms etwas beschwerlich ist. Man achte besonders auf das südöstlich vor der Hafeneinfahrt liegende Flach (bezeichnet mit einer roten Spiere), damit man da bei stärkerem Strom nicht unversehens angetrieben wird. Der Hafen ist ruhig bei nahezu allen Winden, außer bei solchen aus N bis NE, wo im Zusammenwirken mit dem Strom einige Unruhe im Hafenbecken auftritt.
Snaptun ist ein Fischerort mit nicht mehr als 400 Einwohnern, der recht gemütlich unter den hohen Bäumen liegt. Man findet auch noch einige alte Packhäuser aus der Zeit, da hier ein reger Landhandel betrieben wurde. Aber heute schläft der kleine Ort.

Liegeplatz und Versorgung: Eng und wenig Platz. Gastyachten sollten nach Möglichkeit an die NW-Mole gehen. Zeitweise wird der kleine Hafen wegen Überfüllung gesperrt; dann hängt draußen vor der Nordmole ein entsprechendes Schild.
Zur Versorgung erhält man alles Notwendige am Hafen (s. Plan).

Wasserstand: Tidenhub 0,5 m. NW- bis N-Sturm kann den Wasserstand um 1,2 m erhöhen, Sturm aus S ihn ebenfalls um 1,2 m senken.

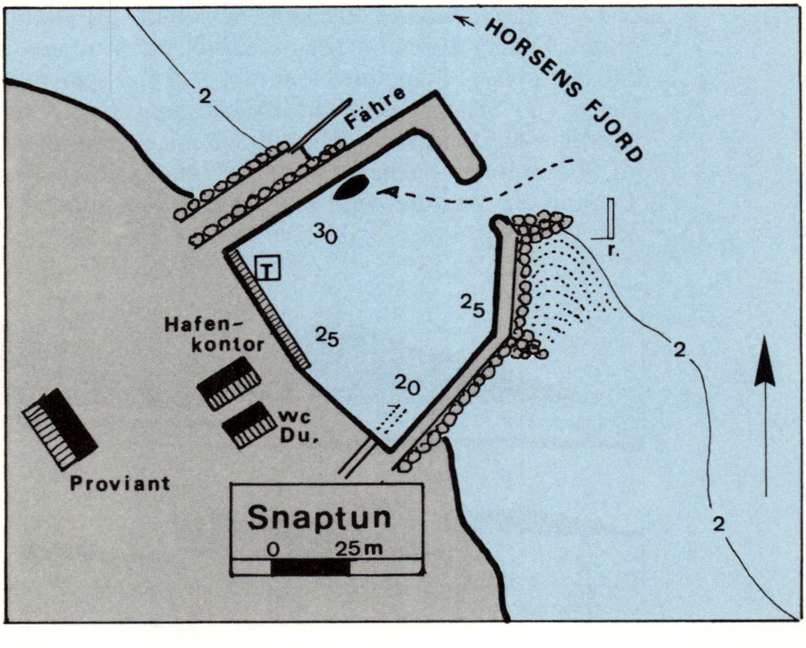

Wer im (besseren) Snaptun nicht unterkommt, kann sein Glück auf der anderen Seite des Sunds, an der Brücke der Insel

Hjarnø

versuchen. Man sehe sich im Plan die Wassertiefen an: Am einfachsten ist es, den Kopf der Brücke anzusteuern und dann weiterzusehen. Vielleicht ist in dem kleinen Becken ein Platz frei; dann kann man verlegen. Beim Anlegen achte man auf den Strom und auf die Fähre! Versorgung gleich Null. Ein wenig geschützter Liegeplatz. Wie zu hören ist, soll der Hafen umgebaut werden, um mehr Liegeplätze zu schaffen.
Die Insel liegt extrem flach in der Mündung des Horsens Fjords – eine Eiszeitmoräne und sehr fruchtbar. Dies war wohl auch der Grund, warum die Insel schon in der Frühgeschichte des Menschen besiedelt war, wie Funde aus der Steinzeit beweisen. An der Südostseite, auf der Landzunge Kalvestene, befinden sich die berühmten *Skibssœttninger,* ein Gräberfeld aus der Spätzeit der Wikinger. Der Name kommt daher, weil die Gräber von Steinreihen eingefaßt sind, die die Form der schlanken Wikingerschiffe haben.
Nach Snaptun und Hjarnø Bro findet man bis Horsens keinen Hafen mehr, aber dafür einige sehr idyllische, wenn auch nicht immer besonders geschützte Ankerplätze.

Ankerplätze um den Horsens Fjord
An der Südwestspitze der Insel *Alrø* gibt es vor *Egehoved* eine zusammengebrochene Anlegebrücke. Davor liegt eine gelb-schwarze Tonne (Toppzeichen zwei Kegel, Spitzen unten). Hier, etwa 130 m vor Ufer und Brücke, kann man auf 3 m Wassertiefe ankern. Die flache, zum Teil moorige Insel bietet allerdings keinen besonderen Schutz.
Nördlich von *Alrø,* und zwar etwas westlich der Unterwasserleitung (kenntlich an den Baken, die an beiden Ufern stehen), kann man auf 3 m Wassertiefe ankern. Dieser Platz ist bei nördlichen Winden relativ geschützt durch den Skablund Skov am Nordufer. Problematisch allerdings die Anfahrt, weil etwa 0,5 sm vor dem Nordwestufer von Alrø ein großer Stein dicht unter der Wasseroberfläche liegt. Man beachte das Naturschutzgebiet rings um die Insel Varsø.

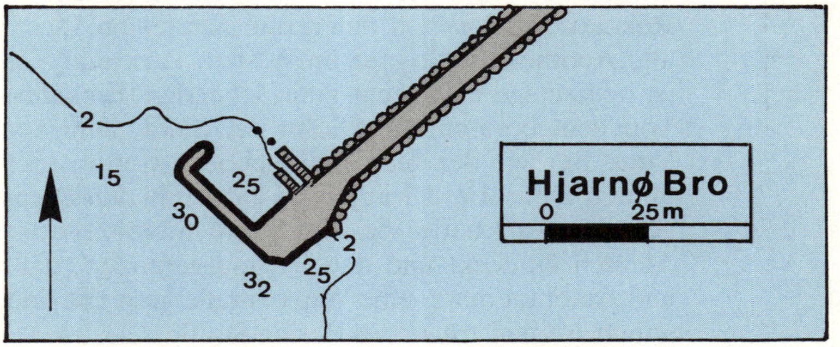

Man kann von hier noch etwas weiter nach Osten laufen und nördlich des *Amstrup Red,* ca. 400 m vor dem Alrø-Ufer, auf 5 bis 3 m Tiefe ankern. Allerdings ist das Wasser ringsum doch sehr flach.
Einen recht guten und auch interessanten Ankerplatz findet man schon ziemlich nahe bei Horsens am Südufer des Fjords, und zwar etwa 300 m vor dem Land unter dem hohen *Boller Nederskov;* guter Schutz bei Winden aus Süd und interessant deshalb, weil man durch den Wald zum nahen Wasserschloß Boller wandern kann, das wie Rosenvold am Vejle Fjord einst der berühmten Familie Rosenkrantz gehörte.
Läßt man die – später noch zu behandelnden – flachen Gewässer um Alrø und Hjarnø einmal außer Betracht, so gibt es im Horsens Fjord, nachdem man durch das tiefe Wasser von Hjarnø Sund und Draget gefahren ist, nur noch eine wirklich kritische Stelle: den *Sælgrund,* der sich von der flachen, sehr schmalen und langen Halbinsel Borre (ein kleines Paradies) weit nach Westen erstreckt. Läuft man vom Fahrwasser Draget bis zu der roten Leuchttonne (Blz.(2)r.-10s), wo es nach Südwesten abknickt, so hat man westlich und nördlich dieser Tonne und der gut 1 sm entfernten grünen Leuchttonne (Blz.(2)gn.-10s) die ganze Breite des Fjords bis hin nach Horsens zum Segeln. Die Fahrrinne, die bei der grünen Leuchttonne beginnt, hat nur Bedeutung für die tiefergehenden Frachtschiffe. Für Yachten dürften die 5 bis gut 2 m Wassertiefe ausreichend sein, die man beiderseits der Rinne bis nahe ans Ufer hat.

Die Gewässer des Fjords wirken flacher, als sie es in Wirklichkeit sind, jedenfalls in seinem westlichen Teil, dort, wo auch die große Stadt

Horsens

liegt –, eine Stadt, die mit 45000 Einwohnern genauso groß wie Vejle und diesem in vielem ähnlich ist, an einem Hügel hochgebaut und ziemlich regelmäßig angelegt. Sie entstand an einer Furt, die durch den kleinen Fluß führte, über den später eine Brücke gebaut wurde – der Anfang von Horsens und das Entwicklungsmuster fast aller Fjordstädte in Ostjütland.
Außer dem alten Hospital von 1532 und der Klosterkirche, die sogar bis auf 1200 zurückgeht, findet man keine sehr alten und nur wenige interessante Bauwerke, wie etwa das Lichtenbergsche Palais, einen prächtigen Rokokobau, den sich der reiche Kaufmann Lichtenberg bauen ließ, die alte Apotheke und, ganz im Westen, Park und Schloß Bygholm. Horsens ist heutzutage eine recht gute, lebendige Einkaufsstadt.
Von dem berühmtesten Sohn der Stadt, dem Seefahrer und Entdecker Vitus Bering, der hier 1681 geboren wurde, gibt es keine besonderen Spuren mehr. Er, der in jungen Jahren in den Dienst des russischen Zaren getreten war, hatte die Nordküste Sibiriens erforscht, Alaska und die Alëuten entdeckt und dabei herausgefunden, daß die Kontinente Asien und Amerika durch eine Wasserstraße getrennt sind, eben jener, die heute seinen Namen trägt: die Bering-Straße.

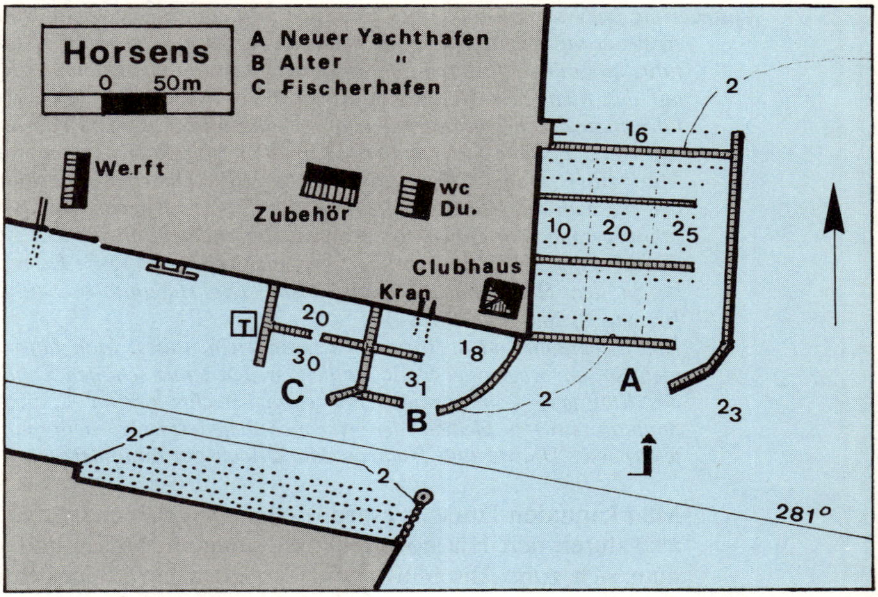

Liegeplatz und Versorgung: In Horsens kann man schön sehen, wie rasant sich der Wassersport entwickelt hat. Zuerst reichte der vergleichsweise winzige Alte Yachthafen (B) aus; dann mußte der Neue Yachthafen (A) angebaut werden, der aber auch schon aus allen Nähten platzt, so daß jetzt östlich davon eine Erweiterung um 300 Liegeplätze vorgesehen ist. Den Alten Yachthafen sollte man nicht anfahren, er ist zu eng. Sehr gut, mit schönem Blick über den Horsens Fjord, liegt man im Neuen Yachthafen. Zum Alten Hafen paßt das vielleicht schönste Clubhaus Dänemarks, „Den Gamle Pavillon", mit seinen griechischen Säulen. Hier kann man auch fein essen. Die Versorgungsmöglichkeiten sind insgesamt gut (s. Plan). Einziger Nachteil: Man hat bis zur Stadt zehn Minuten zu gehen, und zwar einen ziemlich öden Weg durch Lager und an Silos vorbei. Wer auf eine Versorgung nicht angewiesen ist, kann auch in den Gamle Havn fahren, das heißt praktisch: immer weiter in den Hafen hineinlaufen, bis er aufhört. Man liegt dann am besten vor dem düsteren, wuchtigen Gebäude des Zollamts, braucht aber wegen der Spundwand dicke Fender. Die Umgebung ist dort, wie überall am Hafen, nicht schön. Man kommt allerdings rasch in das Stadtzentrum. Hier, im Gamle Havn, keine Versorgung.

Fährt man durch den Hafen, so hat man gleich hinter der Einfahrt darauf zu achten, daß man dem Südufer nicht zu nahe kommt, weil da zu Anfang nur wenig Wasser ist. Auch um die viereckige Grasinsel, die merkwürdigerweise mitten im Hafenbecken liegt, sollte man einen gehörigen Bogen machen.

Wasserstand: Tidenhub 0,4 m. Sturm aus NW bis N kann den Wasserstand um 1,5 m erhöhen, Sturm aus SW bis S ihn um 1 m senken.

Adressen: Zoll: Havnen 41, T. 05/623377; Information: Søndergade 23, T. 62 31 32 (hier auch Fahrrad-Verleih); Post: Vitus Bering Plads 3; Wäscherei: Gersdorffsgade 16; Museum: Sundvej 1 (lokalhistorische und kunsthistorische Sammlungen, Kunstgewerbe); Arbeiter-, Handwerk- und Industriemuseum (sehenswert), Gasvej 17.

Ansteuerung bei Nacht: Dank eines perfekten und einfachen Systems von Richtfeuern ist die Ansteuerung leicht: Das erste steht auf der Insel Hjarnø (U-F. und O-F.: F.gn.) und führt in Linie 339° durch den äußeren Hjarnø Sund. Dicht vor Hjarnø wechselt man auf das Richtfeuer Haldrup Mark über (U-F. und O-F.: F.r.). Auf dieser 320°-Linie fährt man durch den inneren Hjarnø Sund und durch das Fahrwasser Draget bis zur roten Leuchttonne Sælgrund (Blz.(2)r.-10s). Von da aus geht es auf das Richtfeuer Sejt Mark zu (U-F. und O-F.: F.gn. in Linie 238°). Diesen Kurs behält man knapp 1,5 sm bei, bis man die grüne Leuchttonne (Blz.(2)gn.-10s) erreicht, die die Nr. 1 des ab hier schnurgerade zum Hafen von Horsens führenden Tonnenstrichs ist. Auch hier hilft ein Richtfeuer, nämlich das von Horsens selbst (U-F. und O-F.: F.r. in Linie 281°). Distanz bis in den Hafen hinein: knapp 4 sm. Die Hafenmolen sind befeuert: Nordmole Blz.gn.-3s, Südmole Blz.r.-3s.

Eine Nachtfahrt nach Horsens ist zwar leicht, indes: Man fährt zum Horsens Fjord nicht so sehr wegen der Stadt, sondern wegen seiner schönen Landschaft. Es wäre also das Klügste – kommt man schon einmal nachts hier an –, zunächst im Hafen von Snaptun (s.o.) zu bleiben, der zwar nicht befeuert ist, zu dem man aber mit den Richtfeuern von Hjarnø und Haldrup Mark doch gut hinfindet.

Man kann den Horsens Fjord wieder so verlassen, wie man gekommen ist, also durch den Hjarnø Sund. Bei ruhigem Wasser und wenig Wind kann man sich zum Abschluß aber auch noch ein kleines Stück spannenderer Seefahrt vornehmen, nur mit Karte, Kompaß und Lot, aber ohne Seezeichen. Nämlich durch den

Alrø Sund

der zwischen den Inseln Hjarnø und Alrø hindurchführt. Vor beiden Inseln liegen große Flachs von nur 0,5 m Wassertiefe und weniger, die sogar bei einer längeren Starkwindperiode trockenfallen können. In der Mitte des Sunds aber sind die Wassertiefen ausreichend.

Man verläßt das Fahrwasser Draget etwa auf halbem Wege zwischen Alrø und Hjarnø und läuft mit Kurs NE in den Sund ein; es ist ratsam, sich etwas näher an das Ufer von Hjarnø zu halten. Nach 1 sm müßte man genau in Nord das Kirchlein von Alrø peilen. Jetzt ändert man seinen Kurs auf Ost, den man 3 sm beibehält, direkt auf das Ufer der flachen, mit Wald bewachsenen Halbinsel Gylling Næs zu.

Hier kann man vor *Kalsehoved* schön ankern, ca. 300 m vor dem Ufer und auf 3 m Wassertiefe. Die kleine Brücke etwas nordwestlich von diesem Platz gehört zum Gut Gylling Næs; sie hat an ihrem Kopf freilich nur 1 m Wassertiefe.

Problem: Auf dem beschriebenen Ostkurs auf Gylling Næs zu kommt man dem 0,6-m-Flach von *Polsten* sehr nahe. Um das zu vermeiden, sollte man einen sanften Bogen nach Süden machen und das Lot zur Kontrolle mitlaufen lassen. Man verläßt den Alrø Sund, indem man von dem Ankerplatz vor Kalsehoved aus mit Kurs SE auf die 2 sm entfernte gelbschwarze Tonne (Toppzeichen zwei Kegel, Spitzen unten) an der Südostkante von *Skomagergrund* zuläuft. Hier hat man nun wieder tiefes Wasser unter dem Kiel und kann zu neuen Ufern aufbrechen.

In den Gewässern um Samsø

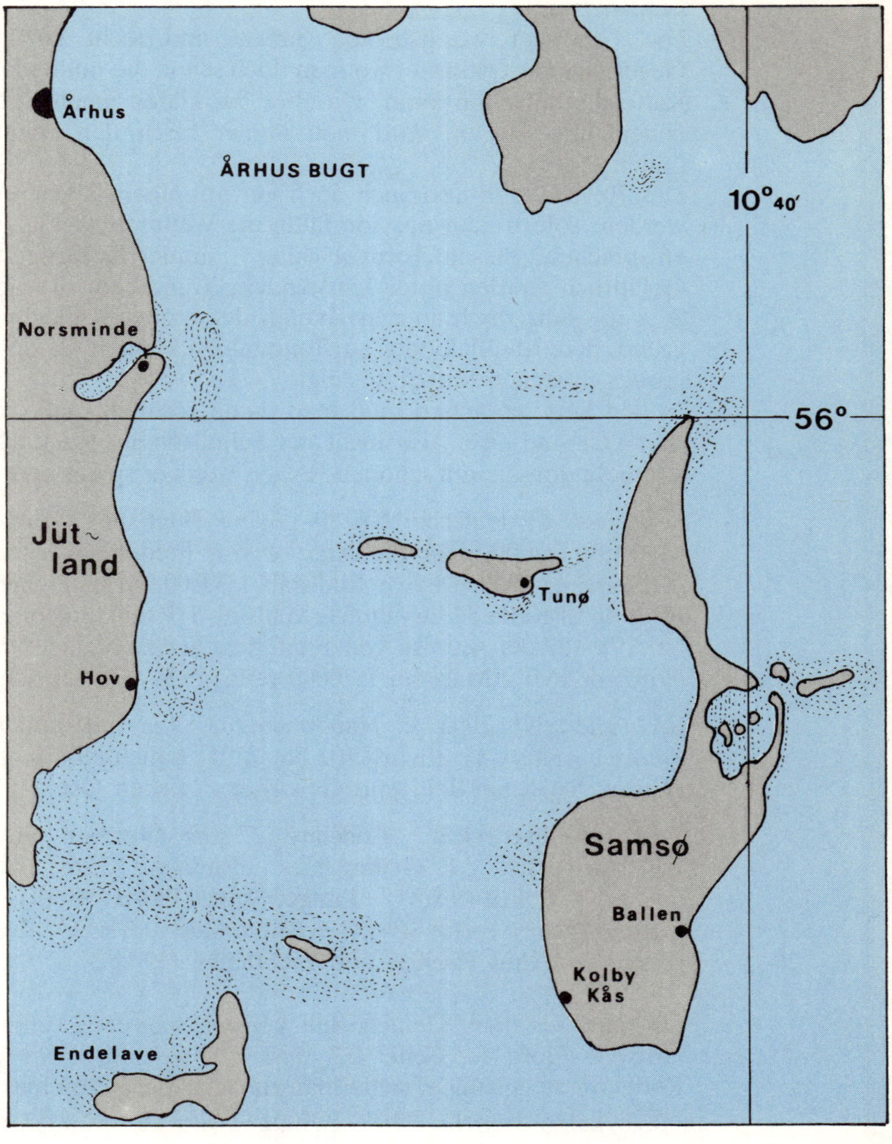

Törnvorschlag 6:
Von Fredericia nach Århus

Ein vielbesuchtes und trotz der vielen Flachs nicht schwieriges Revier. Die Anfahrt von Fredericia zum Horsens Fjord wurde im Törnvorschlag 5 beschrieben.
Die Gewässer westlich von Samsø sind recht gut geschützt – im Gegensatz zur Ostküste, wo man doch schon die rauheren Verhältnisse des Kattegats antreffen kann. Da aber die Häfen in nur kleinen Abständen voneinander liegen, wird man immer rasch den Schutz eines Hafens finden.
Das Revier kann also auch noch gut mit einem kleineren Boot befahren werden, sofern man nur sorgfältig die Wetterentwicklung verfolgt und – entsprechend diesem Törnvorschlag – immer in Küstennähe bleibt.
Gefährlich werden unter Umständen Grundseen, die sich bei stärkerem Seegang sehr rasch an den Kanten der größeren Flachs wie dem Svanegrund, dem Mejlflak oder um Tunø bilden können, da dort der Landgrund jeweils in steilen Stufen ansteigt.
In den Ferienmonaten muß man damit rechnen, daß die meisten Häfen sehr voll sind. Wer also nicht auf Schultermine Rücksicht nehmen muß, hat mehr von diesem schönen Revier, wenn er später oder früher kommt.

Seekarten: a) deutsche: Nr. 19 „Århus Bugt und Gewässer um Samsø", Maßstab 1:70000; für die Anreise von Fredericia aus zusätzlich Nr. 18 „Gewässer nördlich Fyn", Maßstab 1:70000. b) dänische: Nr. 112 „Århus Bugt og tilstødende farvande", Maßstab 1:70000 (entspricht der deutschen Nr. 19); für die Anreise von Fredericia aus zusätzlich Nr. 114 „Farvandet Nord for Fyn", Maßstab 1:70000 (entspricht der deutschen Nr. 18).

Seebücher: Nr. 2005 A: Handbuch für Skagerrak und Kattegat, I. Teil, Dänische Küste (entbehrlich); Nr. 2101: Leuchtfeuer-Verzeichnis, Teil II: Ostsee, SW-licher Teil, und Gewässer zwischen Ost- und Nordsee.

Distanzen: **Fredericia** – **Endelave** (27 sm); alternativ dazu als Fortsetzung von Törnvorschlag 5: **Gylling Næs** – **Endelave** (7 sm) – **Kolby Kås/Samsø** (14 sm) – **Ballen** (9 sm) – **Langør/Stavns Fjord** (10 sm) – **Mårup** (16 sm) – **Tunø** (4 sm) – **Hov** (8 sm) – **Norsminde** (9,5 sm) – **Århus Marselisborg** (8 sm) – **Århus Fischer- und Yachthafen** (12 sm).

Ob man aus dem Kleinen Belt kommt, aus dem Vejle Fjord oder dem Horsens Fjord (s. Seite 153 und 197) – um sicher zum Hafen von Endelave zu gelangen, sollte man zunächst die gelb-schwarze Tonne (Toppzeichen zwei Kegel, Spitzen unten) ansteuern, die 1,5 sm südlich der auffallenden Halbinsel Gylling Næs liegt. Man ist so weit genug weg von dem *Møllegrund,* einem riesigen Flach, das sich westlich und nördlich von Endelave erstreckt. Einheimische laufen zwar ungeniert darüber hinweg, aber für einen Ortsfremden bleibt es ein Risiko; ganz sicher, wenn das Boot einen Tiefgang von mehr als 1,5 m hat. Die sechs gelben Spitztonnen bezeichnen ein Wildschutzgebiet.

Von der gelb-schwarzen Tonne aus läuft man mit Kurs ESE auf die 2 sm entfernte rot-weiße Ansteuerungstonne *Møllevingen* von Endelave zu. Diese Tonne liegt genau auf der 165°-Linie des Richtfeuers von Endelave (U-F. und O-F.: F.), das nachts unentbehrlich, tagsüber aber nutzlos ist, weil die Pfähle, auf denen das Feuer brennt, nicht auszumachen sind.

Man fährt bei einem Tiefgang von nicht mehr als 2 m am sichersten so: direkt von der rot-weißen Tonne auf den 2,5 sm entfernten Hafen von Endelave, und zwar bei guter Sicht am besten auf den Schornstein zu, der sehr viel besser auszumachen ist als die Kirche, die inzwischen kaum mehr aus den hohen Bäumen hervorlugt. Oder man geht einfach auf Kurs 160°, der einen auf 3 m Wasser direkt zur Hafeneinfahrt führt.

Dabei bleibt eine rote Tonne schon ziemlich dicht vor Land an Stb., die wie die rot-weiße Tonne ebenfalls auf der Linie des Richtfeuers ausliegt. Man muß sie aber nicht anliegen.

Das Gebiet ist verwirrender, als es auf der Karte aussieht. Man kann immer wieder Boote beobachten, die den einfachen Kurs verlassen, weil sie unsicher werden, sobald sie irgendwo eine Art Tonne ausmachen. Dabei handelt es sich zumeist um Kugeltonnen, die Fischer bei ihren Netzen ausliegen haben. Danach beginnt dann das unsichere Umherirren und Suchen nach dem richtigen Kurs. Man soll sich durch nichts irritieren lassen, sondern von der rot-weißen Tonne aus stur mit 160° auf den Hafen zulaufen, den ein Boot mit einem Tiefgang von nicht mehr als 2 m unter normalen Umständen auch erreichen wird.

Eine ganz andere Frage ist allerdings, ob es sich überhaupt lohnt, die Insel

Endelave

anzulaufen, denn so schön ist sie nicht, und einem Vergleich mit ihrer nördlichen Schwester, Tunø, oder gar dem Stavns Fjord von Samsø hält sie in keiner Weise stand: eine sehr flache, landwirtschaftlich intensiv genutzte Bauerninsel, kaum bewaldet, mit einem ziemlich öden Hafen. Auf der Insel liegen verstreut mehrere Gehöfte; das größte, Gut Louiselund, ist ein Landschulheim für Kinder aus Vejle. Beim Hafen ein kleiner Ort mit ein paar Häusern. Schöner ist die Insel dort, wo sie nicht kultiviert wurde, im Westen, wo die sumpfige Landspitze Kloben liegt, die häufig überschwemmt wird, und vor allem im Norden, am Øverste Ende, wo sich eine einsame Heidelandschaft mit Wacholderbüschen, Zwergweiden und Zitterespen erstreckt.

Liegeplatz und Versorgung: Der Anfang unseres Jahrhunderts ins flache Wasser gebaute Hafen liegt ca. 300 m vor dem Ufer und ist mit einem Steindamm mit dem Land verbunden.

Wenn man Platz findet, legt man sich in das viereckige Becken, das bis auf Winde aus NE sehr guten Schutz bietet. Ein künstlicher, völlig kahler Steinhafen und langweilig. Toilette und Wasser am Lagerhaus der Fähre. Treibstoff müßte man mit dem Kanister aus dem Ort herschleppen. Lebensmittel bekommt man dort auch. Die Fähre, die von Snaptun herübertuckert, versorgt die Bewohner der Insel.
Wer im Hafenbecken keinen Platz findet, kann westlich davon auf der Höhe der Kirche, ca. 300 m vor dem Ufer, ankern (Wassertiefe +/−2 m).

Wasserstand: Tidenhub 0,4 m. Sturm aus NW bis NE kann den Wasserstand um 1,3 m erhöhen, Sturm aus SE bis SW ihn um 1 m senken.

Ansteuerung bei Nacht: Sollte es gelungen sein, die erwähnte rot-weiße Tonne zu fassen zu bekommen, so läuft man auf der 165°-Linie des Richtfeuers (U-F. und O-F.: F.), das knapp 300 m westlich des Hafens am Ufer steht. Man behält diesen Kurs gut 2 sm bei, etwa bis zu der erwähnten roten Tonne, und läuft danach mit Kurs SE auf das Molenfeuer zu (F.r. von 45 bis 270°), das auf dem Kopf der Ostmole brennt. Vor dem Kopf der Nordmole tritt häufig Versandung auf. Ich rate ab.

Warnung: Die weißen Festfeuer des Richtfeuers sind schwer von der Straßenbeleuchtung zu unterscheiden!

Südlich an Endelave vorbeizulaufen, ist entschieden einfacher, als die Route im Norden zu nehmen, aber wenn man schon im Hafen dieser Insel war, ist die Nordroute die logische: Man läuft wieder auf die rot-weiße Ansteuerungstonne zu und hält danach mit Kurs NE auf die 2,5 sm entfernte schwarz-gelbe Tonne (Toppzeichen zwei Kegel, Spitzen oben) zu,

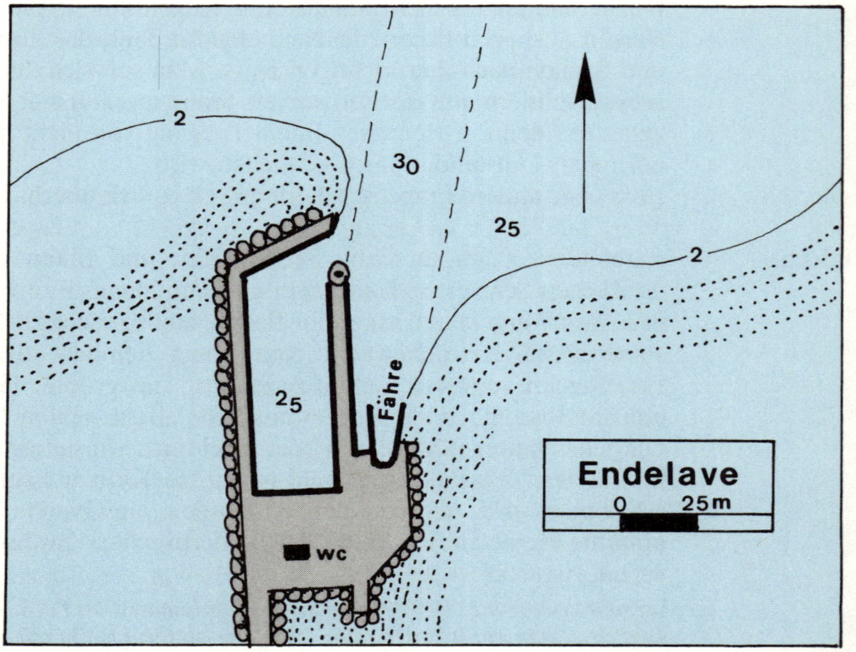

die nördlich vom *Overgrund* ausliegt, einem Flach mit Wassertiefen zwischen 1,5 und 1,8 m.
Im Nordosten erstreckt sich der große *Svanegrund,* von dem man bei Hochwasser (Tidenhub 0,4 m) allerdings nur ein ganz flaches, helles Inselchen sieht, das schütter mit Gras bewachsen ist. Bei Niedrigwasser jedoch fallen weite Gebiete um dieses Eiland trocken.
Es gibt außer der genannten schwarz-gelben hier keine weiteren Tonnen; man muß also nach Karte und Kompaß fahren. Von der schwarz-gelben Tonne aus sollte man zunächst 1,5 sm mit Kurs SE laufen, denn so bleibt man frei von *Overgrund* und *Svanegrund.* Man kommt beiden allerdings ziemlich nahe, aber anders geht es nicht.
Nach dieser Fahrt von 1,5 sm hat man wieder tiefes Wasser unter dem Kiel (etwa 8 m). Im Osten voraus liegt die große Insel Samsø. Man muß sich nun darüber klarwerden, wie man seinen weiteren Weg plant: Samsø hat ein paar recht gute Häfen, aber nur wenige wirklich gute Ankerplätze. Im Osten muß man mit dem rauheren Wasser des Kattegats rechnen, während es im Westen (wo wir jetzt stehen) insgesamt doch sehr viel geschützter ist.
Der Hafen Samsøs, der am meisten angefahren wird, ist Ballen an der Ostseite der Insel; er ist jedoch zumeist übervoll. Mårup, an der Westseite und mehr im Norden gelegen, ist ein Winzling, aber sehr schön. Langør im Stavns Fjord ist in jeder Hinsicht ein Sonderfall. Kolby Kås an der Westseite schließlich ist der größte der Samsø-Häfen, aber auch etwas langweilig.
Wir stehen jetzt 6,5 sm westlich von Kolby Kås. Ich würde es anlaufen, wenn ich damit rechnen müßte, daß Ballen belegt ist, etwa weil Starkwind viele Yachten im Hafen hält. Oder wenn ich spät am Tage hier wäre, denn auch gegen Abend wird es schwer werden, in Ballen noch einen guten Platz zu finden.

Kolby Kås

ist von weitem gut auszumachen: einmal an den weiß glänzenden Öltanks unten am Hafen, dann aber auch an der Windmühle, die etwas landeinwärts auf den Hügeln steht. Leicht anzulaufen, tiefes Wasser bis dicht vor die Hafeneinfahrt; auch nachts keine Probleme mit der Ansteuerung. Und vor allem: immer ausreichend Platz. Man liegt ruhig, außer bei Winden aus W bis NW; nur dann steht eine unangenehme Welle in den Hafen. Der Strom setzt normalerweise nordwärts, also quer zur Hafeneinfahrt, erreicht aber nur unter extremen Bedingungen maximal 1,5 kn, was angesichts des tiefen Wassers rundum nicht zu beunruhigen braucht.
So gut man liegt, so langweilig ist es hier auch. Kolby Kås ist *der* Fährhafen der Insel, der täglich von Århus und Kalundborg aus angelaufen wird. Dementsprechend ist alles auf den Fährbetrieb hin ausgerichtet. Störend vor allem ein großer, öder Parkplatz für die wartenden Pkws.
Um den Hafen gruppieren sich ein paar Häuser. Der Ort selbst liegt 2 km landeinwärts und hat außer einigen schönen Fachwerkhöfen wenig zu

bieten. Was man machen kann: die 3 km zum Leuchtturm von Vesborg wandern, der an der Südwesthuk der Insel steht. Von dort aus hat man einen phantastischen Blick hinüber nach Seeland, Fünen und Jütland.

Liegeplatz und Versorgung: Man läuft in das Südbecken, wo man überall dort festmachen kann, wo ein Platz frei ist. WC und Duschen sind einwandfrei. Wasser am Kai, Kran, Lebensmittel im Ort. Fahrräder beim Kaufmann, Kåsen 69, T. 59 00 22.

Wasserstand: Mittlerer Tidenhub 0,6 m. Sturm aus NW bis N hebt den Wasserstand um 1,0 m, Sturm aus SE bis S senkt ihn um ebenfalls 1,0 m.

Ansteuerung bei Nacht: Die bereits beschriebene Route von Endelave her wird man des Nachts nicht fahren können, außer es wäre sehr hell. Kommt man von Süden, etwa aus dem Kleinen oder Großen Belt, so wird man versuchen, zunächst den Leuchtturm Vesborg zu fassen zu bekommen (Ubr.(2)-12s). Die südlich davon liegenden grünen und roten Leuchttonnen sind für eine Yacht ohne Belang. Man läuft also auf Vesborg zu und anschließend nordwärts, parallel zur Küste, bis man die beiden Feuer auf den Molenköpfen ausmacht: Südmole Blz.gn.-3s, Nordmole Blz.r.-3s. Wer von Norden kommend auf Kolby Kås zuläuft, der hält sich im weißen Sektor des Tunø-Leitfeuers, womit man freibleibt von Svanegrund und dem untiefen Ringebjerg Sand.

Weil man in Kolby Kås sein Boot ruhig einmal für einen Tag liegenlassen kann, ohne einem anderen den Platz wegzunehmen – wie in Ballen –, eignet es sich sehr gut als Stützpunkt für einen Landgang über die Insel.

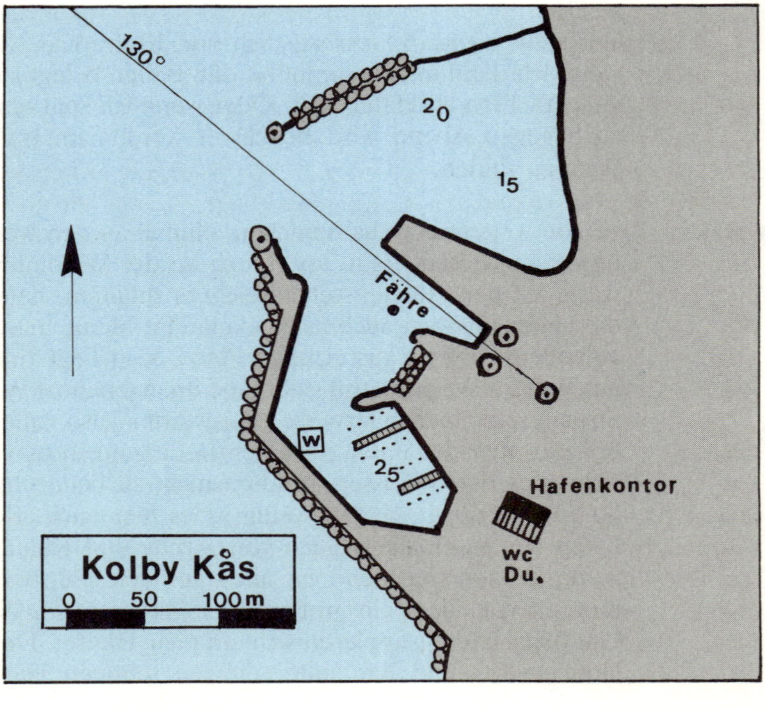

Wobei man diesen Landgang am besten mit dem Fahrrad unternimmt, weil man dann in einem Tag doch schon sehr viel von ihren Schönheiten sehen kann, vorausgesetzt, man hat die Kondition, um auch zeitweilig stramm bergauf zu radeln.

Samsø mit dem sanften Auf und Ab seiner Hügel, den braunen Kliffküsten und hellen Sandstränden ist trotz der vielen Touristen, die von Jahr zu Jahr in immer größerer Zahl hierherkommen, eine Bauerninsel, jedenfalls im kultivierten Südteil, der Sørlandet heißt und eher wie ein Park anmutet denn wie ein Ackerbaugebiet. Es gibt mehrere kleine Weiler und unzählige Bauernhöfe, alle in schönem Fachwerk, mit reetgedeckten Dächern, die zwischen Hecken und wogenden Kornfeldern liegen. Nach Norden zu wird die Natur ursprünglicher; da gibt es große Heideflächen, Moore und östlich der weiten Mårup Vig eine große sogenannte Klitplantage, einen künstlich angelegten Wald.
Mittendrin im Sørlandet liegt der Hauptort der Insel, Tranebjerg, nicht sonderlich interessant, aber er beherbergt unter anderem den sehr guten Samsø Museumsgård (Museumsvej 10, T. 59 05 37) und das zentrale Touristbüro (Langgade 32, T. 59 14 00).

Die Insel mißt vom südlichen Lushage bis Issehoved im Norden 27 km. Mit knapp 9 km am breitesten ist sie im Südteil, am schmalsten bei der Mårup Vig, wo sie nicht einmal mehr 1 km Breite hat: Es ist die Stelle, wo die Wikinger von der Mårup Vig einen Kanal zum Stavns Fjord gegraben haben. Davon sieht man im Museum von Tranebjerg ein Modell; später, im Stavns Fjord (s. Seite 222), kann man selbst auf archäologische Erkundungsfahrt gehen.
Daß Samsø schon in der frühen Steinzeit besiedelt war, beweisen Funde der sogenannten Køkkenmøddinger – was nichts anderes als Küchenabfälle sind, steinzeitliche Mülldeponien, wenn man so will, die dem Wissenschaftler aber ziemlich genaue Auskunft über die Lebensgewohnheiten unserer Vorfahren geben können. In Dänemark fand man viele solcher Køkkenmøddinger, es wurde sogar eine ganze Periode danach benannt: die Køkkenmøddinger Kultur, die man auf die Zeit zwischen 6000 und 2700 v. Chr. datiert, als der Spiegel des Meeres immer höher stieg und das Meer große Gebiete in Nordjütland und auf Seeland überflutete, während in der gleichen Zeit Südjütland und die übrigen Inseln höher lagen als heute. Das ist übrigens eine Schaukelbewegung, die sich in Dänemark auch heute noch nicht gelegt hat: Das Nordland steigt, das Südland sinkt, wenn dies auch in für uns meßbaren Zeitspannen nicht bemerkbar ist.
Im Mittelalter war ganz Samsø eine Grafschaft. Noch Mitte des vorigen Jahrhunderts gehörte den Grafen von Dannerskjøld-Samsø fast die ganze Insel, und auch heute noch ist ein sehr großer Teil im Besitz von Gut Brattingsborg.

Schon 1710 errichtete der Fährverein in Kalundborg eine regelmäßige Verbindung mit Postschmacken nach Samsø, und bereits 1833 bestand eine Dampfschiffahrtsroute Kalundborg – Kolby Kås – Århus.
Ein kulinarisches Postskript: Auf Samsø kann man besonders gut essen, Fische frisch aus dem Meer und Gemüse, vor allem Spargel, frisch von den Feldern. Das Spezialgericht aber muß man im allgemeinen vorbestellen: Das ist gebratener Aal mit Apfelmus. Gemüse und insbesondere Erdbeeren stellen die Bauern in Ständen an die Straße, und man nimmt sich, was einem gefällt, und steckt das Entgelt in eine bereitgestellte Büchse.
Die Fahrt von Kolby Kås nach Ballen verlangt keine große Navigation; man fährt praktisch immer parallel zur Küste, der man relativ nahekommen darf, weil die 2-m-Linie gleichmäßig und ziemlich hart daran entlangführt. Im Süden von Samsø passiert man die sanft geschwungene Bucht Lushavn, die schon vor 1000 Jahren in den isländischen Sagengeschichten als Ankerplatz genannt wurde. Der große Brattingsborg Skov dicht östlich davon ist der größte zusammenhängende Laubwald der Insel und gehört zu dem gleichnamigen Gut, dessen rote Klinkerfassade man im Vorbeifahren für einen Augenblick zwischen den Bäumen auftauchen sieht. Hat man den 6 m hohen Gittermast des Feuers *Lushage* querab, so geht es nordwärts auf Ballen zu, dessen hohe Silos schon ab hier ganz deutlich auszumachen sind.

Ballen ist *der* Hafen auf Samsø. Wer aus dem Großen oder Kleinen Belt kommt und nach Norden will, der wird hier Station machen: Es ist der logische und am günstigsten gelegene Platz, zudem noch ohne Schwierigkeiten anzulaufen, auch nachts. Mit einem Wort: ein guter bis sehr guter Hafen,

Vesborg – von Südosten

aber eben deshalb auch in den Sommermonaten entsprechend überfüllt. Um den Hafen ist viel Atmosphäre, die aber ein bißchen beeinträchtigt wird durch den Rummel. Womit nicht so sehr die vielen Yachten gemeint sind, sondern mehr noch die Touristen, die mit ihren Autos bis dicht vor den Hafen gefahren kommen.

Ballen war einst Anlaufpunkt der Fähre aus Kalundborg; jetzt liegen nur noch ein paar kleinere Fischerboote hier. Den meisten Platz jedoch nehmen die Yachten für sich in Anspruch. Obwohl an den Hafenanlagen in letzter Zeit gebaut wurde, macht das Ganze doch einen leicht derangierten Eindruck. Eisgang zerstörte Teile der Mole. Die Einfahrt ist im Zuge dieser Reparaturarbeiten etwas verlegt worden, so daß man jetzt gegen Ost sehr viel besser geschützt ist; im Außenhafen aber steht bei Wind aus NE immer noch ein beträchtlicher Schwell.

Vom Hafen aus erstreckt sich südwärts ein langer, sehr schöner Badestrand.

Liegeplatz und Versorgung: Der Hafen ist (wieder einmal) umgebaut worden, sehr zum Nutzen von uns Bootsfahrern. Man darf jetzt überall festmachen. Nur das schmale, kleine Becken bleibt den Fischern vorbehalten. Die Hafengebühren sind eine Bring-

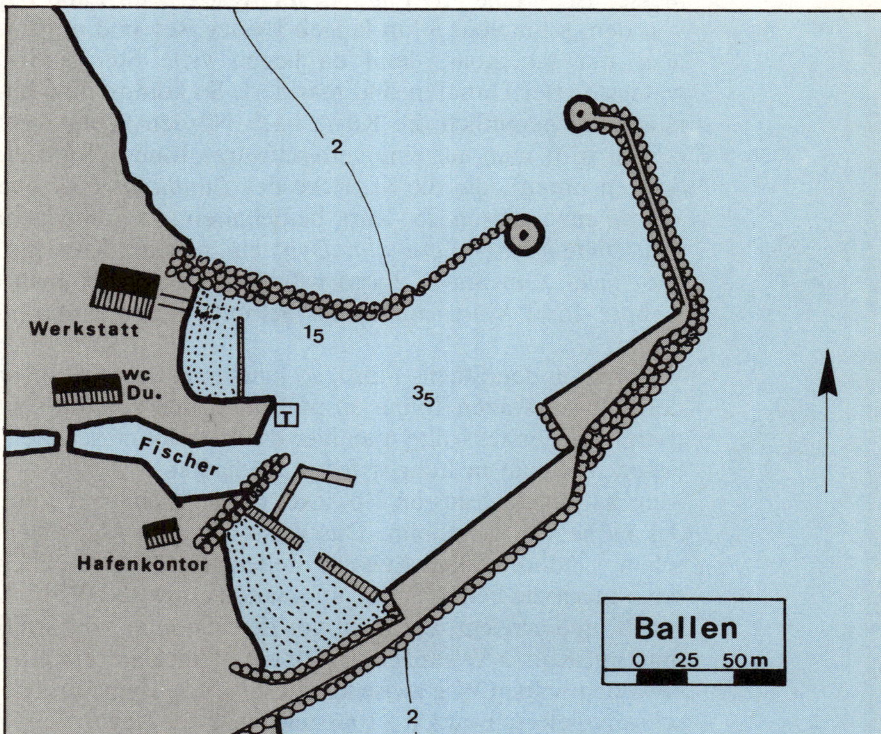

schuld; man muß sich also zum Hafenbüro bequemen und sie dort einzahlen. Versäumt man das bis 2100, so werden die doppelten Gebühren fällig. Am Morgen kann man beobachten, wie sich der Hafenmeister mit seinem Motorbötchen in die Einfahrt legt und gnadenlos jedes auslaufende Schiff kontrolliert.
Großer Supermarkt direkt am Hafen. Auch ein gemütlicher Kro. Ein gutes Hotel im Ort. Neue, sehr ordentliche Duschen und Waschgelegenheiten, trotzdem zu klein für den großen Andrang. Kleiner Fischhandel neben dem Hafenbüro. Im Ort eine Motorenwerkstatt mit Yacht-Service. Fahrrad-Verleih.

Wasserstand: Tidenhub 0,3 m. Sturm aus NW oder N kann den Wasserstand um 1 m erhöhen, Sturm aus E oder SE ihn um ebenfalls 1 m senken.

Ansteuerung bei Nacht: Die Gewässer östlich von Samsø, der Samsø Belt, sind vielbefahren; es gibt deshalb auch eine große Zahl von Feuern, an denen man sich orientieren kann. Mit Hilfe der Feuer auf den Molenköpfen (F.r. und F.gn.) kommt man sicher in den Hafen. Der Ort selbst ist im übrigen auch von weither an den vielen Laternen gut auszumachen, die rings um den Hafen stehen.

Knapp 10 sm nördlich von Ballen erreicht man die wahrscheinlich schönste, sicher aber eigenartigste Landschaft der Insel, den

Stavns Fjord

der eigentlich mehr ein fast kreisrundes Becken von etwa 2,5 sm Durchmesser ist – eine Art Lagune, im Westen vom Land begrenzt, im Osten von dem schmalen, 5 km langen Besser Rev und nur nach Norden offen, aber nur scheinbar, denn da liegen viele Steine im Wasser, und die wenigsten der Untiefen sind markiert. So kommt man hin: Von Ballen aus läuft man gemütlich die Küste nach Norden hoch, Kurs etwa 25°. Nach 6,5 sm trifft man auf eine gelb-schwarze Tonne (Toppzeichen zwei Kegel, Spitzen unten), die die SE-Ecke des *Lindholm Flak* markiert.
Würde man diesen 25°-Kurs beibehalten, so käme man ziemlich genau zum (befeuerten) *Lindholm Dyb:* ein sicherer Kurs nach Norden, wenn man nicht zum Stavns Fjord will. So jedoch sieht man die große, unbewohnte Insel Vejrø mit ihrem gelbbraunen Steilufer nur in der Ferne liegen.
Will man in den Stavns Fjord, so fährt man durch das *Lindholm Løb*. Von der gelb-schwarzen Tonne an muß man sich voll auf seinen Kurs konzentrieren. Als erstes sollte man hier das Echolot einschalten und es mitlaufen lassen, bis man in Langør festgemacht hat.
Man hat als nächstes an Bb. zwei grüne Tonnen; die nördlichste liegt auf der Höhe von Lindholm. Das Wasser hier ist klar und türkisfarben, zwischen Lindholm und Kyholm stellenweise nur knöcheltief, und überall schimmern die hellen Steine und Sände durch die Wasseroberfläche. Ist die rote Tonne erreicht, die dicht vor dem Südufer von Kyholm liegt, so muß man mit Kurs NW zunächst noch ein kleines Stück weiterlaufen. Hat man etwa den halben Weg zwischen dieser roten Tonne und der nächsten, einer schwarz-gelb-schwarzen (Toppzeichen zwei Kegel, Spitzen voneinander), hinter sich gebracht, so kann man in den Stavns Fjord eindrehen. Die tiefe

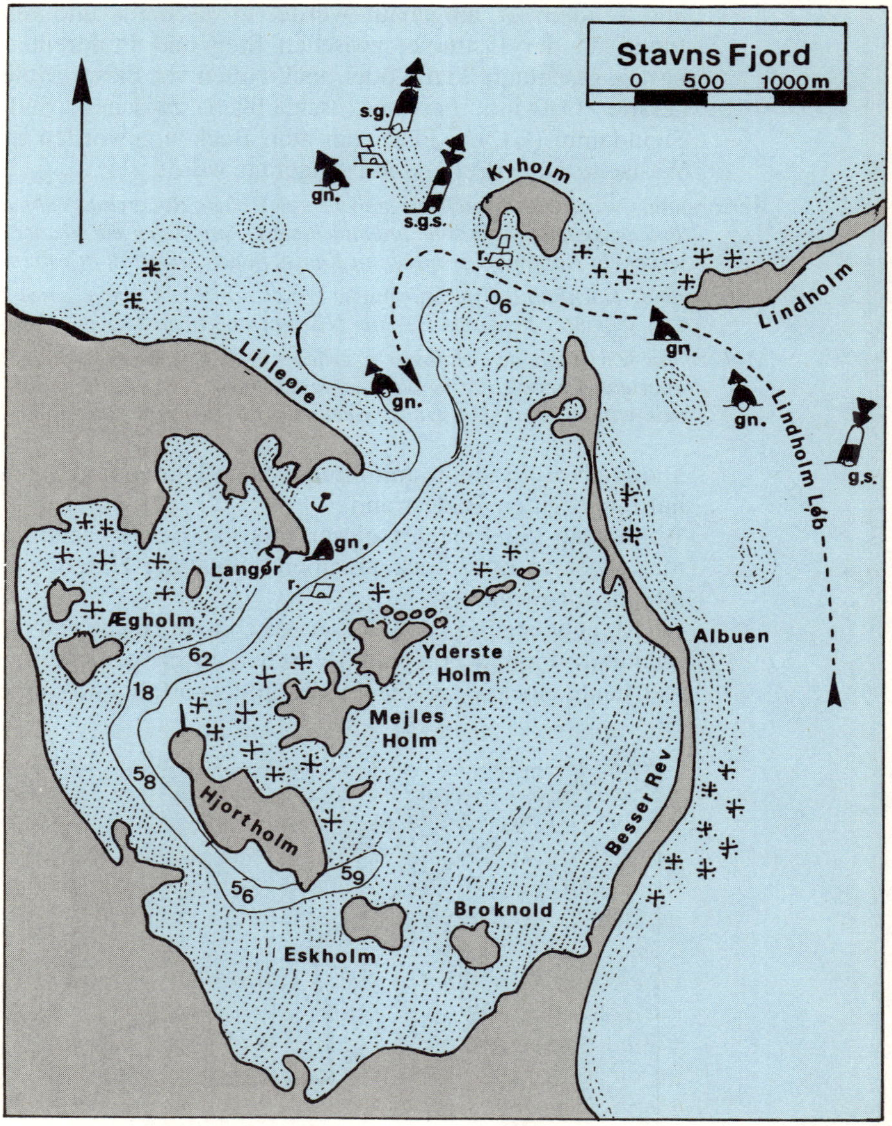

Rinne, die wir jetzt fahren, greift weit in den ansonsten außerordentlich flachen Fjord hinein und endet erst östlich der Insel Hjortholm. Wir ankern jedoch entweder in der Bucht zwischen der Halbinsel Lilleøre und dem Hafen von Langør oder machen, soweit Platz ist, in

Langør

selbst fest. Der Hafen ist winzig. Der Ort besteht aus ein paar Häusern, von denen die Hälfte auch nur noch im Sommer bewohnt wird. Der Hafen hat, seitdem er umgebaut wurde, etwas mehr und relativ gute Plätze: Innen an der Ostmole, zwischen Steg und Pfahlreihe (A), ist der am besten geschützte Platz; oder auch außen vor dieser Mole (B), wenn nicht gerade Ostwind herrscht; schließlich zwischen Südmole und dem Steindamm (C), ein Platz, der zum Becken geworden ist, seitdem an der Westseite eine Bretterwand eingefügt wurde.

Versorgung: Neben den Waschgelegenheiten des alten Ruderclubs gibt es zwei Wasch- und Toilettengebäude, die sehr ordentlich sind. Am Hafen ein kleiner Kiosk. Etwa 150 m weiter ein Købmand, wo man im Kanister auch Treibstoff bekommt. Wasser am Steg.

Wasserstand: Tidenhub 0,6 m. Stürmische Winde aus SE bis SW können den Wasserstand um 1 m senken, solche aus NW bis NE ihn um ebenfalls 1 m erhöhen.

Ankerplatz: Zwischen den Halbinseln Lilleøre und Langør die schon erwähnte Bucht, wo man guten Schutz hat bei Winden aus W über N bis E. Man ankert auf einer Wassertiefe von ca. 5 m. Die Dansk Sejlunion hat hier Ankerbojen ausgelegt.

Die Halbinsel Lilleøre mit ihren weißen Dünen und den Sanddornbüschen hat einen guten Badestrand.

Wenn man die Eigenart dieser Fjordlandschaft richtig erleben will, darf man nicht an Bord hockenbleiben, zumal der Hafen von Langør selbst so interessant nicht ist.

Es ist naheliegend, daß dieser geschützte, nicht sehr tiefe, kaum überschaubare Fjord schon früh Menschen angezogen hat, die hier nicht nur – wie heute noch – reiche Fischgründe vorfanden, sondern im Fjord mit

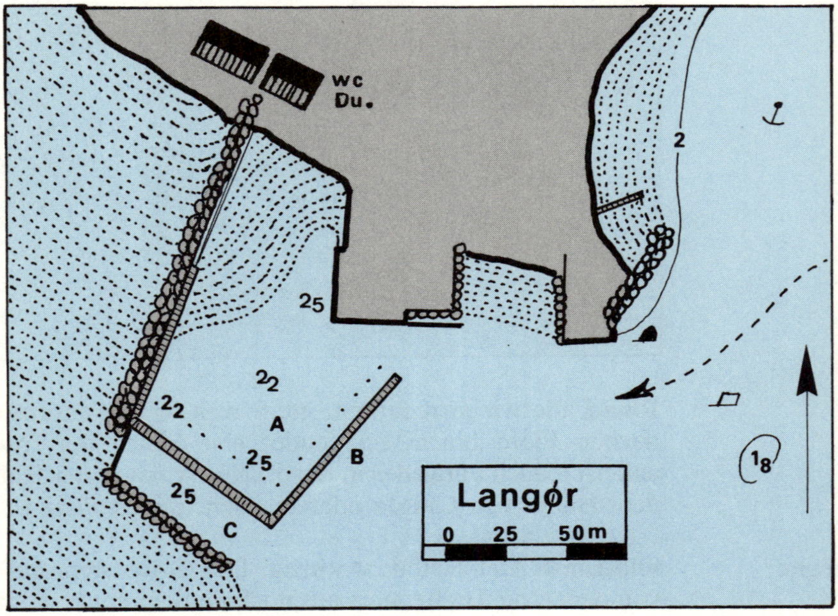

seinen vielen Inseln, Riffen und Untiefen auch vor feindlichen Überfällen ziemlich sicher waren. Es gibt Funde, die man im Tranebjerg-Museum sehen kann und die beweisen, daß am Stavns Fjord schon in der Steinzeit Menschen lebten.
Eine besondere Rolle aber muß er in der Zeit der Wikinger gespielt haben. Auf Hjortholm, der größten Insel im Fjord, fand man Reste einer Burg, von der man annimmt, daß sie von den Wikingern gebaut wurde. Das Interessanteste aber ist der Kanhave-Kanal, der, ebenfalls von Wikingern, wahrscheinlich im Jahre 950 gegraben wurde und der die Insel Samsø an ihrer schmalsten Stelle von Ost nach West durchschnitt. Man findet die Mündung des Kanals am Westufer des Fjords, gegenüber der kleinen Insel Ægholm. Er war 800 m lang, 11 m breit und hatte eine Wassertiefe von gut 1 m. Seine Breite und Tiefe entsprachen also ziemlich genau den Maßen der schlanken und flachgehenden Wikingerboote, die durch den Kanal gerudert werden konnten. Da er durch sandiges Land führte, hatten ihn seine Erbauer sogar mit Holzplanken eingefaßt und so verhindert, daß der Sand ins Wasser rutschte – eine Anlage, die für die damalige Zeit eine erstaunliche technische Leistung darstellte.
Die Felsinsel Kyholm, die während der großen Pest von 1709 als Quarantänestation für Fünen und Jütland diente, wurde im Nordischen Krieg (1709–1721) zu einer kleinen Festung ausgebaut, mit Schanzen auf Lilleøre und dem Besser Rev. Ob sie eine große Rolle im Krieg gespielt hat, weiß man nicht; sicher aber ist, daß gekaperte Schiffe nach Langør geschleppt wurden, wo ihre Ladung versteigert wurde, was immer zu einem großen Andrang in dem kleinen Hafen führte.
In dem für die Dänen so unglücklichen Krieg gegen die Engländer (1807–1814) wurde Kyholm verstärkt; es wurden Mannschaftsunterkünfte gebaut, eine Wohnung für den Kommandeur und Werkstätten für die Flotte. Dies alles wurde bald wieder niedergelegt. Danach spielte Kyholm nur noch eine kurze Rolle als Quarantänestation; seitdem ist es menschenleer. Man kann aber noch die Schanzen sehen und die Fundamente der Häuser und, wenn man sehr sorgfältig sucht, auch einige überwachsene Gräber finden, wo die Pestkranken ihre letzte Ruhestätte fanden. Das Inselchen gehört heute dem Gut Brattingsborg, und wenn man es betreten will, müßte man – eigentlich – die Genehmigung des Gutsverwalters einholen (T. 59 00 41).
Der ganze Stavns Fjord ist Wildschutzgebiet; seitdem man den Kanal und die Reste der Wikingerburg entdeckte, wurde er auch noch zum archäologischen Schutzgebiet erklärt.
Noch immer ist das Wasser des Fjords voller Fische. An seinen seichteren Stellen findet man Krabben und Plattfische, und im Lindholm Løb sowie Kyholm Løb soll es den Einheimischen zufolge von Dorschen nur so wimmeln. In den flachen Gewässern des Fjords kann man alle in Dänemark vorkommenden Schwimm- und Stelzvögel beobachten.

Man muß sich schon ein paar Tage Zeit nehmen für diese seltsame Fjordlandschaft; am besten, man kommt im Frühsommer, vor den Ferien, wenn die Touristenschwärme noch nicht da, oder im Frühherbst, wenn sie schon wieder weg sind.

Man verläßt den Stavns Fjord nordwärts durch das *Kyholm Løb,* wobei man zunächst die schon bekannte schwarz-gelb-schwarze Tonne an Bb. hat und danach eine schwarz-gelbe (Toppzeichen zwei Kegel, Spitzen oben). Dazwischen zieht sich ein sehr unangenehmes, zeit- und stellenweise trokkenfallendes Flach hin.
Man kann immer wieder dänische Boote beobachten, die nicht diese Route nehmen, sondern von Lilleøre aus einfach mit Kurs Nord aus dem Stavns Fjord laufen. Das läßt sich machen, wenn man durch das Tonnenpaar (rot und grün) fährt, das nordwestlich der erwähnten schwarzgelben Tonne ausliegt.
Ich möchte aber raten, doch die Schwarz-Gelbe anzuliegen. Danach hat man die weite und tiefe Nordby Bugt vor sich, wo man (zunächst) frei und unbeschwert an der bewaldeten Ostküste von Samsø entlangsegeln kann.
4 sm etwa, dann hat man schon wieder Grund, sich mit einiger Aufmerksamkeit der Navigation zu widmen: Von der Nordspitze Samsøs aus erstreckt sich knapp 2 sm weit nach Norden und Nordosten die Untiefe *Issehoved Flak*. Das große Flach ist nicht deutlich auszumachen, denn zunächst fällt das Land tief und recht steil ab, und danach breitet sich, ohne daß man dies aus der Karte ersehen könnte, ziemlich weit nach Norden ein kaum aus dem Wasser ragender Sand aus. Auch über das *Issehoved Flak* gibt es eine Spezialabkürzung, die sogar (im Westen) mit einer roten Tonne bezeichnet ist, aber man sollte sie ebenso wie die im Stavns Fjord den Einheimischen überlassen.
Wir halten auf die schwarz-gelb-schwarze Tonne zu (Toppzeichen zwei Kegel, Spitzen voneinander), die an der Ostkante des Flachs steht.

Das Steilufer von Asmindør Hage westlich von Mårup

Danach geht es mit Kurs NW auf eine schwarz-gelbe Tonne zu (Toppzeichen zwei Kegel, Spitzen oben), die das nördliche Ende des Flachs anzeigt. Ab hier kann man nun ohne Probleme zunächst parallel zum *Issehoved Flak* und anschließend am Ufer von Samsø südwärts segeln. Die 2-m-Linie verläuft parallel und ziemlich dicht vor dem Ufer, so daß man der Küste recht nahe kommen darf; so sieht man auch sehr schön die durch den Druck des Eises entstandenen Fältelungen der lehmbraunen Steilküste.

Tunø, das nur 2 sm westlich von Samsø liegt, heben wir uns für später auf und drehen jetzt in die weit nach Süden ausschwingende *Mårup Vig* ein. Entlang der hellen Steilküste Asmindør Hage laufen wir auf den winzigen Hafen

Mårup

zu, den man mit einem Tiefgang bis zu 2 m immer ansteuern kann. Nur bei starken Winden aus SSW bis W wird es in der betonnten, 2,7 m tiefen Einfahrt etwas kritisch, zumal man mit Versandungen rechnen muß. Der Hafen ist von weither gut auszumachen zwischen dem hellen Steilufer im Westen und der flachen, baumbestandenen Küste im Osten. Eine ganz andere Frage ist es allerdings, ob man einen Platz darin findet; und auch wenn man gut in den Hafen hineinkommt, so kann er im Sommer doch so dicht belegt sein, daß ein Boot von beispielsweise 11 m Länge keinen Raum zum Wenden haben wird. Man sollte davon ausgehen, daß es ab dem frühen Nachmittag keinen Sinn mehr hat, den Hafen anzulaufen.

Nach Westen zu zieht sich unter dem Steilufer ein recht guter, allerdings kieseliger Strand hin. Um den Hafen stehen ein paar Häuser. Nach

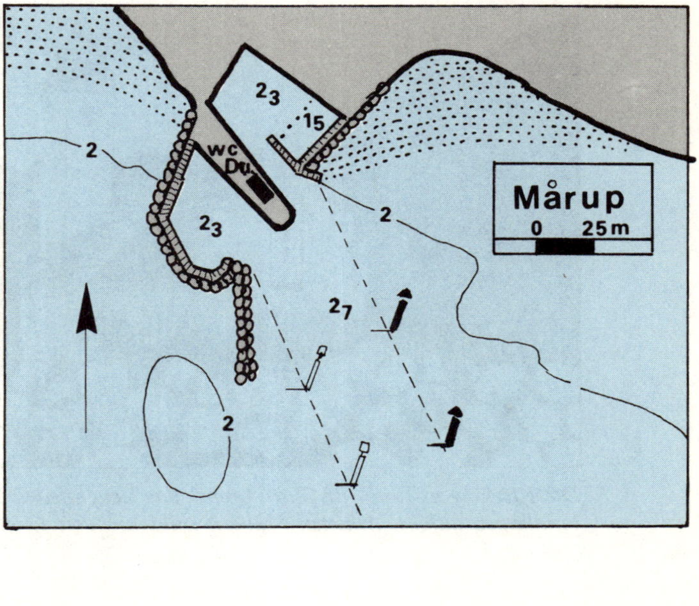

Norden zu steigt das Land zu den grünen Hügeln von Nordby an – das ist alles recht idyllisch. Der Ort selbst, Mårup By, liegt gut 1 km landeinwärts – ein Dorf mit sehr schönen Fachwerkhäusern. Am Ortsausgang ein merkwürdiger Kro, der „Kræmmers Gård", früher eine Scheune, die in ihrer Längsrichtung zweigeteilt ist. In der einen Hälfte wurde ein gemütliches Restaurant eingerichtet, die andere ist mit Antiquitäten vollgestopft, die man käuflich erwerben kann.

Liegeplatz und Versorgung: Selbst das ausgebaggerte und sanierte Außenbecken verbesserte die Liegeplatz-Situation in Mårup nicht wesentlich. Man sollte in den Innenhafen gehen und dort festmachen, wo man einen Platz findet, nicht jedoch dicht hinter der Einfahrt an der Mittelmole, weil dies der Platz für das Postboot ist. Das Hafengeld bezahlt man an dem kleinen Kiosk. Toilette und Dusche siehe Plan. Wasser bekommt man am Hafen, Treibstoff nicht. Lebensmittel in einem sehr guten Supermarkt gleich am Ortseingang von Mårup By. Dorthin hat man 15 Minuten zu gehen. Ein landschaftlich sehr schön gelegener Hafen mit guter Atmosphäre, aber ziemlich unkomfortabel.

Wasserstand: Tidenhub 0,6 m. Sturm aus NW bis NE kann den Wasserstand um 0,9 m erhöhen, Wind aus SE bis SW ihn um ebenfalls 0,9 m senken.

Ansteuerung bei Nacht: Nicht möglich, da die Feuer gelöscht sind.

Ankerplätze findet man neben dem Hafen in der Mårup Vig. Die 2-m-Linie verläuft 200 bis 250 m vor dem Land. Vorsicht Steine! Dreht der Wind auf S oder W, muß man den Platz verlassen.

Man kann von Mårup aus schöne Wanderungen unternehmen, etwa zum nahen Nordby, einem Dorf, das sehr gut sein altes Milieu bewahrt hat, mit einer interessanten, im Inneren reichausgestatteten Dorfkirche. Oder zu

Die Kirche von Tunø. Im Turm brennt das Leuchtfeuer. Typisch für Dänemark die aus Findlingen aufgeschichteten Mauern rings um den Kirchhof

dem über den grünen Graskuppen aufragenden 64 m hohen Ballebjerg, von dessen Aussichtsturm man einen phantastischen Blick über die Århus Bugt hat. Oder auch zur Einsamkeit der Nordby Hede, wo man dann auch schon wieder sehr nahe am Stavns Fjord wäre.

Die nur 3,5 sm westlich von Mårup gelegene Insel

Tunø

hatte lange die gleichen Hafenprobleme, wobei dieser Hafen nicht nur ebenso winzig, sondern zudem noch zu einem großen Teil versandet war.
Der Hafen – einstmals ein Geheimtip, dann bald hoffnungslos überfüllt – ist ausgebaggert und ausgebaut worden. Im einst flachen westlichen Teil schwimmen jetzt auf 2,4 bis 2,5 m Wassertiefe zwei Pontonbrücken. In Tunø sollen damit an die 250 Boote Platz finden. Ob's reichen wird?
Die Insel liegt wie ein kleiner flacher Hügel im Wasser. Ihren höchsten Punkt hat sie etwa in der Mitte, dort, wo auch die schöne weiße Leuchtturmkirche steht, und von da fällt das Land sanft nach Westen und Osten hin ab. Eine fruchtbare Bauerninsel, deren Felder und Äcker so sorgfältig wie Gärten bewirtschaftet sind. Dazwischen immer wieder Bäume und dichte Hecken, Moore und nasse Wiesen. Tunø mißt von Ost nach West

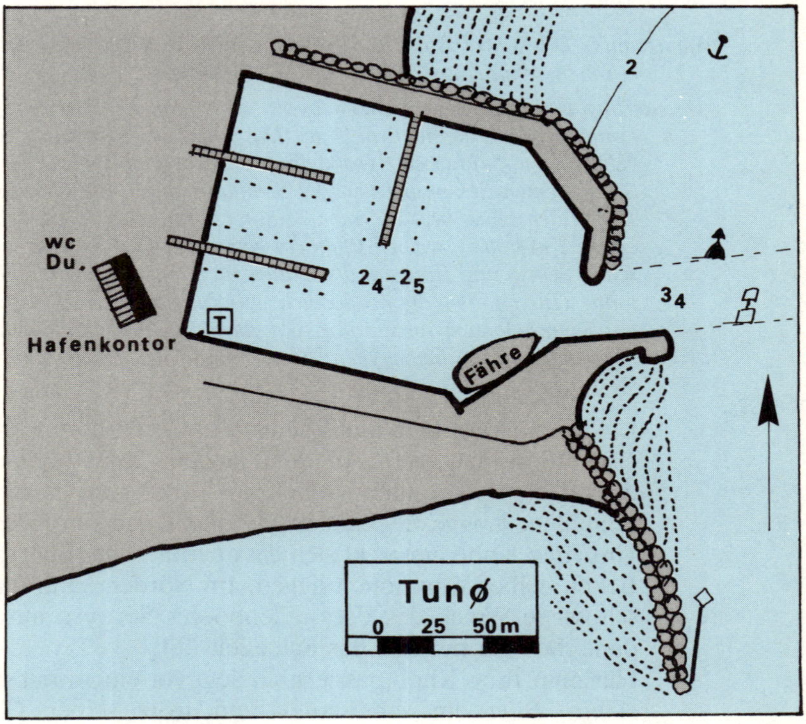

knapp 4 km. Das kann man leicht abwandern, obwohl es auch Fahrräder zu leihen gibt.

Liegeplatz und Versorgung: Beim Einlaufen in den Hafen hat ein Boot bis 2 m Tiefgang keine Schwierigkeiten. Bei Winden aus E und S kann ein nordlaufender Strom von 1,5 kn das Ansteuern etwas erschweren. Im Hafenbecken liegt man ruhig, außer bei Winden aus NE bis E; dann entsteht einige, wenn auch nicht allzu lästige Unruhe. Winde aus diesen Richtungen können auch Treibtang in den Hafen drücken, der einem schnell den Ansaugstutzen für das Motorkühlwasser verstopfen kann.

Man kann überall festmachen, nur die Südmole ist der Fähre vorbehalten, die in dem engen Hafen drehen muß, um an die Pier zu kommen. Dabei produziert sie eine gewaltige Welle und gerät den Sportbooten bedenklich nahe.

Ist der Hafen voll, so kann man dicht nördlich davon, vor Tunø Rev, in der schönen, sichelförmigen Bucht gut ankern. Je näher man an den Strand heran kann, um so ruhiger wird man liegen. Man achte jedoch auf Kabel, die dicht nördlich des Hafens ausliegen (Lage zu erkennen an den Baken am Ufer). Ein Platz, der unbedingt zu empfehlen ist bei Winden aus W bis N und, wenn man dicht genug unter Land kann, auch noch bei SW.

Versorgung mittelmäßig. Wasser kann man an der Nordmole aufnehmen. Treibstoff muß man im Kanister holen. WC und Duschen (neu) siehe Plan. Lebensmittel bekommt man in einem Konsumgeschäft im 500 m entfernten Ort. Dort auch ein Restaurant. Frische Kartoffeln, Gemüse und Eier legen die Bauern in Selbstbedienungsstände an die Straße.

Sehr gut der Badestrand nördlich vom Hafen, sauber, mit flachem Wasser, so daß auch kleinere Kinder dort gefahrlos planschen können.

Wasserstand: Tidenhub 0,8 m (!). Winde aus NW bis NE können den Wasserstand um 0,5 m erhöhen, Winde aus SW ihn um 0,5 m senken.

Ansteuerung bei Nacht: Abgesehen davon, daß man nicht weiß, ob man im Hafen unterkommen wird, keine Probleme. Das auf dem Kirchturm brennende Sektorenfeuer (Ubr.w/r/gn.-5s) hat eine große Tragweite, dient aber nicht der Ansteuerung von Tunø: Seine weißen Sektoren leiten die Schiffahrt durch die Gewässer westlich von Samsø. Der Hafen selbst liegt im roten Sektor (220 bis 326°). Auf seiner Südmole brennt auf einem 2 m hohen, weißen Pfahl ein Feuer: F.r. Kommt man von Norden und läuft zwischen Samsø und Tunø auf den Hafen zu, so muß man auf alle Fälle die grüne Leuchttonne (Blz.gn.-3s), die nordöstlich von Tunø vor der Untiefe Tunø Røn liegt, östlich passieren. Danach nicht sofort auf das Molenfeuer zulaufen, sondern den Südkurs noch etwa 0,5 sm beibehalten; dann erst auf den Hafen zudrehen, der jetzt querab in West liegt.

Läuft man vom Hafen aus südlich um Tunø herum, so hat man bis Århus etwa 18 sm vor sich. An dem langen, 23 m hohen, lehmbraunen Sønderklit vorbei (deshalb südlich um Tunø) geht es zwischen Tunø und der schmalen, langgestreckten Insel Tunø Knob nordwärts.

Um Tunø Knob erstreckt sich ein quadratisches Sperrgebiet, an dessen vier Ecken gelbe Warntonnen liegen. Im Norden kann man das schon arg zerschossene Wrack des Patrouillenbootes SØLØVEN ausmachen, an dem die dänische Marine jetzt das Schießen übt.

Hat man Tunø Knob passiert, so liegt vor einem mit der breiten und tiefen *Århus Bugt* ein sehr gutes und trotz seiner Größe auch ziemlich geschütztes Segelrevier. Man kann sorglos auf Århus zusegeln, von dem man wahrscheinlich auch hier schon den hohen, schlanken Funkmast ausmachen kann. Zwei Untiefen sind zu beachten:

– Da ist im Westen, vor dem Ort Norsminde, das *Norsminde Flak,* an dessen Ostkante eine schwarz-gelb-schwarze Tonne (Toppzeichen zwei Kegel, Spitzen voneinander) ausliegt. Südwestlich dieser Tonne gibt es eine 2-m-Stelle.

– Mit seiner Tiefe von nur 0,5 m unangenehmer ist der östlich davon auf dem großen *Mejlflak* gelegene *Mejlgrund,* an dessen Westkante eine gelb-schwarz-gelbe Tonne (Toppzeichen zwei Kegel, Spitzen zueinander) ausliegt.

Wer Lust hat, kann auf dem Weg nach Århus zwei in ihrem Charakter, aber auch wegen ihrer Zugänglichkeit völlig unterschiedliche Häfen besuchen.

Hov

der südlichere, liegt gut 6 sm westsüdwestlich von Tunø; es ist der Hafen, von dem aus die Fähren nach Kolby Kås fahren. Die Fähren haben inzwischen ihren eigenen Hafen (s. Plan), so daß man im alten Hafen wohl immer ein Plätzchen finden wird, nicht zuletzt deshalb, weil Yachten – verglichen mit Tunø – eher selten hierherfahren, und dies nicht ohne Grund, denn sonderlich attraktiv ist der Hafen mit seiner unmittelbaren Umgebung nicht.

Die Ansteuerung ist einerseits einfach, wenn man gut auf die Tonnen achtet, andererseits tückisch, wenn man eine davon übersieht, denn östlich von Hov erstreckt sich um das Inselchen *Hov Røn* ein weites Flach.

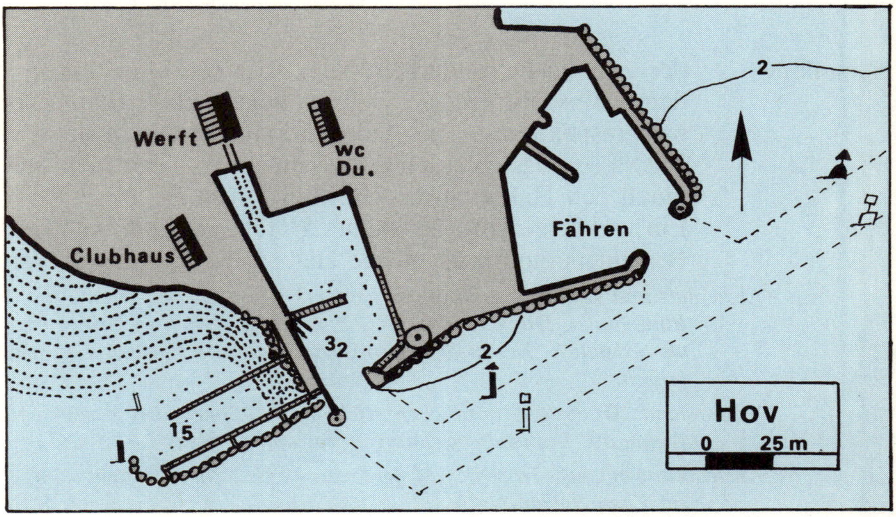

Kommt man von Tunø, wird man den Hafen von NE her anlaufen, wobei man die schwarz-gelbe Tonne unbedingt an Backbord lassen muß. Von Süden läuft man durch das *Hov Løb:* Hier achte man zuerst auf eine Schwarz-Gelb-Schwarze, danach halte man sich sauber im Tonnenstrich.

Liegeplatz und Versorgung: Man macht im alten Hafen möglichst weit innen fest. Die beiden Stege westlich davon haben wenig Wasser; es ist dort auch sehr eng, deshalb besser hier nicht. Versorgung siehe Plan.

Wasserstand: Wind aus N erhöht den Wasserstand um 1,0 m, Wind aus S senkt ihn um ebenso viel.

Ansteuerung bei Nacht: Der Hafen hat zwei Sektorenfeuer, eines für die nördliche Ansteuerung (Ubr.(2)w/r/gn.), das andere für das Hov Løb (Ubr.w/r/gn.). Die nördliche würde ich nehmen, die südliche nicht, denn die Sektoren führen über den Svanegrund. Die nördliche Ansteuerung ist auch deshalb besser, weil hier noch zwei Leuchttonnen ausliegen (Blz.(3)gn.-8s und Blz.gn.-3s). Am Kopf der Südmole des alten Hafens brennt ein rotes Festfeuer.

Entschieden stimmungsvoller als Hov ist der kleine Hafen von Norsminde, den man ohne Übertreibung als eine kleine Idylle bezeichnen kann. Allerdings etwas schwierig anzusteuern, das ist sein Problem.
Zunächst läuft man von Hov aus immer nordwärts und hält dabei vorsichtshalber einen Abstand von etwa 0,5 sm zur Küste. Dieser Abstand würde dann auch reichen, um gut freizubleiben von dem Flach *Kysing Hage,* das mit Steinen geradezu übersät ist. Doch nun wird es etwas schwierig – man sollte zunächst weiter nordwärts laufen, in etwa auf die grüne Tonne *Hesbjerg Grund* zu (damit bleibt man auch frei von dem östlich gelegenen Norsminde Flak), bis man die auffallende Steinmole von Norsminde in SW peilt. Jetzt darauf zu und entlang der Mole hinein in den Hafen von

Norsminde

der zwar nicht sonderlich viele, aber sehr gute Liegeplätze aufweist. In dem halbkreisförmigen Becken liegen Fischerboote; deren Platz sollte man respektieren. Das Anlegen kann etwas schwierig werden, wenn die Entwässerungsschleusen des Kystinge Nors geöffnet sind, denn dann läuft durch den Hafen ein beachtlicher Strom.
Ein wirklich idyllischer kleiner Hafen, gelegen zwischen Wald und Heide. Besonders eindrucksvoll die Halbinsel Næs in ihrer Naturschönheit.

Liegeplatz und Versorgung: Man mache je nach Tiefgang des Bootes fest, wo man einen freien Platz findet. Die Versorgung (s. Plan) ist für einen so entlegenen kleinen Hafen mehr als ordentlich. Neben dem Kro ist noch auf ein Fischgeschäft direkt am Hafen hinzuweisen.

Wasserstand: Winde aus nördlichen Richtungen können den Wasserstand um 1,0 m heben, Winde aus südlichen Richtungen ihn um ebenfalls 1,0 m senken.

Ansteuerung nachts: Trotz des Molenfeuers (F.gn.) für Ortsfremde nicht möglich, außer in einer sehr hellen Nacht.

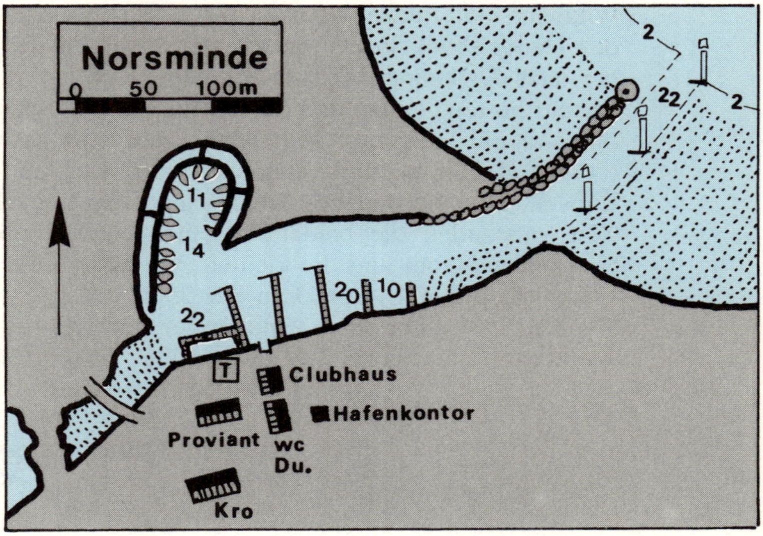

Aus vielen Gründen lohnt es,

Århus

anzulaufen. Die Stadt, die an den Hügeln am Westufer der Bucht hochgebaut ist, zählt 250 000 Einwohner und ist damit die zweitgrößte Dänemarks, mit ebenfalls dem zweitgrößten Hafen des Landes.
Von Süden kommend, läuft man an mächtigen Buchenwäldern vorbei, deren Grün ab und zu vom Gelb der Steilabbrüche unterbrochen wird. Man kann nahe am Ufer fahren, da die 2-m-Linie ganz dicht daran entlangläuft. Sobald man der gewaltigen Hafenanlagen ansichtig wird, sollte man sich entscheiden, in welchen der beiden Yachthäfen man fahren will. Der eine, der traditionelle Yachthafen von Århus, liegt ganz im Norden, der andere, der neue, die Marina Marselisborg, ganz im Süden. Will man zum alten Yachthafen, so läuft man an Hafen und Stadt vorbei immer nordwärts bis zur grünen Leuchttonne *Århus* (Blz.(2)gn.-5s). Von dort mit Kurs 290° etwa 0,5 sm, um dann mit Kurs Süd in die enge Einfahrt des langen, schmalen Fischer- und Yachthafens einzudrehen.
Århus trat als Seehandelsplatz der Wikinger in die Geschichte ein, und aus jener Zeit hat die Stadt auch ihren Namen: Århus kommt von *Aros,* das Altdänisch ist und nichts anderes bedeutet als „Flußmündung“. Hier, an den Ufern des kleinen Flusses, wo sich das Tal zum Meer hin senkt, bauten die Wikinger einen Handelsplatz, den sie mit einem ringförmigen Wall zum Land hin schützten.
Als man 1962 mitten im Geschäftsviertel, nur einen Steinwurf weit vom Dom, für ein Bankgebäude eine Baugrube aushob, da stieß man auf Reste jenes Walls und förderte auch mancherlei andere Funde aus der alten

Wikingerstadt zutage. Man kann das besichtigen, wenn man vom Foyer der Handelsbank in der St. Clemensstrade in den Keller hinuntersteigt, der jetzt das kleine Wikinger-Museum birgt.
Bis auf Pestepidemien und die üblichen kriegerischen Handlungen erlebte die Stadt ein „goldenes" Mittelalter: Man hatte das weite jütländische Hinterland, Lieferant und Abnehmer zugleich, und trieb besonders mit Lübeck, Holland und Frankreich einen schwungvollen Handel. In dieser Zeit entstanden die beiden bedeutenden Sakralbauten der Stadt: der St.-Clemens-Dom und die kleinere Vor Frue Kirke, die noch etwas älter ist und ursprünglich der Dom der Stadt war.
Als man 1955 mehr durch Zufall unter der Vor Frue Kirke auf eine Krypta stieß, hatte man damit den ältesten Gewölbebau Skandinaviens entdeckt

Den Gamle By

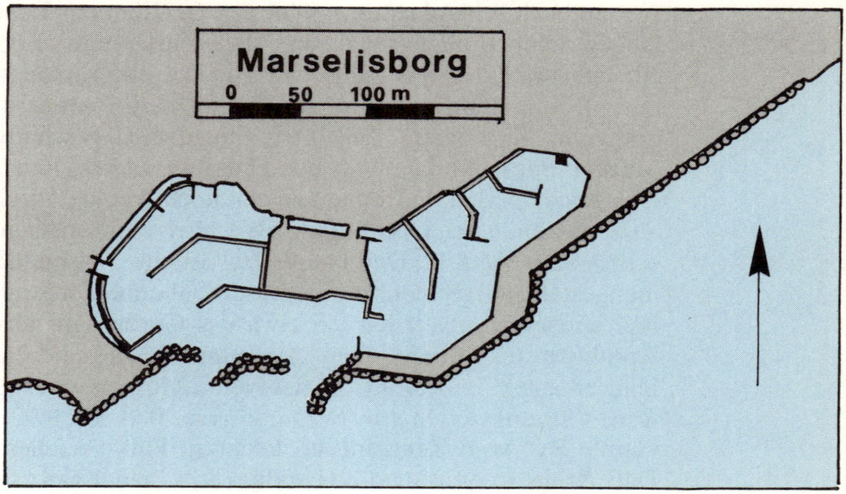
Marselisborg
0 50 100 m

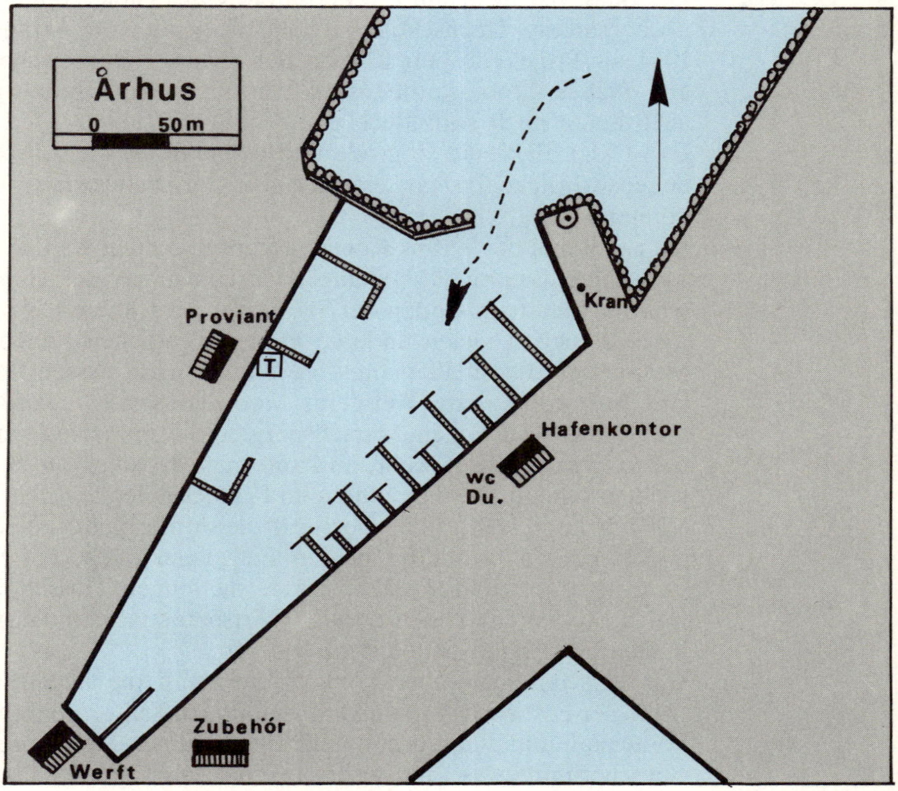
Århus
0 50m
Proviant
T
Kran
Hafenkontor
wc
Du.
Zubehör
Werft

(gebaut wahrscheinlich um 1080). Der St.-Clemens-Dom, mit seinem 93 m langen Schiff die längste Kirche Dänemarks, entstand zwischen 1200 und 1250 als romanische Basilika; nach 1400 – die Kirche war 70 Jahre vorher durch einen Brand teilweise zerstört worden – setzte der Umbau zu einer gotischen Kathedrale ein. Der Flügelaltar, geschaffen vom Lübecker Meister Bernt Notke, stellt das Hauptwerk des Doms dar.
Das reiche Århus hat daneben nur noch wenige wirklich alte Bauwerke aufzuweisen, mit „Den Gamle By" aber ein künstliches und gleichzeitig echtes altes Viertel: „Den Gamle By" ist eine Art Freilichtmuseum, zusammengestellt aus echten alten Häusern, die man woanders abgerissen und hier wiederaufgebaut hat, so etwa das Gerberhaus aus Randers oder die Apotheke aus Ålborg. Das „Museum" ist Tag und Nacht offen, nur die Häuser selbst, in denen zum Teil kleine Museen untergebracht sind, haben feste Öffnungszeiten (im Sommer von 1000 bis 1600). Man kann „Den Gamle By" vom Zentrum aus leicht zu Fuß erreichen.
Daß Århus so quirlig und lebendig wirkt, hängt ganz sicher mit den vielen jungen Leuten zusammen, die hier leben. In Århus sollen zehn Prozent der Bevölkerung Studenten sein.
Die Stadt hat nicht nur die berühmte Universität, sondern daneben auch noch mehrere Hochschulen. Die Universität von Århus, die schon seit 1634 als Projekt in den Köpfen der Århuser Bürgerschaft umging, aber erst 1928 eröffnet wurde, ist in der Architektur ihrer Campus-Gebäude auch heute noch vorbildlich und sehenswert.
Es ist klar, daß eine so große und reiche Stadt wie Århus sehr viel mehr Sehenswürdigkeiten hat, die hier aber nur stichwortartig erwähnt werden können:
Da ist einmal das Århus-Kunstmuseum und nicht weit davon das Naturhistorische Museum; das Wikinger-Museum unter der Handelsbank wurde schon erwähnt. Im Süden der Stadt liegt der frühere Herrensitz Moesgård, wo jetzt neben vielen anderen vorgeschichtlichen Funden die berühmte Mumie des „Grauballemanns" ausgestellt wird, dessen Körper 1600 Jahre lang auf wunderbare Weise im Moor konserviert wurde. Ebenfalls im Süden das Schlößchen Marselisborg, die Sommerresidenz der Königsfamilie; wenn sie dort weilt, so kann man das auch an der weißen Staatsyacht erkennen, die dann unten im Handelshafen vor dem Zollhaus liegt.
Mit am interessantesten aber sind die Atmosphäre der Stadt selbst, die hocheleganten Geschäfte in den Fußgängerzonen, um Søndergade, St.-Clemensstrade und Frederiksgade, die engen Gassen beim Dom, die vielen Studentenkneipen und die Wirtshausstraße Skolegade mit ihren elf Restaurants, eines neben dem anderen.
Wer erst im September kommt, der kann die alljährlich stattfindende „Århuser Festwoche" mit einem vielfältigen Kulturprogramm miterleben.
Immer offen und immer lohnend: das Jazzhaus „Tagskægget" – Skandinaviens berühmtestes (und wahrscheinlich auch bestes) Jazzlokal.

Århus hat auch ein Tivoli, das aber einem Vergleich mit Kopenhagen nicht standhält – für Kinder vielleicht trotzdem eine Abwechslung.
Man braucht für Århus mindestens drei Tage (und spare sich für den Rest dieses Törns einige Kronen auf: Man kann sie nirgendwo lohnender ausgeben!).

Liegeplatz und Versorgung: Lange war der Yachthafen im Norden des Hafens die einzige Liegemöglichkeit in Århus: ein Platz voller Tradition und nicht ohne Charakter. Hier haben auch die alten Segelclubs ihre Plätze. Doch der Hafen war schon seit Jahren dem Andrang, besonders von Gastyachten, nicht mehr gewachsen. So wurde im Süden der Stadt die Marina Marselisborg gebaut, die ihren Namen von der nahe gelegenen Sommerresidenz der dänischen Königsfamilie hat: ein sehr großer Hafen (s. Plan) mit nach Süden zu sehr schöner, nach Norden weniger angenehmer Umgebung. Der Hafen sah 1987 so aus, wie ihn der Plan zeigt. Die üblichen Einrichtungen werden bald auch da sein.
Der im Norden gelegene Fischer- und Yachthafen hat Platz für etwa 500 Boote. Einzelheiten siehe Plan. Hafenmeister ist hier Arne Jacobsen (T. 06/19 50 90).

Wasserstand: Tidenhub 0,3 m. Winde aus W oder N können den Wasserstand um 1 m erhöhen, Wind aus SE ihn um 0,8 m senken.

Adressen: Zoll: Trafikhavnen, T. 06/124811; Information: Radhuset, Parkallé, T. 12 16 00; Fahrräder: DSB-Information, Banegårdspladsen, T. 13 17 00; Post: Kannikegade 16; Wäscherei: Østbanetorvet 10.

Ansteuerung bei Nacht (für Fischer- und Yachthafen; die Befeuerung von Marselisborg ist noch nicht bekannt): Die Lichter der großen Stadt am Westufer der Århus Bugt sind nicht zu übersehen. Schwierigkeiten macht es denn schon mehr, die für die Navigation wichtigen Leuchtfeuer herauszufinden. Da das Wasser vor den Hafenanlagen nach den Maßstäben einer Yacht sehr tief ist, kann man, ohne Schlimmes fürchten zu müssen, nahe an den Hafen heranfahren. Man sollte nun versuchen, das Richtfeuer von Århus, das in Linie 295° brennt, einwandfrei auszumachen. Diese Linie führt über den Fischer- und Yachthafen: Das U-F. steht davor auf der großen Containerpier, das O-F. jenseits des Hafens auf dem Hügel (U-F.: Glt.-2s, O-F.: Glt.-4s). Hat man dieses Richtfeuer ausgemacht und läuft danach auf der 295°-Linie auf den Hafen zu, so braucht man sich (eigentlich) um die Leuchttonnen, die zum Handelshafen weisen, nicht mehr zu kümmern. Der Vollständigkeit halber und weil man damit auch eine Kontrolle hat, seien sie genannt: 2 sm östlich des Hafens liegt eine große gelb-schwarze Tonne (Fkl.(6)+Blk.-15s). Danach folgt an Stb. die grüne Leuchttonne Ryes Flak S (Blz.gn.-5s), als nächste an Bb. eine rote Leuchttonne (Blz.(2)r.-5s) und anschließend die grüne Tonne Århus (Blz.(2)gn.-5s). Diese liegt bereits querab der Einfahrt in den Handelshafen.
Das Richtfeuer führt danach über die Hafenanlagen; man muß also spätestens hier von der 295°-Linie weg und etwas mehr nach Norden halten, bis man an Bb. das Feuer auf der Ostmole des Fischer- und Yachthafens ausmacht (F.r.). Jetzt kann man in den Hafen eindrehen. Hier, am Kopf der Ostmole, steht auch ein Nebelschallsender (N.S. -1 min), eine Sirene.
Wer einen Funkpeiler an Bord hat, kann auch sehr gut eine Zielfahrt auf Århus machen. Der Sender steht am Westkai des Fischer- und Yachthafens, praktisch auf der 295°-Linie des Richtfeuers. Er sendet auf 412 kHz, Kennung AS (· — / · · ·), Reichweite 10 sm (allerdings nur bei Nebel in Betrieb).

Rund Djursland

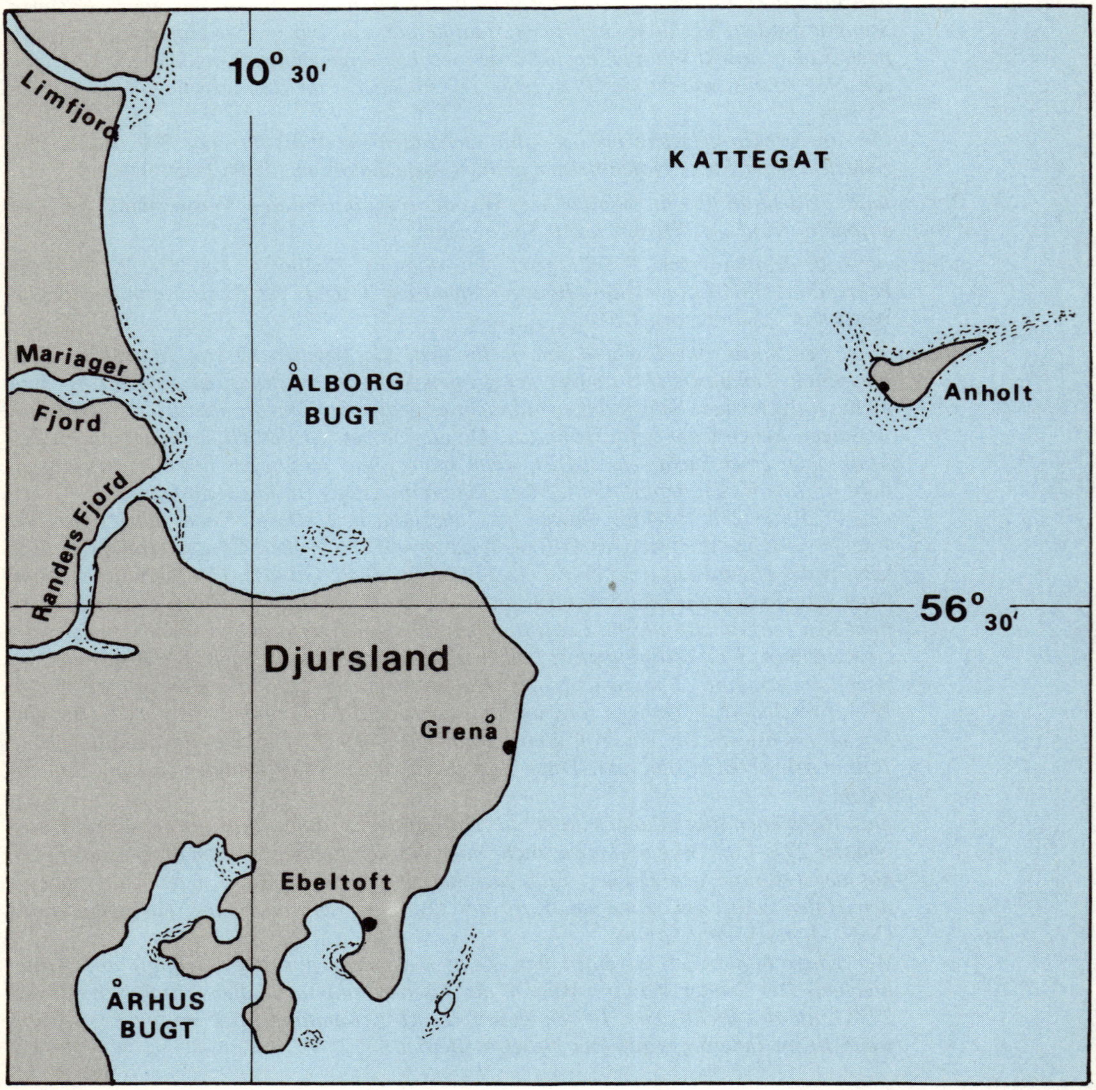

Törnvorschlag 7

Von Århus nach Hals und von Grenå nach Anholt

Djursland ist die östlichste Landschaft Jütlands, eine weit ins Kattegat hineinreichende Halbinsel: Jütlands „tropfende Nase", wie es in Dänemark genannt wird, wobei der „Tropfen" die Halbinsel Helgenæs sein soll. Eine der typischen jütländischen Hügellandschaften, gebildet von Moränen aus der Eiszeit.

Aber Djursland ist auch eine besonders fruchtbare Gegend, und so haben sich hier schon in der Vorzeit Menschen angesiedelt und Ackerbau betrieben. Was Djursland daneben auszeichnet, sind die vielen und besonders prächtigen Herrenhöfe, die man in dieser Massierung nirgendwo sonst in Jütland findet.

Der Törn rund Djursland ist entweder eine Ergänzung zu einem anderen, oder er dient nur als Passage. Was die Ergänzung angeht, so bietet es sich geradezu an, an einen Törn nach Samsø noch ein paar Tage anzuhängen, wenn die Zeit reicht, und Ebeltoft, diese Idylle im Süden Djurslands, zu besuchen, oder auch noch ein paar stille Anker- und Badetage in den Nebenbuchten der Kalø Vig zu verbringen.

Weiter rund Djursland gibt es freilich lediglich noch drei Häfen: Grenå, Bønnerup und Øster-Hurup, wobei der erste nicht sonderlich attraktiv ist, der zweite einen Besuch noch weniger lohnt und der dritte nur von Booten mit geringem Tiefgang angelaufen werden kann. Indes: Grenå ist der klassische Ausgangshafen für einen Törn nach Anholt und daneben eine wichtige Zwischenstation auf dem Weg nach Norden, etwa zum Limfjord.

Läßt man Ebeltoft und die Kalø Vig einmal außer acht, so erschließt sich einem das schöne Djursland nicht vom Schiff aus. Man muß es schon mal im Hafen liegenlassen und sich auf den Weg ins Landesinnere machen – am besten mit dem Fahrrad.

Wie schon gesagt, besteht dieser Törn aus zwei völlig unterschiedlichen Teilen. Im Süden, um Århus und Ebeltoft, hat man noch zwei gut geschützte Reviere, die man auch mit einem kleineren Boot befahren kann, während die Ost- und auch die Nordküste von Djursland zum Kattegat hin völlig offen liegen, so daß man hier sehr schwierige Verhältnisse antreffen kann.

Die Strecke von Bønnerup nach Hals wurde nicht ausführlich beschrieben, weil es hier wenig zu beschreiben gibt: Das ist eine ziemlich gleichförmige Küste, teils Ackerland, teils mit Wald bestanden. Es gibt auch nur – wenn man die Mündungen von Randers und Mariager Fjord außer acht läßt –

einen Hafen: Øster-Hurup, aber der ist ziemlich problematisch. Die Ålborg Bugt wiederum ist so breit und tief, daß man, wenn die Winde günstig stehen, frei und unbeschwert dahinsegelt.

Seekarten: a) deutsche: Nr. 19 „Århus Bugt und Gewässer um Samsø", Maßstab 1:70000; Nr. 24 D „Kattegat, südlicher Teil", Maßstab 1:180000 (nur wenn man nach Grenå und weiter will). b) dänische: Nr. 102 „Kattegat, sydlige del", Maßstab 1:180000; Nr. 122 „Ålborg Bugt", Maßstab 1:70000. Man kommt aber auch gut mit einer dänischen Karte aus: der Nr. 100 „Kattegat", Maßstab 1:260000.

Seebücher und andere: Nr. 2005 A: Handbuch für Skagerrak und Kattegat, I. Teil, Dänische Küste (entbehrlich); Nr. 2101: Leuchtfeuer-Verzeichnis, Teil II: Ostsee, SW-licher Teil, und Gewässer zwischen Ost- und Nordsee; Nr. 2155: Jachtfunkdienst Nord- und Ostsee; und eventuell, weil so schön übersichtlich: Seefunkfeuerkarte.

Distanzen: **Århus** – **Knebel Vig** (11 sm) – **Egens Vig** (5 sm) – **Begstrup Vig/Kongsgårde Bro** (16 sm) – **Ebeltoft** (15 sm) – **Insel Hjelm** (11 sm) – **Grenå** (19 sm) – **Bønnerup** (15 sm) – **Øster-Hurup** (24 sm) – **Hals** (15 sm). Abstecher nach **Anholt** (von Grenå 27 sm / von Hals 43 sm).

Wer den sommerlichen Trubel in Århus leid geworden ist und sich nach Stille sehnt, der braucht vom Fischerhafen (siehe Seite 237) nur mit Kurs NE in die

Kalø Vig

hineinzulaufen, eine etwa 7 sm tiefe und bis zu 4 sm breite Bucht, die bei den Einheimischen ein beliebtes Regattarevier ist, von Fremden aber nur ganz selten besucht wird.
Die Ansteuerung bereitet keine Schwierigkeiten: Man läuft von Århus aus mit Kurs NE sicher in die Bucht, und wenn man sich schön in der Mitte hält, braucht man sich auch nicht um Untiefen zu sorgen. Das *Ryes Flak,* 1,5 sm nordöstlich vom Fischerhafen, eine Baggerschüttstelle, ist mit mindestens 3,4 m ausreichend tief für eine Yacht. Verwirrend, weil für ein Sportboot fast alle unnötig, sind die vielen Tonnen, die man danach voraus hat. Sie dienen in erster Linie den Öltankern und Kohleschiffen, die zum Kraftwerk Studstrup müssen, das ziemlich mächtig und beherrschend am Westufer der Bucht liegt. Wie überhaupt das Westufer ziemlich dicht besiedelt ist – alles Vororte und Schlaforte von Århus –, während das Ostufer der Kalø Vig völlig unberührt erscheint.
Sechs gelbe Tonnen, alle mit einem gelben liegenden Kreuz als Toppzeichen, markieren ein verbotenes Gebiet zwischen Skødshoved im Osten und Egå im Westen. An dieser Stelle liegt Munition, die während des 2. Weltkrieges hier versenkt wurde. Man kann aber unbesorgt darüber hinwegsegeln; ankern hingegen dürfte und brauchte man auch nicht, gibt es doch noch sehr viel Besseres in der Kalø Vig. Hier übrigens, auf der Linie

Skødshoved/Egå, fängt die Kalø Vig erst an; das Gewässer südlich davon ist immer noch die Århus Bugt.
Ab hier hat man etwas mehr Anlaß, sich um Tonnen zu kümmern: Da liegt 0,5 sm nordnordwestlich von Skødshoved eine grüne Tonne, die man auf jeden Fall im Westen passieren muß, weil unmittelbar jenseits dieser Tonne der Landgrund sehr rasch zum *Skødshoved Flak* ansteigt, das bei Wind aus NW teilweise sogar trockenfällt.
Im Westen sieht man die riesige Anlage der

Marina Egå

liegen, eine der größten ihrer Art in Dänemark, mit allem denkbaren Service und auch guten Plätzen für Gäste. Trotzdem nicht empfehlenswert: nach Århus mit 15 km zu weit, für den Urlaub zu unruhig. Bis zu einem Tiefgang von 3 m ist die Marina problemlos anzulaufen, auch nachts, da die Molenköpfe Feuer tragen (F.r. und F.gn.). Die Einfahrt öffnet sich nach Norden. Man achte aber darauf, daß man nicht aus Versehen in den nördlich davon gelegenen Jollenhafen gelangt, denn dort beträgt die Wassertiefe nur noch 1,5 m.

Um eine ähnliche Supermarina handelt es sich bei dem Yachthafen

Kaløvig

der etwas südlich von dem Kraftwerk Studstrup liegt. 500 Boote haben hier Platz. Jeder nur denkbare Service. Die Einfahrt öffnet sich nach Norden. Wassertiefe 3 m.

Aber da wir nach dem lauten Århus ja Ruhe suchen, steuern wir jetzt endlich die

Knebel Vig

an, um in dieser kreisrunden, bis auf die schmale Einfahrt fast geschlossenen Bucht zu ankern oder – soweit ein Platz frei ist – uns an die Knebel-Mole zu legen.
Die Bucht ist sehr einsam, jedenfalls unter der Woche; am Wochenende kommen viele Segler von Egå oder Århus herüber. Umgeben ist sie von saftig grünen Hügeln, die im Osten zu den hohen dunklen Mols Bjergen ansteigen. An wenigen Stellen fällt das Ufer steil zum Wasser ab.
Ein Problem, wenn auch kein übermäßig großes, ist die Ansteuerung der Bucht: Hat man die grüne Tonne vor *Skødshoved Flak* passiert, so sollte man weiter Kurs NE laufen, bis man nach 2,5 sm auf eine schwarz-gelbe Tonne (Toppzeichen zwei Kegel, Spitzen oben) trifft. Diese Tonne liegt nördlich der Untiefe *Pladen.* Danach läuft man mit Kurs 115° genau auf die Einfahrt der Knebel Vig zu, die von ferne freilich nicht auszumachen ist; man muß einfach stur Kurs halten. Die Halbinsel Øhoved steigt direkt an der Einfahrt auf 16 m Höhe an. Südlich von dieser markanten Kuppe zieht sich das Land jedoch ganz flach hin; es ist sogar mehr ein Moor, so

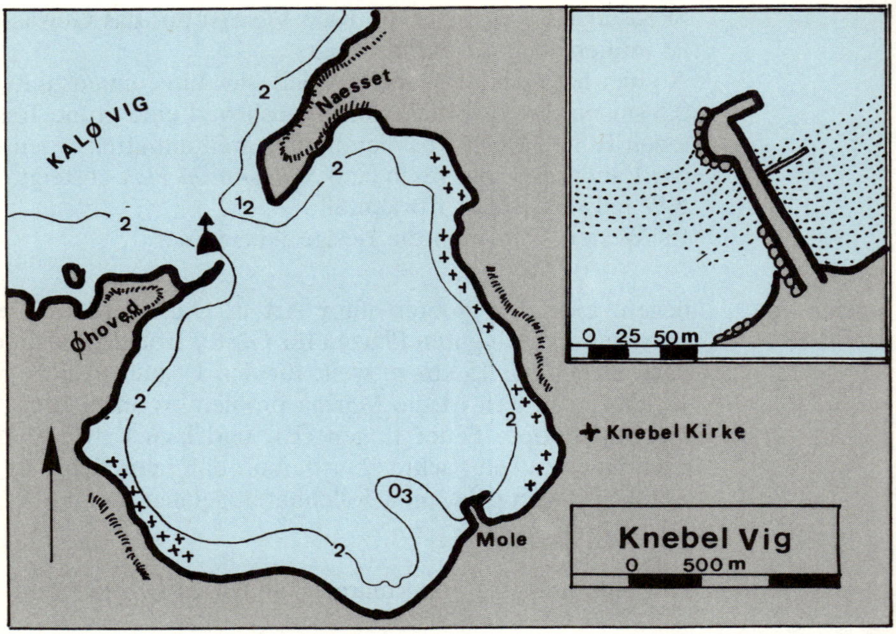

daß man von weitem denken könnte, da ginge es in die Knebel Vig hinein, was natürlich ein folgenschwerer Irrtum wäre.

Die richtige Passage ist einerseits ziemlich tief (11 m), aber gleichzeitig sehr eng. Der Landgrund steigt so steil an, daß man mit dem Echolot nichts anfangen kann. In der Einfahrt liegt eine grüne Tonne: Die steuere man an und lasse sie einlaufend an Stb – ruhig ganz hart herangehen!

Das Befahren der Knebel-Vig-Passage gehörte einst zur Kadettenausbildung der dänischen Marine, und so kamen noch in den dreißiger Jahren unseres Jahrhunderts selbst große Panzerschiffe in die stille Bucht gedampft.

Bei plötzlichem Windwechsel von NW bis N auf SE bis E tritt in der Einfahrt ein beträchtlicher Strom auf; sonst ist allerdings von Strom weder hier noch in der Bucht etwas zu spüren.

Man kann sich nun irgendwo in der Bucht einen Ankerplatz suchen. Dreht der Wind auf W bis NW und erreicht er Starkwindstärke, so muß man nahe ans Westufer verlegen, möglichst unterhalb des Steilufers, so nahe, wie es der Tiefgang des Bootes zuläßt.

Etwas problematisch kann das Ankern allerdings schon werden, weil es in der Mitte der Bucht mit 12 bis 17 m doch sehr tief ist und der Landgrund dann abrupt ansteigt. Wer will, kann deshalb auch an die

Knebel-Mole verlegen. Wo sie sich befindet, geht aus dem Plan hervor.

Versorgung: Außer Wasser gleich Null. Toiletten am Ende des Damms. Zum Dorf, wo man Lebensmittel bekommen kann, sind es zehn Minuten zu Fuß.

Wasserstand: Tidenhub nur 0,2 m. Winde aus NW bis N können den Wasserstand um 1,2 m erhöhen, solche aus SW bis S ihn um 0,5 m senken.

Was sich hier anbietet: eine Wanderung zu den nahen Mols Bjergen, eine für dänische Verhältnisse wirklich als bergig zu bezeichnende Landschaft, mit Wäldern, Wacholderbüschen und Heidekraut bewachsen, im Grunde alles Moränenhügel aus der Eiszeit. Ob man zum höchsten Berg, der Bavnehøj mit ihren 137 m, wandert oder zur näheren Trehøje: Von überall hat man einen weiten Blick über die schöne Landschaft und hinaus auf die See, nach Osten zur Ebeltoft Vig, nach Süden auf die Århus Bugt und nach Westen über die Knebel Vig hin zur Kalø Vig.
Die Knebel-Mole gibt es schon sehr lange; sie war früher der Lösch- und Ladeplatz für Mols. Das Packhaus am Ende des Damms stammt noch aus dieser Zeit. Die Mole verfiel, als der Verkehr sich immer mehr auf die Straße verlagerte. Sie ist aber mittlerweile wieder instand gesetzt, so daß man an ihrem Kopf recht gut liegen kann.

Nur 3 sm nordöstlich der Knebel Vig, ebenfalls am Ostufer, findet man eine andere und bestimmt nicht schlechtere Ankerbucht, die sogar einen richtigen Yachthafen hat, die

Egens Vig Sie ist nicht ganz so geschlossen wie die Knebel Vig und fast noch schwerer anzulaufen, weil sie nach Südwesten fast völlig von einem Steinfeld, der Untiefe *Rønsten,* abgeschottet ist.
Läuft man von der Knebel Vig aus mit Kurs NNE und hält dabei einen Abstand von knapp 0,5 sm zum Ufer, so trifft man ziemlich exakt auf die südliche Einfahrt in die Egens Vig (von der nördlichen später). Die südliche Einfahrt verläuft zwischen dem Steilufer von Vrinders Hoved und der Untiefe *Rønsten.* Sehr eng, in der Rinne selbst aber hat man eine Wassertiefe von gut 4 m. Am Beginn der Einfahrt steht an der SE-Kante von *Rønsten* ein 2 m hoher, roter Dalben, und dicht dahinter liegt eine rote Spiere aus. Der Dalben trägt sogar ein Leuchtfeuer: Blz.(3)r. Man muß einlaufend Dalben und Spiere hart an Bb. haben. Nach der Spiere wird es breiter und tiefer. Voraus sieht man vor dem sanft zum Wasser abfallenden, bewaldeten Ufer die Anlagen des Yachthafens

Nappedam den ich nur anlaufen würde, wenn ich mich versorgen müßte; sonst würde ich in der Egens Vig, wie in der Knebel Vig auch, ankern.

Versorgung siehe Plan. WC und Duschen am Clubhaus.

Der Hafen hat Wassertiefen zwischen 3 und 1 m. Die Gastplätze liegen rechter Hand hinter der Einfahrt. Die Wassertiefe beträgt hier 2,5 m. Kein

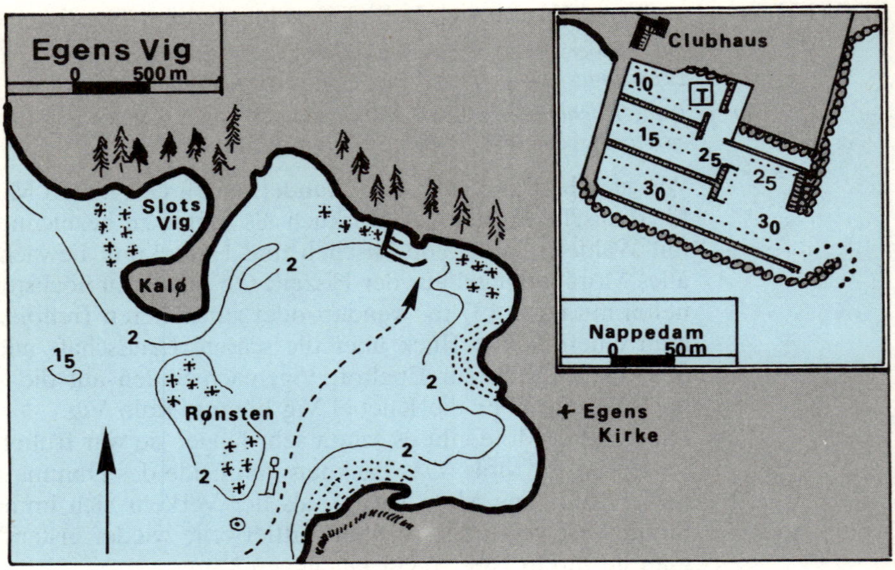

schlechter Hafen, aber auch nichts Besonderes. Er entstand aus einer alten Anlegebrücke, die früher einmal zur Zollstation von Egens gehörte.

Wasserstand: Tidenhub 0,3 m. NW- bis N-Winde können den Wasserstand um 1,5 m erhöhen, SE- bis S-Winde ihn um 0,6 m senken.

Wo man in der Egens Vig ankert, bleibt jedem selbst überlassen. Ich finde es am schönsten östlich der Insel Kalø, von der die Kalø Vig ihren Namen hat, und zwar so nahe am Ufer, wie man herankommt. Man beachte aber die unterschiedlichen Wassertiefen auf dem Plan! Wer den Stavns Fjord von Samsø (s. Seite 222) kennt, wird sich hier sehr daran erinnert fühlen. Auf Kalø, das genaugenommen keine Insel mehr ist, weil ein Damm zum Festland führt, steht eine große Burgruine, von der man vom Wasser aus allerdings nur den mächtigen Stummel des Bergfrieds sehen kann, ein Monster aus 3 m dicken Mauern. Die Burg befand sich auf der mit 21 m höchsten Stelle der Insel, an der Westspitze.

Im frühen Mittelalter diente Kalø als Zwingburg der Landesherren gegen die immer unruhigen Jütländer. 1313 von König Erik Menved erbaut, 1320 von Christoph II. niedergelegt, wurde sie von dessen Nachfolger, Waldemar Atterdag (1340–1375), schon wiederaufgebaut. König Christian II. (1513–1523), der nicht nur Schweden der dänischen Krone zurückerobert hatte, sondern auch für das schreckliche Stockholmer Blutbad (1520) verantwortlich war, sperrte hier einen der aufsässigen schwedischen Adeligen ein: Gustav Wasa, dem es aber bald gelang, zu entkommen und als Ochsenknecht verkleidet von Kalø nach Deutschland zu fliehen, von wo aus

Die Halbinsel Kalø in der Egens Vig

er nach Schweden zurückkehrte. Als es die Schweden nach schweren Aufständen endlich geschafft hatten, die Dänen wieder aus dem Land zu treiben, wählten sie eben jenen Gustav Wasa zu ihrem neuen König. Der dänische Christian erlitt später selbst das Schicksal der Gefangenschaft, als ihn seine eigenen Landsleute für 17 Jahre in Sønderborg einsperrten (s. Seite 131).

Als die strategische Bedeutung solcher Burgen wie Kalø immer geringer geworden war, hat sie 1672 ihr damaliger Besitzer, Graf Ulrik Gyldenløve, abreißen und ihre Steine als Baumaterial nach Kopenhagen schaffen lassen, wo er sich daraus das schöne Schloß Charlottenborg bauen ließ. Später ging die Insel samt Ruine in den Besitz des Kanzlers Reventlow über, der sich aus den übriggebliebenen Steinen das Schloß Clausholm (s. Seite 261) baute, das auf dem Weg zwischen Århus und Randers liegt. Auf Kalø sind nur noch die Fundamente der Burg und eben der Turmstummel.

Wer im Yachthafen von Nappedam liegt, kann Kalø auch zu Fuß erreichen: um die Bucht herum bis zur Grevens Skanse, von wo ein schon im Mittelalter aus Findlingen angelegter Damm nach Kalø hinüberführt.

Die Einfahrt in die Egens Vig ist – wie schon erwähnt – befeuert. Trotzdem sollte man von einem Befahren nachts absehen, obwohl die Schutzmole des Yachthafens ebenfalls befeuert ist (F.r.).

Die schon erwähnte nördliche Passage sollte man auch nicht bei Tag befahren. Die Rinne ist zwar 11 m tief, aber nicht betonnt. Loten hilft hier wegen des schluchtartig ansteigenden Landgrunds so wenig wie bei der Einfahrt in die Knebel Vig.

Ob man auf dem weiteren Weg nach Ebeltoft in der

Begstrup Vig

verweilen mag, hängt wohl von der Zeit ab, die man im Urlaub zur Verfügung hat. Es muß nicht sein. Man kann genausogut daran vorbeisegeln

und sich an den schönen gelben Steilufern von Mols Hoved und Stavsøre erfreuen.
Ansonsten: Die Bucht ist durchweg tief, nur in ihrem nordöstlichen Teil liegt das Flach *Rønnen* mit zwei winzigen Inseln und vielen Steinen im Wasser. Nach Osten zu trennt die flache Landzunge Draget die Bucht von der Ebeltoft Vig.
In einer Einbuchtung am Ufer der hügeligen Halbinsel Helgenæs, östlich von Stavsøre, findet man die

Kongsgårde Bro die nur bedingt zu empfehlen ist. Man liegt mit dem Bug zur Brücke und bringt Heckanker aus. Wassertiefe am Kopf 3 m. Bei Winden aus NW bis N ausgesprochen unruhig. Ankern ist im Umkreis der Brücke verboten.

Man rundet das schöne hügelige Helgenæs, vorbei an dessen südlichstem Punkt, wo auf dem flachen Strand der Leuchtturm *Sletterhage* steht, ein wichtiges Feuer (Ubr.w/r/gn.-10s) für die Ansteuerung von Århus, aber auch für die Gewässer nördlich von Samsø.
Man halte sich am besten weiter am Ufer von Helgenæs, das schon bald nach *Sletterhage* wieder zu einer der typischen lehmfarbenen Steilküsten ansteigt.
Voraus hat man – im Osten – den *Skadegrund* mit Wassertiefen, die stellenweise nur 1,5 und 2,2 m betragen. An der Südwestkante des Flachs liegt eine gelb-schwarz-gelbe Tonne (Toppzeichen zwei Kegel, Spitzen zueinander) und relativ weit vor seiner Südostkante eine schwarz-gelb-schwarze Tonne (Toppzeichen zwei Kegel, Spitzen voneinander).
Bleibt man weiterhin nahe am Ufer von Helgenæs, so braucht man sich um den *Skadegrund* nicht zu kümmern. An der Huk Lushage hat man die

Ebeltoft Vig erreicht, die nicht nur ein ganz hervorragendes kleines Segelrevier ist, sondern in deren nördlichem Teil man auch viele gute Ankermöglichkeiten findet. Letzteres von alters her: Die Ebeltoft Vig ist die letzte, wirklich gut geschützte und vor allem leicht anzulaufende Ankerbucht bis hinauf nach Skagen gewesen. Die Mündungen des Randers, des Mariager und des Limfjords sind nur schwer anzulaufen, und Grenå sowie Sæby waren auch nicht das Wahre, von Skagen, das nicht einmal einen Hafen hatte, ganz zu schweigen. Hier lagen deshalb im Mittelalter die Koggen der Hanse, wenn sie auf ihrem Weg durch Kattegat, Skagerrak und Nordsee bis hinauf zum Hanseatischen Kontor in Bergen auf besseres Wetter warteten.
Im äußeren, das heißt südlichen Teil der Ebeltoft Vig sind die Ost- und Westufer ganz verschieden: Während das Westufer überwiegend hügelig ist und zum Teil auch steil zu den Mols Bjergen ansteigt, liegt das Ostufer eher flach und in seinem Nordteil dicht mit dunklem Wald bewachsen da.
Bei ruhigem Wetter ist kein Strom spürbar; bei Starkwind setzt er in Richtung des Windes. Bei Winden aus südlichen Richtungen bekommt

man es in der äußeren Bucht mit einer beträchtlichen See zu tun, der man erst entronnen ist, wenn man das Flach *Sandhagen* gerundet und damit wieder ruhigeres Wasser erreicht hat. *Sandhagen* ist neben dem *Skadegrund* ein ziemlich unangenehmes Hindernis. Das Flach erstreckt sich vom Ostufer aus 1 sm weit nordwestwärts; es ist allerdings mit zwei grünen Spitztonnen hinreichend markiert.

Läuft man mit Kurs Nord in die Bucht ein, so hat man genau voraus das Leuchtfeuer *Ebeltoft Vig* (Ubr.w/r/gn.-5s), ein weißes Haus mit rotem Band.

Genau vor diesem Leuchtfeuer liegt ein größeres Gebiet, das nicht befahren werden darf. Es ist nicht ordnungsgemäß mit gelben Warntonnen bezeichnet. An seiner Südwestspitze liegt eine gelb-schwarz-gelbe Tonne (Toppzeichen zwei Kegel, Spitzen zueinander) aus; eine zweite Tonne, eine schwarz-gelb-schwarze (Toppzeichen zwei Kegel, Spitzen voneinander), liegt hingegen schon im Verbotsgebiet. Etwa 0,5 sm östlich des Leuchthauses befindet sich die Lyngsbæk Bro, die einen guten Eindruck macht. Sie wäre aber nur durch das Verbotsgebiet anzufahren; darüber hinaus ist sie auch noch in Privatbesitz.

Sobald man die Untiefe *Sandhagen* passiert hat, sieht man in einer Entfernung von gut 2 sm am Ostufer

Ebeltoft

liegen. Etwas enttäuschend. Von dem vielgerühmten alten Städtchen ist von hier nichts auszumachen, statt dessen Schuppen, Lagerhallen und kleine Fabriken. Und ein merkwürdiges, mächtiges, schwarzes Gebilde, das man nicht identifizieren kann, wenn man nicht weiß, um was es sich handelt. Es ist die mastlose Fregatte JYLLAND, Dänemarks letzter „stolzer Schwan".

Im östlichen Teil der Ebeltoft Vig, bedenklich nahe der Stadt, liegen mehrere Untiefen, die alle gemeinsam haben, daß sie nicht betonnt sind: *Pladen* mit 1,8 m Wasser, *Pikkelgrund* (2,5 m), *Egenmark Grund* (1,2 m) und *Kolskær Grund* (2,8 m). Bis auf *Pladen,* das sandigen Grund hat, sind alle Untiefen steinig; dafür liegt *Pladen* tückisch vor der Hafeneinfahrt.

Tagsüber sollte man Ebeltoft – falls man in den Handelshafen will – so anfahren: von der grünen Spitztonne, die nordwestlich der Untiefe *Sandhagen* liegt, mit Kurs E auf den Beginn des Tonnenstrichs zu und danach mit Kurs SE hinein in den Hafen. So bleibt man frei von *Pladen.* Die grüne Spiere, die bei diesem Kurs an Stb. ziemlich weit weg bleibt, sollte einen nicht weiter kümmern; sie warnt vor der nur 0,3 m tiefen Nordkante von *Sandhagen.*

Ebeltoft hat drei Häfen: den nördlich gelegenen Handelshafen, den (mittleren) Fischerhafen und die südlich gelegene große Marina, unverwechselbar mit ihrer langen Reihe von Ferien- und Bootshäusern.

Man sollte sich schon bei der Anfahrt überlegen, wohin man will: entweder in den Handelshafen oder in die Marina; im Fischerhafen darf man

nicht zur Nacht liegen. Die Anfahrt zum Handelshafen wurde schon beschrieben. In die Marina gelangt man so: Von der grünen Spitztonne nordwestlich von *Sandhagen* auf die schon erwähnte grüne Spiere zu, die man natürlich an Stb. läßt, von da nach Sicht auf die Steinmole des Yachthafens zu. Kurs etwa 100°. Einfahrt siehe Hafenplan (mehr über die Häfen s. unter Liegeplatz).
Ebeltoft hat heute 11000 Einwohner, ist also für dänische Verhältnisse ein recht großes Hafenstädtchen. Es wirkt aber sehr viel kleiner. Sommers wimmelt es hier von Touristen, besonders um den Torvet, wo das alte Rathaus mit seinem Dachreiter steht, neben der Meerjungfrau von Kopenhagen wahrscheinlich das meistfotografierte Motiv in Dänemark. Abends wird es dann aber meist ruhig in den Gassen mit den vielen alten Fachwerkhäusern, und man kann vielleicht ganz allein hindurchschlendern. Am schönsten aber ist es in Ebeltoft im Altweibersommer, wenn Spinnweben durch die Luft treiben und goldenes Licht auf den alten Häusern liegt. Dann sollte man eigentlich hierherkommen.
Ebeltoft, das alte jedenfalls, kann man noch am ehesten mit Mariager (s. Seite 291) und Sæby (Seite 303) vergleichen. An allen drei Städten ist die Welle der Industrialisierung so ziemlich vorbeigelaufen, so daß sie ihr mittelalterliches Stadtbild recht gut erhalten konnten. Und so wird es nun auch bleiben, nachdem sie inzwischen alle drei unter Denkmalschutz gestellt sind.
Man nimmt an, daß sich an dieser Stelle schon zu Zeiten der Wikinger eine Siedlung befand. Die geschützte Bucht spricht dafür. Im frühen Mittelalter gehörte das Dorf dann dem Bischof von Århus, an den es in bescheidenem Maße auch Steuern zu zahlen hatte. Während der Hansezeit bekam die Ebeltoft Vig eine große Bedeutung als Nothafen. Die Hansekoggen lagen hier auf Reede und warteten auf besseres Wetter. Damit begann die Entwicklung von Ebeltoft zur Handels- und Hafenstadt. Die Dorfbewohner ruderten zu den ankernden Schiffen, um ihre Waren anzubieten – bescheidene Anfänge eines Handels. Einen Hafen hatte der Ort damals nicht, nicht einmal eine Schutzmole. Den bekam er erst 1747: Man kaufte ein gestrandetes Schiff, die FORTUNA, lud es voller Steine und versenkte es. Das gleiche machte man mit ebenfalls mit Steinen gefüllten Holzkästen. So entstand eine Mole von einer beträchtlichen Länge, wie man auf alten Stichen sehen kann. Man baute 17 Jahre an diesem Hafen, aber schon 20 Jahre später war er wieder kaputt: Muscheln hatten das Holz zerstört, und so verfiel auch die Mole selbst. Ich habe den Verdacht, daß unter dem Sand der Untiefe *Pladen* die unselige FORTUNA liegt, denn dort verlief einstmals diese erste Mole.
Dieser Hafen war für Ebeltoft sehr wichtig, denn er ermöglichte den Aufbau einer – wenn auch bescheidenen – Handelsflotte, deren Schiffe immerhin bis hinauf nach Bergen in Norwegen segelten. Die Vernichtung des Hafens hatte für den Ort verheerende Folgen. Seine Lage abseits der

Landwege verweist Ebeltoft auf die See, aber dieser Weg war nun im wahrsten Sinn des Wortes verschüttet, denn die Steine der Mole waren gefürchtete Unterwasserhindernisse geworden.
1806 schrieb der Stadtvogt von Ebeltoft einen Bericht über die Lage der Stadt an das königliche Ministerium nach Kopenhagen: Lediglich das Gefängnis im Rathaus sei gesund, die Hebamme tüchtig, aber arm, die Leichenträgerzunft müsse die Armen kostenlos tragen, Gasthöfe brauche man nicht, da niemand hierherkomme (so ändern sich die Zeiten!), eine Apotheke gäbe es auch nicht, weil ein Apotheker in der armen Stadt kein Auskommen fände. Natürlich führte diese bewegte Klage zu nichts. Kopenhagen hatte in den Napoleonkriegen ganz andere Sorgen, und wenig später war der ganze Staat ohnehin bankrott.
Ebeltoft bekam seinen Hafen 15 Jahre später. Es hatte einen neuen Stadtvogt, einen furchtlosen Mann mit dem deutschen Namen Stockfleth.

Dieses steile Stück der Nedergade, kurz vor dem Marktplatz, heißt Juulsbakke. Der schöne Hof rechts trägt den Namen „Mellem Jyder“. Im Hintergrund sieht man das Rathaus von Ebeltoft mit seinem Dachreiter

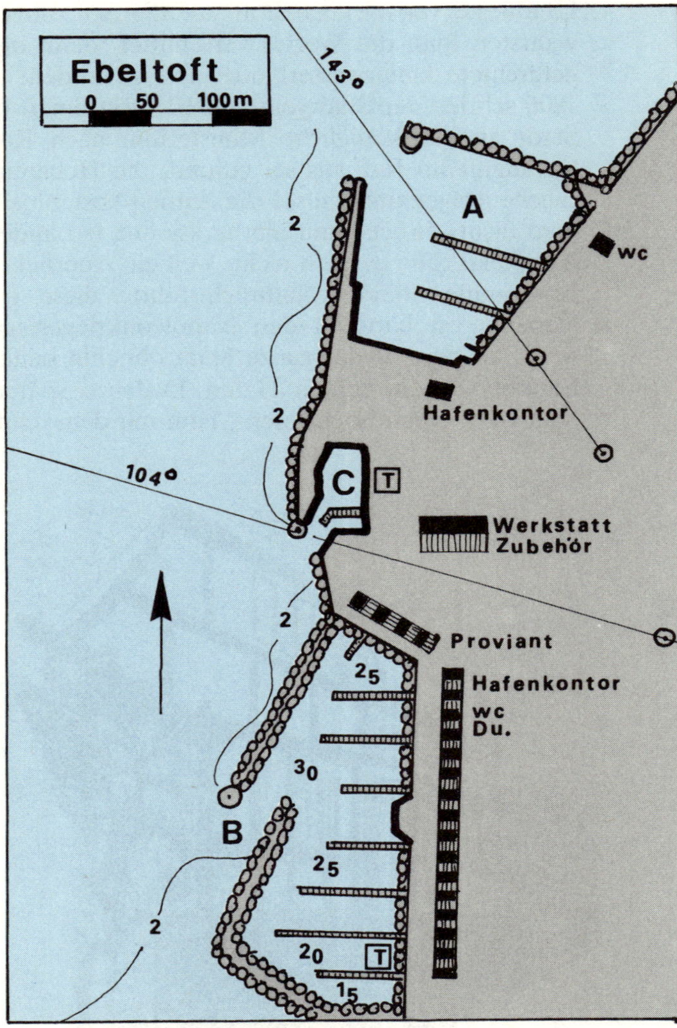

Er nahm, ohne lange seine Vorgesetzten zu fragen, Geld aus der übervollen Kirchenkasse. Das war zwar wider jede Vorschrift, aber damit wurde nun endlich der Hafen gebaut, im Kern der heutige Handelshafen. Er war 1830 fertig, und nun schlug auch die Obrigkeit zu und entließ den wackeren Stadtvogt Stockfleth. Der Hafen aber brachte endlich einen Aufschwung für die Stadt. Schiffe liefen ihn wieder an. Es entstanden Handwerksbetriebe, Gasthöfe und kleine Handelshäuser.
Im Kern ist das Stadtbild noch genauso wie vor 100 Jahren. Von Norden kommt die Nørrebakke, die sich in der Ådelgade fortsetzt, die wiederum bis zum Torvet mit dem Rathaus führt. Hier gabelt sich die Straße. Nach

links zweigt die Overgade ab – sie führt zur Kirche –, und nach rechts setzt sich die Ådelgade in der Nedergade fort, die erst beim Havnevej endet. An allen diesen Straßen steht Fachwerkhaus an Fachwerkhaus, eines schöner als das andere. Das „Nationalmuseet" hat sie alle registriert, unter Denkmalschutz gestellt und darüber ein kleines Buch herausgebracht: „Das alte Ebeltoft" (auch in Deutsch). Darin wird Haus für Haus detailliert beschrieben. Man kann das Büchlein in Ebeltoft in der Buchhandlung in der Ådelgade kaufen. Wer nicht so süchtig nach Vergangenheit ist, der sollte wenigstens einen Blick in das alte Rathaus werfen und einen Gang durch das kleine Heimatmuseum tun, sich vielleicht auch die bizarre Siam-Sammlung in der früheren Posthalterei ansehen.
Wer zwischen Mitte Juni und Mitte Juli nach Ebeltoft kommt, der kann erleben, wie (um 2000, 2100 und 2200) ein nachgemachter mittelalterlicher Wachmann singend durch die alten Gassen zieht.

Liegeplatz und Versorgung: Die drei Häfen wurden schon erwähnt, wovon für eine Yacht nur der Handelshafen (A) und der Yachthafen (B) in Frage kommen, weil man im Fischerhafen (C) nicht liegen darf. Als die JYLLAND noch im Handelshafen lag, zog ich diesen der Marina vor; denn wo kann man schon noch im Schatten eines alten Seglers liegen? Aber die JYLLAND hat jetzt einen Platz außerhalb des Handelshafens, etwas nördlich davon, gefunden, und auch wenn inzwischen im Handelshafen für Yachten zwei Brücken neu ausgelegt sind, ist es mir hier wegen der vielen Touristen zu unruhig geworden. Deshalb: Den besten Liegeplatz, und dies meint: zwischen Pfahl und Steg, findet man im Yachthafen (B). Die Boots- beziehungsweise Ferienhäuser dort sind den berühmten roten Fischerhäusern von Skagen nachempfunden. Treibstoff siehe Plan. Werkstatt, Slip im Fischerhafen, Mastenkran in der Marina. Schiffszubehör bei der Marina, aber auch am Havnevej, Richtung Stadt. Lebensmittel usw. in Ebeltoft selbst.
Ebeltoft – wie könnte es bei dem Touristenandrang anders sein – hat viele gute, fast immer stilvoll in alten Häusern untergebrachte Gasthöfe und Kneipen.

Adressen: Information: Torvet 9–11, T. 341400; Fahrräder: Erik Menvedsvej 33, T. 341337; Post: Ndr. Strandvej 1; Wäscherei: Nedergade 34.

Wasserstand: Tidenhub 0,3 m. WNW-Sturm kann den Wasserstand um 1,3 m erhöhen, ESE-Sturm ihn um 0,9 m senken.

Ansteuerung bei Nacht: In die Ebeltoft Vig führt das schon erwähnte Sektorenfeuer gleichen Namens, das am Nordufer steht: Ubr.w/r/gn.-5s. Es hat zwei weiße Sektoren, die westlich und östlich am Skadegrund vorbeiführen. Der östliche kommt dem Flach Sandhagen für meinen Geschmack zu nahe. In welchem der beiden man auch fährt: Man läuft so lange im weißen Sektor, bis man an Stb. das Richtfeuer Ebeltoft S ausmacht (U-F. und O-F.: F.r. in Linie 104°).
Östlich des Ebeltoft-Vig-Sektorenfeuers macht man mehrere Feuer aus. Nicht darum kümmern! Die gehören alle zu der schon erwähnten Lyngsbæk-Brücke, die ja nicht angelaufen werden darf.
Also mit Kurs 104° auf Ebeltoft zu. Diese Linie führt genau zum Fischerhafen. Man sollte den Kurs beibehalten, bis man etwa 100 m vor dem Fischerhafen steht. Dann kann man entweder nach Norden auf den Handelshafen zulaufen oder nach Süden auf die Marina abdrehen. In den Handelshafen führt in Linie 143° ein Richtfeuer (O-F. und U-F.: F.gn.). Die Einfahrt ist mit Blz.gn. und Blz.r. markiert. Der Kopf der Nordmole vom Yachthafen ist befeuert (Blz.r.).

Man sehe sich vorher nochmals genau den Hafenplan auf Seite 250 an, um an Hand der Wassertiefen zu ermitteln, wie man zu fahren hat.
Auf der 104°-Linie des Richtfeuers Ebeltoft S kommt man sehr dicht an die 1,8-m-Untiefe Pladen heran und noch gefährlicher an Sandhage.

Ankerplätze gibt es in der Ebeltoft Vig massenhaft; man muß jedoch wissen, daß überall innerhalb der 2-m-Linie dicke Steine im Wasser liegen, vor dem Steilufer vor Esby sogar bis zur 4-m-Linie.

Das Ende eines stolzen Schwans

Die JYLLAND war Dänemarks letzte Segelfregatte: ein Dreimaster, der 1881 m^2 Segel tragen konnte, aber auch schon mit einer Dampfmaschine als Hilfsantrieb ausgestattet war. Am schnellsten lief das Schiff jedoch immer noch unter Segel, wenn die Schraube hochgehievt und der Schornstein gelegt war. Die JYLLAND war 1860 vom Stapel gelaufen, in der Königlichen Werft von Kopenhagen: 71 m lang, 13,2 m breit und mit einem Tiefgang von 6 m, voll aus Eiche, für 430 Mann Besatzung, bestückt mit 44 Geschützen.

Ihre erste Fahrt führte sie in die westindischen Gewässer, wo Dänemark damals noch Kolonien hatte. Als der Krieg von 1864 ausbrach, wurde sie zurückbeordert und dem Ostseegeschwader zugeteilt. Ihre Hauptaufgabe bestand in der Blockade der preußischen Häfen Stralsund, Stettin und Danzig.

In der Nordsee lag eine andere, der JYLLAND ähnliche Fregatte, die NIELS JUEL, die den Seeweg nach Hamburg sperren sollte und die von den Nordfriesischen Inseln aus operierte. Das Land bis hinunter nach Altona, mit Husum und Glückstadt, war zu der Zeit immer noch dänisch.

Die Preußen, die als Miglied des Deutschen Bundes zusammen mit den Österreichern Krieg gegen Dänemark führten, befanden sich in einer mißlichen Lage. Als Landmacht waren sie unheimlich stark, kamen aber dennoch im Krieg nicht recht voran, weil sie keine den Dänen ebenbürtige Flotte hatten. Ohne eine solche aber war es unmöglich, die dänischen Inseln, vor allem Seeland mit der Hauptstadt Kopenhagen, zu erobern.

Bismarck bedrängte deshalb die verbündeten Österreicher, die eine starke Flotte im Mittelmeer liegen hatten, ein Geschwader in die Nord- und Ostsee zu entsenden. Die Österreicher zögerten lange; endlich schickten sie von ihrer Hauptbasis Pula an der Adria aus zwei Dampffregatten los, die RADETZKY und die SCHWARZENBERG.

Zum Geschwaderkommandeur wurde der Linienschiffskapitän und spätere Admiral Tegetthoff ernannt, ein tüchtiger Mann, der zwei Jahre später in der Seeschlacht von Lissa die italienische Flotte schlagen sollte.

Die Dänen hatten die NIELS JUEL mittlerweile um zwei Kanonenboote verstärkt, die DAGMAR und die HEJMDAL. Als sie aber von dem anrückenden österreichischen Geschwader erfuhren, schien ihnen ihr eigenes zu schwach, und so sollte die kleine DAGMAR gegen die stärkere JYLLAND ausgetauscht und im norwegischen Kristiansand das neue Geschwader formiert werden.

Inzwischen kamen die Österreicher immer näher. Als sie durch den Kanal liefen, waren die Engländer darüber auf das äußerste verärgert. Wie konnte es eine fremde Flagge wagen, zudem noch eine so exotische wie die der Österreicher, ins Mare Britannicum einzudringen? Aber man war neutral und ließ sie passieren – wenn auch grollend. Vor Texel lagen drei preußische Kanonenboote und warteten auf die beiden Österreicher; sie getrauten sich wegen der NIELS JUEL nicht allein nach Hause und waren heilfroh, sich den starken Fregatten anschließen zu können.

Aber die Dänen waren gar nicht da; sie lagen immer noch in Kristiansand und warteten auf die JYLLAND. So konnte Tegetthoff mit seinem Geschwader völlig unbehelligt nach Cuxhaven laufen, wo er endlich am 4. Mai 1864 eintraf.

Mittlerweile war das dänische Nordseegeschwader um die JYLLAND komplettiert und stach von Kristiansand aus in See. Sobald Tegetthoff dies erfuhr, verließ er zusammen mit den preußischen

Das dänische Geschwader vor Helgoland. Voraus das Flaggschiff, die NIELS JUEL, *in der Mitte die* JYLLAND *und am Ende die kleine* HEJMDAL. *Die oberste Flagge auf dem Besanmast der* NIELS JUEL *bedeutet: „Abdrehen!" – die Schlacht ist zu Ende. Wie man sieht, fuhren die Segelschiffe während der Schlacht mit ihren Dampfmaschinen (nach einem zeitgenössischen Gemälde)*

Kanonenbooten PREUSSISCHER ADLER, BASILISK und BLITZ Cuxhaven, um die Dänen in einer Schlacht zu stellen. Zu gleicher Zeit liefen die Dänen unter Segeln mit Kurs Süd schon auf Helgoland zu.

Die beiden Geschwader waren sich in etwa ebenbürtig, eher hatten die vereinigten Österreicher und Preußen leicht numerische Vorteile, aber dafür war das dänische Geschwader besser aufeinander eingespielt; und wie sich später herausstellen sollte, waren die preußischen Kanonenboote ein glatter Ausfall.

Als die heranrückenden Dänen über der Kimm den Rauch der österreichischen Dampffregatten ausmachen konnten, warfen sie ihre Maschinen an. Es war Mittag. Von der NIELS JUEL wurde das Signal „Klar Schiff!" gegeben. Suenson, der dänische Geschwaderkommandeur, rief seinen

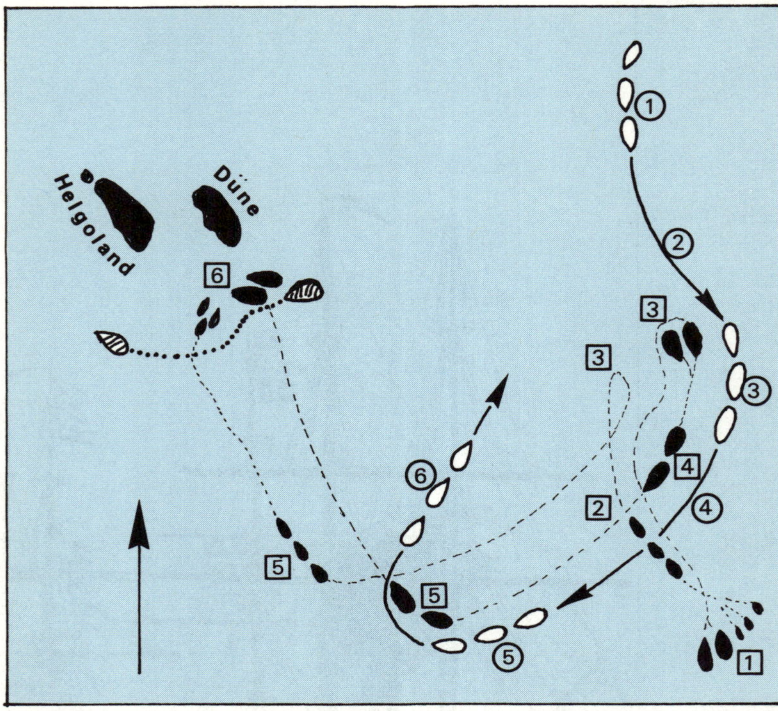

Die Seeschlacht vor Helgoland in ihren einzelnen Phasen, die in der Zeichnung numeriert sind: Die Ziffern im Kreis zeigen die Positionen der Dänen, die im Kästchen die der Österreicher/Preußen. Die dänischen Schiffe sind hell, die ihrer Gegner dunkel. Das schraffierte Schiffchen stellt die englische Fregatte Aurora *dar, die sich zum Schluß zwischen die Kämpfenden schob*

Männern zu: „Da sind die Österreicher! Jetzt treffen wir sie! Ich vertraue darauf, daß wir kämpfen werden wie unsere tapferen Kameraden in Düppel!*“ Darauf folgte ein dreifaches kräftiges „Hurra!“ und los ging die wilde Jagd: Die Dänen formierten sich zu einer engen Kiellinie, um ein Durchbrechen der Feinde zu verhindern, und liefen mit 8 kn Fahrt auf den Gegner zu.

Um 1345 eröffnete die Schwarzenberg aus einer Distanz von 2 sm das Feuer. Der Abstand zwischen den aufeinander zulaufenden Geschwadern verringerte sich schnell. Um 1400 war die Kanonade in vollem Gange. Zeitweise kamen sich die Schiffe bis auf 400 m nahe. Um 1545 kam der Wendepunkt. Eine Granate hatte den Vormast der Schwarzenberg getroffen, und binnen kurzem stand das ganze Vorschiff in Flammen. Es zu löschen mißlang, weil die Pumpen defekt waren. Um das Schiff zu retten und ein Ausbreiten des Feuers zu verhindern, mußte Tegetthoff versuchen, den Wind von achtern zu bekommen. Er drehte deshalb ab und lief auf Helgoland zu, wohl auch, um sich in das neutrale Gewässer zu retten, denn Helgoland war zu der Zeit noch britisch. Die Radetzky deckte ihn bei diesem Manöver. Die preußischen Kanonenboote aber hielten sich weiter in Lee der beiden Österreicher, von den Dänen in dem dicken Pulverdampf überhaupt nicht gesehen. Als die Dänen sich auf die Verfolgungsjagd machen wollten, brach auf der Jylland das Steuerseil, und obwohl man den Schaden im Rekordtempo reparierte, ging dabei so viel Zeit

* Die Schlacht bei Düppel hatten die Dänen am 18. April verloren.

verloren, daß die Österreicher die neutralen Gewässer von Helgoland erreichen konnten. Als die Dänen nun wieder anrückten, legte sich die englische Fregatte AURORA, die das Gefecht beobachtet hatte, zwischen die Kämpfenden. Damit war fürs erste die Schlacht zu Ende. Es war 1630. Die JYLLAND hatte 18 Treffer abbekommen, die SCHWARZENBERG aber deren 80. Die Dänen hatten 14 Gefallene zu beklagen, die Österreicher aber 33. Nur die Preußen überstanden das Gefecht ohne nennenswerten Schaden.

Nun traf der dänische Kommandeur eine Entscheidung, die ihm später schwere Vorwürfe einbrachte: Er lief ab und setzte seinen Kurs aufs Schmaltief ab, um seine Toten und Verwundeten an Land zu bringen. Hätte er nur gewartet, bis die Österreicher und Preußen wieder das neutrale Helgoland verließen, so hätte er sie vielleicht vollständig vernichten können, denn deren Aufenthalt dort war begrenzt.

So jedoch gelang es Tegetthoff, seine Flotte – die SCHWARZENBERG hatte den Vormast kappen müssen – im Schutz der Dunkelheit und mit gelöschten Lichtern nach Cuxhaven zu überführen.

Entschieden hat die Schlacht von Helgoland gar nichts; denn kurz darauf mußte Dänemark einen Waffenstillstand schließen und verlor danach seine Provinzen Schleswig und Holstein an Österreich und Preußen, die dann nach dem Krieg von 1866 ganz an die Preußen fielen („Der Sturm auf die Düppeler Schanzen", Seite 135).

Nach dem Krieg von 1864 unternahm die JYLLAND noch viele weitere Reisen. 1868 brachte sie Überlebende und Ladung der bei Thyborøn gestrandeten Fregatte ALEXANDER NEWSKY heim nach Rußland (s. Seite 59).

1908 wurde sie ausgemustert. Eine deutsche Firma kaufte sie, um sie abzuwracken. Das war nun aber einigen dänischen Patrioten doch zuviel. Abgewrackt, ausgerechnet von Deutschen! Im letzten Augenblick kaufte man die JYLLAND zurück. Sie diente zunächst als Ausstellungsschiff, bis sie 1912 ein reicher Gutsbesitzer aus Juelsminde kaufte und in der Sandbjerg Vig verankern ließ. Im 1. Weltkrieg fungierte sie als Radiostation und führte wieder ihre alte Kriegsflagge. Später lag sie lange Zeit unbeachtet in Kopenhagen, bis sie 1960 ihre endgültige Heimat in Ebeltoft fand. Da liegt sie jetzt vor uns: Dänemarks letzter stolzer Schwan, zwar ohne Rigg und Segel, doch dessen ungeachtet ein imposanter Anblick.

Beim Verlassen der Ebeltoft Vig passiert man den am Ostufer gelegenen *Fährhafen* von Ebeltoft. Ganz abgesehen davon, daß er reizlos ist, dürfte man ihn auch nicht anlaufen. Tut man es dennoch, wird man ziemlich ruppig wieder hinausgescheucht. Die Fähren, die in rascher Folge von Seeland herüberkommen, rauschen mit ziemlichem Speed in die Ebeltoft Vig hinein. Man sollte sich da etwas vorsehen.

Eben nördlich vom Fährhafen stehen auf einem Damm im Wasser 16 Windmotoren und etwas abseits ein etwas größerer. Zusammen bilden sie den *Windplatz Ebeltoft,* eine Versuchsanlage, die immerhin schon den Jahresbedarf an Elektrizität von 600 Einfamilienhäusern deckt. Dänemark ist vorbildlich in der Nutzung der Windkraft; überall sieht man die modernen Generatoren sich im Wind drehen. In der Produktion solcher Windgeneratoren sind die Dänen sogar weltweit führend.

Sobald man die Südspitze von Hasnæs – an der Huk Gåsehage – gerundet hat, sieht man voraus im Osten die Insel Hjelm liegen. Davor aber befindet sich noch ein ziemlich unerfreuliches Flach, der *Klokkegrund* (mit nur 2,3 m Wassertiefe); unerfreulich deshalb, weil die grüne Spitztonne ungünstig dazu ausliegt. Man sollte also – wie aus der Karte ersichtlich – genügend Abstand halten. Die Insel

Die Insel Hjelm aus Westen

Hjelm heißt so, weil sie die Form eines Helms hat, dessen Ränder man aber von ferne nicht sieht, sondern erst dann, wenn man schon nahe dran ist. Von ferne wirkt die kleine Insel ziemlich steil und mit ihren gut 40 m auch recht hoch. Der klobige Eindruck wird noch verstärkt durch das viele dunkle Buschwerk, das die Abhänge der Insel bedeckt.

Vom tiefen *Hjelm Dyb* steigt der Landgrund abrupt zur Insel hin an. Unangenehme Steine liegen bei *Pullerne* (1,6 m), im Nordosten vor der Insel, und südlich davon auf dem *Klørgrund* (2,2 m). Ansonsten kommt man überall gut an die Insel heran, am besten aber von Westen. Hier trifft man genau unterhalb des weißen Leuchtturms auf eine weitgeschwungene Bucht, in der man relativ ruhig vor Anker liegen kann, und zwar bei östlichen und südlichen Winden. Bei Starkwind und mehr kommt die Welle aus der Weite des Kattegats auch in diese Bucht, so daß man den Anker lichten und sich einen ruhigeren Ankerplatz suchen muß, etwa in der Ebeltoft Vig. Einen Hafen hat die Insel nicht. Versorgung ebenfalls Fehlanzeige, bis auf Wasser, das man sich beim Haus des Leuchtturmwärters holen könnte. Zur Insel kommt man also nur mit dem Dingi.

Diese auffallende und doch zugleich schwer zugängliche Insel war schon in der Steinzeit bewohnt, wie Funde zeigen. Unter den Wikingern soll es hier sogar eine kleine Burg gegeben haben. Eine wichtige Rolle spielte das schöne Hjelm aber erst im Mittelalter, als sich hier 1290 Marsk Stig eine feste Burg baute, auf deren Trümmern jetzt der Leuchtturm steht. Marsk Stig und seine Männer waren Geächtete, „Fredlose", Friedlose, wie es damals hieß. Dazu war es so gekommen:

Die Dänen hatten zu der Zeit einen schwachen König, Erik mit Namen, der als Kind von elf Jahren auf den Thron gekommen war. Die Schwäche des Königs nutzten die Großen des Reiches, vor allem der jütländische Adel, um ihm 1282 eine Art Verfassung abzupressen, die die Macht des Königs einschränkte und die man die Magna Charta Dänemarks nennt:

Niemand durfte danach mehr ohne gesetzliche Grundlage verfolgt, verurteilt, gefangen oder gar hingerichtet werden. Und vor allem: Jedes Jahr mußte der König einen Reichstag einberufen und mit den Großen des Landes verhandeln.
Vier Jahre später war der junge König zur Jagd in Jütland. In einem fürchterlichen Sturm suchte er mit seinem Pferdejungen und seinem Kammermeister Zuflucht in einer Scheune in der Nähe von Viborg. In der Nacht wurde die Scheune von einer Handvoll Männer gestürmt, die den König ermordeten. Die Leiche des Königs wies 56 Messerstiche auf. In Viborg wurde Anklage gegen neun Adelige aus Jütland erhoben, unter ihnen Marsk Stig, der als Anführer der Königsmörder galt. Alle wurden des Landes verwiesen. Marsk Stig flüchtete auf die Insel Hjelm, wo er eine sichere Burg baute und von wo er immer wieder zu Plünderungszügen hinüber zum Festland aufbrach. Er errichtete sogar eine eigene Münze und prägte Geld, das dem des Königs nachgebildet war. Der Sohn Eriks, der den Namen Erik Menved trug, versuchte mehrmals von der Burg Kalø (s. Seite 244) aus, Hjelm zu erobern. Immer vergebens. Erst als Stig gestorben war, gelang es königlichen Truppen, die Burg zu nehmen und sie dem Erdboden gleichzumachen.
Auf der Insel leben heute nur noch der Leuchtturmwärter und seine Familie. Der Leuchtturm wurde 1856 gebaut. Sein Feuer (Glt.w/r/gn.-8s) weist den Seefahrern den Weg durchs südwestliche Kattegat und nach Århus.
Wer immer sich über die vollen Häfen Dänemarks beklagt, der findet hier noch einen unberührten Fleck, den zwar viele kennen, aber meist nur vom Vorbeisegeln.

Ob von Gåsehage aus oder von Hjelm, man hat nun bis hinauf nach Grenå – immerhin knapp 20 sm – eine völlig ungeschützte Küste vor sich, mit dem offenen Kattegat im Osten bis hinüber nach Schweden. Bei Starkwind aus Osten kann man hier also schon einiges erleben.
Sollte man ankern wollen (oder müssen), so fände man auf den 20 sm bis Grenå nur zwei – bedingt brauchbare – *Ankerplätze:*

- Nördlich der Steilküste von *Gydehøj,* wo die 2-m-Linie etwa 100 m vor dem Ufer verläuft. Hier liegt man ruhig bei Westwind, sonst nicht.
- Nicht nur bei West, sondern auch bei Nord – wenn man nur nahe genug ans Ufer herangeht – ankert man relativ gut unter dem östlichen, bewaldeten Steilufer von *Jærnhatten.* Beim Verlassen des Ankerplatzes muß man den Stein *Blak* meiden, der nur knapp und unbezeichnet unter der Wasseroberfläche liegt.

Auf dem weiteren Weg nach Grenå achte man auf Grundstellnetze, die zuweilen bis zu 1 sm weit nach See hinausreichen.
Ebenfalls 1 sm vom Land entfernt liegt, schon dicht vor Grenå, eine 1,3-m-Stelle, die nicht betonnt ist.

Grenå sieht man bereits von weitem an der hier sehr flachen Küste liegen. Genauer gesagt: seine Fabriken mit ihren hohen Schornsteinen und die Silos um den Hafen. Die Stadt selbst befindet sich 3 km weiter landeinwärts. Für Segler hat Grenå vor allem Bedeutung als Ausgangspunkt für einen Törn nach Anholt, das von hier aus in einer Entfernung von 27 sm mitten im Kattegat liegt. Schon sehr viel weniger machen hier solche Yachten Station, die in die Ålborg Bugt oder noch weiter nordwärts zum Limfjord oder nach Skagen wollen.

Doch in Grenå hat sich einiges geändert. Das größte Problem war bisher sein Hafen. Der war häufig so überfüllt, daß man sobald wie möglich wieder verschwand. Jetzt gibt es eben südlich vom Fähr- und Handelshafen eine neue Marina: Skakkes Holm.

Die Ansteuerung von Grenå stellt einen jetzt auch vor keine Probleme mehr, denn der gefürchtete *Kalkgrund* liegt weit nördlich von Skakkes Holm. Man braucht nur auf den Hafenkomplex zuzuhalten, etwas südlicher der im Hafen liegenden Fähren, kann aber auch im tiefen Wasser entlang der mächtigen Steinmole laufen. So kommt man direkt zu Skakkes Holm, dessen Einfahrt sich nach NE öffnet.

Von Grenå aus verkehren große Fähren nach Anholt, Varberg, Helsingborg und Hundested, denen man Platz macht. Man sieht aber auch über die Mole hinweg, wenn sich diese gewaltigen Kästen von ihrer Anlegestelle lösen und langsam Fahrt aufnehmen. Zur Stadt sind es 3 km; man kann mit dem Bus hinfahren. Nur bedingt lohnenswert – eine Einkaufsstadt für das große Umland. Es gibt nur noch wenige alte Gebäude, das meiste wurde im 16. Jahrhundert durch Krieg und Feuersbrünste vernichtet. Der Hafen der Stadt war ursprünglich nur ein Pfahlwerk in der Mündung des Gren Å. Als der Fluß immer mehr versumpfte, baute man in den Jahren 1807 bis 1812 weit vor der Stadt den heutigen Hafen, der dann 1873/74 stark erweitert wurde. Damit erhielt das günstig gelegene Grenå eine große Bedeutung als Hafenstadt und lief so dem reichen Randers (siehe Seite 282) den Rang ab, das für die großen, modernen Schiffe auch immer schwieriger zu erreichen war.

Wen Starkwind in Grenå festhält, der kann mit dem Fahrrad schöne Ausflüge ins Djursland machen: etwa nach Tustrup, wo man auf einer Heide „Dänemarks Stonehenge" findet, einen vorgeschichtlichen Grabplatz. Oder zu einem der vielen jütländischen Herrensitze wie Mejlgård, Gammel Estrup oder Sostrup. Informationen darüber im Touristbüro.

Liegeplatz und Versorgung: Die Marina Skakkes Holm war 1987 soweit fertiggestellt, wie es der Plan zeigt. An den Einrichtungen für über 600 Boote wurde noch gebaut, aber anlaufen konnte man den Hafen schon. Man braucht keine prophetischen Gaben zu haben, um vorhersagen zu können, daß diese Marina mit ihrer interessanten Architektur bei Seglern sehr beliebt werden wird. Mancher, der notgedrungen in Grenå festmachte, wird jetzt gerne etwas länger bleiben – wegen des Hafens, aber auch wegen des feinen Badestrandes daneben. Es ist zu befürchten, daß Skakkes Holm deshalb

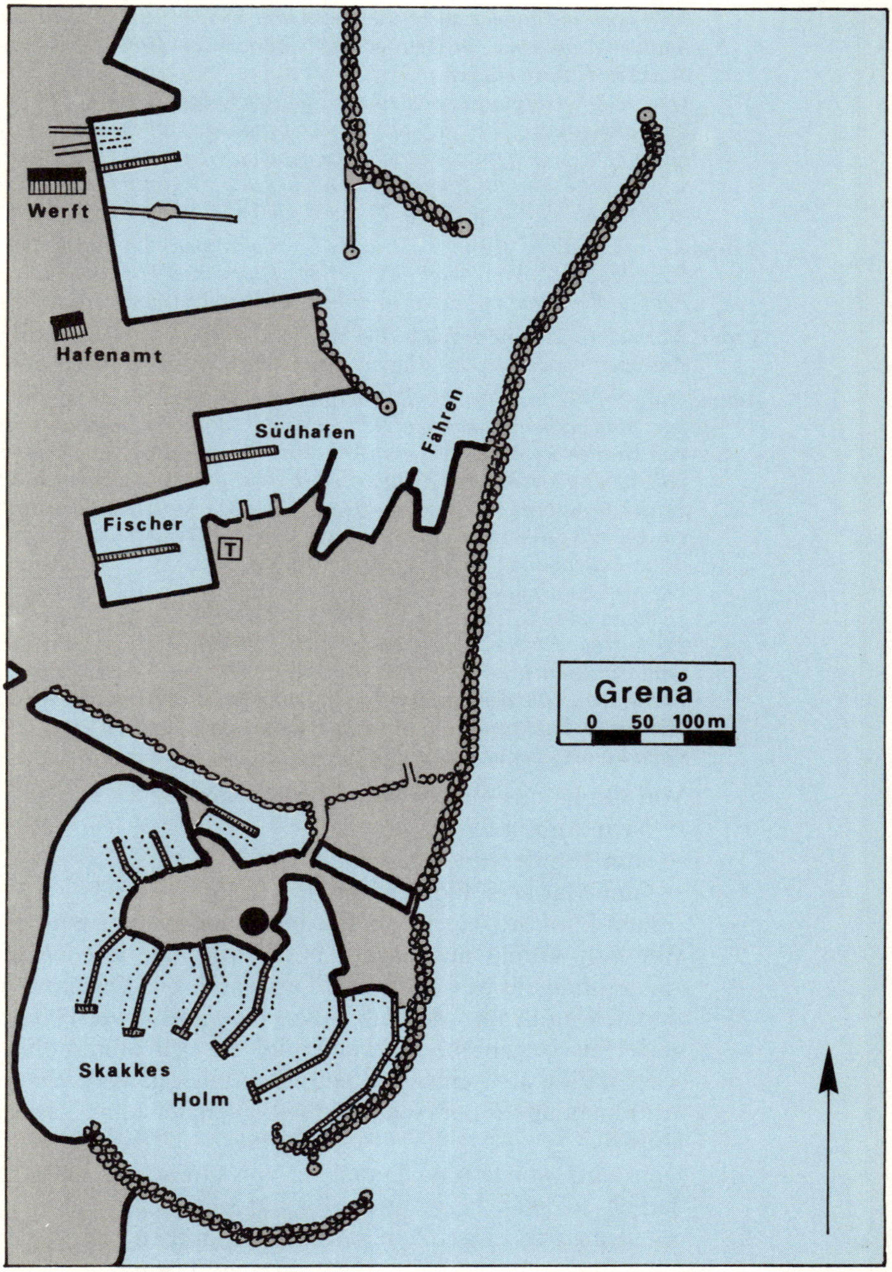
Werft
Hafenamt
Südhafen
Fähren
Fischer
T
Grenå
0 50 100 m
Skakkes
Holm

bald auch nicht mehr ausreichen wird und Yachten, zumindest zeitweise, wieder in den Südhafen müssen. Zur Zeit jedenfalls besteht das Hafenamt darauf, daß Boote nach Skakkes Holm verlegen.
Über die Versorgungsmöglichkeiten läßt sich zur Zeit noch nichts sagen. Man kann aber davon ausgehen, daß der Service genauso exzellent sein wird wie der neue Hafen selbst. Die wichtigsten Einrichtungen befinden sich auf der „Hafeninsel" (siehe den schwarzen Punkt im Plan). Auch heute schon bekommt man alles, was man braucht, in Hafennähe, nur ein paar Minuten zu Fuß.

Adressen: Information: Torvet 1, T. 32 12 02; Fahrräder: Strandgade 14, T. 32 06 83; Post: Strandgade 12; Wäscherei: Kystvej 14; Djurslands-Museum: Torvet, T. 32 38 64 (heimatkundliche Sammlungen in einem der wenigen noch erhaltenen Fachwerkhöfe).

Strom: Normalerweise unerheblich. Bei Wind aus E bis S ab Stärke 6 kann der Strom in der Ansteuerung des großen Hafens mit 1,5 kn nordwärts setzen.

Ansteuerung bei Nacht: Über die Befeuerung von Skakkes Holm liegen noch keine Angaben vor. Man sollte deshalb den Handels- und Fährhafen ansteuern, und das geht so: Wer von Norden kommt (etwa von Anholt), sollte zunächst das starke Leuchtfeuer Fornæs (Blz.-20s, mit Nebelschallsender: (1)-1 min) ansteuern. Danach im weißen Sektor des Feuers Nordmole (Glt.w/r/gn.-4s) mit Kurs 225° genau auf den Hafen zu. Man passiert die Untiefe Kalkgrund im Westen, die hier an der Kante auch durch eine gelb-schwarzgelbe Leuchttonne (SFkl.(9)-10s) markiert ist.
Wer von Süden kommt, sollte zunächst auf die rot-weiße Ansteuerungstonne (Blk.-10s) zuhalten und danach mit Kurs 295° im weißen Sektor des Feuers Ostmole (Blz.w/r/gn.-2s) auf die Hafeneinfahrt zulaufen. Auf diesem Wege passiert man die Untiefe Kalkgrund im Süden. Auf dem Kopf der Ostmole ein N-S.:(1)-20s (Sirene).
Die Molenköpfe der Einfahrt in den Südhafen sind ebenfalls befeuert: F.gn. und F.r.
Wer einen Funkpeiler an Bord hat, kann auf Grenå zu eine Zielfahrt machen: Das Grenå-Funkfeuer sendet auf 406,5 kHz, GH, — — • / • • • •; Reichweite 10 sm.

Von Grenå aus gibt es vier „Groß"-Kurse:
– nach Anholt 27 sm
– zum Randers Fjord 30 sm
– zum Mariager Fjord 35 sm
– zum Limfjord 42 sm (und vielleicht auch weiter nordwärts nach Skagen)
Wer von Grenå aus nach Anholt will, der lese weiter auf Seite 265. Ansonsten geht es weiter rund Djursland. Die Distanzen werden nun doch ziemlich groß, und deshalb sollen hier noch zwei Häfen zwischen Grenå und Hals beschrieben werden, die an sich uninteressant sind, als Zwischenstation aber eine gewisse Bedeutung erlangen können, wenn sie auch als Fluchthäfen nur sehr bedingt geeignet sind: Bønnerup und Øster-Hurup.
Den Kurs weiter rund Djursland von Grenå aus kann man nicht als sonderlich attraktiv bezeichnen. Bis auf wenige Ausnahmen um Kap Fornæs segelt man an einer nicht sehr hohen, grünen, zumeist bewaldeten Küste ohne markante Punkte entlang. Das gilt bis hinauf zur Mündung des Limfjords.
Über die weite und (auf Yachten bezogen) relativ tiefe Ålborg Bugt gibt es ebensowenig zu sagen; ein ziemlich offenes Gewässer im westlichen

Kattegat, wo man unter bestimmten Verhältnissen mit einer sehr rauhen See rechnen muß, um das große Flach *Tangen* (s. u.) auch noch mit Grundseen.

Hat man Fornæs passiert, so läuft man mit Kurs NNW an den mächtigen Steilufern von Sangstrup Klint und Gjerrild Klint vorbei. Man sollte sich etwa 1 sm vom Ufer fernhalten. Sobald man auf dem grünen Hügel Knudshoved den weißen Leuchtturm *Gjerrild* (Blz.w/gn.-20s) sieht, müßte man im Westen auch schon

Bønnerup

ausmachen können, das jedoch nicht sehr auffallend ist. Am ehesten könnte man sich noch orientieren an dem Stummel einer Windmühle (ohne Flügel) landeinwärts dicht westlich des Hafens und an dem langgestreckten weißen Schloßgebäude von Mejlgård (s. Zeichnung).

Kap Fornæs mit seinem 27 m hohen Leuchtturm (aus Nordosten)

Je näher man kommt, desto deutlicher wird man auch die aus großen, ausgebleichten gelbbraunen Steinen gebaute Hafenmole ausmachen können. Wichtig: Weiterhin in einer Distanz von 1 sm vom Ufer bleiben, denn östlich und westlich der Hafeneinfahrt liegen zwei Untiefen, die sich jeweils 1200 m weit hinaus auf See erstrecken: im Osten *Stavnshoved Rev,* an dessen Nordkante eine grüne Spitztonne ausliegt, sowie westlich vom Hafen das (unbetonnte) Steinfeld *Skærbæk Hest,* auf dem in einer Distanz von 1200 m vor dem Ufer noch Steine nur 0,5 m unter der Wasseroberfläche liegen.
Den Hafen sollte man also erst dann ansteuern, wenn man ihn in Peilung Süd hat. Dann kann man sich ihm langsam nähern. Beiderseits der Ansteuerung können Grundstellnetze ausliegen. Mit Versandung in der Einsteuerung muß gerechnet werden.
Unter normalen Bedingungen läßt sich Bønnerup aber mit einem Tiefgang bis zu 2,5 m anlaufen, auch nachts. Harter, auflandiger Wind kann einen aber ziemlich in Schwierigkeiten bringen, weil sich dann die See über dem Landgrund bricht.
Hat man die Molen des Außenhafens passiert, orientiere man sich nach dem Hafenplan.
Bønnerup ist einer der typischen kleinen Inselhäfen, wie man sie an dieser an Naturhäfen armen Ostküste Jütlands immer wieder findet: Øster-Hurup (s. Seite 264) gehört dazu, Aså (s. Seite 301) und Ålbæk (s. Seite 317) genauso. Der Hafen liegt ziemlich weit vor dem Land und ist mit ihm durch einen Damm verbunden; das Meer aber hat inzwischen so viel Sand angespült, daß aus dem Damm eine breite Landzunge geworden ist. An Land eine Ansammlung von Häusern. Als Ort völlig uninteressant. Sollte man durch ungünstiges Wetter hier festgehalten werden, so könnte man allerdings von hier aus genausogut wie von Grenå aus Fahrradtouren über

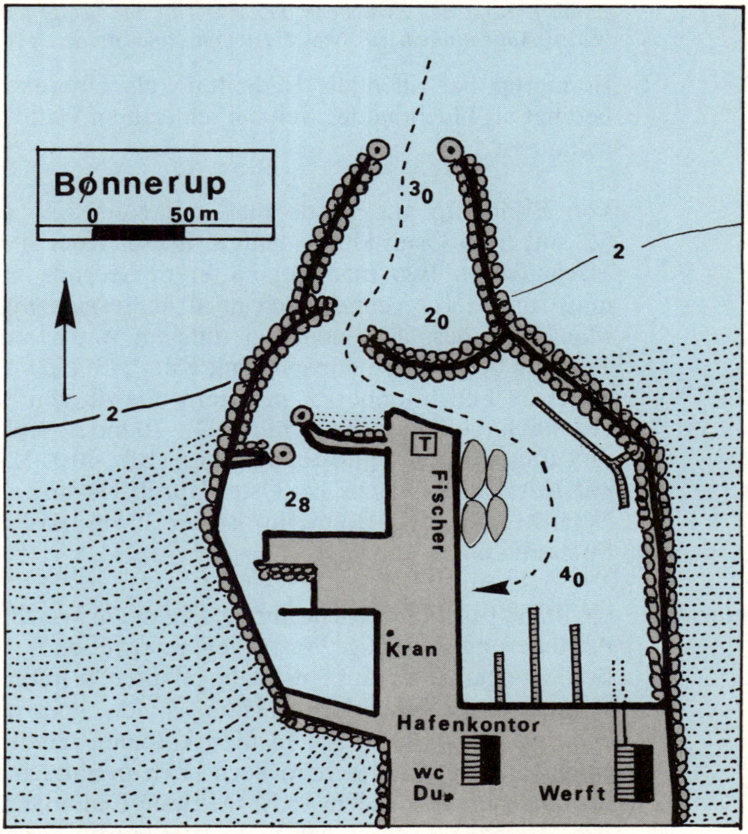

das schöne Djursland machen (Fahrräder bekommt man bei Texaco, Fægangsvej, T. 38 60 18).

Liegeplatz und Versorgung: Gäste fahren in das große Ostbecken und machen hinter den Fischkuttern fest, aber nicht an den Stegen der einheimischen Bootssportler. Die eiserne Spundwand ist ziemlich hoch und macht das Anlegen nicht ganz einfach. Am liebsten wird es gesehen, wenn man vor Heckanker liegt. Ruhig und langweilig. Treibstoff siehe Plan. Werft mit Slip ebenso. Fischräucherei beim Hafenkontor. Ordentliche Toiletten und Duschen. Lebensmittel im Dorf, 20 Minuten Fußweg. Werkstatt am Fuße des Damms.

Wasserstand: Tidenhub 0,5 m. Winde aus W bis N können den Wasserstand um 1 m erhöhen, Winde aus E bis S ihn um 0,5 m senken.

Strom: Er läuft entweder ost- oder westwärts, also immer quer zur Hafeneinfahrt. Winde aus NE bis SE bewirken einen westwärts laufenden, solche aus W bis NNW einen ostwärts laufenden Strom. Bei Starkwind kann die Stromgeschwindigkeit bis auf 2 kn zunehmen.

Ansteuerung bei Nacht: Etwas unsicher, weil die helle Hafenbeleuchtung es erschwert, die Feuer (F.r. und F.gn.) am Kopf der Außenmolen zu identifizieren. Auf dem ange-

strahlten Kopf der Zwischenmole, also von See her genau zwischen den Feuern der beiden Außenmolen, ein N-S.:(1)-1 min, eine Sirene.

Bønnerup hat allenfalls Bedeutung als Übernachtungshafen, aber nur bedingt als Fluchthafen, weil bei schlechtem Wetter die Ansteuerung etwas riskant ist.

Von Bønnerup aus würde man mit Kurs 320° auf dem direkten Weg (22 sm) nach Øster-Hurup laufen. Dieser Kurs aber führt über das große Flach *Tangen* (wo man bei härterem Seegang mit Grundseen rechnen muß) und ausgerechnet auch noch über seine mit 2,3 m flachste Stelle. Man sollte deshalb, außer bei ruhigem Wasser und bei entsprechendem Tiefgang des Bootes, zunächst mit Kurs 343° die von Bønnerup aus 9,5 sm entfernte Leuchttonne *F2* ansteuern, die zu dem Schiffahrtsweg F gehört, der durch die Ålborg Bugt führt: Die Tonne ist senkrecht rot-weiß gestreift und trägt ein rotes Ball-Toppzeichen (Blk.-10s). Von hier aus dann weiter mit Kurs 303°. Distanz bis Øster-Hurup: 14 sm.
Noch kritischer als Bønnerup ist der 22 sm nordwestlich davon gelegene Fischerhafen

Øster-Hurup (56°48'N, 010°17'E). Nicht nur als Hafen ein Winzling, sondern auch in der Ansteuerung so geringe Wassertiefen aufweisend, daß er unter schwierigen Bedingungen überhaupt nicht angelaufen werden kann. Noch mehr als Bønnerup ein reiner Übernachtungshafen, aber nicht ohne Atmosphäre, eben weil er so klein ist. Yachten kommen relativ selten hierher, und so wird man von den Fischern auch noch freundlich aufgenommen.
Kommt man von Süden, so ist die beste Landmarke die weiße Kirche von Als, die etwa 3 sm südlich von Øster-Hurup auffallend auf einem Hügel vor dem dunklen Wald steht. Der Turm der Kirche wirkt sehr wuchtig im Vergleich zum Kirchenschiff. In Øster-Hurup selbst sind die Kirche und die Windmühle recht brauchbare Landmarken.

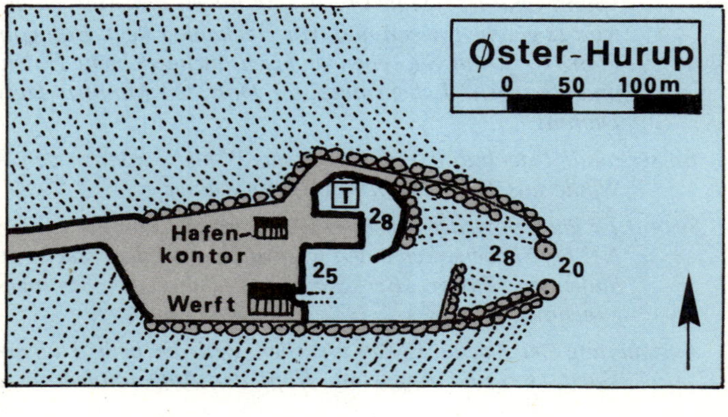

Mit mehr als 1,6 m Tiefgang muß vom Anlaufen des Hafens abgeraten werden. Etwa 75 m vor der Hafeneinfahrt liegt eine bestenfalls 2 m tiefe Barre.
Der Ort selbst ist um ein Minimales besser als Bønnerup, hat auch recht gute Badestrände, was dazu geführt hat, daß in den letzten Jahren immer mehr Touristen hierhergekommen sind und zahlreiche Ferienhäuser gebaut wurden.

Liegeplatz und Versorgung: Am besten und ruhigsten liegt man im innersten Becken, dort, wo im Hafenplan die Tankstelle eingezeichnet ist. Viel Auswahl hat man nicht. Werft mit Slip für Reparaturen. Am Ende des Damms, dorfwärts, ein Schiffszubehörhändler mit Motorenwerkstatt. Am Hafen Fischverkauf. Lebensmittel im Dorf.

Wasserstand: Tidenhub 1 m! Wind aus NE kann den Wasserstand um 1,5 m erhöhen, aus SE ihn um 1 m senken. Letzteres bedeutet, daß man dann den Hafen unter Umständen weder anlaufen noch verlassen kann.

Ansteuerung bei Nacht: Davon muß, außer bei günstigen Umständen wie ruhiges Wasser und helle Nacht, abgeraten werden. Auf dem Kopf der Nordmole brennt ein Feuer (F.gn.), das Feuer auf der Südmole (F.r.) jedoch nur in der Zeit vom 15.8. bis 30.4., ist also die meiste Zeit im Sommer außer Betrieb. Der Nebelschallsender ((1) -1 min), eine Sirene, steht auf dem Kopf der Nordmole, wird aber nur in Betrieb genommen, wenn Fahrzeuge den Hafen verlassen beziehungsweise zurückerwartet werden.

Hinweis: Man muß den Hafen unter Maschine anlaufen und in den sehr engen und verwinkelten Hafenbecken äußert langsam fahren.

Verläßt man den Hafen mit Kurs NNE auf Hals Barre (s. Seite 126) zu, so muß man damit rechnen, daß nördlich des Hafens Grundstellnetze bis zu 3 sm weit in die See hinausreichen.
Ansteuerung von Hals siehe Seite 126
Ansteuerung Randers Fjord siehe Seite 276
Ansteuerung Mariager Fjord siehe Seite 285
Ansteuerung von Anholt siehe Seite 266

Anholt die Kattegat-Insel, darf man guten Gewissens als Mekka der Ostseesegler bezeichnen. Eine Beschreibung, die sehr gut den Charakter ihrer unverfälschten Natur trifft: eine große Wüstenei aus Sand und hohen Dünen, aber auch unheimlich schön, ein kleines Paradies, im Sommer freilich ein etwas überlaufenes.
Anholt lohnt sich als Endziel eines Törns genauso, wie es als Zwischenstation für eine Kattegat-Überquerung wichtig ist, liegt es doch etwa auf halbem Wege zwischen Dänemark und Schweden und auch ziemlich zentral im südlichen Kattegat.
Die Insel hat eine ausgeprägte Keilform: Die Spitze weist nach Osten. Anholt ist etwa 10 km lang und maximal knapp 5 km breit. Der Keilform entsprechen die Flachs, die sich um die Insel gruppieren. Anholt hat nur einen Hafen; er liegt an der breiten Westseite der Insel, ziemlich nahe ihrer Nordwesthuk.

Die Flachs: Die Keilspitze der Insel setzt sich im *Østerrev* fort, das sich gut 5 sm weit nach Osten erstreckt. Dieses Riff fällt auf seinem inneren Teil trocken. Der mittlere Teil heißt *Kobbergrund* und ist stellenweise nur 1,2 m tief. Das Gewässer östlich des Riffs trägt den Namen *Knoben;* hier liegt auch die gleichnamige schwarz-gelb-schwarze Leuchttonne (SFkl.(3)-5s), Toppzeichen zwei Kegel, Spitzen voneinander. Knapp 2 sm weiter östlich liegt das rote, zweimastige Feuerschiff *Anholt Knob* (Blk.(2)-20s) vor Anker: Hier schneiden sich die Schiffahrtswege A, T und D.
Ähnlich tückisch wie das *Østerrev* ist das sich nordwestwärts erstreckende *Nordvest Rev,* das ebenfalls 5 sm lang ist. Etwas entfernt von seiner äußersten Spitze befindet sich eine gelb-schwarz-gelbe Tonne (Toppzeichen zwei Kegel, Spitzen zueinander). Auf dem Riff zieht sich ein langer, steiniger Rücken mit nur 1,9 m Wassertiefe hin. Das Nordvest Rev trennt zwei Fahrwasser, die von Nordwesten beziehungsweise Norden auf den Hafen von Anholt zulaufen. Beide werden von den weißen Sektoren des Feuers *Anholt Hafen, N-Außenmole* (Glt.w/r/gn.-4s) abgedeckt.
Von seiner Ausdehnung her ist das Flach im Südwesten und Süden der Insel das größte, es hat aber dafür Wassertiefen zwischen 3 und 4 m, die für eine Yacht normalerweise ausreichen müßten. Lediglich bei *Stensøre* hat man mit einer geringen Wassertiefe von 1,9 m zu rechnen, aber davor warnt eine gelb-schwarz-gelbe Tonne (Toppzeichen zwei Kegel, Spitzen zueinander). An der Südwestkante dieses großflächigen Landgrunds liegt die gelb-schwarze Leuchttonne *Anholt* (Fkl.(6)+Blk.-15s), Toppzeichen zwei Kegel, Spitzen unten.
Auf der Seekarte wirkt das alles vielleicht etwas aufregend; sieht man sich die „blaue Fläche“ jedoch genauer an, so reduzieren sich die gefährlichen Stellen im wesentlichen auf das *Nordvest Rev* und das *Østerrev.*
Wie kommt man hin zu der schönen Insel?
● *von Grenå:* Das ist der kürzeste und auch von den meisten Seglern gewählte Kurs. Man läuft von Grenå (s. Seite 258) aus mit Kurs NE, immer über die offene See, die manchmal ziemlich ruppig sein kann. Man sollte diese Fahrt nur mit einem seetüchtigen Boot unternehmen. Diese Route kreuzt die Schiffahrtswege B und E (s. Karte). Besondere Aufmerksamkeit ist also geboten. Wer auf diesem Wege in einem Flautenloch hängenbleibt, dem kann man nur wünschen, eine kräftige Maschine in Reserve zu haben. Das erste, was man von Anholt in Sicht bekommt, ist ein etwa 50 m hoher, schlanker Radarturm, der auf dem 39 m hohen Nordbjerg steht. Auf den halte man zu. Solange er sich in Peilung NE befindet, braucht man keine Sorgen wegen der Flachs zu haben. Mit Kurs NE läuft man direkt auf den Hafen zu (56°43’N, 011°31’E). Die etwa 5 sm südwestlich davon liegende gelb-schwarze Leuchttonne *Anholt* (Fkl.(6)+Blk.-15s), Toppzeichen zwei Kegel, Spitzen zueinander, bleibt an Stb. Wer richtig gesteuert hat, muß mit einer Distanz von gut 1 sm daran vorbeilaufen.

Man hält weiter Kurs auf den Radarturm zu, bis man nähere Einzelheiten um den Hafen ausmachen kann.
Von Grenå kommend, laufen wir mit unserem NE-Kurs auf den Hafen zu, dessen sich nach SW öffnende Einfahrt gut an dem rot-weiß waagerecht gestreiften Leuchtturm *(Anholt Hafen, N-Außenmole,* 8 m hoch) zu erkennen ist. Wie es dann weitergeht, zeigt der Hafenplan auf Seite 268.
● *von Hals:* Das wäre ein prima Kurs, wenn man aus dem Limfjord kommt und heimwärts will. Also zunächst über die Barre zum Leuchtturm *Hals Barre* (Blz.-10s), danach weiter auf den Leuchtturm *Ålborg Bugt* (Blz.(3)w/r.-10s) zu, ab hier dann mit Kurs 105° 30 sm lang bis Anholt (vom Hafen Hals aus bis Anholt sind es 43 sm). Auch auf diesem Kurs zunächst auf den Radarturm zu. 6 sm nordwestlich von Anholt liegt die schon erwähnte gelb-schwarz-gelbe Tonne (Toppzeichen zwei Kegel, Spitzen zueinander) vor dem *Nordvest Rev.* Sie muß an Bb. bleiben. Man ist jetzt am Fahrwasser *Rønne Løb.* Nachts befände man sich hier im roten Sektor des Gleichtaktfeuers *Anholt Hafen, N-Außenmole.* Läuft man von der Gelb-Schwarz-Gelben mit direktem Kurs auf den Leuchtturm Anholt Hafen, N-Außenmole, zu, so schrammt man hart am Nordvest Rev vorbei. Wer mit einer Wassertiefe von 1,9 m auskommt, der kann es so halten; wer nicht oder wer auf mehr Sicherheit gehen will, der sollte von der gelb-schwarz-gelben Tonne aus etwa 0,25 sm stur Kurs S laufen, um vom Riff wegzukommen, und dann erst mit der Ansteuerung des Hafens beginnen.
Wenn man die Karte zur Hand nimmt und die obigen Angaben studiert, dürfte es keine Probleme geben.
Jetzt noch drei Hinweise:

- Westlich von Anholt läuft fast immer ein Strom von 0,5 kn nordwärts; bei einer Distanz von 27 sm von Grenå aus will das schon berücksichtigt sein. Dieser Strom kann bei Starkwind aus S bis SW sogar Geschwindigkeiten bis zu 3 kn erreichen, und das ist dann schon eine ganze Menge, zumal er quer zur Hafeneinfahrt setzt. Südwärts läuft er nur bei Sturm aus N bis NW.
- Wer einen Funkpeiler hat, kann hier gut zwei Funkfeuer anpeilen:
  Feuerschiff Anholt Knob
  (56°45'N, 011°53'E), 294,2 kHz, AK (· — / — · —)
  Flugfunkfeuer Anholt
  (56°43'N, 011°31'E), 400,5 kHz, ANT (· — / — · / —)
- Auf der nördlichen Innenmole steht ein Signalmast, an dem angezeigt wird, wenn der Hafen gesperrt ist (Ein- und Auslaufen verboten):
  tagsüber: schwarzer Kegel, Spitze unten, über schwarzem Kegel, Spitze oben, über schwarzem Ball
  nachts: ein grünes Licht über einem weißen über einem roten.

Ansteuerung bei Nacht: Möglicherweise halten mich alle Experten für einen schlimmen Dilettanten, ich bleibe trotzdem bei meiner Meinung, daß die Ansteuerung von Anholt bei

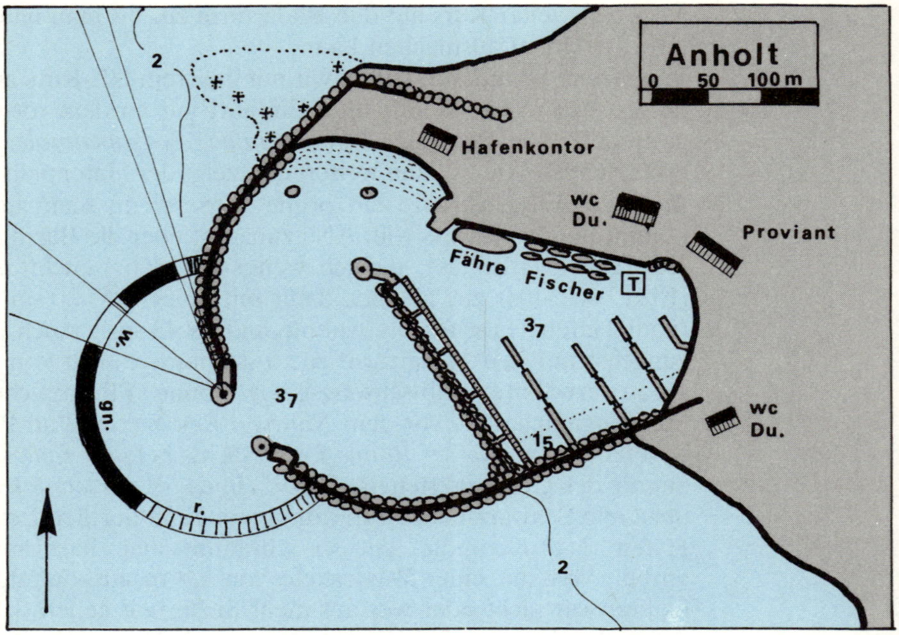

Nacht ziemlich heikel sein kann. Kommt man von Grenå, so ist das stärkste Leuchtfeuer, Anholt (Blz.-10s), in Peilung 53 bis 76° nicht zu sehen, weil der Turm 1 sm westlich der Osthuk der Insel von den hohen Dünen im Westteil abgedeckt wird. Man steuert also so lange in gebührendem Abstand von der Insel Nord, bis man den weißen Sektor (112 bis 130°) des Feuers Anholt Hafen, N-Außenmole (Glt.w/r/gn.-4s), an Stb. hat, der durch das Rønne Løb sicher bis vor die Hafeneinfahrt führt. Kommt man von Hals, so hält man sich an den gleichen weißen Sektor.

Das Gleichtaktfeuer an der Hafeneinfahrt dient gleichzeitig als Molenfeuer für die Nordmole. Am Kopf der Südmole brennt ein grünes Festfeuer. Man muß darauf achten, dieses Feuer nicht mit dem grünen Festfeuer am Kopf der inneren Mole zu verwechseln. An den Schwimmstegen im inneren Becken weiße Festfeuer.

Liegeplatz und Versorgung: Im Hafen soll Platz für 298 Boote sein. Jährlich kommen 12000 Yachten zu Besuch nach Anholt, und das drängt sich auf ein paar Wochen und Monate zusammen. Es läßt sich also leicht vorstellen, was hier zur Ferienzeit los ist! Auf den meisten Booten flattert die schwedische Nationale oder die deutsche Bundesflagge; die Dänen, denen die Insel gehört, sind zu ihrem Mißvergnügen hoffnungslos in der Minderheit. Man kann entweder an den Schwimmstegen festmachen oder an der Ostseite der Innenmole. Immer mit Bug zum Steg und Heckanker. Kommt man hier nicht unter, muß man an den Fischerkai, wo man dann zu zehn oder zwölf Booten im Päckchen liegen wird. Im Vorhafen zu ankern ist möglich, wenn man den Hafenmeister um Erlaubnis bittet. Im inneren Becken bringen lediglich Winde aus SW bis W einige Unruhe. Sehr hohes Liegegeld, das unaufgefordert im Hafenkontor zu bezahlen ist. Versorgungsmöglichkeiten am Hafen, an den Stegen Wasseranschluß. Schlechte Reparaturmöglichkeiten.

Wasserstand: Tidenhub 0,4 m. Sturm aus W bis N kann den Wasserstand um 1 m erhöhen, Sturm aus E bis S ihn um 0,8 m senken.

Adressen: Post: Anholt By, Østervej 13; Fahrräder: K. J. Jensen, am Hafen, T. 31 90 38.

Ankerplätze außerhalb des Hafens: Es gibt mehrere gute Plätze, aber es sei vorausgeschickt, daß man sehr auf das Wetter zu achten hat und auch bereit sein muß, den Ankerplatz rasch zu verlassen.

Bei Ostwinden kann man südlich vom Hafen auf 3 m Wassertiefe und etwa 150 m vorm Ufer ankern; man beachte zum einen das Kabelfeld, das bei der Südmole an Land führt, und zum anderen die 1,8-m-Untiefe südlich des Hafens (s. Karte).

In der Pakhus Bugt liegt man nicht schlecht bei Winden aus N und teilweise auch noch aus W. Der Landgrund steigt hier jedoch anders als sonst vor der Insel ziemlich steil an. Die 2-m-Linie verläuft etwa 200 bis 300 m vor dem Land. Man ankert auf etwa 3 m Wassertiefe.

An der Nordseite der Insel kann man bei südlichen Winden recht gut liegen, und zwar 300 bis 100 m vor dem Ufer auf einer Wassertiefe zwischen 3 und 4 m.

Wenn man endlich in Anholt gut festgemacht hat, wird es Zeit, sich etwas mehr mit dieser eigenartigen Insel zu befassen.

Anholt ist – wie ganz Dänemark – eine Schöpfung der Eiszeit. Früher lag der Grund des südlichen Kattegats trocken. Anholt ist das letzte Stück Land, das davon heute noch über die Wasseroberfläche ragt. Die Insel besteht aus zwei völlig unterschiedlichen Teilen. Im Westen, da, wo sich auch der Hafen befindet, liegt ein ziemlich hohes Hügelland. Dies ist der älteste Teil der Insel: Moränen aus der Eiszeit. Der Sønderbjerg mit seinen 48 m ist der höchste dieser Hügel: Bei klarer Sicht kann man von dort oben sowohl die dänische als auch die schwedische Küste sehen. Der östliche, größere Teil der Insel hingegen ist flach, bis auf ein paar Sanddünen. Der Boden ist zum größten Teil sandig, aber auch mit Steinen bedeckt und kaum bewachsen: Das ist „Ørkenen“, die Wüste, ein ausgedehntes marines Vorland.

In den Dünen von Anholt

Dieser Landstrich war nicht immer eine Wüste, sondern noch vor 300 Jahren dicht mit Kiefern bewachsen. Der Name „Anholt“ weist auf diese Wälder hin, denn „holt“ bedeutet im Deutschen nichts anderes als „Wald“ oder „Holz“. Als die Menschen noch zu wenig von ökologischen Zusammenhängen wußten, haben sie diese Wälder rücksichtslos abgeholzt. Bis nichts mehr da war und ein verheerender Sandflug einsetzte, der aus dem östlichen Teil der Insel eine Wüste gemacht hat. Das Holz brauchten die Bewohner in erster Linie für die Teer- und Salzgewinnung, aber auch, um Seefahrern den Weg zu weisen; denn das erste Leuchtfeuer auf Anholt, das 1561 eingerichtet wurde, war nichts weiter als eine offene Pfanne, und in der wurden Unmengen von Holz verbrannt.

Anholt ist der sonnenreichste Ort Dänemarks oder umgekehrt: der Platz mit den wenigsten Niederschlägen. Die Pflanzen haben es deshalb sehr schwer, sich im sandigen Boden zu behaupten. Die künstlich angelegten Wälder und die Heideflächen sind in den Trockenperioden immer sehr von Bränden bedroht. Ein weggeworfener Zigarettenstummel, und im Nu brennen Büsche und Bäume wie Zunder. Wenn dann die Brandglocke von Anholt By läutet, so ist das ein Appell an jedermann, rasch zu kommen und beim Löschen zu helfen; er richtet sich auch an die Sportbootfahrer im Hafen.

Den meisten Wald findet man an der Westseite, vor allem Kiefern und Tannen. Nach Osten zu wird die Vegetation immer spärlicher: Zunächst trifft man noch auf Birken und Wacholdersträucher, dann hört auch das auf, und es gedeihen nur noch die typischen Sandpflanzen wie Dünengras, Strandhafer und die Krähenbeere.

Für Vögel sind die einsamen Gebiete im Osten der Insel schlechthin ideale Brutplätze, und so findet man hier auch alle in Dänemark vorkommenden Vogelarten, besonders aber riesige Kolonien von Möwen, die sich kreischend auf einen stürzen, wenn man ihren Nestern zu nahe kommt. Nordwestlich vom Hafen hat sich nach dessen Bau (1899–1902) neues Land gebildet: *Flakket,* das, wie der Name schon sagt, flach ist, mit einem schönen Binnensee, einer Art Lagune. Dieses Gebiet ist Vogelschutzgebiet. Man darf es nicht betreten, aber unten am Strand entlangwandern. Im Süden der Insel, am Strand der *Pakhus Bugt,* kann man noch Seehunde beobachten, auch ganz im Osten, bei *Totten,* wo das Land aufhört.

Anholt By ist ein gemütliches, kleines Dorf mit verstreut liegenden Häusern. Hier leben etwa 140 Menschen (die Touristen nicht gerechnet). Man kann den Ort von See her nicht sehen, weil er sich eng an die Ostseite der Moränenhügel anlehnt. Vom Hafen braucht man zu Fuß schon ein Stündchen bis dorthin.

Die Insel ist heute immer noch zum größten Teil im Privatbesitz einer Familie, ohne daß man jedoch deswegen gehindert wäre, sie zu durchwandern. Vor vielen Hunderten von Jahren war Anholt Krongut. Der König kam manchmal hierher, aber immer nur zur Jagd; die großen Kie-

fernwälder standen zu der Zeit noch und waren voller Wild. 1441 erhielt die berühmte jütländische Adelsfamilie Rosenkrantz die Insel als Lehen; seitdem hat sie mehrmals ihren Besitzer gewechselt.
Als in den Engländerkriegen (1807–1814) die englischen Kriegsschiffe die dänischen Gewässer beherrschten, löschten die Dänen das wichtige Feuer von Anholt. Die Engländer legten daraufhin eine alte, ausgediente Fregatte namens PROSELYTHE als Feuerschiff vor Anholt, etwa dorthin, wo jetzt das Feuerschiff *Anholt Knob* verankert ist. Das war 1807, gleich zu Beginn des Krieges. Aber schon zwei Jahre später geriet die PROSELYTHE durch Eisgang so in Gefahr, daß ihre 200 Mann starke Besatzung das Schiff verlassen mußte. Von den dänischen Inselbewohnern wurden sie aber nicht als Feinde, sondern als Gestrandete aufgenommen, ein Freundschaftsdienst, den ihnen die Engländer nicht dankten. Denn im Frühjahr darauf kam schon eine britische Verstärkung und eroberte die Insel. Die 100 Mann vom 1. Jütländischen Regiment, die die Insel verteidigen sollten, wehrten sich zwar tapfer, konnten aber die Besetzung der Insel nicht verhindern. Die Dänen haben danach mehrmals versucht, Anholt zurückzuerobern, aber immer vergebens. Am 27. März 1811 machten sie mit einem 1000 Mann zählenden Corps einen letzten Versuch: Die dänischen Truppen, die von Djursland kamen, gingen in der Pakhus Bugt an Land, trafen aber auf heftigsten Widerstand, denn der britischen Besatzung waren eine Fregatte und eine Brigg zur Hilfe geeilt. In diesem Kampf fielen zwei Engländer und 34 Dänen. Die Offiziere wurden auf dem Friedhof von Anholt By beerdigt, die Gemeinen auf Ørkenen begraben. Die Engländer saßen bis zum Ende des Krieges auf Anholt. Im Osten der

Das Leuchtfeuer Anholt auf der Osthuk der Insel

Insel hatten sie sich eine kleine Festung gebaut, das „Fort York", dessen Kasematten am Fuß des Leuchtturms man noch heute sehen kann.
Während des ganzen 2. Weltkrieges hielten deutsche Truppen diese strategisch wichtige Insel besetzt; sie bauten den Hafen zu seiner heutigen Größe aus.
Der jetzige Leuchtturm wurde 1788 gebaut. Weil es zu der Zeit schon keine Bäume mehr auf der Insel gab, wurde sein Feuer mit Kohle geschürt, die man vom Festland herüberschaffen mußte. Später installierte man Linsen und Spiegel, und das Licht kam schon von einer besseren Tranlampe.
Wenn auch im Hafen von Anholt im Sommer viel Betrieb herrscht, so sollte man sich doch dadurch nicht schrecken lassen: Auf dieser wunderschönen Insel kann man immer noch die totale Einsamkeit finden. Entfernt man sich nur ein paar Schritte vom Boot, so wird man bald den ganzen Trubel hinter sich haben. Und wandert man erst einmal in der Wüste, in Ørkenen, so werden einen nur noch der Schrei der Möwen und der Schlag der Wellen begleiten.

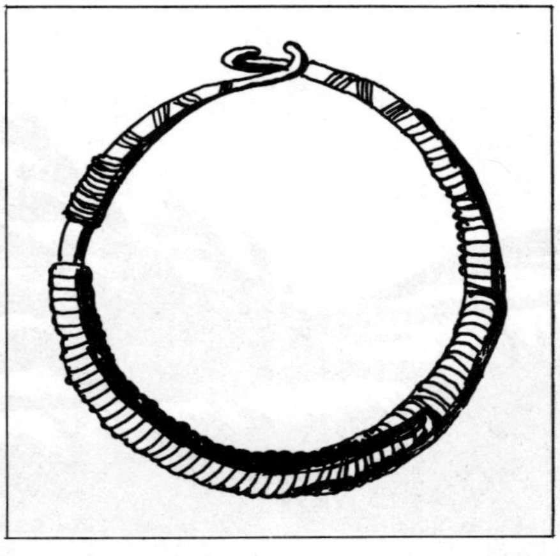

Halsring aus Bronze, den man in der Nähe von Tranebjerg auf der Insel Samsø fand

In den Randers und Mariager Fjord

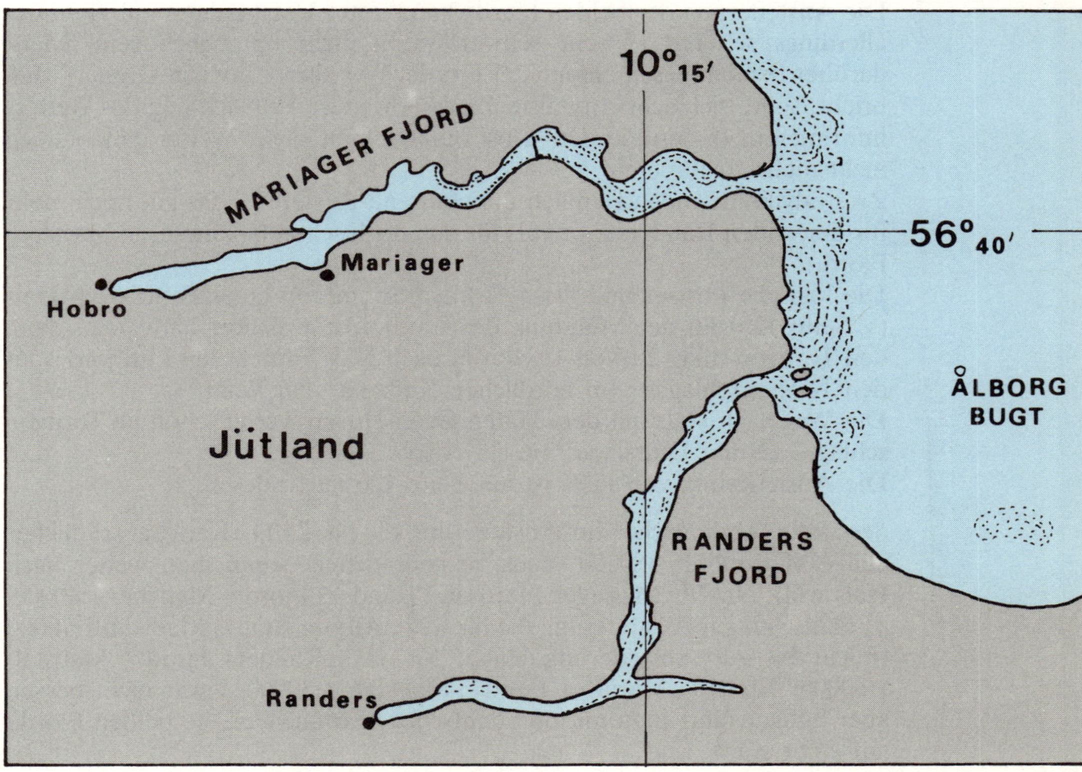

Törnvorschlag 8:
Von Grenå über Randers nach Hobro

Das ungleiche Paar Randers Fjord und Mariager Fjord hat vieles mit den Fjorden von Vejle und Horsens gemeinsam (Törnvorschlag 5, Seite 198). Der Randers Fjord ähnelt sehr dem Horsens Fjord; auch er ist flach und hat niedrige, mit Schilf bewachsene Ufer; der Mariager Fjord hingegen gleicht – in seinem inneren Teil – doch sehr dem Vejle Fjord mit seinen steilen, meist bewaldeten Ufern und dem tiefen Wasser. Aber: Randers Fjord und Mariager Fjord wirken irgendwie intimer; sie haben auch mehr den Charakter von Binnenrevieren, weil jeweils große Flachs wie Dämme vor den Mündungen liegen und sie so zur offenen See hin schützen.
Insofern wären beide Fjorde ideale Reviere für kleinere Boote, wenn nur die Anfahrt nicht über doch teilweise ziemlich weite und offene Seeräume ginge. Wer allerdings mit dem Trailerboot (oder auch einer Wanderjolle) kommt, der findet hier zwei sehr gute und geschützte Reviere.
Die Ansteuerung der beiden Fjorde kann unter Umständen – im Sommer allerdings seltener – sehr schwer, wenn nicht unmöglich sein. Mehr darüber bei der Beschreibung der Fjorde. Wer also – etwa in Grenå – aufbricht, sollte sich sehr sorgfältig über die weitere Entwicklung des Wetters informieren. In den Fjorden selbst braucht man hartes Wetter dann jedoch nicht mehr zu fürchten.
Zwei idyllische, noch ziemlich unbefahrene Reviere – das gilt noch mehr für den stillen Randers Fjord als für den doch schon bekannteren Mariager Fjord.
Die logische Fortsetzung dieses Törns bestünde in einer Fahrt nach Hals (s. Seite 125) an der Mündung des Limfjords; von dort hätte man dann den Törnvorschlag 2 „Von Thyborøn nach Hals" durch den Limfjord oder den Törnvorschlag 9 „Im nördlichen Kattegat" zur Wahl.
Der Weg nach Hals mit dem Hafen Øster-Hurup wurde schon im Törnvorschlag 7 „Rund Djursland" beschrieben.
Die Ansteuerung von Hals ist auf Seite 126 nachzulesen.

Seekarten: a) deutsche: zur Ansteuerung die Nr. 24 D „Kattegat, südlicher Teil", Maßstab 1: 180000 (auch zu gebrauchen, wenn man weiter nach Hals will); Nr. 78 „Mariager Fjord und Randers Fjord", Maßstab 1:40000. b) dänische: zur Ansteuerung die Nr. 122 „Ålborg Bugt", Maßstab 1:70000 (reicht bis zur Ansteuerung Hals); Nr. 111 „Randers Fjord", Maßstab 1:30000; Nr. 110 „Mariager Fjord", Maßstab 1:30000. Zwar nicht besser, aber billiger fährt man mit den deutschen Karten, weil die beiden Fjorde auf einer Karte sind.

Seebücher und andere: Nr. 2005 A: Handbuch für Skagerrak und Kattegat, I. Teil, Dänische Küste (entbehrlich); Nr. 2101: Leuchtfeuer-Verzeichnis, Teil II: Ostsee, SW-licher Teil, und Gewässer zwischen Ost- und Nordsee; ferner, wenn man nach Hals will und einen Funkpeiler an Bord hat, Nr. 2155: Jachtfunkdienst Nord- und Ostsee; Seefunkfeuerkarte.

Distanzen: **Grenå** – **Bønnerup** (15 sm) – Ansteuerung **Randers Fjord** (12 sm) – **Udbyhøj** (3,5 sm) – **Voer Bro/Mellerup** (6 sm) – **Uggelhuse** (3 sm) – **Randers** (6 sm) – **Udbyhøj** (15 sm) – **Mariager Fjord Rende** (10 sm) – **Als Odde Bro** (3,5 sm) – **Hadsund** (9 sm) – **Zementfabrik Dania** (3 sm) – **Stinesminde** (3 sm) – **Mariager** (2 sm) – **Hobro** (6 sm).

Der 15 sm ins Land einschneidende

Randers Fjord

ist im Grunde nichts anderes als die Mündung des Gudenå, Dänemarks längstem (und schönstem) Fluß. Beiderseits der tiefen Rinne erstreckt sich ein flaches, nicht sehr breites Gewässer, das eher einer überschwemmten Wiese gleicht denn einem Fjord. Die Ufer sind niedrig und heben sich kaum über die Wasseroberfläche. Erst relativ weit hinten steigt das Land zu sanften, meist bewaldeten Hügeln an.

Im Randers Fjord

Wären da nicht diese jütländischen Hügel im Hintergrund, könnte der Randers Fjord mit seinen dunklen Mooren, den Reusen und Fischstöcken und den endlosen, im Wind wogenden Schilffeldern doch sehr an Holland erinnern. Ein sattes, tiefes Grün, das durch das braune Moorwasser noch dunkler wirkt, prägt den Charakter der Landschaft am Randers Fjord.
Wer stramm und sportlich segeln will, der ist hier fehl am Platz. Wer es aber mag, gemächlich an einer idyllischen Landschaft vorbeizugleiten, der sollte ruhig einmal hierherkommen.
Allerdings: Wenn es regnet und Landschaft und Wasser ineinanderzufließen scheinen, dann kann dieses melancholische Gewässer doch ganz gewaltig aufs Gemüt drücken.

Die *Fahrrinne* ist zwischen 30 und 60 m breit und durchgehend 7 m tief. Das brauchen die relativ vielen Kümos, die nach Randers laufen und denen man Platz machen muß, wenn sie angedampft kommen. Aus der Rinne darf man nirgendwo hinaussegeln, weil es dicht daneben abrupt untief wird; wegen des dunklen Wassers kann man das nicht erkennen. Hat man den Wind gegenan, so wird es mit dem Kreuzen eine Plackerei. Man sollte sich dann nur nicht dazu verleiten lassen, einmal einen Schlag über den Tonnenstrich hinaus zu machen. Umgekehrt verhilft einem ein raumer Wind zu sehr schönen und schnellen Fahrten, zumal dann, wenn man den Strom richtig nutzt.

Der *Strom* folgt normalerweise im Sechs-Stunden-Rhythmus den Gezeiten; er läuft in den Fjord hinein und wieder heraus, und zwar bleibt er immer in der Richtung der Fahrrinne. Auflaufend erreicht er Geschwindigkeiten bis zu 2,5 kn, auslaufend sogar bis zu 4 kn. Das hängt damit zusammen, daß sich zum Gezeitenstrom die Strömung des Gudenå addiert. Stürmisches Wetter aber kann diese schönen Verhältnisse völlig durcheinanderbringen; die Ströme werden dann verstärkt oder auch abgeschwächt. Sie laufen auch nicht mehr im Sechs-Stunden-Rhythmus, sondern richten sich lange Zeit nach dem Wind.

Sturm beeinflußt den *Wasserstand* ganz erheblich. Aus N bringt er bis zu 1,6 m Hochwasser, Sturm aus S kann den Wasserstand um 1 m senken, mit der Folge, daß bis auf die Fahrrinne nahezu der gesamte Randers Fjord trockenfällt.

Die *Ansteuerung bei Tage* kann man zwar nicht als schwierig bezeichnen, aber ein hohes Maß an Aufmerksamkeit verlangt sie schon. Geht man von normalen sommerlichen Verhältnissen aus – kein harter Wind, gute Sicht –, so besteht die Hauptschwierigkeit darin, die Ansteuerung überhaupt zu finden. Von wo auch immer man aus der Ålborg Bugt den Randers Fjord anläuft, man muß einfach seinen Kurs auf die Ansteuerungstonne absetzen: Sie liegt auf Position 56°36,8'N, 010°24,2'E. Landmarken lassen sich hier mit hinreichender Klarheit erfahrungsgemäß erst dann ausmachen, wenn man der Fjordmündung schon ziemlich nahe ist.

Dies ist deshalb nicht ganz problemlos, weil vor der Mündung des Randers Fjords ein beträchtliches Flach liegt, das zumeist Wassertiefen von nicht mehr als 1 m hat und das die Fjordmündung, gäbe es die Rinne über die Barre nicht, wie einen Flaschenhals zustöpselt.

Es gibt keine guten Landmarken an dieser wenig strukturierten, nicht hohen, zumeist bewaldeten Küste. Am ehesten sind noch geeignet:

- das etwa 1 sm südlich der Fjordmündung auf dem 30 m hohen Hügel Elkær Bakke gelegene weiße Leuchthaus *Udbyhøj*,
- der auffallend helle Strandstreifen am Ufer nördlich der Fjordmündung und
- dahinter auf dem Hügel die weiße Kirche von Sødring.

Nun kommt aber ein kleines Verwirrspiel: Noch lange bevor man den Tonnenstrich ausmachen kann, sieht man ein dunkles Gebilde, das einer Tonne verblüffend ähnlich sieht: Es handelt sich um eine – ehemals rot angemalte – Gitterbake, die außerhalb der Bb.-Seite des Fahrwassers steht, 1,5 sm westlich der Ansteuerungstonne, und um die Bake herum ist es nur zwischen 0,4 und 0,6 m tief!

Hat man endlich die grüne Ansteuerungstonne *Randers Fjord* (Blz.(3)gn.-10s) erreicht, so bereitet es unter normalen Umständen keine Schwierigkeiten, in der tiefen, dicht betonnten Fahrrinne über die Barre zu laufen, sofern man nicht schnippelt, sondern penibel Tonne für Tonne abhakt. Je näher man der bei Udbyhøj schmalsten Stelle der Fjordmündung kommt, desto näher liegen dann auch die Sände am Fahrwasser.

Ziemlich verwirrend sind die vielen Seezeichen, rote und grüne Pfähle, Baken im Wasser und an Land. Man braucht sich aber nicht irritieren zu lassen, denn sie erlangen erst nachts als Träger von Leuchtfeuern Bedeutung. Tagsüber genügt es, sich an den Tonnen des Fahrwassers zu orientieren.

So läuft man bei normalen Verhältnissen ein. Was aber, wenn zu einem auslaufenden Strom von 4 kn noch ein harter Wind gegenankommt, etwa aus W, NW oder SW? Unter diesen Umständen kann es selbst mit einer starken Maschine unmöglich werden, sein Schiff gut über die Barre zu bringen. Man hat dann zwei Möglichkeiten: Man läuft ab und segelt die 12 sm nach Bønnerup (s. Törnvorschlag 7, Seite 261), oder man ankert vor der Fjordmündung im Schutz des Hügels Elkær Bakke. Dazu verläßt man nach der vierten roten Tonne die Fahrrinne und nimmt Kurs SW auf das Ufer zu. Die 2-m-Linie verläuft hier etwa 700 m vor dem Ufer. Dort liegt man bei Winden aus W und SW relativ gut, aber es bleibt unter diesen ungünstigen Umständen nur eine Notlösung, die auch nur mit einem schweren Ankergeschirr funktioniert.

Man sollte aber nicht später als eben beschrieben die Fahrrinne verlassen, weil man sonst Gefahr läuft, einem nur 1,1 m unter der Wasseroberfläche liegenden Stein zu nahe zu kommen. Ansonsten ist das Wasser bis zur 2-m-Linie rein.

Ansteuerung nachts: Am weitesten (15/10/10 sm) trägt das Sektorenfeuer *Udbyhøj* (Ubr.w/r/gn.-5s) auf Elkær Bakke. Die grüne Ansteuerungs-Leuchttonne *Randers Fjord* (Blz.(3)gn.-10s) liegt im *roten* Sektor des Feuers *Udbyhøj*. Hat man diese Tonne erreicht, so geht es in Linie 253° des Richtfeuers *Over Barren* (U-F.: Glt.-2s, O-F.: Glt.-4s) ziemlich exakt 2 sm lang durch den äußeren Tonnenstrich, bis man an der Bb.-Seite das auf einem roten Pfahl stehende Quermarkenfeuer *Melbank* (Blz.(2)r.-5s) erreicht hat. Nun weiter in Linie 281° des Richtfeuers *Over Kirkegrund W* (U-F.: Glt.r.-2s, O-F.: Glt.r.-4s). Behält man diesen Kurs etwa 1 sm lang bei, dann erreicht man an der Stb.-Seite das auf einem grünen Pfahl stehende Quermarkenfeuer *Mellempolde* (Blz.(2)gn.-5s). Es geht weiter im

(sehr schmalen) weißen Sektor des Feuers *Udbyhøj N* (Ubr.(2)w/r/gn.-6s), etwa Kurs 296°. Nach 0,5 sm hat man die engste Stelle der Fjordmündung erreicht und steht dicht südlich des Hafens von Udbyhøj N (s. u.).
Das klingt komplizierter, als es ist, sofern sich ein Mann voll auf den Ausguck konzentriert.

Ankerplätze im Randers Fjord
Damit ist es in dem sehr flachen Fjord logischerweise schlecht bestellt. Einer wurde schon genannt, allerdings außerhalb und südlich der Fjordmündung (s. Seite 277). Im Fjord selbst liegt man recht gut in der etwa 3 m tiefen Rinne *Raden,* die westlich des Kanals von Kare Holm verläuft. Ansteuerung von Norden oder Süden möglich. Es handelt sich um die ehemalige, natürliche Fahrrinne des Fjords.

Der größte Vorzug, den der in der Fjordmündung am Nordufer gelegene Fischerhafen

Udbyhøj Nord

hat, besteht darin, daß er so relativ nahe am Kattegat liegt und – anders als etwa Als Odde Bro am Mariager Fjord – ein richtiger, rundum geschlossener Hafen ist. Man liegt recht gut hier in diesem erst 1938 angelegten Fischerhafen. Die Südmole wurde 1953 gebaut und ruht merkwürdigerweise auf Pfählen. Damit wollte man erreichen, daß das aus dem Randers Fjord angetriebene Schilfrohr sich nicht im Hafen sammelt und ihn verstopft, sondern unter der Brücke hindurch und weiter hinaus ins

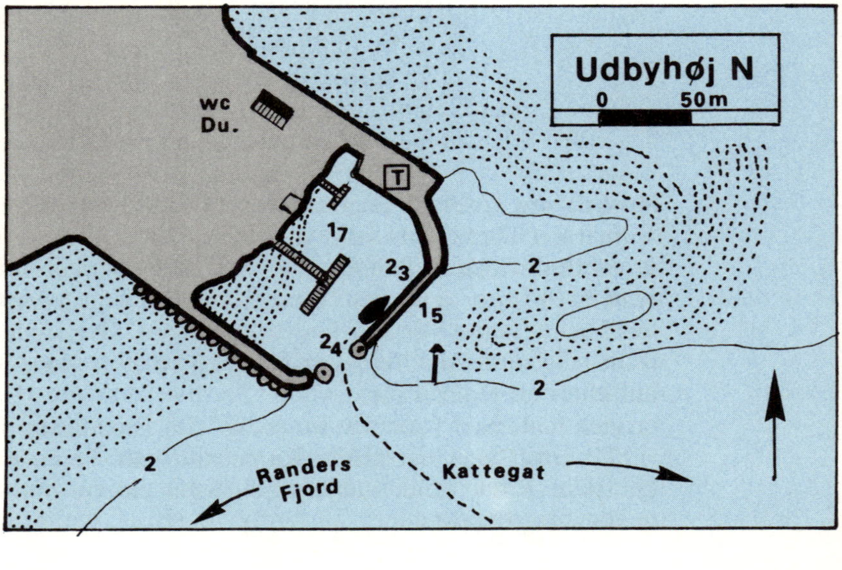

Kattegat treibt. Das hat natürlich auch zur Folge, daß Schwell in den Hafen hineinlaufen kann.
Der Ort Udbyhøj, der gut 1 km entfernt liegt, wäre ohne seinen Hafen uninteressant. Der Hafen ist auf Sportbootfahrer nicht eingerichtet, obwohl den größten Raum, allerdings auf sehr flachem Wasser liegend, Sportboote einnehmen. Man wird aber von den Fischern gastfreundlich aufgenommen und muß, wenn der Hafenmeister auftaucht, auch Liegegeld bezahlen.
Ein etwas rauher Platz zwischen Fjord und Kattegat.

Liegeplatz und Versorgung: Am besten innen an der Südmole, so wie es der Plan zeigt. Nur hier hat man die Gewähr, ausreichend Wasser unterm Kiel zu haben. Notfalls an einem Fischer längsseits gehen. Treibstoff siehe Plan, dort auch Wasser. Sanitäre Anlagen am Hafen, ebenso Fischverkauf, Kro nur ein paar Schritte entfernt. Lebensmittel im Dorf. Kein Slip usw.

Wasserstand: Tidenhub 0,8 m. Winde aus NW bis NE können den Wasserstand um 0,7 m heben, solche aus SE bis SW ihn um ebenfalls 0,7 m senken.

Strom: Einlaufend bis 2,5 kn, auslaufend bis 4 kn Geschwindigkeit, aber hier quer zur Hafeneinfahrt!

Ansteuerung bei Nacht: Im wesentlichen schon beschrieben. Das Sektorenfeuer Udbyhøj N brennt auf einem grünen Pfahl, der wiederum auf einem Dalben dicht westlich des Hafens steht. An der Hafeneinfahrt: F.r. und F.gn.

Westlich vom Hafen dümpeln, an Stangen gebunden, unzählige Fischerkähne. Das ist keine Ankerbucht, weil absolut untief.

Durchaus eine Alternative zu Udbyhøj Nord könnte der neue Hafen

Udbyhøj Süd

sein. Ursprünglich waren hier nur der Fähranleger und die Lotsenbrücke; doch inzwischen ist ein kleines Becken hinzugekommen, in dem man bei südlichen und östlichen Winden ruhig liegt. Problem: sehr eng und nur etwas für kleine Boote (bis ca. 8 m Länge). Praktisch keine Versorgung außer Wasser, jedoch ein Fischgeschäft direkt am Hafen. Störend der staubige Parkplatz des Fähranlegers; sonst nicht übel.

Wasserstand: Siehe Udbyhøj Nord.

Westlich von Udbyhøj beginnt der Randers Fjord erst richtig. Recht gute Peilmarken sind die Baken, die nachts befeuert sind (alles Richtfeuer): Dreiecke auf hohen Pfählen. Die Spitze des vorderen Dreiecks (= U-F.) weist nach oben, jene des hinteren (= O-F.) nach unten.
Nicht weit hinter Udbyhøj sieht man am Ostufer ein eindrucksvolles weißes Gebäude mit Treppengiebeln, einen der schönen jütländischen Herrenhöfe: den Holbækgård.
An der Halbinsel Kare Holm zweigt das Fahrwasser nach Süden ab; es verläßt jetzt seine natürliche Rinne und geht in einen Kanal über. Die natürliche Rinne heißt *Raden* und ist der einzige brauchbare Ankerplatz im Randers Fjord (s.o.).

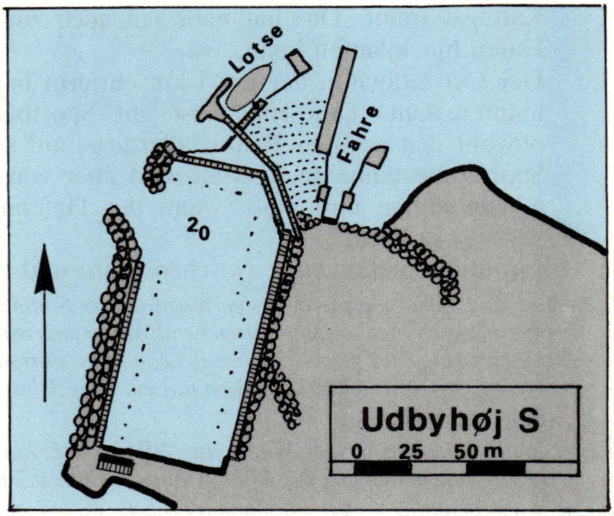

Den Kanal trennt ein schmaler Steindamm vom Fjord; er führt schnurgerade nach Süden. Das Land ringsum ist flach. Aus Fischstöcken aufgeschichtete Pyramiden sehen von ferne wie Indianerzelte aus. Wenn nicht von Zeit zu Zeit ein Kümo angedampft käme, so wäre es hier ganz einsam. Von hier an darf man bis Randers nicht schneller als 5 kn fahren.
Am südlichen Ende des Kanals passiert man die am Ostufer gelegene

Voer Bro eine Brücke, die sogar befeuert (F.r.) und in erster Linie für die kleine Fähre da ist, die nur nach Bedarf über den Fjord fährt. Sie liegt an der Südseite der Brücke. Sonst könnte man überall hin; am Kopf 4,7 m Wassertiefe. Unruhig wegen des Schiffsverkehrs, der dicht daran vorbeiführt. Kein Liegegeld, keine Versorgung, es sei denn, man wollte eine halbe Stunde zum Dorf Voer wandern.
Es gibt aber – ganz in der Nähe – etwas viel Besseres: den winzigen Yachthafen von

Mellerup (nicht zu verwechseln mit dem gleichnamigen Fähranleger, der sich etwas südlich davon befindet). Nirgendwo sonst vermittelt sich einem so unmittelbar wie hier in dem kleinen Hafen von Mellerup die Atmosphäre des Randers Fjords: sehr einsam, dunkles, mooriges Wasser, wogendes Schilf und sehr ferne dunkelgrüne Berge.
So kommt man hin: Dort, wo der Kanal endet, etwa 500 m nördlich von Voer Bro, verläßt man das Hauptfahrwasser und fährt wieder nordwärts, in einer ca. 3 m tiefen Rinne, die im Sommer mit Tonnen markiert ist. In dieser Rinne hält man sich, bis man den kleinen Hafen in WSW peilt. Dorthin führt eine schmale, 2 m tiefe Rinne, vorbei an Fischernetzen, die

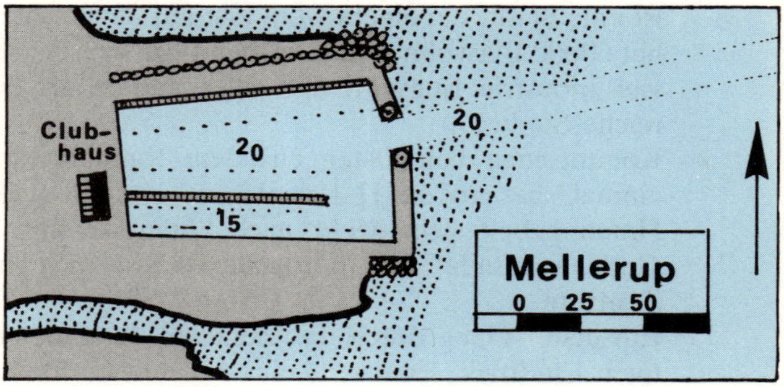

bis zu den roten und grünen Stangen hin gespannt sind, die die Rinne markieren. Im Hafen legt man sich im nördlichen Teil (nur hier) zwischen Pfahl und Steg auf 2 m Wasser.
Die Versorgung ist natürlich mäßig. Wasser beim Clubhaus. Hier auch Toiletten und Waschgelegenheit. Zum Dorf mit seinen Fachwerkhäusern sind es indes nur ein paar hundert Meter.

Wasserstand: Mittlerer Tidenhub 0,5 m. Wind aus NW bis NE kann den Wasserstand um 1,8 m erhöhen, Wind aus S bis SE ihn um 1,0 m senken.

Mellerup ähnlich, wenn auch nicht so einsam, ist der gut 3 sm weiter gelegene Yachthafen

Uggelhuse Er weist außen am Fahrwasser zwei altersschwache Holzbrücken auf, von denen die westliche nicht einmal eine Verbindung zum Land hat. An der östlichen darf man mit einem Tiefgang bis zu 2 m längsseits gehen. In dem Becken, das die Segler von Randers in den Schilfsumpf gebaggert haben, findet man jedoch nur Wassertiefen von 2,0 bis 2,5 m vor. An einem schönen Sommertag kein übler Platz. Sehr idyllisch das Fischerdorf Uggelhuse, über das die Zeit hinweggegangen zu sein scheint.
Die Fjordfischerei, einst ein lohnendes Gewerbe, als die Lachse noch in den Randers Fjord kamen, um im Gudenå zu laichen, wird heute nur noch nebenbei betrieben. Auch der Versuch, mit Lachstreppen neben dem aufgestauten Fluß Fische wieder anzulocken, hat kein befriedigendes Ergebnis gebracht.

Von Uggelhuse aus sieht man schon im Westen die hohen hellen Silos von Randers liegen. Das letzte Stück des Fjords ist nun vollends einem Flußlauf ähnlich, eng und gewunden, sich zwischen so dichten und hohen Schilffeldern hindurchzwängend, daß man das Land dahinter gar nicht mehr ausmachen kann.

Randers ist eine Stadt, die einem wohl erst auf den zweiten Blick gefallen wird. Sie hat 60000 Einwohner und ist damit die sechstgrößte Stadt Dänemarks, mit viel Industrie ringsum, also alles andere als eine Idylle. Eine sichtlich reiche Stadt.

Kommt man von Osten aus dem Randers Fjord, so sieht man zuerst einmal die großen Hafenanlagen mit den unvermeidlichen Silos. Der Hafen gabelt sich. Mehr nach Süden zu liegt ein Becken, in das der Gudenå mündet; das nördliche ist künstlich und endet erst nahe dem Zentrum.

Ein erster Gang durch das Zentrum der Stadt hinterläßt einen zwiespältigen Eindruck. Einerseits eine für ihre Größe hochmoderne Stadt, andererseits aber auch immer wieder zwischen den Zweckbauten aus Beton und Glas wunderschöne, alte und reichverzierte, mehrstöckige Fachwerkhäuser, von einer Art, wie man sie anderswo in Jütland suchen wird. Die Stadtväter von Randers sind sehr stolz darauf, daß es ihnen gelungen ist – wie sie meinen –, Alt und Neu so schön zu verschmelzen.

Also: Auf den ersten Blick nicht sonderlich attraktiv, wird Randers einem auf den zweiten Blick schon sehr viel besser gefallen. Das macht vor allem die quirlige Atmosphäre im Zentrum, der früheren Altstadt, die heute praktisch eine einzige große Fußgängerzone ist. Da gibt es noch ganz enge Gassen mit krummen Fachwerkhäusern, dicht daneben allerdings auch große Kaufhäuser, wahre Paläste aus Glas und Aluminium. Am Samstag wird wie schon zu alten Zeiten der Wochenmarkt abgehalten, mit Buden und Ständen überall.

Randers wurde geschichtlich erstmals erwähnt, als sich hier die aufständischen Bauern gegen ihren König Knud den Heiligen sammelten (s. Seite 118). Das war im Jahre 1086. Ansiedlungen, hier an der Mündung des Gudenå, wo eine Furt das Überqueren des Flusses erleichterte, gab es aber schon früher. Zuerst war es ein bescheidener Handelsplatz, dann wurde – schon im frühen Mittelalter – eine hölzerne Brücke über das breite, sumpfige Delta des Gudenå gebaut. Zu den Händlern und Handwerkern kamen Mönche und errichteten ein Kloster: Die Skt. Mortens Kirke und das schönste Haus der Altstadt, das gotische Helligåndshuset (Heiliggeisthaus), gehörten zu dieser Klosteranlage. Dann stand hier auch zeitweise ein Königshof, und die für Jütland sehr wichtige Handelsstadt hatte einige Jahre sogar eine eigene Münze.

Schwedenkriege, Pestepidemien und Feuersbrünste haben die Stadt zwar genauso heimgesucht wie etwa Horsens oder Grenå, aber im Gegensatz zu diesen Städten konnte sich Randers dank seiner hervorragenden Verkehrslage immer wieder erstaunlich schnell hochrappeln. Nach Randers führten 13 Landstraßen, dazu kamen der Gudenå und der Fjord als Zugang zum Kattegat – also ein idealer Verkehrsknotenpunkt und Güterumschlagplatz.

Berühmt aber ist Randers in Dänemark nicht wegen seines Dragoner-Regiments (das inzwischen aus der Stadt verlegt wurde), auch nicht wegen der Handschuhe, die hier schon seit Hunderten von Jahren genäht werden, und auch nicht wegen seiner auffallend hübschen Mädchen, sondern wegen eines Mannes namens Niels Ebbesen, der als der erste dänische Freiheitsheld gilt. Seine Geschichte ist eine richtige Schulbuchgeschichte, und so kennt sie auch jedes Kind in Dänemark.

Vor dem schönen weißen Rokoko-Rathaus am Marktplatz steht das trutzige Denkmal des Niels Ebbesen, der 1340 hier in Randers den Grafen Gerd von Holstein ermordete und damit das Signal gab für die Vertreibung der Deutschen aus Jütland. Es war einer jener an Wirren reichen Zeitabschnitte des frühen Mittelalters. Der König der Dänen, Christopher II., war hoffnungslos verschuldet und hatte sogar Fünen und Nordjütland an seinen Hauptgläubiger, an den Grafen von Holstein, verpfänden müssen. Graf Gerd, der in Rendsburg residierte, war der wahre Herrscher Dänemarks, ein allseits als fähig und klug anerkannter Mann, der seine Macht zu gebrauchen wußte, aber eben doch ein Fremder. Überall im Lande muckte das Volk gegen seine harte Hand auf. Als nun auch noch die Provinz Schonen an Schweden verlorenging, flackerten Aufstände auf. Graf Gerd kam mit einem Heer von 11000 Mann nach Jütland, um für

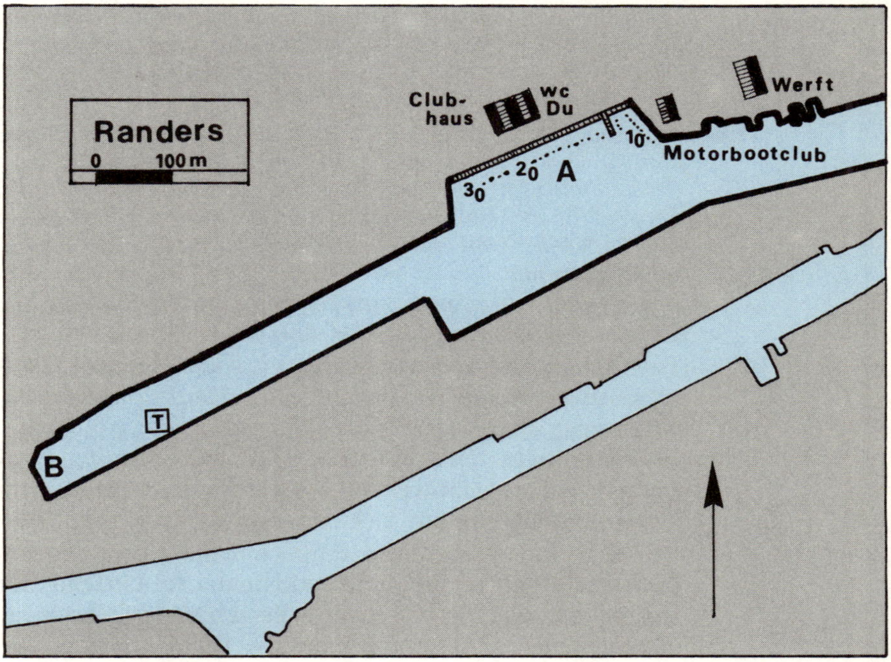

Ruhe und Ordnung zu sorgen. In Randers schlug er sein Feldlager auf. Da schlich sich in der Nacht der jütländische Adelige Niels Ebbesen in das Zelt des Grafen und ermordete ihn. Die Kunde von der Ermordung des mächtigen Mannes verbreitete sich wie ein Lauffeuer im ganzen Land. Das gräfliche Heer war geschockt und zog sich vor den Aufständischen zurück. Niels Ebbesen fiel kurz darauf bei der Belagerung der Stadt Skanderborg.

Wer länger als für einen Stadtbummel und eine Nacht in Randers bleiben will, dem sei ein Besuch des „Kulturhauses" empfohlen. Das liegt nur ein paar Schritte vom Hafen entfernt. Es hat eine vorzügliche Bibliothek (kostenlos zu benutzen) und eine der besten Kunstsammlungen des Landes. Das im gleichen Gebäude untergebrachte Kulturhistorische Museum zeigt wechselnde, pädagogisch sehr schön aufgebaute Ausstellungen.

Liegeplatz: Schon ziemlich nahe Randers, dort, wo der Fjord sich wieder zum Kanal verengt, passiert man den am Nordufer gelegenen Yachthafen Dronningborg. Er ist in der Karte nicht eingezeichnet, liegt auch nicht übel vor einem hohen Pappelwald, wirkt aber noch recht provisorisch. Die Wassertiefen an den Stegen betragen gut 2 m. Durch das flache Wasser führt zum Hafen hin eine betonnte Rinne. Ich rate, weiterzufahren. Der kleine Hafen ist nicht sonderlich attraktiv, es fehlt auch an der Versorgung und vor allem: Zu Fuß wäre es nach Randers viel zu weit.

Dort, wo sich der Hafen von Randers gabelt, hält man sich rechter Hand und kommt unmittelbar danach zum Yachthafen (A) von Randers, der recht hübsch vor einem kleinen Park liegt. Die Wassertiefen entnehme man dem Hafenplan. Größere Boote können am westlichen Ende des Hafens längsseits an der Kade liegen, allerdings auch direkt vor einem Parkplatz. Wer ganz stadtnah liegen und dafür Verkehrslärm in Kauf nehmen will, kann im Nordbassin bis an dessen Ende fahren und dort (B), umgeben von einer kleinen Grünanlage, festmachen.

Versorgung: Man bekommt alles, was man braucht, aber nicht auf bequeme Art wie in einer Marina, wo alles beisammen ist. Treibstoff siehe Plan. Wasser am Steg des Yachthafens. Reparaturmöglichkeiten und Slip vorhanden, am besten im Hafenamt beraten lassen. Bootswerft nahe dem Yachthafen. Auf dem Platz vor dem Nordhafen ein sehr guter Zubehörhandel. Alles übrige in der Stadt, nur ein paar Minuten zu Fuß. Viele gute, stilvolle Restaurants.

Adressen: Information: Erik Menveds Plads 1, T. 42 44 77 (im Helligåndshuset); Fahrräder: über Information; Wäscherei: Klostergade 5.

Wasserstand: Mittlerer Tidenhub 0,5 m. Wind aus NW bis NE erhöht den Wasserstand um 1,8 m, Wind aus S bis SE senkt ihn um 1,0 m.

Ansteuerung bei Nacht: Man fährt nach Randers in erster Linie wegen der schönen Fjordlandschaft und nicht wegen der Stadt. Man wird also vernünftigerweise nachts nicht unterwegs sein, obwohl der Fjord perfekt befeuert ist. Bei Bedarf sehe man im Leuchtfeuer-Verzeichnis nach.

Zum Schluß noch eine mehr touristische Anmerkung: Die vielen schönen Herrenhöfe und Schlösser, auf die schon bei Grenå hingewiesen wurde (s. Seite 258 u. 261), kann man von Randers aus genausogut erreichen.

Der Weg vom Randers zum Mariager Fjord ist nur ein Katzensprung, vorbei an einer bewaldeten, flachen Küste: Man läuft von der grünen Ansteuerungstonne *Randers Fjord* mit einem Kurs etwas östlicher als Nord (genau: 7°*) eine Distanz von 6,5 sm und trifft dann auf den Tonnenstrich der Einfahrt in den Mariager Fjord. Hier liegt die grüne Leuchttonne Mariager Fjord Rende E* (Blz.(2)gn.-5s). Es handelt sich dabei jedoch nicht um die Ansteuerungstonne, die sich knapp 3 sm südöstlich davon befindet, nämlich die ebenfalls grüne Leuchttonne *Mariager Fjord* (Blz.(3)gn.-10s). Eine Yacht normalen Tiefgangs kann aber sofort die nahe der Barre befindliche Tonne *Mariager Fjord Rende E* anliegen, denn mit dem 7°-Kurs vom Randers Fjord aus bleibt man auch in sicherer Distanz von dem knapp 2 sm nördlich des Randers Fjords gelegenen, gefährlichen Boels Rev (schwarz-gelb-schwarze Tonne mit Toppzeichen zwei Kegel, Spitzen voneinander, an der Ostkante). Der

Mariager Fjord vereinigt alle dänischen Landschaften in sich. Seine Ufer sind stellenweise flach, anderswo aber hoch und steil. Dann gibt es waldige Hügel und wieder flache grüne Wiesen. Mal ist das Wasser extrem flach, dann wiederum stürzt der Landgrund steil und tief ab. Hier und da gibt es einsame Gehöfte, aber auch ein mittelalterliches Städtchen. Ein großes Industriewerk fehlt auch nicht, und daneben findet man noch viel unberührte Idylle. Wenn man den abgegriffenen Slogan von „Dänemark in der Nußschale" überhaupt gebrauchen mag, dann hier, und zwar zu Recht.

Der Fjord ist in seinem östlichen, dem äußeren Teil extrem flach, noch mehr als der Randers Fjord: Bei Ebbe fällt er bis auf die Fahrrinne trocken. Kommt man zur Stunde des Niedrigwassers hier an, so könnte man glauben, durch ein Wattenrevier zu segeln. Im westlichen Teil, dem inneren, der auch Hobro Fjord genannt wird, nach der größten Stadt am Fjord, zeigt er einen ganz anderen Charakter: Seine Ufer sind nun vorwiegend steil und zumeist dicht bewaldet; stellenweise muten sie wie ein englischer Park an mit ihren üppig wachsenden, breit ausladenden Buchen.

Vor und in der Fjordmündung liegt ein gewaltiges Flach, von dem ein großer Teil schon bei Niedrigwasser trockenfällt: eine breite, hohe Sandplatte, die 1 sm weit in das Kattegat hinausreicht. Darüber führt eine nur 25 m breite, jedoch 5,7 m tiefe und vor allem gut betonnte Fahrrinne.

Der Mariager Fjord ist ein ungemein schönes, abwechslungsreiches und – ist man erst einmal im Fjord drin – auch gut geschütztes Revier, so daß man ihn auch mit einem kleineren Boot sicher befahren kann.

Bis zur Zementfabrik Dania, die ziemlich genau auf der Hälfte des Fjords liegt, muß man sich peinlich genau in der Fahrrinne halten. Ab da wird es sehr viel tiefer, und man kann fast überall die ganze Breite des Fjords aussegeln, weil der Landgrund sehr steil ansteigt: Die 6-m-Linie verläuft zumeist nur 200 m vor dem Ufer. Im äußeren Teil folgt die Fahrrinne einer ausgeprägten Zickzacklinie; sie entspricht damit dem natürlichen Wasserlauf. Die Rinne ist überall betonnt, aber an manchen Stellen sehr schmal, besonders beim Fahrwasser *Tanget* vor dem Nordufer. Baken, auf denen nachts die Richtfeuer brennen, stehen an jedem „Zick“ und an jedem „Zack“. Tagsüber sind sie mit ihren Dreiecken (Spitzen oben und unten) auch gut als Peilmarken zu gebrauchen.

Man muß trotz der Tonnen schon sehr aufmerksam fahren; ein Fernglas sollte man immer bei der Hand haben. Da das Wasser hier nicht so moorbraun ist wie im Randers Fjord, kann man auch schon an seiner Färbung erkennen, wo es flacher wird.

Man hat trotzdem keine Chance, in der Fahrrinne gegen den Wind aufzukreuzen; dafür ist sie zu eng. Mit raumem Wind läßt sich aber eine schöne, schnelle Fahrt machen: Bei jedem „Zick“ und jedem „Zack“ wird dann allerdings eine Halse fällig, insgesamt neun.

Der *Strom* läuft unter normalen Umständen gutmütig mit Ebbe und Flut. Außen vor der Barre setzt der Flutstrom süd- und der Ebbstrom nordwärts. Über der Barre und im Fjord selbst läuft die Flut fjordeinwärts, und die Ebbe verläßt ihn wieder. Auf der Barre muß man mit Stromgeschwindigkeiten von 2 bis 3 kn rechnen. Je weiter man in den Fjord hineinsegelt, desto mehr verliert der Strom an Stärke, bis er dann vor Hobro kaum mehr zu spüren ist. Starkwind kann dieses friedliche System allerdings völlig durcheinanderbringen. Je nach Windrichtung werden dann große Wassermengen in den Fjord hinein- oder aus ihm herausgepreßt. Und wie immer dann auch der Strom verläuft: Er muß sich durch den engen Flaschenhals bei Als Odde zwängen. Da wird er dann natürlich sehr schnell und kann Geschwindigkeiten bis zu 4 kn erreichen.

Sind solche Verhältnisse durch westliche Winde verursacht, so wird der ansonsten ruhige Mariager Fjord plötzlich zur kaum lösbaren Aufgabe für Skipper und Schiff. Denn ob man es schafft, gegen 4 kn Strom und dazu noch Starkwind über die Barre zu kommen, ist schon sehr fraglich. Segeln ist ja wegen der Enge der Fahrrinne unmöglich.

Was ist, wenn mittendrin die Maschine ausfällt? Was soll man also machen, trifft man derart ungünstige Verhältnisse an? Zum Randers Fjord ablaufen bringt nichts, denn dort sieht es dann genauso aus. Der nächstgelegene Hafen wäre Øster-Hurup, knapp 7 sm nordwestlich vom Mariager Fjord (s. Seite 264); der läge zwar in Lee bei Winden aus W, hätte in der Einfahrt aber nur 2 m Wassertiefe. Das geht also wahrscheinlich nicht. Dann hat man nur noch zwei Alternativen: Man kann auf dem Flach südlich und nördlich der Fahrrinne ankern, natürlich nicht auf dem Teil, der trockenfällt. Im nördlichen Teil wäre es um ein Geringes besser, weil dort die Küste etwas mehr Schutz bietet als im südlichen. Das kann man aber nur mit einem schweren Ankergeschirr machen, und eine ruhige Nacht wird es auch nicht werden. Bliebe als zweite Alternative, nach Bønnerup abzulaufen. Das wären 17 sm, eingerechnet den Umweg über Tonne *F 2,* weil

man mit dem direkten Kurs sonst über das Flach *Tangen* (s. Seite 264) käme, wobei man riskieren würde, in den Grundseen sein Schiff zu verlieren. Aber: Bønnerup hat auch so seine Tücken, obwohl der Hafen selbst sehr viel Schutz bietet, wenn man erst einmal drin ist (vgl. Seite 262). Angesichts all dieser Probleme, die – zugegebenermaßen – durch im Sommer relativ seltene Wetterbedingungen ausgelöst werden, sollte man dann von einer Ansteuerung des Mariager Fjords absehen. Unverzichtbar aber ist es stets, sich sehr sorgfältig über die Entwicklung des Wetters zu informieren, bevor man seinen Kurs auf diesen schönen Fjord absetzt.
Anders als beim Randers Fjord helfen einem hier einige recht brauchbare *Landmarken* bei der Ansteuerung:

- Die 3 sm nördlich des Fjords auf einem steilen Ufer gelegene Kirche von Als ist zusammen mit der Windmühle des Ortes unverwechselbar. Die weiße Kirche mit dem auffallend wuchtigen Turm hebt sich deutlich von dem dunklen Wald ab. Unten am Ufer stehen in langen Reihen weiße Wohn- und Campingwagen.
- Der Zwiebelturm des Herrenhofs Overgård liegt zwar weit landeinwärts, ist aber knapp südlich der Fjordmündung recht gut über dem Wald auszumachen.

Ansteuerung bei Nacht: Nachts sollte man, anders als bei Tage, zunächst die weit vor der Barre liegende grüne Leuchttonne *Mariager Fjord* (Blz.(3)gn.-10s) auf Position 56°41,7'N, 010°30'E ansteuern. Danach mit Kurs NW auf die 3 sm entfernte Leuchttonne *Mariager Fjord Rende E* zu (Blz.(2)gn.-5s). Hier beginnt der Tonnenstrich, und hier bekommt man nun auch das Richtfeuer *Als Odde* zu fassen (U-F.: Glt.gn.-2s, O-F.: Glt.gn.-4s). Es führt in Linie 262° über die Barre. Nach 2,5 sm biegt das Fahrwasser nach WSW ab. Hier übernimmt uns nun das Richtfeuer *Mariager Fjord Inløb* (U-F.: Glt.-2s, O-F.: Glt.-4s) in Linie 237°. O-F. und U-F. brennen auf Gittermasten, die zwar außerhalb der Fahrrinne, aber noch im Wasser stehen. Hier hat man nun die Mündung des Fjords erreicht, aber anders als beim Randers Fjord noch keinen Hafen, denn die Als Odde Bro kann man nicht als solchen bezeichnen, sie wäre nachts auch nur im Notfall anzulaufen (s. u.). Man müßte also weiter bis Hadsund. Das wären zusätzlich 9 sm, in einer engen Fahrrinne, vorbei an gefährlichen, zeitweise trockenfallenden Sänden, in einem ziemlich komplizierten System von Richtfeuern – ein Horrortrip. Deshalb: nach Möglichkeit den Mariager Fjord bei Dunkelheit gar nicht erst ansteuern!

Ankerplätze im Mariager Fjord

Im inneren Fjord gibt es unzählige, im äußeren kaum Ankerplätze. Wo man entsprechend der Wassertiefe ankern könnte, entnehme man der Seekarte. Auf einige besonders schöne im inneren Fjord sei hingewiesen:
Recht idyllisch liegt man westlich der *Zementfabrik Dania* in einer Schilfbucht am Nordufer des Fjords, und zwar vor der alten Wassermühle

In der Bucht Høllen

Ovegård, zu der man jedoch nur mit dem Dingi kommt. Was stört, ist die Zementfabrik. Ruhiger Platz bei Winden aus SW bis N.
Die beliebteste Ankerbucht der Einheimischen ist *Høllen;* sie liegt gegenüber von Mariager am Nordufer bei Løvdal. Man liegt ruhig, außer bei Winden aus SE bis S. Hohe Waldufer. Die Segler von Hobro und Hadsund haben hier eine kleine Brücke gebaut. Man liegt aber sehr viel schöner vor Anker. In den Kielstrup-See kommt man wegen des Dammes jedoch nicht. In alten Zeiten war diese Bucht das Winterlager der Schiffe aus dem Mariager Fjord.
Meine Lieblingsbucht findet man etwas westlicher, schon ziemlich nahe an Hobro, westlich von *Skovsgård Hage,* am Südufer: ganz von hohen Bäumen umstanden, die schönste Bucht im ganzen Fjord!
Am Nordufer der schmalen Fjordmündung befindet sich die

Als Odde Bro

ein Fischer- und Lotsenplatz. Der Lotse aber hat inzwischen seine eigene Anlegestelle, westlich der altersschwachen Brücke. Bei auflandigem Wind sollte man ohne Zögern an dem baufälligen Pfahlwerk vorbeifahren, auch wenn einem der Platz gefallen würde, mit den windschiefen, reetgedeckten Fischerhütten und den vielen Kähnen, die im flachen Wasser an Stöcken angebunden sind. Das gilt noch mehr bei stärkerem Strom (s. o.). Ansonsten darf man für kurze Zeit an der Betonbrücke des Lotsen festmachen (Wassertiefe am Kopf 2 m). Keinerlei Versorgung. Gute Ankerplätze findet man in der Breite westlich des Anlegers, wo die Dansk Sejlunion Ankerbojen ausgelegt hat.

Wasserstand: Sturm aus NW bis N kann den Wasserstand um 1,5 m heben, Sturm aus SE bis S ihn um 1 m senken.

Westlich von Als Odde beginnt nun die im Zickzack verlaufende Fahrrinne durch ein extrem flaches, bei Niedrigwasser zudem noch weitgehend trokkenfallendes Gebiet. Man passiert einige sehr flache Grasinseln, die als Wildschutzgebiet ausgewiesen sind. Im Süden kann man über dem Wald wiederum den Zwiebelturm des Schlosses Overgård sehen. Den schönen Herrenhof erreicht man freilich nur auf dem Landweg.

Hadsund der nächste Ort, ist recht hübsch auf Hügeln am Nordufer gelegen. Der Ort hat 4000 Einwohner und drei Häfen: im Osten den alten Fischerhafen und, westlich der Brücke, den Handels- und einen neuen kleinen Yachthafen. Hadsund, obwohl nicht übel, ist an sich belanglos und für den Sportbootfahrer mehr zum Einkaufen interessant.

Liegeplatz und Versorgung: Der Fischerhafen im Osten hat zwei nebeneinander liegende, voneinander getrennte Becken. Wassertiefe überall 1,5 m. Beide Becken sind aber von kleinen Fischerbooten dicht belegt. Man findet normalerweise keinen Platz, schon gar nicht mit einem Boot ab 6 oder 8 m Länge. Dann wird man an einem größeren Kutter außen vor dem Hafen längsseits gehen. Auch hier liegt man relativ ruhig. Der Verkehr ist in Wahrheit doch recht spärlich, und nachts kommt schon gar keiner mehr vorbei. Wasser und Toiletten am Hafen, Treibstoff per Kanister. Slip und Motorenwerkstatt ebenfalls am Hafen.

Der Handelshafen, schon jenseits der Brücke, ist nicht mehr als ein knapp 200 m langes Bollwerk, zum Fjord hin völlig offen, ein Stück befestigtes Ufer. Hier gibt es allerdings einen großen Zubehörhandel, und man findet immer Platz. Man benötigt freilich dicke Fender und lange Leinen.

Der neue Yachthafen etwas weiter westlich ist am geschütztesten dank seiner Lage unter dem hohen Wald. Das (kleinere) nördliche Becken ist zwischen 2,1 und 1,6 m tief, in der Einfahrt aber nur 1,8 m; das große, südlich davon gelegene Becken hat Wassertiefen zwischen 2,0 und 1,8 m. Slip, Toiletten und Duschen im Clubhaus. Ordentliche Anlage. Zumeist aber sind alle Boxen belegt. Ich plädiere – wenn überhaupt Hadsund – für den Fischerhafen.

Wasserstand: Tidenhub 0,3 m. NW- bis NE-Winde können den Wasserstand um 0,5 m erhöhen, solche aus SE bis SW ihn um 0,4 m senken.

Die Hadsund Brücke ist eine moderne Straßenbrücke, die teilweise aufgeklappt werden kann. Die Durchfahrtsbreite beträgt 26 m. Im geschlossenen Zustand mißt die Durchfahrtshöhe nur 2,90 m. Die Brücke wird zwischen Sonnenauf- und Sonnenuntergang auf Verlangen jederzeit geöffnet.

Vom 1. Juni bis zum 31. August jedoch gelten folgende Sperrzeiten:wochentags von 1100 bis 1200 und von 1300 bis 1400; sonntags von 1100 bis 1200, 1300 bis 1400, 1600 bis 1700 und von 1800 bis 1900.
Kein Brückengeld. Man gibt die üblichen Zeichen: die Signalflagge „N" (ersatzweise die Nationale im Vortopp oder im Want auf halber Höhe) und das Schallsignal „lang – kurz".
Antwortsignale des Brückenwärters:

a) F.r.	*Durchfahrt verboten!*
b) Blz.r., Blz.r.	*Brücke wird für von E kommende Schiffe geöffnet, Passage erst erlaubt, wenn das unter c) angegebene Signal gezeigt wird.*
c) F.r., F.r.	*Von E kommende Schiffe können passieren.*
d) Blz.r., Blz.r., Blz.r.	*Brücke wird für von W kommende Schiffe geöffnet; Passage erst erlaubt, wenn Signal wie unter e) angegeben gezeigt wird.*
e) F.r., F.r., F.r.	*Von W kommende Schiffe können passieren.*

Von Hadsund aus sind es noch knapp 3 sm, bis man den inneren und damit tiefen Teil des Fjords erreicht. Zunächst aber geht es noch durch flaches Gewässer, mit schönen, grünen, hügeligen Ufern – ein Bauernland. Die

Zementfabrik Dania die am Südufer auf einer weit nach Norden vorspringenden Halbinsel steht, ist ein wahres Ungetüm: gelbgrau, von weißem Staub überpudert, eine riesige Anlage mit hohen Schornsteinen, aus denen dicker weißer Rauch quillt, den man fast überall vom Fjord aus sehen kann. Die Fabrik hat lange Kais, an denen man nicht anlegen darf, genausowenig wie an der architektonisch nicht üblen, roten Brücke der

Dansk Salt einer Fabrik, die etwas westlich der Zementfabrik ebenfalls am Südufer liegt.

Wenn man sich nun nicht mehr umdreht, dann kann man die „Dania" vergessen, denn vor einem liegt der schönste Teil des Mariager Fjords: eine einzige große Parklandschaft.
2,5 sm westlich der Dansk Salt findet man am Nordufer den winzigen, idyllischen Hafen

Stinesminde der jedoch nur von Booten mit einem sehr geringen Tiefgang angelaufen werden kann. Am Kopf der Brücke hat man 1,2 m Wassertiefe und im Hafenbecken selbst nur noch 0,9 m. Wem das reicht, der müßte von Osten anlaufen und das Flach *Nagentoft Grund* an Bb. lassen. An der NE-Kante des Flachs liegt eine schwarz-gelb-schwarze Tonne (Toppzeichen zwei Kegel, Spitzen voneinander). Ankern dürfte hier etwas schwierig sein, weil der Grund von einer Wassertiefe von 12 m sehr steil ansteigt.
Die schöne Bucht *Høllen* wurde schon beschrieben (siehe Seite 288). Gegenüber liegt der Ort, der dem Fjord seinen Namen gab:

Mariager

Es geht einem hier so wie in Ebeltoft: Von See aus macht auch Mariager wenig her – Lagerhallen, Holzstapel und ein nur wenig konturierter Hafen. Allein die wunderbare Lage und die große weiße Kirche oben in den Bergen lassen ahnen, daß Mariager neben den ähnlichen Orten Ebeltoft und Sæby eine Drei-Sterne-Sehenswürdigkeit ist.
Das Städtchen hat 1700 Einwohner und wirkt trotz der nicht wenigen Touristen, die im Sommer durch die engen Gassen schlendern, etwas verschlafen. Als Hafenstadt haben ihm Hadsund und Hobro ganz eindeutig den Rang abgelaufen.
In seinem Kern ist es nahezu unverändert eine Handelsstadt aus dem Mittelalter geblieben, mit vielen wunderschönen Fachwerkhöfen. Weil die Bewohner von Mariager ihre alten Häuser so liebevoll pflegen und überall Rosenstöcke gepflanzt haben, nennt man Mariager in Dänemark auch die „Rosenstadt“.

Der Marktplatz von Mariager mit dem alten Rathaus

Ursprünglich war es ein Fährort, aber Bedeutung bekam es doch erst um 1400, als hier ein Kloster der Birgittinen gegründet wurde. Das Kloster wurde schon 1588 in der Reformation wieder aufgelöst. Die Kirche stammt noch aus der Zeit, wurde aber 1789 umgebaut. Westlich neben der Kirche steht ein burgartiges Gebäude, das früher zum Kloster gehörte, und rund um die Kirche liegt ein großer Friedhof unter mächtigen Bäumen.
Mit den Nonnenklöstern war das in Dänemark so eine Sache. Die Kirche wurde von Adeligen geleitet, genauso die Klöster, die von den vornehmen Familien weniger als Stätten des Gebets und der stillen Einkehr denn als Versorgungsanstalten für ihre Töchter angesehen wurden. War es doch sehr viel billiger, ein junges Mädchen ins Kloster zu schicken, statt es mit einer kostspieligen Mitgift zu verheiraten. Das Resultat war, daß die Klöster voll waren von jungen Frauen, die nicht durch ihre Neigung, sondern nur durch den Geiz ihrer Eltern hierhergekommen waren. Es gibt viele Geschichten, wonach diese lebenslustigen Frauen nachts aus den Fenstern kletterten oder sich junge Männer ins Kloster holten. Trieben sie es gar zu arg, so bestellte der Bischof eine neue, strenge Äbtissin, aber dies soll nicht allzu lange geholfen haben.
Wie dem auch sei, als das Birgittinen-Kloster aufgelöst wurde, war das ein schwerer Schlag für Mariager, von dem es sich lange nicht erholte. Was nun aber wiederum auch sein Gutes hatte; denn so blieb uns ein mittelalterliches Städtchen fast unverändert erhalten. Der Name von Mariager hängt auch mit dem Kloster zusammen: Er bedeutet „Marias Acker".

Liegeplatz und Versorgung: Den am Scheitel der Bucht gelegenen, nach Norden offenen Hafen steuert man durch ein Tonnenpaar (rot und grün) an. In seinem westlichen Teil findet man einen langen Steinkai, den Handelshafen (A). Sein innerer Teil wurde inzwischen renoviert, so daß man auch dort liegen kann, was der Hafenmeister jedoch nicht gerne sieht. Wegen des Parkplatzes und der nahen Straße ist es hier auch sehr unruhig. Recht gut liegt man im Alten Bootshafen (B), falls da überraschenderweise ein Plaz frei sein sollte, doch nur etwas für kleine Boote. Gut liegt man auch davor, zwischen Pfahl und Mole, allerdings auch wenig geschützt. Komfortabelster Platz ist der Yachthafen (C), wo man auch außen an der langen Bretterwand längsseits gehen kann. Im Fischerhafen (D) ist kein Platz. Hafenmeister: K. Lindstrøm, Rinddalen 24, T. 08/541904.
Versorgung nicht besonders: Toiletten siehe Plan. Treibstoff müßte man von einer Tankstelle holen, die jedoch nahe am Hafen liegt. In der Stadt Lebensmittel usw. Eine Bootswerft befindet sich westlich vom Hafen (s. Plan).

Adressen: Information: Torvet 4, T. 54 13 77; Post: Fjordgade 1; Museum: Kirkegade 4, T. 54 12 87 (heimatkundliche Sammlungen in einem schönen Fachwerkhof).

Wasserstand: Tidenhub mit 0,3 m unbeträchtlich. Wind aus NW, der auf NE dreht, kann den Wasserstand um 1,4 m erhöhen, Wind aus SE, der auf SW dreht, ihn um 0,4 m senken.

Ansteuerung bei Nacht: In den Handelshafen führt in Linie 153° ein grünes Richtfeuer (U-F.: Glt.gn.-2s, O-F.: Glt.gn.-4s). Die Feuer brennen auf 6 beziehungsweise 7 m hohen Gittermasten, die rot-weiß waagerecht gestreifte Dreiecke als Peilmarken tragen.
Auf dem Kopf der Westmole des Yachthafens brennt auf einem Pfahl ein F.gn.

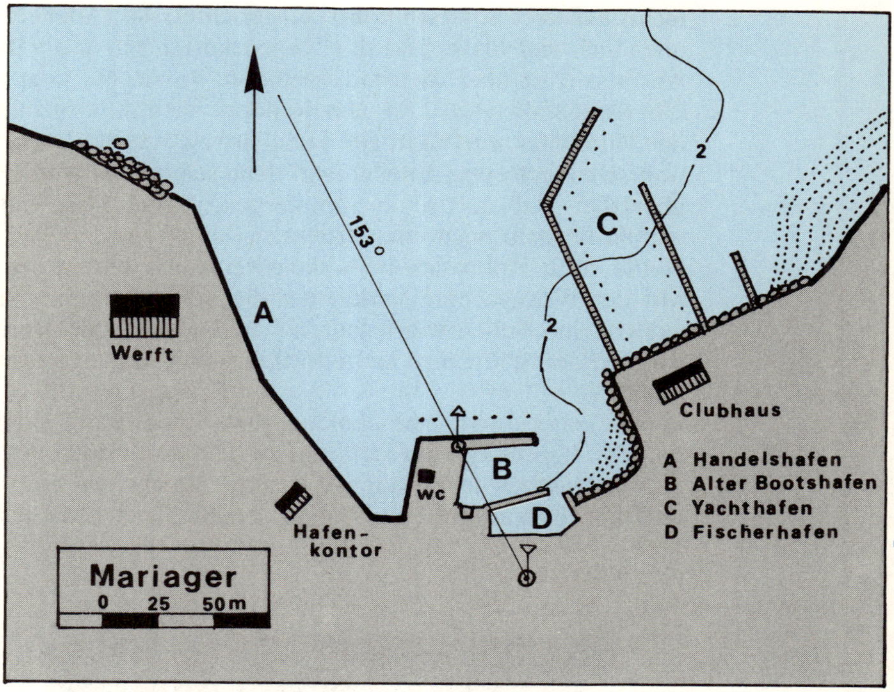

Nach der flachen, kieseligen, teilweise überspülten Landzunge Langsodde, die sich vom Nordufer weit in den Fjord hinein erstreckt und auf der merkwürdigerweise zumeist eine Kuhherde steht, rücken nach Westen zu die Ufer immer mehr zusammen; sie steigen auch steil an und sind schön saftig grün, mit kleinen Wäldern und Büschen bewachsen.
Bis Hobro sind es von Mariager aus nur noch 6 sm. Die Tonnen, die auf dem Weg dorthin stehen, sind mehr für die großen Schiffe wichtig, für eine Yacht aber weniger von Bedeutung.
Schon nahe vor Hobro passiert man den am Nordufer gelegenen

Hobro Sejlklub Yachthafen an dessen Gästebrücke man auf 3 m Wassertiefe festmachen kann. Wasser, Treibstoff in kleinen Mengen, Mastenkran, Toiletten und Duschen im Clubhaus. Nach Hobro Stadt 1 km. Ein hübsch gelegener Hafen (s. A im Plan von Hobro).

Hobro ist eine Stadt von knapp 10000 Einwohnern, am Scheitel des Fjords gelegen, eingezwängt zwischen den steilen Waldbergen; das Beste für den Sportbootfahrer ist sein großer, leerer Hafen, auch wenn er überhaupt

nicht auf die Sportschiffahrt eingerichtet ist. Aber er hat wenigstens unendlich viel Platz, und das Liegen kostet hier auch (noch) nichts.
Ansonsten ist über die Stadt wenig zu sagen. Sie liegt an der wichtigen Überlandstraße A 10, die von Randers nach Ålborg führt und wo schon im Mittelalter ein wichtiger Handelsweg verlief. Dem verdankt Hobro wahrscheinlich seine Entstehung, denn schon früh wurde hier eine Brücke über den Fluß und seine Sümpfe geschlagen. Das Stadtsiegel von 1648 enthält deshalb auch eine Brücke.
Heute ist in Hobro am bemerkenswertesten seine große Einkaufszone.
Mit der Wikingerburg Fyrkat hat die Stadt in ihrer näheren Umgebung jedoch eine Sehenswürdigkeit hohen Ranges. Die Burg liegt nur 3 km westlich der Stadt; man kann dorthin wandern oder auch mit dem Fahrrad fahren.
Fyrkat gehört, wie Nonnebakken auf Fünen, die Trelleborg auf Seeland und die Aggersborg am Limfjord zu den vier großen Wikingerburgen, die man inzwischen in Dänemark wiederentdeckt und zum Teil auch restauriert hat. Fyrkat, das erst Anfang der fünfziger Jahre ausgegraben wurde,

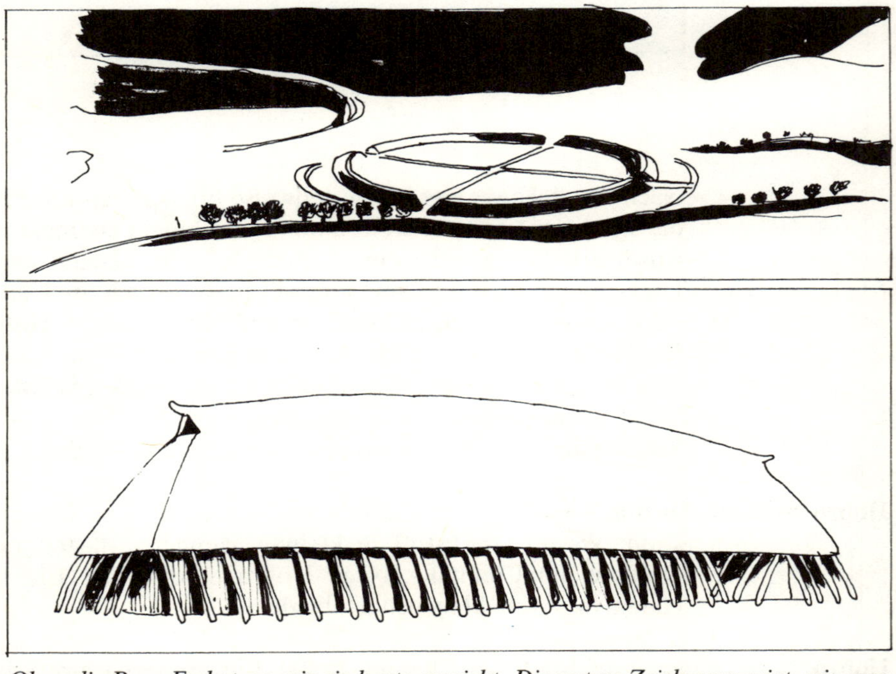

Oben die Burg Fyrkat, so wie sie heute aussieht. Die untere Zeichnung zeigt, wie man sich Langhäuser der Wikinger vorstellt. Sie waren 28,5 m lang und konnten schätzungsweise 50 Mann beherbergen. Das Dach wirkt wie ein umgestülpter Bootsrumpf

ist nicht so gut instand gesetzt wie die Trelleborg, aber ihr mächtiger Ringwall vermittelt doch einen guten Eindruck von der Größe jener wohl im 11. Jahrhundert erbauten Festungen. Wie bei den drei anderen auch, hat der Ringwall von Fyrkat vier Tore, die sich genau zu den Himmelsrichtungen hin öffnen. Von den Toren aus verlaufen zwei Hauptstraßen durch das Innere der Burg, wo sie sich in der Mitte kreuzen. Die Burg hat eine exakte Kreisform und als Modul den römischen Fuß, wie die Aggersborg auch.

Ihr Durchmesser ist aber mit 120 m nur halb so groß wie der der Aggersborg, die allerdings die mit Abstand größte aller vier Wikingerburgen war.

Fyrkat lag verteidigungsmäßig sehr günstig zwischen dem Fluß und einem Sumpf; die beiden anderen Seiten waren mit einem Burggraben gesichert. Die Wälle waren etwa 12 m dick und 4 m hoch. Oben verlief wahrscheinlich noch ein Palisadenzaun. Da die Burg aber schon bald nach ihrem Bau völlig abbrannte, ist man hier auf Vermutungen angewiesen, ebenso, was die Innenausstattung angeht. Man hat aber Fundamente der

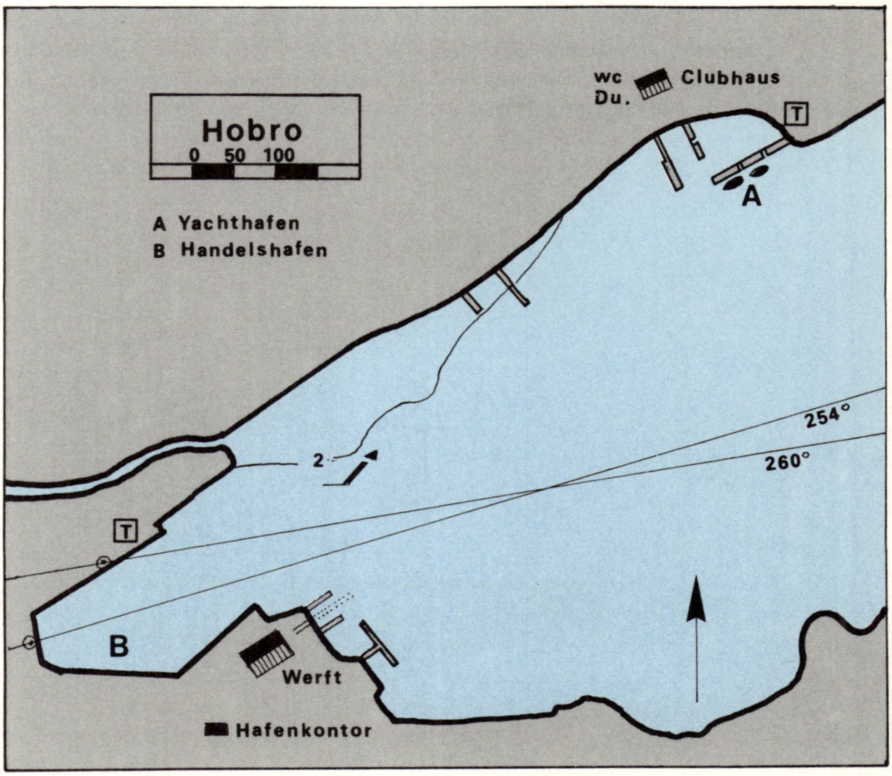

typischen Langhäuser entdeckt und sie mit Beton ausgegossen, so daß man sich jetzt eine gute Vorstellung von deren Lage und Größe machen kann.

Nordöstlich der Burg hat man den Begräbnisplatz der Wikinger entdeckt und dabei viele wertvolle Funde zutage gefördert: goldene Schmuckstücke, einen silbernen Ring, eine Spange, die aus Gotland stammte, und viele Waffen. Im kleinen Museum von Hobro gibt es eigens ein „Fyrkat-Zimmer", wo man solche Funde betrachten kann.

Was den Brand ausgelöst hat, der die Burg vernichtete, weiß man nicht; es gibt keine Überlieferung. Die Wikinger waren zwar große Seefahrer und Räuber, aber mit dem Schreiben hatten sie es nicht. So ist auch nicht sicher, welchem Zweck diese großen Burgen eigentlich dienten: Waren es Zwingburgen oder Winterlager für die Schiffsbesatzungen oder feste Plätze für den König und sein Heer?

Liegeplatz und Versorgung: Eigentlich sollen alle Yachten in den Yachthafen (A). Doch ist der Handelshafen (B) von Hobro so groß, daß man hier schon ein Plätzchen finden wird, wenn man den Hafenmeister freundlich darum bittet. Man braucht dicke Fender und lange Leinen. Bei Wind aus E ziemlich unruhig.

Treibstoff siehe Plan (allerdings nur in größeren Mengen, und zwar vom Tankwagen; sonst tankt man besser im Hobro Sejlklub Yachthafen). Schiffszubehörhändler am Südkai. Lebensmittel in der Stadt. Werft und Slip siehe Plan.

Adressen: Information: Adelgade 26, T. 08/525666 (hier auch Fahrrad-Verleih); Post: Havnegade 5; Wäscherei: Havnegade 3; Museum: Vestergade 21 (Ausgrabungen aus der Wikingerburg Fyrkat und heimatkundliche Sammlungen).

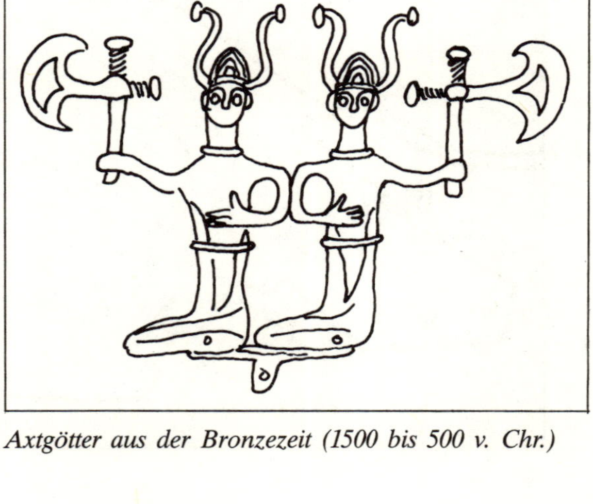

Axtgötter aus der Bronzezeit (1500 bis 500 v. Chr.)

Im nördlichen Kattegat

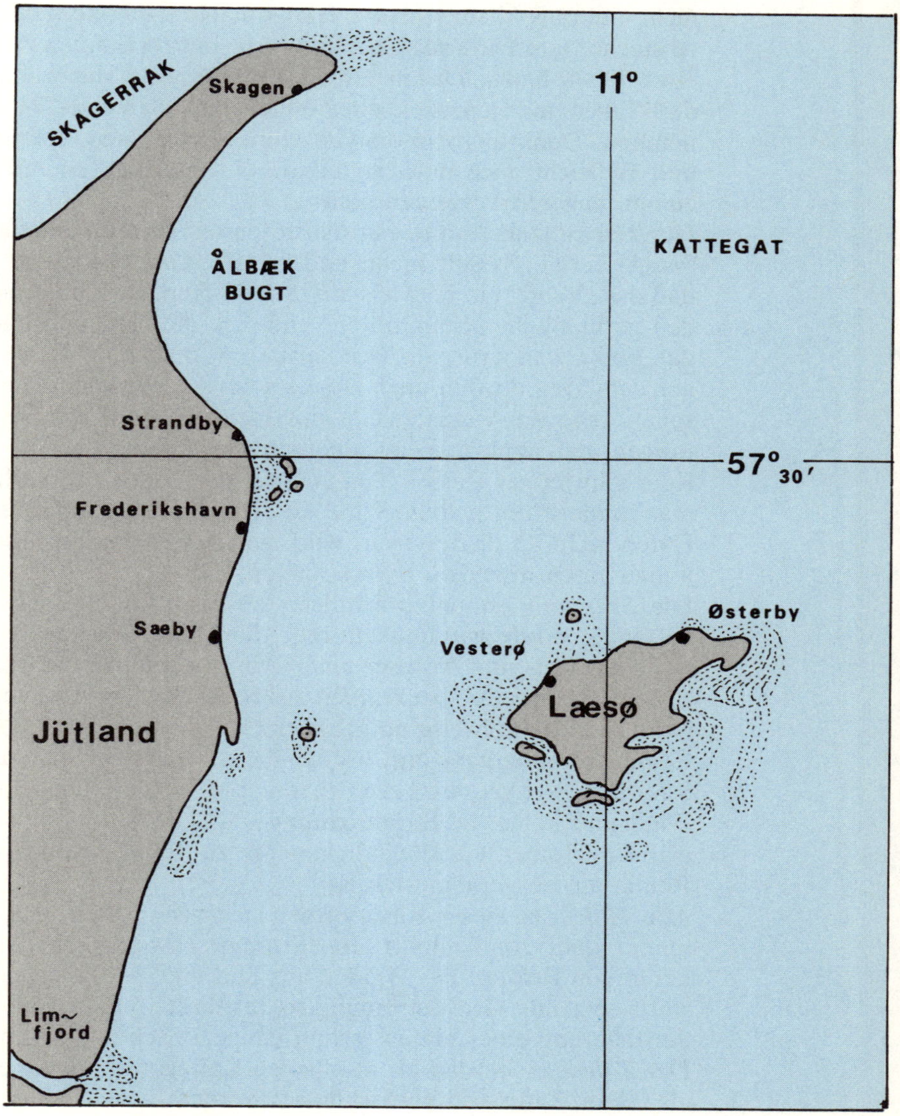

Törnvorschlag 9:
Von Hals nach Skagen und Læsø

Dies ist ein kleiner Törn. Wollte man alle Häfen an der jütländischen Küste anlaufen, die hier beschrieben sind, so hätte man von Hals nach Skagen nicht mehr als 65 sm vor sich. Hängt man die schöne Insel Læsø bei einem Abstecher von Frederikshavn aus noch dran, so kämen zu den 65 sm noch etwa 30 sm hinzu. Das ist alles nicht sehr viel. Man kann diesen Törn in drei Tagen machen, sich aber auch eine oder zwei Wochen Zeit dafür nehmen. Denkt man an die vier Höhepunkte Sæby, Hirsholmene, Skagen und vielleicht auch noch an Læsø, so sollte die Tendenz schon mehr zu einem längeren Verweilen gehen.

Der Teil Jütlands, an dessen Küste dieser Törn entlangführt, heißt Vendsyssel, wobei „Syssel" nichts anderes als „Gau" bedeutet. Man nimmt an, daß das „Vend" ein Hinweis auf die früheren Bewohner dieser Gegend ist, den germanischen Stamm der Vandalen, die bekanntermaßen in der Zeit der Völkerwanderung in Nordafrika ein mächtiges Reich gründeten und auf dem Weg dorthin auch Rom eroberten. Weil sie dabei gehaust haben sollen „wie die Vandalen", nennt man seither besonders brutale Eroberungen und sinnlose Zerstörungswut Vandalimus.

Kein schwieriges Revier. Zumal auch hier Westwinde vorherrschen, segelt man zumeist mit halbem Wind im Schutz der jütländischen Küste; da die Häfen dicht an dicht liegen, wird man bei einem aufziehenden Unwetter immer rasch irgendwo unterkommen.

Die *Strömung* ist unbeträchtlich: 0,5 bis 1 kn. Sie setzt normalerweise beständig nordwärts und entsteht durch den Austausch des Salzwassers zwischen Ost- und Nordsee. Der Wind beeinflußt natürlich diese Grundströmung, wobei sie bei Winden aus Nord, Süd und Ost verstärkt wird. Bei Nord wird sie teilweise aufgehoben. Bei West ab 3 Bft hebt der Wind die Grundströmung ganz auf, bis auf Læsø Rende, wo sich die nordführende Strömung weiter durchsetzen kann. Bei West 6 und mehr dominiert der Wind und kehrt die Stromrichtung um: Die Strömung verläuft nun südwärts mit einer Geschwindigkeit bis zu 1,5 kn, wobei sie in der Læsø Rende am ausgeprägtesten ist.

Alle *Häfen* an dieser Küste öffnen sich nach Osten, der Strom setzt also immer quer zur Einfahrt. Bei Stromgeschwindigkeiten um 1 kn ist das kaum von Belang. Bei Winden aus Süd und Ost hingegen kann die nordwärts setzende Grundströmung so verstärkt werden, daß man ihr bei der Ansteuerung eines Hafens schon einige Beachtung schenken muß.

Der *Tidenhub* beträgt im nördlichen Kattegat im allgemeinen nicht mehr als 0,5 m, kann also vernachlässigt werden; nach Süden zu wird es sogar

Fischer am Strand von Skagen (nach einem Stich von 1870)

noch weniger. Die *Gezeitenströme* spielen ebenfalls keine besondere Rolle. Aufpassen muß man an der ganzen Küste auf *Grundstellnetze:* Im allgemeinen reichen sie etwa 2 sm seewärts; es gibt aber auch Stellen, wo man noch in einer Entfernung von 4 sm damit rechnen muß. Zumeist liegen diese Netze auch südlich und nördlich der Hafeneinfahrten, so daß es sich empfiehlt, einen Hafen immer erst dann anzusteuern, wenn man seine Einfahrt in Peilung West hat.
Natürlich kann man bei ruhigem Wetter entlang der ganzen Küste bis hinauf nach Skagen *ankern.* Wenn man für ein paar Stunden vor Anker liegen will, um zu baden, so ist dagegen auch nichts einzuwenden. Zur Nacht möchte ich an dieser offenen Küste aber nur bei einer stabilen Wetterlage liegen. Der Gedanke, daß nachts der Wind drehen könnte und aus Ost quer über das ganze Kattegat auf mich zukäme, ließe mich kein Auge zutun. Nun ist Ankern hier, etwa im Gegensatz zum Kleinen Belt, auch keine notwendige Alternative zu einem Hafen, weil hier die Häfen – anders als dort – noch nicht überfüllt sind.

Seekarten: Man braucht nur eine, entweder a) die deutsche Nr. 25D „Kattegat, nördlicher Teil" oder b) die dänische Nr. 101 „Kattegat, nordlige del"; beide haben den Maßstab 1:180000, den man sich als Segler etwas größer wünschen möchte.

Seebücher und andere: Nr. 2005 A: Handbuch für Skagerrak und Kattegat, I. Teil, Dänische Küste (entbehrlich); Nr. 2101: Leuchtfeuer-Verzeichnis, Teil II: Ostsee, SW-licher Teil, und Gewässer zwischen Ost- und Nordsee; ferner, wenn man einen Funkpeiler an Bord hat, Nr. 2155: Jachtfunkdienst Nord- und Ostsee; Seefunkfeuerkarte.

Distanzen: **Hals** – **Hou** (10 sm) – **Aså** (5 sm) – **Vorså** (4 sm) – **Sæby** (13 sm) – **Frederikshavn** (6 sm) – **Hirsholm** (4 sm) – **Rønnerhavn** (3 sm)

– **Strandby** (2,5 sm) – **Ålbæk** (7 sm) – **Skagen** (10 sm). **Abstecher nach Læsø** (nach Vesterø von Frederikshavn: 15 sm, von Sæby: 14 sm), **Vesterø – Østerby** (13 sm).

Von Hals auslaufend, braucht eine Yacht nicht den Leuchtturm *Hals Barre* (s. Seite 126) anzusteuern, wenn sie nordwärts will. Man kann schon bei der grünen Leuchttonne *Hals Barre E* (Blz.(3)gn.-10s) die Rinne verlassen und mit etwa Kurs 25° parallel zur Küste laufen. Hält man sich von ihr gut 2 sm fern, so bleibt man auch frei von Grundstellnetzen, die hier bis zu eben dieser gedachten Grenzlinie ausliegen können.
Die Kattegat-Küste von Hals nordwärts ist nicht sonderlich aufregend, eine Sandküste, die sich hell gegen das Dunkel der Wälder abhebt. Ab und zu lugen Kirchtürme und Dörfer aus dem Grün, ohne daß man sie als besonders charakteristische Landmarken bezeichnen könnte.
6 sm, nachdem man die Rinne von *Hals Barre* verlassen hat, passiert man den Hafen von

Hou

Ob man ihn auch anlaufen soll, ist eine andere Frage. Meine Antwort lautet: eher nicht. Es sei denn, man käme von Norden und wollte es bei schwerem Wetter nicht riskieren, über die schwierige Hals Barre in den Limfjord einzulaufen. Hou liegt am Rande eines ausgedehnten Ferienhausareals. Das Hafenbecken ist in den Sand hineingegraben und war lange versandet. Inzwischen ist es wieder ausgebaggert worden (Wassertiefen siehe Hafenplan). Wie lange das vorhält, ist eine andere Frage. Die Ansteuerung ist an sich nicht schwer. Die Molen sind gut sichtbar. Die

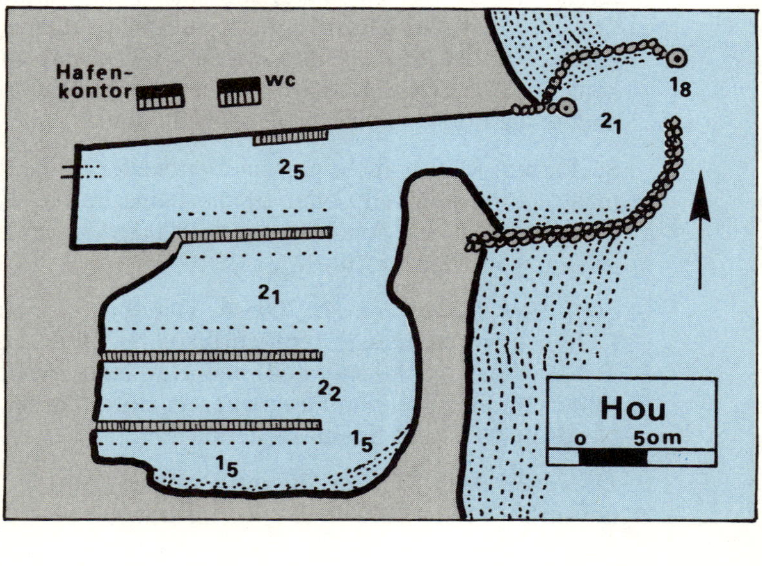

Küste ist rein. Man kann einfach darauf zuhalten und dann durch den Vorhafen in den eigentlichen Hafen einlaufen, wo man am besten an der Kade vor dem Toilettengebäude festmacht. Die Versorgung ist mäßig, die Umgebung mit dem Sandstrand nicht.
Das Problem: bei Starkwind aus NE über E bis S ist ein Anlaufen des Hafens sehr schwierig.

Wasserstand: Mittlerer Tidenhub 0,5 m. Westliche Winde erhöhen den Wasserstand um 1,0 m, südöstliche senken ihn um 0,5 m und mehr.

Nach weiteren 5 sm Küstenfahrt nordwärts macht man an Bb eine schwarz-gelb-schwarze Tonne aus (Toppzeichen zwei Kegel, Spitzen voneinander); sie liegt 1 sm südöstlich des kleinen Hafens

Aså

den anzulaufen schon eher lohnt als Hou: ein winziger Inselhafen, der 500 m vor der Küste und dem gleichnamigen Dorf liegt, das man über einen schnurgeraden Damm erreichen kann. Aså ist ein Platz, um eine Kaffeepause zu machen, zumal er so praktisch nahe am Kurs liegt. Vielleicht gefällt es einem aber auch so gut, daß man noch einen Tag dranhängt, zumal der südliche Teil der Insel mit seinem feinen weißen Strand, der zudem noch angenehm flach ins Wasser übergeht, bei gutem Wetter doch sehr zum Baden verlockt. Der Hafen selbst ist rundum geschützt

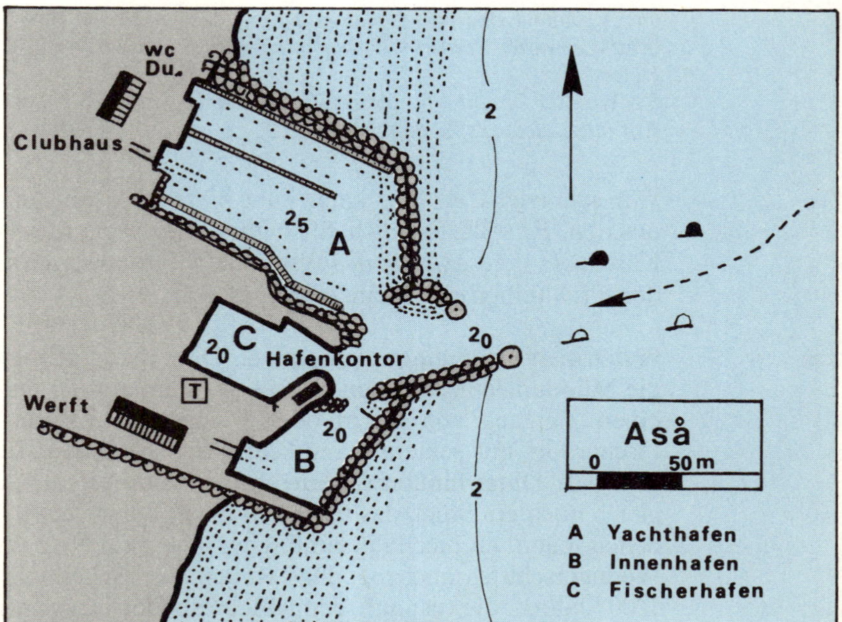

und, weil er so weltentlegen ist, auch recht gemütlich. Daran hat selbst das im Norden neu gebaute Becken des Yachthafens nichts geändert, auch wenn die Anlage etwas halbfertig wirkt. Zum Ort Aså braucht man nicht zu wandern, es sei denn, man müßte Lebensmittel einkaufen. Das ist nur ein Dorf, dessen Häuser verstreut zwischen Gärten und Feldern liegen.

Liegeplatz und Versorgung: Die Wassertiefe im Yachthafen (A) beträgt 2,5 m, die im Fischerhafen (C), dem kleinen viereckigen Becken, nur 2 m. Wem das reicht, der sollte hierhergehen, denn angesichts der rotbraun gestrichenen Fischerhütten, die rings um das Becken stehen, fühlt man sich hier richtig geborgen. In das kleine Becken des Innenhafens (B), dort, wo sich auch die Werft befindet, kann man nicht, weil es von einheimischen Booten belegt ist. Wasser und Diesel bekommt man im Fischerhafen. Kleinere Reparaturen auf der Werft, die auch einen Slip hat. Toiletten und Duschen im Clubhaus am Yachthafen.

Wasserstand: Tidenhub 0,5 m. Winde aus W können den Wasserstand um 1 m heben, solche aus SE ihn um 0,5 m senken.

Ansteuerung: Nordöstlich und östlich von Aså liegt die Untiefe Rimmen, deren flachste Stelle mit nur 0,6 m dem Hafen am nächsten ist. Kommt man von Süden, so ist es am besten, zuerst die schon erwähnte schwarz-gelb-schwarze Tonne anzuliegen und dann weiter mit Kurs N zu laufen, bis man die schmale Einfahrt zwischen den Steinmolen ganz klar ausmachen kann. Dort hinein führt ein „Tonnenstrich" von etwa 150 m Länge, markiert mit roten und grünen Bojen. An Bb. läßt man eine orangefarbene Kugeltonne, die über einer 1,5-m-Untiefe liegt.
Der Hafen ist bei guter Sicht und ruhigem Wasser auch nachts anzusteuern: Man halte Kurs auf die Neonbeleuchtung des dunklen Gebäudes, in dem auch die Hafenmeisterei untergebracht ist. Wenn man dieses Licht genau in der Mitte zwischen den Molenfeuern hat (F.r. und F.gn., Nebelschallsender auf der Nordmole: (1)-1 min, Sirene, nur wenn Schiffe erwartet werden), kommt man sicher auf mindestens 2 m Wassertiefe in den Hafen.
Bei Windstärken ab 4 bis 5 aus NE bis S ist der Hafen nicht anzulaufen. Deshalb taugt Aså auch nicht als Nothafen.

Wer sehr viel Zeit hat, kann kurz hinter Aså nochmals eine Ruhepause machen. Er sollte westlich der Untiefe *Rimmen,* also zwischen ihr und der Küste, die tiefe *Aså Rende* (Wassertiefe 7 m) ansteuern. Genau östlich vor den Pfahlreihen des kleinen Hafens von

Vorså

findet man einen guten Ankerplatz. Den Hafen selbst, der nicht mehr als die Mündung eines kleinen Flusses ist, kann nur der anlaufen, dessen Boot einen Tiefgang von 0,8 m oder weniger hat. Wenn man das hübsche Fischerdorf mit seinem gemütlichen Kro besuchen will, muß man schon mit dem Dingi hinüberrudern und – wenn schon, denn schon – auch gleich noch ein Stück das Flüßchen hoch. Vorså rückte einmal sogar in die Schlagzeilen, als hier 1958 ein Fischer in seinem Netz das Seitenruder eines Wikingerschiffes hochzog. Das Ruder aus Eichenholz hatte die 1100 bis 1200 Jahre, die es auf dem Meeresboden lag, gut überstanden; im Bangsbo-Museum südlich von Frederikshavn kann man es sich ansehen.

Ob man den Leuchtturm *Læsø Rende* im Westen oder Osten passiert, ist für eine Yacht egal. Tief ist es überall. Die großen Schiffe nehmen die östliche Route. Der 26 m hohe weiße Leuchtturm steht auf einem schwarzen Unterbau. Das moderne Betongebilde ist von weither zu sehen und ein sehr wichtiges Seezeichen im nördlichen Kattegat: unentbehrlich für die Durchsteuerung der Passage zwischen den Untiefen von Læsø und der jütländischen Küste. Das Feuer hat die Kennung Blk.(2)w/r/gn.-20s. Der Leuchtturm strahlt außerdem ein starkes Funkfeuer aus: 310,3 kHz, LR (· — · · / · — ·), 30 sm. Im übrigen befindet sich hier ein Nebelschallsender: (2)-20s.

Nachts muß man *Læsø Rende* im Osten passieren und darf nicht dichter als bis zur grünen Leuchttonne (Blz.(2)gn.-5s) herangehen. Die fünf gelben Leuchttonnen (Blz.g.-3s), die wie ein Kranz um den Leuchtturm herumliegen, brauchen einen nicht zu irritieren; sie bezeichnen ein Kabelfeld. Im Westen von *Læsø Rende* sollte man nachts deshalb nicht vorbeigehen, weil sich nordwestwärts der unbefeuerte flache *Dvalegrunde* erstreckt. Bei Tage dagegen stellt er kein Problem dar, weil man sich dann an der gelb-schwarz-gelben Tonne (Toppzeichen zwei Kegel, Spitzen zueinander) orientieren kann, die an seiner Westkante ausliegt.

Bei einigermaßen guter Sicht müßte man schon ab hier den weißen Kirchturm von Sæby erkennen, der sich gut gegen den dunkelgrünen Höhenzug Bangsbo Bakker abhebt. Von der Insel Læsø dagegen wird man nicht viel mehr sehen als ein, zwei stummelartige Kirchtürme, die im Wasser zu stehen scheinen – so flach liegt das schöne Læsø im Kattegat.

Die weiße Kirche von

Sæby

steht so groß und mächtig am Ufer, daß sie von alters her für den Seefahrer eine wichtige Landmarke war. An Sæby, dieser Stadtidylle, darf man nicht vorbeifahren. Es ist eines der schönsten Städtchen an der dänischen Kattegat-Küste, vergleichbar nur mit Ebeltoft und Mariager.

Sæby war immer in erster Linie eine Seestadt, denn nichts anderes bedeutet der Name: Sæby = Søby = Seestadt oder Stadt am Meer. Da die jütländische Ostküste arm an natürlichen Häfen ist, mußte an der Mündung des kleinen Flusses fast zwangsläufig eine Siedlung entstehen. Wann das begann, weiß man nicht; sicher ist jedoch, daß südlich vom Flußufer zuerst ein Fischerdorf mit einer bescheidenen Kirche entstand. Dorf und Kirche gehörten im Mittelalter dem Bischof von Borglund, dem mächtigsten Herrn in Nordjütland, der um 1460 den Karmeliterorden veranlaßte, hier ein Kloster zu bauen. Der Bischof selbst hatte ganz in der Nähe von Sæby selbst schon einen prächtigen, befestigten Herrenhof, den Sæbygård, der alle Zeitläufe überdauert hat und der einen Besuch immer wert ist. Die Karmeliter bauten über Jahrhunderte an dieser gewaltigen weißen Kirche, die St. Marien geweiht war; und weil das Kloster so sehr

Im Hafen von Sæby. Die weiße Kirche wirkt hier kleiner, als sie es in Wirklichkeit ist

die Stadt beherrschte, nannte die sich nun nicht mehr Sæby, sondern Mariensted.
Der Hafen bestand zu der Zeit und auch die nächsten Jahrhunderte aus nichts anderem als Pfahlreihen in der Mündung des Sæby Å, und er wurde und blieb das Schicksal der Stadt. Schon 1520 hatten die Stadtväter in einem Memorandum festgestellt: „Wenn der Hafen öde ist, dann ist die Stadt auch öde." Der Hafen war oft öde, und zwar immer im Frühjahr, wenn der Fluß mit seinem Schlamm die Mündung verstopfte und die Winterstürme Tang so massenweise an den Strand geworfen hatten, daß die Schiffe aus dem Hafen nicht mehr auslaufen konnten. Doch trotz dieser Widrigkeiten waren in der Stadt um 1650 über zwölf Schiffe beheimatet, die insgesamt 53 „Lasten" transportieren konnten – das sind nach heutigem Maß 106 t. Die Schiffahrt jener Zeit ging vor allem nach Kopenhagen, wohin man Salz aus Læsø transportierte, aber auch nach Norwegen und zu den norddeutschen Handelsstädten, insbesondere nach Lübeck.
Ein schwerer Schlag traf das Städtchen mit der Reformation: Wie über Nacht waren die weißen Mönche aus der Stadt verschwunden. Das Kloster wurde aufgelöst, und damit war der wichtigste Wirtschaftsfaktor ausgelöscht, denn die Klöster jener Zeit waren gleichzeitig große Wirtschaftsbetriebe. Zurück ließen die Mönche die Marienkirche, die nun für Sæby viel zu groß war und die von der kleinen Stadt auch gar nicht unterhalten werden konnte. Andererseits arrangierte man sich in der typisch dänischen

Art mit den Gegebenheiten und versuchte, das Beste daraus zu machen: So wurde etwa der katholische Prior kurzerhand zum (nun evangelischen) Stadtpastor bestellt.
Die Bewohner von Sæby kamen mit ihrem Hafen immer weniger klar, und die Geschichte der Stadt ist eigentlich eine Geschichte des ständigen Niedergangs. Zudem erwuchs ihr, nur wenige Seemeilen weiter nördlich, mit Frederikshavn ein schier übermächtiger Konkurrent. In der Stadt fehlte das Geld, um den Hafen instand zu halten, und zum Schluß war er nicht einmal mehr von den Fischern zu gebrauchen, die anno 1865 in einer Denkschrift an die Staatliche Hafenverwaltung darüber bittere Klage führten: „Falls wir etwas verdienen wollen, werden wir dazu gezwungen sein, eine Fahrrinne zu baggern. Da der Bagger jedoch in unbrauchbarem Zustand ist und dies, seitdem die Deutschen 1864, (s. a. Seite 135) hier waren, wünschen wir, daß dieser instand gesetzt wird, damit wir in die Lage versetzt werden, mit unseren Booten zu arbeiten." Der neue Hafen, so wie er im wesentlichen jetzt noch ist, wurde aber trotz allen Drängens erst Anfang unseres Jahrhunderts gebaut, indem man die Mündung des Sæby Å nach Norden umleitete, sein altes Bett ausbaggerte und es mit Molen schützte.
Das idyllische Sæby hat um die Jahrundertwende immer wieder Künstler angezogen. So lebte eine Zeitlang der große norwegische Dramatiker Henrik Ibsen hier, und auch die dänischen Dichter Holger Drachmann und Hermann Bang ließen sich von der Atmosphäre Sæbys inspirieren.
Als 1880 in der Nähe von Sæby eine eisenhaltige Quelle gefunden wurde, hoffte man, die Stadt könne sich zu einem richtigen Badeort entwickeln. Es wurden große Pläne geschmiedet, die aber mangels Kapital nicht verwirklicht werden konnten. Der Bezirksarzt schimpfte: „Während blutarme und nervöse Patienten teure Präparate in den Apotheken kaufen, läuft täglich tonnenweise eisenhaltiges Wasser ins Meer!" Die Quelle wurde eingefaßt und auch eine kleine, hölzerne Wandelhalle darum herumgebaut, aber ein Weltbad wurde Sæby nicht.
Die Quelle – Jernkilde – fließt immer noch, und auch die schöne alte Wandelhalle steht noch da.
Von der Kirche bis zum Torvet (Marktplatz) ist die Stadt heute im wesentlichen noch genauso, wie sie schon vor Hunderten von Jahren ausgesehen hat; lediglich die Klostergebäude, die sich einmal um die Kirche scharten, sind verschwunden. Wenn man vom Kloster-Torvet, der früher auch als Thing- und Gerichtsplatz diente, die Ålgade hinuntergeht, so bewegt man sich in der gleichen Richtung, in der auch die Stadt gewachsen ist, nämlich von der Klosterkirche und dem Hafen aus nach Westen. Da findet man das alte Rathaus, das Siechenhaus, das Haus des Stadtvogts und, schon ganz am Ende der Ålgade, Konsul Ørums Gård, in dem jetzt das kleine Museum von Sæby untergebracht ist, ein schönes, altes Fachwerkgehöft. Geht man noch ein paar Schritte weiter, so kommt man in die Viertel, die

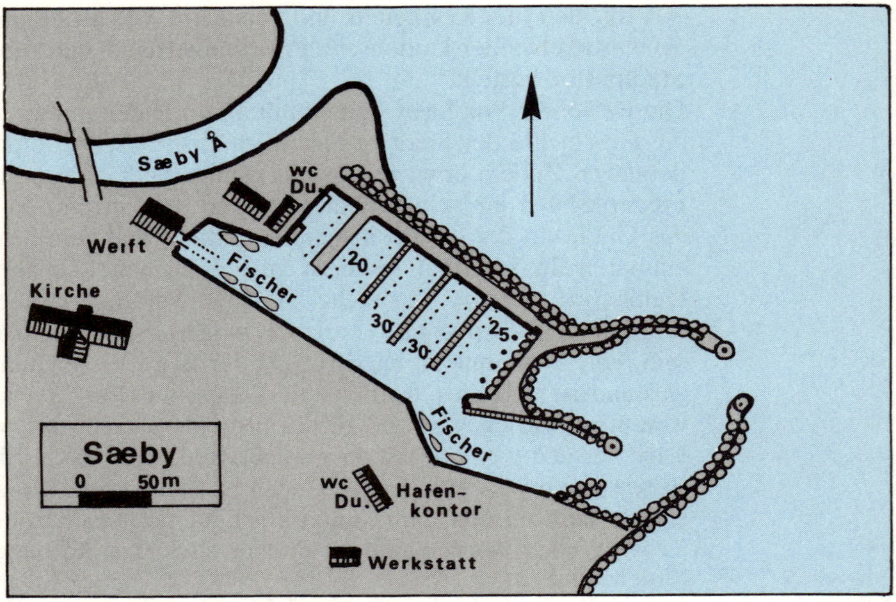

erst im vorigen Jahrhundert entstanden sind, und beim neuen Markt ist man endlich in der Moderne angelangt.

Zurück zum Hafen sollte man seinen Weg bei der alten Wassermühle beginnen und dann am Ufer des Sæby Å entlangwandern, der sich moorbraun und träge zwischen Schilffeldern dahinwälzt. Dieser Weg heißt Fiskersteg; er ist auf eine ganz andere Weise genauso schön wie die mittelalterliche Ålgade, und er führt auch direkt zum Hafen zurück.

Wenn man Zeit hat, kann man noch den schönen Sæbygård besuchen und auch die Kalkmalereien in der Marienkirche bewundern.

Liegeplatz: Seit der Hafen nach Norden zu verbreitert worden ist, findet man in Sæby eher einen Platz als früher. Diese Verbreiterung ging so vonstatten, daß man die alte Steinmole ein Stückchen nach Norden verschoben hat. Der hinterste, feste Steg ist den Yachten von Sæby vorbehalten, die drei anderen sind für Gastyachten da. Obwohl der Hafen doch etwas verloren hat, seitdem hier die großen Lagerhallen stehen, besitzt er immer noch viel Atmosphäre. Da zieht der Duft der Fischräuchereien über den Hafen, und aus der Werft dröhnt das Hämmern herüber. Da liegen auch immer noch ein paar alte Galeassen, deren Instandsetzung für die – zumeist jungen – Eigner offensichtlich zur Lebensaufgabe geworden ist. Man sollte wirklich nur an die für Yachten vorgesehenen Plätze gehen, weil in Sæby eine bedeutende Flotte von Fischkuttern und Trawlern beheimatet ist, die natürlich Vorrechte genießen.

Versorgung: Werft und Slip siehe Plan. Duschen und Toiletten an der Rückseite des Hafenkontors und beim Yachthafen. In der Nähe des Hafenkontors eine Motorenwerkstatt. Zubehör beim Yachtmakler am Hafen. Eine Tankstelle gibt es am Hafen nicht mehr.

Man kann aber einen Tankwagen von Texaco herbeitelefonieren (T. 08/463252). Lebensmittel usw. in der Stadt. Gegenüber der Werft ein Kro.
Nördlich der Flußmündung ein langer, schöner Badestrand.

Adressen: Information: Krystaltorvet 1, T. 461519 (hier auch Fahrrad-Verleih); Post: Jernbaneallé 2 A; Wäscherei: Ålborgvej 12; Museum: Konsul Ørums Gård, Hj. Ålgade/Søndergade (heimatkundliche Sammlungen).

Wasserstand: Tidenhub 0,4 m. Stürme zwischen N und W können den Wasserstand um 1 m heben, solche zwischen E und SE ihn um ebenfalls 1 m senken (man beachte die Wassertiefe an den Yachtstegen!).

Ansteuerung: Ein schwacher Strom von 0,5 bis 1 kn läuft zumeist nordwärts, also quer zur Hafeneinfahrt. Starkwind kann diesen Strom beträchtlich beschleunigen. Bei auflandigem Starkwind wird das Anlaufen des Hafens schwer, ist aber bis zu einem Tiefgang von 3 m immer möglich. Man achte auf die Fischernetze, die beiderseits der Einfahrt bis zu 3 sm (!) weit seewärts ausliegen können. Nachts orientiert man sich an den Molenfeuern, die auf den Köpfen der äußeren Molen brennen: Blz.gn.-3s und Blz.r.-3s. Bei dem roten Feuer befindet sich auch ein Nebelschallsender: (1)-1 min, eine Sirene, die aber nur dann in Betrieb ist, wenn Fischerboote aus Sæby auf See sind. Am Kopf der inneren Mole ein F.gn.

Wer statt sofort nach Frederikshavn erst nach Læsø will, der lese weiter auf Seite 324.
Von Sæby nach Frederikshavn sind es nur 6 sm. Bricht man in Sæby frühmorgens auf, so kann man bald in Frederikshavn sein und nach ein paar Stunden Aufenthalt noch am gleichen Tag weiterfahren, was normalerweise auch das Beste sein wird.
Wenn der Höhenzug Bangsbo Bakker, auf dem ein dunkler Wald steht, abflacht, fangen schon die südlichen Stadtrandgebiete von

Frederikshavn

an, einer großen Stadt von 30000 Einwohnern, der man wenig abgewinnen kann. Sie ist in ihrer heutigen Form im wesentlichen im vorigen und zu Anfang dieses Jahrhunderts gebaut worden.
Beeindruckend ist nur der Hafen. Die Stadt selbst liegt zu beiden Seiten einer endlos langen Geschäftsstraße, durch die ein starker Verkehr flutet. Der Hafen ist der zweitgrößte an der Ostküste Jütlands, nur der von Århus ist größer. Hier laufen ständig die Fähren nach Schweden und Norwegen ein und aus. Außerdem hat die Stadt eine bedeutende Fischerflotte.
Die Stadt geht zurück auf das Fischerdorf Fladstrand, das nördlich des heutigen Zentrums lag. Frederik III. (1648–1670) ließ es zu einer kleinen Festung ausbauen, und seine Nachfolger erweiterten es immer mehr, so daß es am Ende von einer beträchtlichen Bedeutung im nördlichen Kattegat war. Hier, vor Fladstrand, machte der junge Seeoffizier Peter Wessel im Jahre 1712 in einer Schlacht mit den Schweden erstmals auf sich aufmerksam. Er operierte so geschickt mit seinem kleinen Schiff, der ORMEN, daß die schwächeren Dänen die Schlacht gewinnen konnten. Später kam Peter Wessel, der inzwischen unter dem Namen Tordenskjøld geadelt und

zum Admiral der dänisch-norwegischen Marine avanciert war, immer wieder nach Fladstrand, wo er seine Schiffe ausrüstete. Seine Basis aber hatte er am anderen Ufer des Skagerraks, im norwegischen Stavern.
Aus jener Zeit ist nicht mehr viel im heutigen Frederikshavn zu finden. Die Festung Fladstrand ist schon zu Beginn des vorigen Jahrhunderts geschleift worden. Den alten Pulverturm der Festung hat man neu aufgebaut; jetzt enthält er ein kleines Museum, und wenn man vom Hafen zur Stadt geht, kommt man daran vorbei. Einen Hauch aus der alten Zeit bekommt man nur noch nördlich des Hafens zu spüren, wo der Ortsteil Fiskerklyngen liegt. Dort steht auch ein Haus, das man „Tordenskjølds Hus" nennt, aber nach allem, was man weiß, hat der dänische Seeheld da nie gewohnt. Vor Fiskerklyngen liegt auch die älteste militärische Anlage von Fladstrand/Frederikshavn, die Nordre Skanse, erbaut in den Jahren 1627–1629, und zwar von deutschen Truppen, die im Dreißigjährigen Krieg mit Wallenstein durch ganz Jütland gezogen waren.
Frederikshavn ist eigentlich nicht viel mehr als eine lange Geschäftsstraße, die sich parallel zum Kattegat-Ufer hinzieht und von der wieder Seitenstraßen abzweigen. Durch diese Straße flutet der Autoverkehr, knattern Mopeds und Motorräder. Kommt man aus der Idylle von Sæby oder aus der Einsamkeit von Hirsholm, so wird einem das bald ziemlich auf die Nerven gehen.
An Regen- und Windtagen eine interessante Abwechslung ist ein Besuch des Bangsbo-Museums, eines früheren Ritterguts, in dem man nicht nur heimatkundliche Sammlungen betrachten, sondern sich auch an einer kleinen Abteilung über die Seefahrt erfreuen kann.

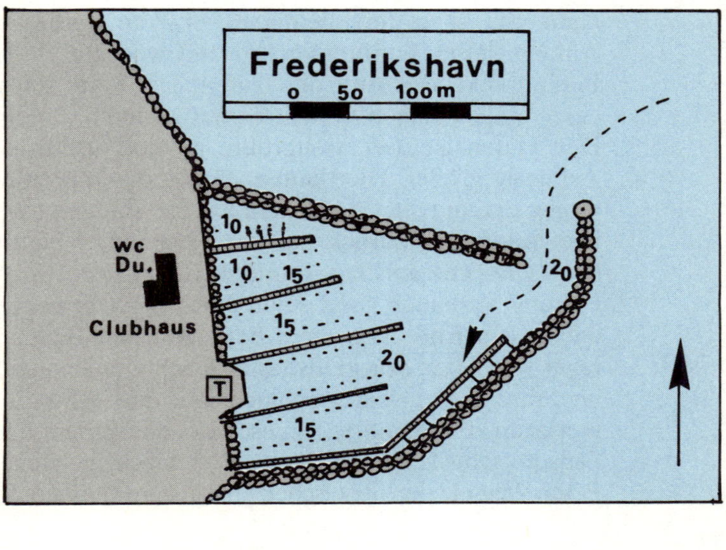

Der Marinehafen (den man keinesfalls befahren darf) wurde erst nach dem 2. Weltkrieg angelegt, als Dänemark der NATO beitrat.

Liegeplatz und Versorgung: Yachten sollten nach Möglichkeit in den Yachthafen gehen, der, leicht zu finden, eben südlich vom großen Hafen liegt. Die Dänen haben es offensichtlich geschafft, ihre Werften und auch die Schiffahrt wieder in Schwung zu bringen: In dem großen Hafen herrscht allerorten ein geschäftiges Treiben. Yachten würden da nur stören. Dennoch kann man es versuchen, zumal der Yachthafen für große Boote wenig Platz hat, der Handels- und Fährhafen des Nachts natürlich auch leichter anzulaufen wäre. Das Hafenkontor ist über VHF-Kanal 16 (oder über T. 08/421740) zu erreichen. Vielleicht läßt der Hafenmeister mit sich reden. Andernfalls eben in den Yachthafen, wo Gastboote am Steg an der Südmole (s. Pfeil) festmachen sollen. Lange wird man es hier nicht aushalten: ein langweiliger Hafen in wenig ansprechender Umgebung. Zur Stadt 1,5 km. Versorgung im Yachthafen siehe Plan. Einen sehr guten Schiffszubehörhandel findet man in der Tordenskjøldsgade (Querstraße von der großen Geschäftsstraße); hier gibt es auch Seekarten. In der gleichen Straße das sehr gemütliche Restaurant „Det gule Pakhus", das, wie der Name schon sagt, ehemals ein Packhaus war. Fischgeschäft und Fischrestaurant in der Nähe der Pier 5 im Handelshafen. Bei Reparaturen sollte man sich im Hafenamt beraten lassen.

Adressen: Zoll: Trafikhavnen, T. 08/420933; Information: Brotorved 1, T. 423266; Fahrräder: Vandrerhjemmet, Buhlsvej, T. 421475; Post: Skippergade 27/29; Wäscherei: Kallsvej 8.

Wasserstand: Tidenhub 0,3 m. Sturm aus N bis W kann den Wasserstand um 1,3 m heben, Sturm aus E bis S ihn um 0,8 m senken.

Ansteuerung (des Handels- und Fährhafens) nachts: Man kann sich zu allererst an dem weittragenden Leuchtfeuer Hirsholm orientieren, das 4 sm nordöstlich von Frederikshavn liegt: ein 27 m hoher Granitturm (Blz.(3)-30s). Außerdem stehen auf Hirsholm das gleichnamige Funkfeuer: 301,1 kHz, HO (· · · · / — — —), 30 sm, und der Nebelschallsender: (3)-1 min. Ziemlich genau südlich von Hirsholm liegt in einer Distanz von 4 sm vor Frederikshavn die rot-weiße Ansteuerungstonne (Glt.-4s), die man zu fassen kriegen sollte, weil man von ihr aus in Linie 303° des Richtfeuers Frederikshavn (U-F.: Glt.r.-2s, O-F.: Glt.r.-4s) in den Hafen hineinkommt. Das O-F. steht vor dem Fährhafen, das U-F. dient gleichzeitig als Molenfeuer und steht auf dem Kopf der südlichen Außenmole. Auf dem Kopf der Nordmole ein Sektorenfeuer, das ebenfalls gleichzeitig Molenfeuer ist: Glt.w/gn.-2s. Am Kopf der nördlichen Außenmole der Nebelschallsender: (2)-30s und das nicht sehr weittragende Funkfeuer Frederikshavn, auf das man allerdings gut eine Zielfahrt zumachen könnte: 414 kHz, FK (· · — · / — · —), 10 sm.

Ansteuerung Yachthafen: Man läuft von der Einfahrt Frederikshavn parallel zur Südostmole des Marinehafens genau auf den Yachthafen zu, der mit seinem Mastenwald nicht zu übersehen ist. Die Hafeneinfahrt öffnet sich nach Norden, die Molen sind etwas gegeneinander versetzt. Der Yachthafen ist befeuert: auf den Molen Blz.r.-3s und Blz.gn.-3s.

Kommt man über das Kattegat von Schweden herüber, so ist das erste, was hier im Westen in Sicht kommt, der Leuchtturm von

Hirsholm

lange noch, ehe die Kräne, Türme und Silos von Frederikshavn aus dem Dunst auftauchen. Man sieht eine Insel, die ziemlich verlockend scheint, aber dann läuft man doch daran vorbei, weil man müde ist von der langen

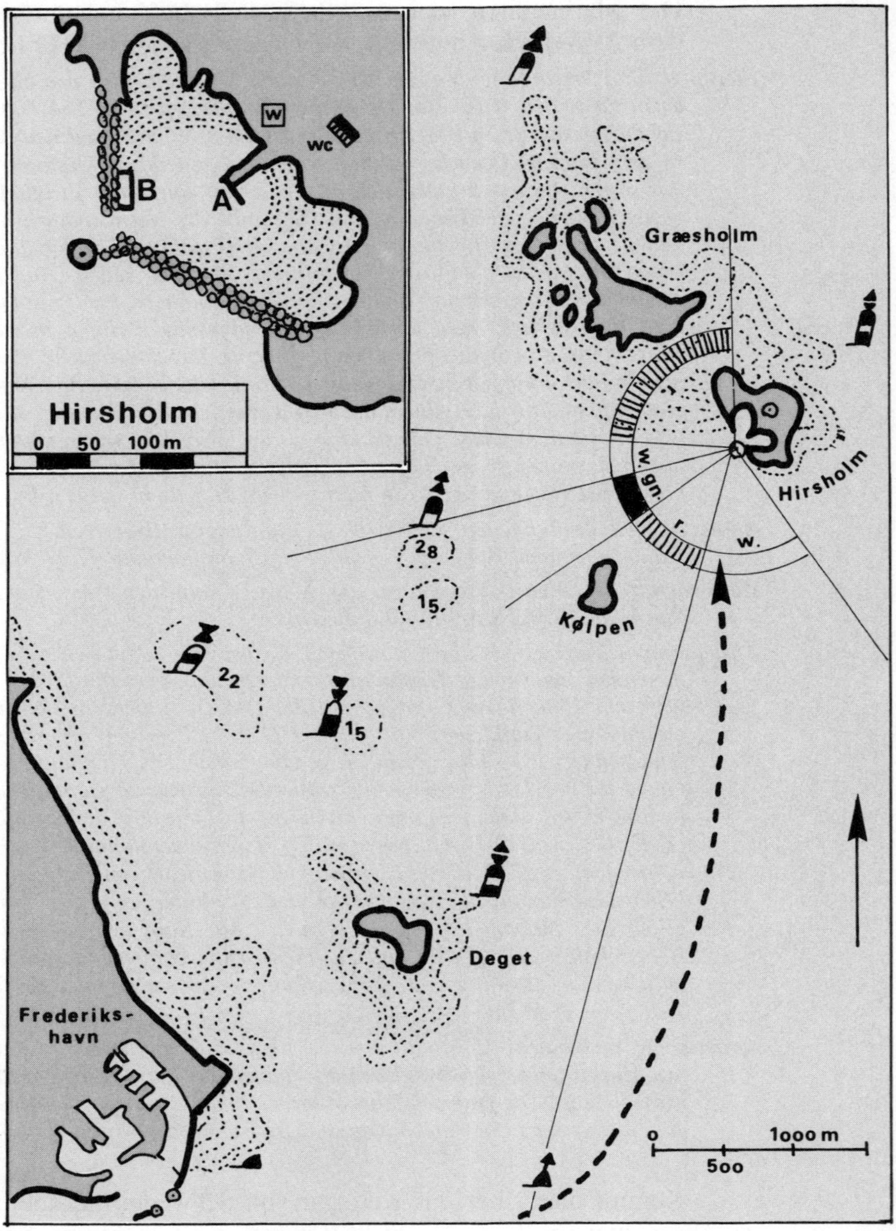
W
wc
B
A
Hirsholm
0 50 100 m
Græsholm
Hirsholm
w.
gn.
r.
w.
28
15
Kølpen
22
15
Deget
Frederiks-
havn
0 1000 m
500

Überfahrt und endlich in einen großen, unproblematischen Hafen will. Denn das ist Hirsholm nicht. Nach allem, was man in Seglerkreisen hört, soll er winzig sein, zumeist noch überfüllt, keine Versorgungsmöglichkeiten bieten, und außerdem soll er nur über einen komplizierten Kurs zwischen Untiefen und Unterwasserriffen zu erreichen sein. Das alles ist – bedingt – richtig, und trotzdem – oder gerade deshalb – ist Hirsholm einer der schönsten Plätze Dänemarks.
Der Hafen ist wirklich winzig; am Wochenende wird man ihn besser nicht ansteuern, weil dann viele Segler aus Frederikshavn zu einem Wochenendtörn herüberkommen.
Die Ansteuerung ist im Grunde nicht schwer: Das große, sich nach Nordosten erstreckende Flach mag für große Schiffe nicht passierbar sein, es hat aber doch relativ wenige Stellen, die eine geringere Wassertiefe als 3 m aufweisen – für eine Yacht mit normalem Tiefgang also kein Problem, jedenfalls nicht bei ruhigem Wasser. Die Skizze der Ansteuerung zeigt, daß das Ganze doch viel weniger dramatisch ist, als es auf der Seekarte aussieht, wenn man sein Augenmerk nur auf die für eine Yacht wirklich relevanten Flachs konzentriert. Man steuert von den Außenmolen von Frederikshavn aus zunächst Kurs E, bis man nach 1,5 sm die grüne Tonne (Toppzeichen Kegel, Spitze oben) erreicht. Nun läuft man einfach auf den

Die Bootsbrücke von Hirsholm. Links befindet sich der Anlegeplatz des Postbootes, das hier auch seinen Tampen liegen hat. Das Haus links unten vom Leuchtturm ist das gelbe Pfarrhaus: Man sollte es beim Einlaufen in der Mitte zwischen den Molenköpfen peilen

Leuchtturm *Hirsholm* zu – Kurs etwa 16°. Damit bleibt man frei von den Untiefen. Man passiert die Steininsel Deget, wo man mit viel Phantasie die Reste einer Schanze erkennen kann, die einstmals Teil der Seefestung Fladstrand war. Kølpen, die nächste Steininsel, läßt man ebenfalls an Bb. und geht danach etwas mehr auf Kurs N. Nun steht man schon ziemlich dicht vor Hirsholm, von dessen Hafen man deutlich die gelbbraune Steinmole ausmachen kann. Jetzt hält man auf die kleine runde Holzhütte mit dem roten Band zu, die am Kopf der Südmole steht. Sobald man die schmale Einfahrt querab hat, geht es ohne Zögern hinein in den Hafen. Vor dem Kopf der Südmole treten häufig Versandungen auf, so daß man trotz des üblichen Nordstroms sich mehr an die Nordmole halten soll. Ein guter Anhaltspunkt ist das gelbe Pfarrhaus mit seinen zwei weißen Schornsteinen, das links unterhalb des Leuchtturms steht. Wenn man es genau in der Mitte zwischen den Molenköpfen hat, stimmt der Kurs.
Von einer Ansteuerung nachts ist dringend abzuraten, trotz des Sektorenfeuers!

Liegeplatz: Hat man Glück und ist der Kopf der Mole frei, so legt man sich dort längsseits. Da hat man den besten Platz für sich (A). Eventuell kann man auch an die Südseite der Mole gehen, und zwar in die ersten beiden Boxen hinter dem Kopf. Auch gut. An der Nordseite der Mole legt außen das Postboot an; dieser Platz ist für Yachten gesperrt: Man erkennt ihn an den gelben Zebrastreifen. Dahinter jedoch kommt eine Yacht von etwa 10 m Länge noch gut unter, Wassertiefe 2 bis 1,5 m, rasch abnehmend; das muß man ausloten. Den Platz B in der Skizze, also an der Nordmole, dicht hinter der Einfahrt, halte ich für eine Notlösung. Man muß mit dem Bug an einem sehr wakkeligen Holzsteg festmachen und den Heckanker ausbringen. Bei steifem West allerdings würde ich trotzdem da hingehen, weil es dann der einzige ruhige Platz im Hafen ist; sonst aber ist es ziemlich mühselig, über diese wackeligen Balken an Land zu turnen. Hier kommen vielleicht fünf oder sechs Yachten unter.
Von der weiten Wasserfläche des Hafens darf man sich nicht täuschen lassen – sein größter Teil ist nicht einmal knöcheltief. Manövrieren kann man nur in einer kreis-

Blick von Hirsholm auf Græsholm

runden Fläche zwischen Einfahrt und Brücke (s. Plan). Hafengebühr, die der Hilfsleuchtturmwärter kassiert. Man kann auch – soweit die Wassertiefe es zuläßt – im Hafen ankern, muß dann aber eine Passage für das Postboot freilassen.

Versorgung: Außer Toiletten, Wasser und Telefon gleich Null. Wasser bekommt man nur 5 l pro Tag. Übrigens: Hirsholm ist Zollstation.

Wasserstand: Tidenhub 0,3 m. Winde aus NW bis N können den Wasserstand um 0,8 m heben, solche aus SE bis S ihn um ebenfalls 0,8 m senken.

Hirsholm ist ein kleines Paradies, das von dem lauten Frederikshavn Welten entfernt ist, obwohl es bis dahin doch nur ein paar Meilen sind. Die Inselgruppe, die Hirsholmene heißt, besteht aus acht Inseln. Man nennt sie „Grasinseln", obwohl nur Græsholm, die größte von ihnen, eine richtige Grasinsel ist; die kleineren sind Steinhaufen, die kaum aus dem Wasser gucken. Nur Hirsholm, die einzige, die bewohnt ist und auch einen Hafen hat, ist höher und hebt sich schon deshalb von den anderen ab. Vor allem aber ist sie mit Bäumen und großen Büschen bewachsen, so daß man sie wirklich nicht als Grasinsel bezeichnen kann.

Die Inseln von Hirsholmene sind jene Teile einer großen Eiszeitmoräne, die aus dem Wasser ragen; die übrige Moräne bildet das Flach, das sich von Frederikshavn aus ins Kattegat erstreckt. Daß es sich um eine Schöpfung der Eiszeit handelt, erkennt man schon an den Granitfindlingen, die rings um die Inseln liegen.

Man kann Hirsholm, die Hauptinsel, in einer Viertelstunde umwandern, entlang an feinen weißen Sandstränden und vorbei an großen Kolonien von Möven, die sich als aufgeregt kreischende, weiße Wolken in die Luft erheben, wenn man ihren Brutplätzen zu nahe kommt. Die wenigen, gelb gestrichenen Häuser liegen geduckt zwischen Baum und Busch. Unten am Ufer wachsen zwischen den Granitfindlingen Strandhafer, Meerbinsen und Schilf.

Hirsholm ist Naturschutzgebiet. Unten am Hafen steht ein Schild, auf dem geschrieben steht, wie man sich verhalten sollte:

- Der Zugang zu den anderen Inseln ist verboten.
- Blumenpflücken und das Sammeln von Pflanzen ist ebenfalls verboten.
- Die Vögel soll man nicht stören, und schon gar nicht darf man Eier sammeln.
- Papier und anderen Abfall soll man nicht wegwerfen.

Elf Menschen wohnen heute noch auf Hirsholm. Vor 100 Jahren waren es zehnmal so viel. Die Insel hat eine eigene Kirche, eine eigene Schule mit einem Lehrer für nur ein Kind und eine eigene Stromversorgung. Der Leuchtturmwärter amtiert gleichzeitig als Inselvogt, hat die polizeiliche Gewalt auf der Insel inne und auch sonst noch eine Menge Funktionen. Das ist hier wie ein kleiner Staat im Staate, vom großen fast vergessen. Nur wenn in Dänemark gewählt wird, rückt die Insel für einen Augenblick in den Mittelpunkt des Interesses, weil von hier immer die ersten Wahlergebnisse kommen.

Die Insel, wie das ganze Flach auch, ist militärisches Gebiet, wovon man jedoch nichts merkt, außer daß Ankern verboten ist.
Nach Græsholm, wohin man waten könnte, darf man nicht, weil es unter noch strengerem Naturschutz steht als schon Hirsholm.
Die Inselgruppe war schon in der Steinzeit von Menschen bewohnt, wie Funde beweisen, die man hier gemacht hat. Münzfunde aus dem frühen Mittelalter lassen darauf schließen, daß auch englische und holländische Schiffe hierhergekommen sind, und zwar, wie man annimmt, auf ihrem Weg zu den Fischgründen von Skanør (Schonen). Aber man hat nie ein Logbuch gefunden, das diese Vermutung bestätigt hätte. Neben Fischfang und etwas Gemüseanbau waren Strandungen eine wichtige Erwerbsquelle auf Hirsholm. Das Strandgut wurde kameradschaftlich geteilt, und auch der Herr Pfarrer bekam seinen Teil ab. Später fanden die Männer hier ein gutes Auskommen als Lotsen; zeitweise waren 56 Mann aus Hirsholm als Lotsen in Fladstrand registriert. Noch später wurde Hirsholm sogar eine selbständige Lotsenstation. Das schöne alte Haus aus Granitsteinen unten am Hafen war bis 1916 ihr Quartier.
Im Großen Nordischen Krieg hatte Hirsholm als Vor- und Beobachtungsposten eine gewisse Bedeutung für die Festung Fladstrand. In der kleinen Inselkirche findet man in den Bänken die Namen von Matrosen eingeschnitzt, die hier auf Hirsholm Dienst taten, darunter viele Namen von Norwegern von den Schiffen Tordenskjølds. Wenn man nach einem Turm Ausschau hält, um die Kirche zu finden, so wird man vergebens suchen. Der Turm ist nur ein Holzgerüst, das vor der Kirche steht. Daran hängt die Glocke, die der Inselvogt jeden Abend vor Sonnenuntergang läutet.
Das erste Leuchtfeuer von Hirsholm wurde 1838 eingerichtet, mit rotierenden Spiegelapparaten und Öllampen. Es brannte auf einem 9 m hohen Turm; seine Sichtweite war jedoch so unzulänglich, daß man in den Jahren 1886/87 den heute noch bestehenden, 27 m hohen Granitturm baute.

Kommt man in Hirsholm nicht unter, was eher zu befürchten ist, muß man nicht umständlich wieder zurück nach Frederikshavn, sondern kann einen brandneuen Yachthafen anlaufen, der ziemlich genau gegenüber am Festland liegt, den

Rønnerhavn

Von Hirsholm aus sollte man zuerst die schwarz-gelbe Tonne *Møllerev* ansteuern und danach die gelb-schwarz-gelbe Tonne *Syvstenen* anliegen, aber respektvoll nördlich daran vorbeifahren, um einem 2,2-m-Stein aus dem Wege zu gehen. Dann sieht man schon die Molen des Hafens vor sich, der sich allerdings hinter ziemlich hohen Sanddünen versteckt. Auffallend auch der hohe Pappelwald hinter dem Hafen, hinter dem wiederum ein großer Campingplatz liegt. Die 200 m langen Molen sollen die schmale Zufahrt vor Versandung schützen. In der Passage selbst muß man sich gut mittig halten: Die Wassertiefe in der Rinne soll 2 m betragen; ich

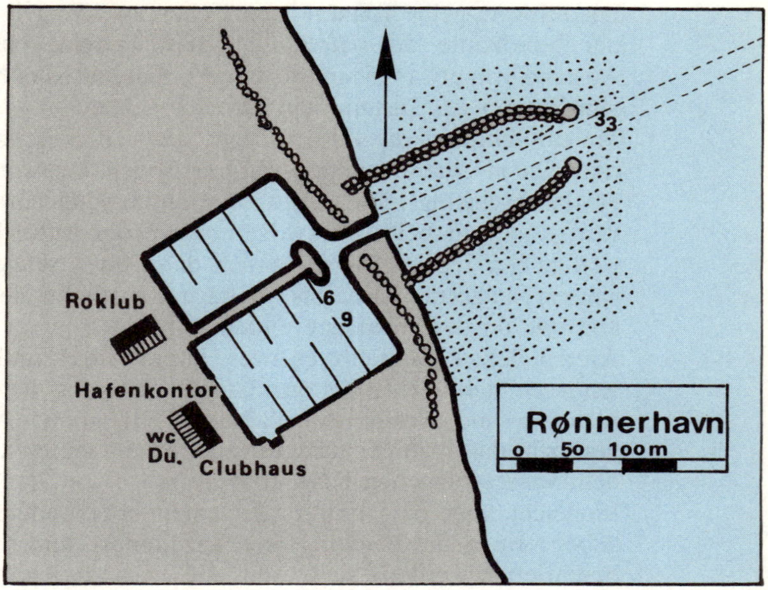

habe aber gehört, daß es auch nur 1,5 m sein können. Das große Hafenbecken wird durch eine Halbinsel in zwei Teile geteilt. Im Nordteil liegen nur kleine Boote. Wir halten uns nach der Einfahrt gleich nach links, wo man an den beiden ersten Brücken (Bro 6 und Bro 9) festmachen soll. Die Wassertiefe beträgt vorne 3 m, hinten 2,5 m. Die Versorgung ist mittelprächtig; das kann sich aber ändern, denn am Hafen wird noch gebaut. Wasser an den Stegen, Clubhaus mit Cafeteria, WC und Duschen. 3,5-t-Kran, Supermarkt beim Campingplatz. Zur Stadt etwa 3 km.
Ein Unikum, ein merkwürdiger Sandhafen. Vielleicht wird noch etwas daraus.

Wasserstand: Mittlerer Tidenhub 0,4 m. Winde aus SW über W bis N erhöhen den Wasserstand um 1,5 m, Winde aus SE über E bis NE senken ihn um 1,0 m.

Vermutlich aber wird man Rønnerhavn auslassen und direkt nach Skagen schippern. Von Hirsholm aus sind es knapp 15 sm, ein kleiner Vormittagstörn also. Der übliche Nordstrom wird ein bißchen mitschieben, und wahrscheinlich wird man einen schönen Westwind haben und mit halbem Wind flott vorankommen.
Um ohne Probleme über das Rev zu gelangen, sollte man vom Hafen Hirsholm aus zunächst gut 1 sm Kurs W laufen und dann auf Kurs N gehen. Normalerweise kommt man so sicher an der 1,8-m-Stelle vorbei, die weit westlich von Græsholm liegt.

Die schwarz-gelbe Tonne (Toppzeichen zwei Kegel, Spitzen oben), die an der Nordkante des *Hirsholm NW-Rev* steht, passiert man in einem Abstand von etwa 0,5 sm. So steuert man mit Kurs N exakt auf den Hafen von Skagen zu. Distanz von hier aus: 13 sm.
Man durchquert die Ålbæk Bugt, die sich zwischen Skagen und Frederikshavn in einem schönen sanften Bogen westwärts in das jütländische Festland schwingt. Die Küste ist in ihrem südlicheren Teil grün und kultiviert und geht bei Ålbæk, das etwa in der Mitte liegt, in die typischen weißgelben Dünen über, die sich dann über Skagen hinaus entlang der ganzen Skagerrak-Küste bis hin nach Hanstholm ziehen und erst bei Blåvandshuk an der Westküste enden.
An der Ålbæk Bugt gibt es zwei Häfen: Ålbæk und Strandby. Bei beiden lohnt es sich nicht, sie anzulaufen. Strandby liegt dicht hinter Frederikshavn und westnordwestlich von Hirsholm, Ålbæk schon so weit nördlich, daß man genausogut nach Skagen laufen kann, wenn man es bei dem vorgeschlagenen Kurs in West hat.
Vielleicht aber mag es für den einen oder anderen doch einen Grund geben, einen der beiden Häfen anzulaufen, und so sollen sie ganz kurz beschrieben werden.

Strandby dicht nördlich von Frederikshavn gelegen, könnte man wohl als Vorort dieser wichtigen Hafenstadt bezeichnen. Es hat 3000 Einwohner. Es gibt hier eine bedeutende Fischerflotte mit großen Trawlern. Nördlich vom Hafen befindet sich ein guter Badestrand.
Der Hafen, mit Wassertiefen zwischen 3,5 und 4 m, bietet bei allen Winden guten Schutz. Das Einlaufen ist unter normalen Umständen kein Problem. Bei länger anhaltendem Oststurm kann sich vor der Hafeneinfahrt ein Sandriff mit nur 2 m Wassertiefe aufbauen. Die östlich vom Hafen gelegene 2,5-m-Stelle meidet man, wenn man von NE aus auf die Hafeneinfahrt zuläuft.

Dieser Hafen ist auch nachts anzulaufen. Auf dem Kopf der äußeren Nordmole brennt ein Feuer (Blz.gn.). Hier befindet sich auch der Nebelschallsender [(1)-1 min], der aber nur in Betrieb ist, wenn Schiffe aus Strandby auf See sind. Das Feuer auf dem Kopf der äußeren Südmole (Blz.r.) wird ebenfalls nur dann eingeschaltet, wenn einheimische Boote draußen sind. Auch die Köpfe der inneren Molen sind befeuert (F.r. und F.gn.). Zum Hafen führt ein Richtfeuer in Linie 252° (U-F.: Glt.-2s, O-F.: Glt.-4s). Strandby ist, besonders nachts, ein gutes Ziel, wenn man von Norden kommt und nicht mehr an Hirsholm vorbei will.

Liegeplatz und Versorgung: Der Hafen, wo Yachten früher eher geduldet denn willkommen waren, hat sich nun auf Bootssportler besser eingestellt. Die Bootssymbole im Plan zeigen, wo Gastyachten liegen können. Die Versorgungsmöglichkeiten sind recht gut. Einzelheiten siehe Plan.

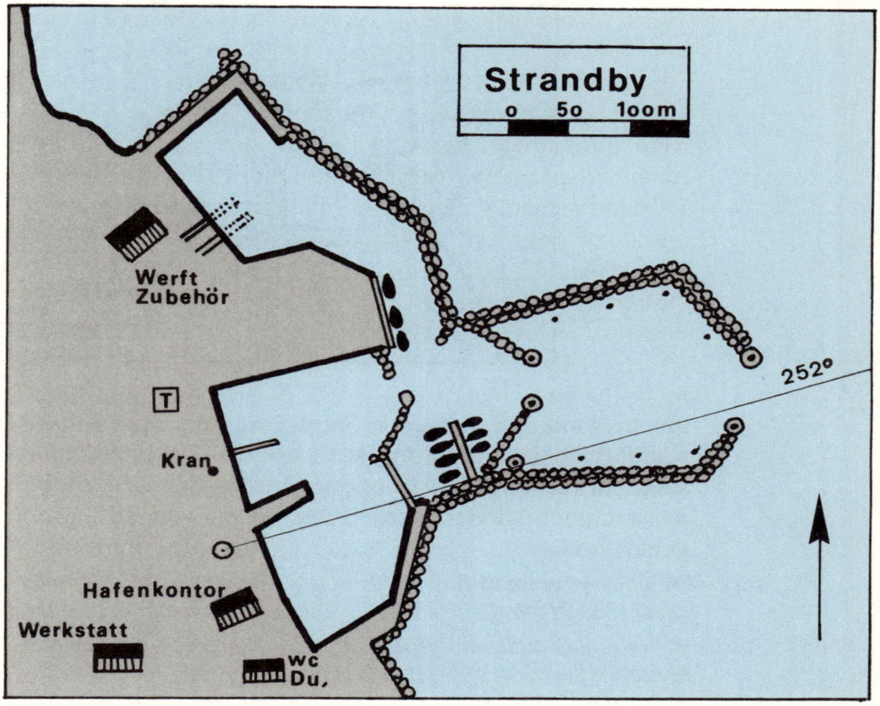

Wasserstand: Tidenhub 0,5 m. Winde aus W bis N können den Wasserstand um 1 m heben, Winde aus E bis S ihn um ebenfalls 1 m senken.

Beim Auslaufen achte man auf Grundnetze, die sich nördlich und südlich vom Hafen bis zu 3 sm seewärts erstrecken.

Ålbæk ist wegen der geringen Wassertiefe im Hafen problematischer als Strandby, zudem auch noch sehr klein. Gut auszumachen an dem hohen, spitzen, roten Kirchturm. Insgesamt ein ziemlich ruhiges Liegen, aber dies nur bedingt bei Ostwind.

Ein Ort von etwa 1200 Einwohnern, von alters her ein Fischerdorf. Der Hafen in seiner jetzigen Form wurde 1931 angelegt. An den schönen Sandstränden gibt es viele Campingplätze mit unzähligen Touristen während der Sommerzeit.

In der Nähe liegt die Wanderdüne Råbjerg Mile, eine richtige Sandwüste und eine der eigenartigsten Landschaften Dänemarks, eine Landschaft, wie man sie vielleicht in Nordafrika, nicht aber hier oben im skandinavischen Norden erwarten würde. Durch die „Klitplantagen“ kann man schöne Radtouren unternehmen. Bevor man vor 200 Jahren damit begann, diese Wälder mit viel Mühe in den Dünen anzupflanzen, fegten

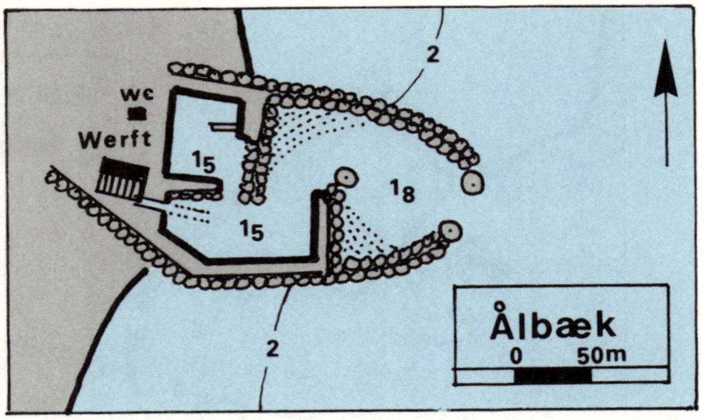

immer wieder verheerende Sandstürme über die Küste. Die Råbjerg Mile wandert im Jahr um 8 m nach Osten; sie ist jetzt Naturschutzgebiet. Man sollte an diesen hohen Sanddünen etwas vorsichtig sein, vor allem Kinder, denn immer wieder werden Menschen von abrutschenden Sandmassen verschüttet.

Liegeplatz und Versorgung: Der Hafen ist meist ziemlich voll. Man macht dort fest, wo man einen freien Platz findet. Wasser, Toiletten, Werkstatt, Slip; alles direkt am Hafen.

Adressen: Information: Stationsvej 1, T. 488150; Fahrräder: Centralvej 2, T. 488371; Post: Stationsvej.

Wasserstand: Tidenhub 0,4 m. Wind aus W bis NW kann den Wasserstand um 1,0 bis 1,5 m erhöhen, Wind aus E bis SE ihn um 0,5 m senken.

Ansteuerung bei Nacht: Bedenklich. Die Molenfeuer (F.r. und F.gn.) tragen nicht weit. Am Kopf der Quermole ein weißes Festfeuer (F.), das genau in Peilung zwischen den Köpfen der befeuerten Außenmolen steht.

Nähert man sich Skagen von Süden, so sieht man ziemlich dicht am Ufer einen nur noch halb aus dem Sand ragenden Kirchturm: die „Lange Maren“, den Turm der spätmittelalterlichen St. Laurentiuskirche, die einmal die Kirche von Skagen war, bis sie ein Sandsturm im Jahre 1775 fast zugedeckt hat. Solche Sandstürme kamen früher ziemlich regelmäßig an dieser Küste vor – eine rechte Plage, der man hilflos ausgeliefert war. Um Skagen, das heute kaum mehr etwas mit der Landwirtschaft zu tun hat, wurde früher lohnend Ackerbau betrieben, bis dann um 1500 ein verheerender Sandflug einsetzte und 14 Bauernhöfe unter sich begrub. Seit 100 Jahren etwa pflanzt man auch in Skagen Wälder an, die Klitplantagen, und stabilisiert so etwas das sandige Land.

Skagen

das ist ein Dreiklang aus Meer, Sand und Licht. Vom Meer leben die Fischer, zum Sand und in die endlos langen Dünen zieht es sommers die Touristen. Das helle, die Augen fast schmerzende Licht hat früher – und auch heute noch – Maler nach Skagen gelockt.

Meer, Sand und Licht – alles ist noch genauso da wie vor 100 Jahren. In dem rauhen und schönen Skagen, das sich ganz schön clever vermarktet, herrscht jedoch in den Sommermonaten ein beträchtlicher Rummel. Und dennoch: Als Segler sollte man schon einmal hier gewesen sein.
Skagen ist mit seinen 13000 Einwohnern die nördlichste Stadt des Landes, aber nicht der nördlichste Punkt; der liegt noch 2 sm weiter nördlich, und dort steht der Leuchtturm *Skagen W.* Indes: Wenn es auch geographisch nicht ganz stimmt, als nördlichsten Punkt empfindet man die Stelle, wo die Landspitze Grenen flach ins Wasser übergeht und wo die Wellen von Kattegat und Skagerrak zusammenschlagen.
Ursprünglich war Skagen nur ein Fischerdorf, das um 1300 erstmals erwähnt wurde. Der Name geht zurück auf das altdänische „Skage", was nichts anderes als Landspitze heißt und womit wahrscheinlich Grenen gemeint war. Fischerei war der Haupterwerb, aber Strandungen und Rettungswesen waren die dramatischsten Kapitel in der Geschichte Skagens. In jenen Zeiten, da einen in Krisenfällen noch nicht ein „soziales Netz" auffing, fuhren die Fischer selbst bei den schlimmsten Stürmen hinaus, um das Leben anderer zu retten. Wenn sie dabei ihr eigenes verloren, so gab es keine „Hinterbliebenen-Versorgung" für die Familie. Diese alten Fischer waren ganz großartige Männer!

Die roten Holzhäuser am Fiskhuskajen

Weil diese Ecke so gefährlich war und mit grauenhafter Regelmäßigkeit hier Schiffe strandeten, entstand in Skagen schon sehr früh ein organisiertes Rettungswesen. Die meisten Strandungen hatten ihre Ursache in der irrigen Annahme der Schiffsbesatzungen, man stehe sicher im Norden vom *Skagens Rev,* während man es in Wahrheit noch voraus hatte. Da war es gleich, ob man aus dem Skagerrak kam und in die Ostsee wollte oder umgekehrt aus dem Kattegat kam und zur Nordsee wollte. Machten die Schiffe dann die mächtige Brandung über Skagens Rev aus, dann war es fast immer zu spät, um sich noch von der Küste freizusegeln. Hinzu kam der Strom, der bei Sturm 4 kn und mehr erreichte.

Die Fischer von Skagen haben schon früher mehr als andere getan, um den Schiffen draußen den Weg zu weisen. 1561 wurde das erste Leuchtfeuer eingerichtet, das „Papegøfyr" (Papageienfeuer), das aus Tranlampen bestand und arg unzulänglich war. Im Winter 1626/27 brannte dann erstmals das „Vippefyr" (Wippfeuer), ein Kohlenfeuer, das immerhin schon eine Tragweite von 10 sm hatte, aber ausgerechnet in den Richtungen nicht gesehen werden konnte, wo es am wichtigsten war, nämlich aus N, NW und W. Als die See das „Vippefyr" wegzuspülen drohte, baute man 1747 einen festen Turm, der nun schon gut zu sehen war und der von den Seeleuten bald den Namen „der weiße Mann" bekam. 1835 wurde dann ein leistungsfähiges Feuer mit Linsen, Spiegeln und Blinkmechanik installiert. Das jetzige Skagenfeuer stammt von 1858 und wirft seit 1955 alle vier Sekunden seinen weißen Blitz über Skagerrak und Kattegat.

Der Hafen von Skagen wurde in den Jahren 1904 bis 1907 angelegt und gehörte bald zu den größten Fischerhäfen des Landes. Die Stadt zieht sich an einer langen Hauptstraße hin, die parallel zur Küste verläuft. Hier reiht sich Geschäft an Geschäft: die Straße der Touristen. Fast alle Häuser sind immer noch einstöckig und im traditionellen Stil gebaut: gelb gekalkt mit weißgestrichenen Simsen und roten Giebeldächern.

Das besondere, harte Licht zog erstmals zu Ende des vorigen Jahrhunderts Maler nach Skagen, die unter den Fischern lebten und eine wunderbare Art zu malen entwickelten, die „Skagen-Schule", die bei uns kaum bekannt ist, obwohl sie sich in ihren besten Werken nicht hinter den großen Impressionisten zu verstecken braucht. Anna Ancher, die aus Skagen stammte, und ihr Mann Michael, dazu Holger Drachmann, der auch ein Dichter war, sowie Peder Severin Kroyer waren die bekanntesten. Kroyers berühmte Bilder „Sommerabend am Strand" und „Die beiden Frauen am Strand" findet man als Kunstdrucke in jeder dänischen Buchhandlung; sie sind alle in der „blauen Stunde" gemalt, wenn Himmel, Sand und Meer zu einer Einheit verschmelzen.

Die besten Bilder dieser Maler sind im Skagen-Museum ausgestellt, das man unbedingt besuchen sollte, genauso wie „Anna Anchers Hus" und „Drachmanns Hus".

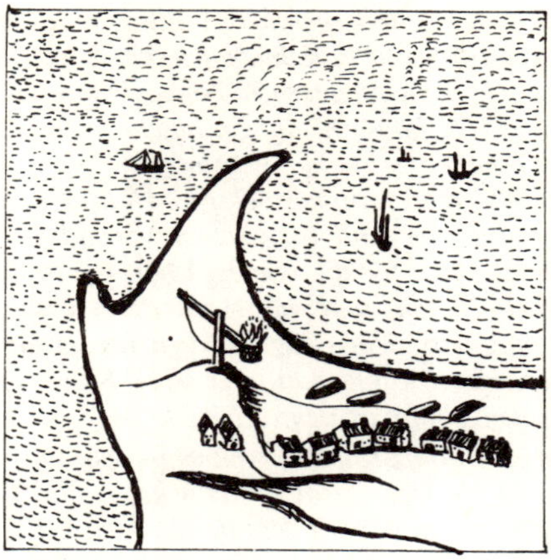

Das „Vippefyr“ von 1662, wie es ein Maler seiner Zeit sah. Man kann erkennen, daß die Fischer ihre Boote auf den Strand ziehen mußten, denn einen Hafen gab es zu der Zeit in Skagen noch nicht (nach einem zeitgenössischen Stich)

Und was man auch machen muß: irgendwie nach Grenen kommen, am besten mit dem Fahrrad, dorthin, wo der flache nasse Strand ins Meer übergeht und Skagerrak und Kattegat sich treffen. Auf diesem Wege kommt man auch am „Vippefyr“ vorbei, das man an der alten Stelle wiederaufgebaut hat, und auch am „weißen Mann“.

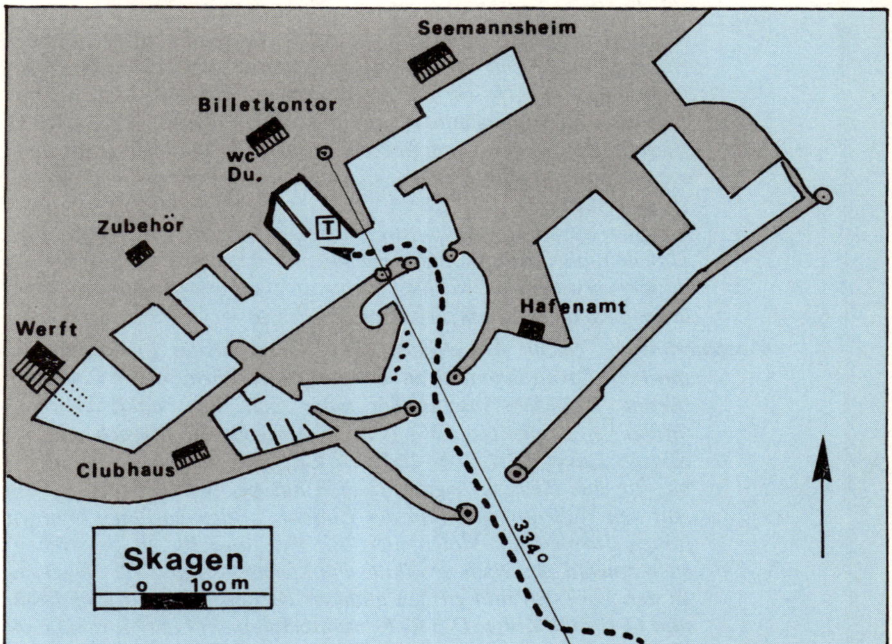

Liegeplatz: Es gibt für Segler nur einen „standesgemäßen" Platz, und das ist im Becken vor der Gamle Pier oder, wie es auch heißt, Fiskehuskajen, ein Name, der besser paßt, weil dieser Teil des ansonsten doch recht nüchternen Hafens charakterisiert wird von den sehr eigenwilligen rot-weißen Holzhäusern, die ein bißchen norwegisch aussehen. Der dänische Architekt und Gestalter – heute würde man wohl sagen: Designer – Thorwald Bindeshøll hat 1907 diese doppelstöckigen Häuser mit den weißen Verzierungen entworfen und gebaut. Sie sind inzwischen Vorbild für einige Marinas in Dänemark geworden, zum Beispiel für die von Egå bei Århus. Es wird zeitweise ein bißchen eng hier am Fiskehuskajen, und man wird dann wohl auch im Päckchen liegen müssen. Man darf längstens sieben Tage bleiben (es sei denn Sturm verhindert ein Auslaufen). Den Hafenmeister kann man über VHF-Kanal 16 erreichen oder per Telefon 08/441346. Die Hafengebühr ist beim „Billetkontor" zu entrichten.

Versorgung: Man braucht das gar nicht aufzuzählen, weil es in dem wichtigen Hafen Skagen natürlich alles gibt. Nur zwei Hinweise: Am Fiskehuskajen findet man zwei ganz hervorragende Fischhandlungen, wo man vor allem den kleinen Ostseehummer einkaufen sollte (bei uns zu Hause gar nicht zu bezahlen, wenn überhaupt zu bekommen), und dann gibt es auf der Pier selbst ein Fischrestaurant, wo man bei gutem Wetter an klobigen Tischen gemütlich im Freien sitzt.

Adressen: Information: Sct. Laurentiivej 18, T. 441377; Fahrräder: Sct. Laurentiivej 15, T. 441214; Post: Sct. Laurentiivej 33; Wäscherei: Sct. Laurentiivej 19.

Sehenswürdigkeiten: Skagen-Museum, „Michael und Anna Anchers Hus", „Drachmanns Hus" (Prospekt mit Stadtplan bei der „Information" besorgen).

Ansteuerung bei Tage: Diesem Törnvorschlag folgend, also von Süden kommend, ist die Ansteuerung bei ruhiger See nicht schwer. Es setzt im allgemeinen der übliche Strom von 0,5 bis 1 kn nordostwärts, also quer zur Hafeneinfahrt. Bei hartem Südost kann die Stromgeschwindigkeit allerdings bis auf 4 kn zunehmen. Man halte sich in einem Abstand von etwa 500 m von der Küste, bis man klar die beiden Türme an der Hafeneinfahrt (beide 7 m hoch) erkennen kann. Man achte auf Grundnetze, die nördlich und südlich des Hafens ausliegen können.

Hat man die Hafeneinfahrt ausgemacht, läuft man mit Kurs 334° in den Hafen ein. Einlaufender Verkehr hat Wegerecht, worauf man aber gegenüber der Berufsschiffahrt nicht bestehen sollte. Wie überhaupt wegen des dichten Verkehrs sehr auf die Schiffahrt zu achten ist.

Wer sich auch am Leuchtturm Skagen orientieren will, der knapp 2 sm nordöstlich der Hafeneinfahrt steht, sollte ihn nicht mit dem alten Leuchtturm etwa 1 sm südöstlich davon verwechseln. Nachts ist eine solche Verwechslung nicht möglich, weil in dem alten Leuchtturm kein Feuer mehr brennt.

Ansteuerung bei Nacht: Am ehesten wird man wohl das Leuchtfeuer Skagen (Blz.-4s) ausmachen, das in einem 46 m hohen, grauen Turm knapp 2 sm nordöstlich des Hafens brennt. Bei der Ansteuerung mag auch das Funkfeuer Skagens Rev (57°47'N, 010°46'E), 305,7 kHz, SV (· · · / · · · —), 50 sm, hilfreich sein, ebenso das Funkfeuer Skagen Havn (57°42,9'N, 010°35,7'E), 314,5 kHz, SH (· · · / · · · ·), 10 sm, das sich gut für eine Zielfahrt eignet, freilich nur bei Nebel sendet.

Auf den Wellenbrechern an der Einfahrt in den Vorhafen brennen in den beiden 7 m hohen Türmen die Molenfeuer: Blz.r.-3s und Blz.gn.-3s. Neben dem grünen Feuer steht sowohl das eben erwähnte Funkfeuer als auch ein Nebelschallsender: (2)-30s.

In den Vorhafen und zu den anderen Becken führt ein Richtfeuer in Linie 334° (U-F. und O-F. : Glt.r.-4s). Das O-F. brennt auf einem Gittermast an der Westseite der Gamle Pier.

Hinweis: Wer nicht auf der in diesem Törnvorschlag beschriebenen Route, also von Süden aus dem Kattegat auf Skagen zuläuft, sollte auf alle Fälle einen weiten Bogen um Skagens Rev machen, auch wenn dort nach der Karte ausreichend Wasser zu stehen scheint. Gleichgültig, ob man von Westen oder Norden aus auf Grenen zuläuft, man sollte nicht näher an Land herangehen als bis zu der schwarz-gelben Leuchttonne Skagens Rev N (Fkl.) mit Toppzeichen zwei Kegel, Spitzen oben. Sie liegt knapp 3 sm nordöstlich von Grenen auf 57°46'N, 010°44'E. Von dort aus darf man noch nicht auf die Küste zuhalten, sondern sollte erst einmal auf die schwarz-gelb-schwarze Leuchttonne Skagens Rev SE (SFkl.(3)-5s) mit Toppzeichen zwei Kegel, Spitzen voneinander, zulaufen. Sie liegt gut 2 sm südsüdwestlich der Tonne Skagens Rev N auf 57° 44'N, 010°42'E. Von hier aus kann man sich nun mit Kurs SW vorsichtig der Küste nähern. Skagens Leuchtturm (Blz.-4s) kann man zu Querpeilungen nutzen. Man wird sich gleichzeitig im roten Sektor des Feuers Skagen W befinden (Blz.(3)w/r.-10s). Erst wenn man diesen roten Sektor verlassen hat, kann man den Hafen von Skagen ansteuern, von dem man zunächst mehr die vielen Lichter an Land als die Molenfeuer ausmachen kann. Darauf zuhalten, loten! Danach weiter wie unter „Ansteuerung bei Tage" beschrieben. Schwer. Verlangt volle Konzentration.

Skagen ist normalerweise entweder der Endpunkt eines Törns durch das nördliche Kattegat oder der Ausgangshafen für die Überfahrt nach Norwegen oder Schweden. Nach Larvik an der südnorwegischen Küste sind es gut 80 sm, nach Marstrand in den westschwedischen Schären etwa 35 sm.
Wovon ich aber mit einiger Dringlichkeit abraten möchte: den Törn entlang der jütländischen Küste fortzusetzen, also durchs Skagerrak nach Südwesten zu laufen. Zum einen, weil das ziemlich langweilig wäre: Man fährt entlang einer wenig abwechslungsreichen, zumeist niedrigen Sandküste. Zum anderen, weil die Küste nur zwei und noch dazu ziemlich weit auseinanderliegende Häfen hat: Hirtshals und Hanstholm. Beide sind künstlich angelegt, wichtig als Fährhäfen, ansonsten aber von großer Langeweile. Am problematischsten aber sind die Entfernungen dazwischen:

- von Skagen nach Hirtshals ca. 30 sm
- von Hirtshals nach Hanstholm ca. 50 sm
- von Hanstholm nach Thyborøn ca. 30 sm

Nehmen wir einmal die längste und deshalb auch kritischste Strecke, also Hirtshals – Hanstholm: auf direktem Wege gut 50 sm. Angenommen, man läuft im Schnitt 4 kn,. was für eine durchschnittliche Fahrtenyacht so übel gar nicht wäre, so müßte man davon noch mindestens 1 kn abziehen für den Skagerrakstrom, der mit 1 bis 1,5 kn entlang der jütländischen Küste nach Nordosten setzt. Somit liefe man über Grund nur noch 3 kn, was bedeuten würde, daß man für die Strecke von Hirtshals nach Hanstholm stramme 17 Stunden brauchte. Daraus könnten natürlich leicht noch mehr werden, wenn man gezwungen wäre zu kreuzen. Wer ein schnelleres Boot sein eigen nennt oder zügig unter Motor fahren kann, für den mag die Rechnung etwas günstiger aussehen.

Ich meine aber: Wenn schon „Skagen rund“, dann ist der logische Weg der von West nach Ost, weil man dann alle unterstützenden Faktoren auf seiner Seite hat, nicht nur den Strom, sondern zumeist auch noch den Wind. Ausgangspunkt wäre dann Thyborøn (s. Seite 68). Ansonsten gibt es nicht mehr zu sagen, als eingangs schon über die jütländische Skagerrak-Küste gesagt wurde. Man benötigt für diesen Törn die D 63 „Skagerrak“; sie enthält auch einen Hafenplan von Hirtshals.
Ich möchte eher vorschlagen, auf dem Weg von Skagen heimwärts einen Abstecher zu der Insel

Læsø

zu machen. Sie liegt nur 10 sm vor der jütländischen Küste und ist gerade für Boote, die aus Norden kommen, sehr einfach anzulaufen.
Die Insel hat zwei Häfen, die an den am besten zugänglichen Stellen an der Nordküste liegen. Vor der Südküste breitet sich ein kolossales, bei Niedrigwasser zum Teil trockenfallendes Flach aus.
Von Jütland aus steuert man am besten den Hafen von *Vesterø* an, der, wie schon der Name sagt, im Westteil der Insel liegt. Das ist nicht schwer und geht so:
Von *Sæby* (s. Seite 303) aus läuft man mit Kurs 95° rund 12 sm; dabei läßt man das gefährliche *Læsø NW-Rev* in sicherer Distanz an Stb. Wenn man zwischen der grünen und der roten Tonne angelangt ist, dreht man auf SSE und läuft auf den ab hier schon gut sichtbaren Hafen von Vesterø zu, den man nach weiteren 1,5 sm erreicht. Man kommt so dem ebenfalls gefährlichen *Rønne-Rev,* auf dem der 18 m hohe Leuchtturm *Nordre Rønner* steht, gar nicht nahe. Der Leuchtturm, der mit seinem Nebengebäude von ferne wie eine Burg aussieht, ist allerdings eine gute Peilmarke: Er steht 4 sm im Norden von Vesterø. Dicht westlich vor der Einfahrt in den Hafen liegt eine grüne Spiere, die man einlaufend an Stb. läßt. Das Pfahlwerk beiderseits der Hafeneinfahrt ist auffallend hellblau gestrichen. Man achte auf die Fähren!
Von *Frederikshavn* aus ist es noch leichter: Sobald man die rot-weiße Ansteuerungstonne (Glt.-4s) von Frederikshavn erreicht hat, geht man auf Kurs 120°. Den behält man 12 sm lang bei, bis man mitten zwischen der roten und grünen Tonne von Vesterø (s. o.) angekommen ist. Danach geht es weiter wie oben beim Kurs von Sæby aus beschrieben. Bei guter Sicht hat man auf diesem 120°-Kurs den hohen, dünnen Funkmast von *Østergård* auf Læsø genau voraus.
Die Kirchtürme von Vesterø und Byrum kann man hilfsweise als Peilmarken nutzen, man braucht sie aber bei den beiden eben beschriebenen Kursen an sich nicht.
Entscheidend ist immer, daß man zwischen den zangenförmig von der Insel ausgreifenden Gründen *Rønne-Rev* (im Osten) und *Læsø NW-Rev* (im Westen) bleibt. Auch bei hartem Wetter, wenn sich die Brandung beiderseits des Kurses über den Untiefen bricht, kommt man so sicher nach

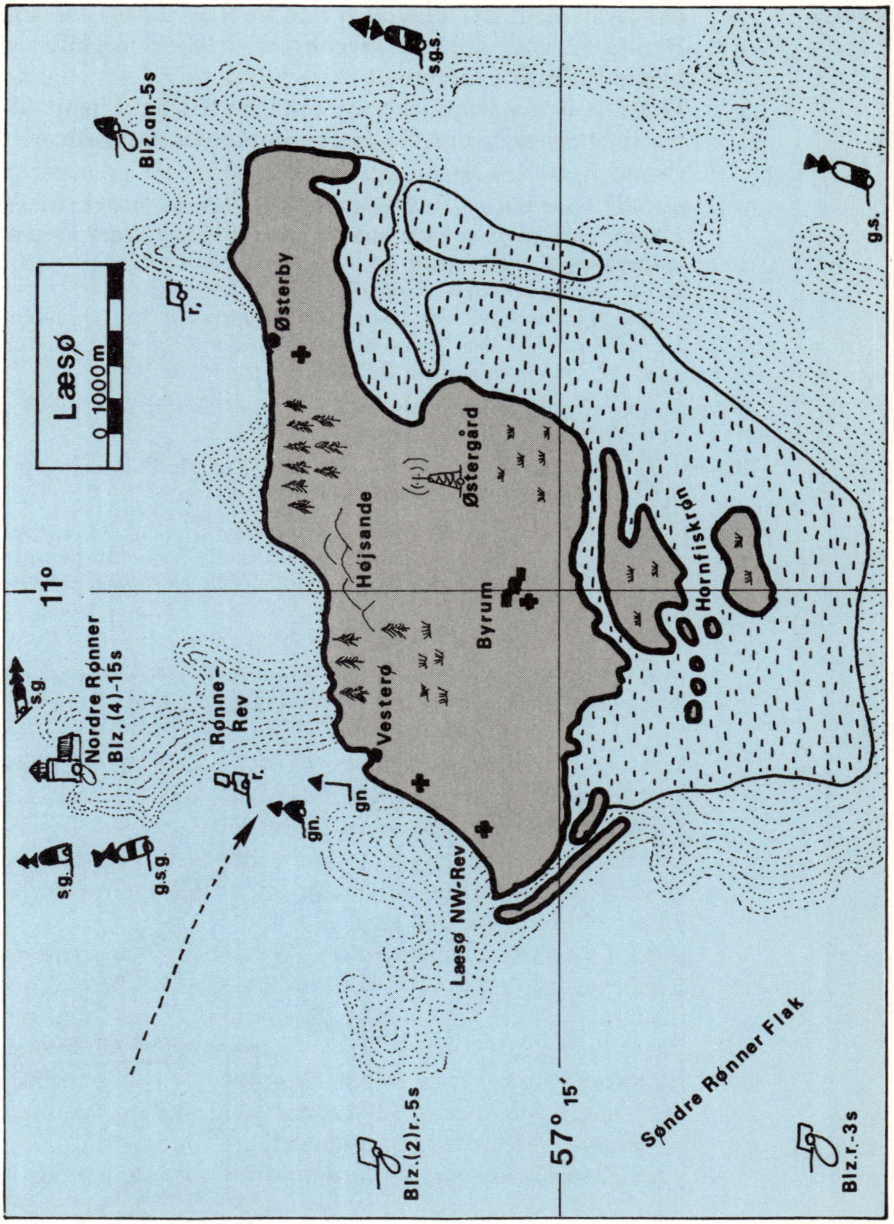
Læsø
0 1000m
Østerby
Østergård
Højsande
Byrum
Vesterø
Hornfiskrøn
Nordre Rønner
Blz.(4)-15s
Rønne-Rev
Læsø NW-Rev
Søndre Rønner Flak
Blz.an.-5s
Blz.(2)r.-5s
Blz.r.-3s
s.g.s.
g.s.
s.g.
g.s.g.
gn.
r.
11°
57° 15'

Vesterø

das zwar nicht der Hauptort der Insel – das ist das im Innern gelegene *Byrum* –, aber doch der wichtigere der beiden Häfen von Læsø ist, weil hier die Fähre ankommt.

Der Ort ist an sich nichts Besonderes. Er hat knapp 400 Einwohner und war ursprünglich nur ein Fischerdorf, lebt nunmehr aber mehr vom Tourismus.

Liegeplatz und Versorgung: Die Hafenverwaltung hat das innere, westliche Becken (A) für Yachten reserviert: ein guter, ruhiger Platz. Wer hier wider Erwarten im Sommer nicht unterkommen sollte, kann auch an dem langen Steg davor (B) festmachen. Hafenmeister ist Erik Wilsen, T. 08/499222 oder 499337.

Treibstoff siehe Plan. Im Fischerbecken auch ein Slip und eine Reparaturwerkstatt. Lebensmittel im Ort. Toiletten und Duschen siehe Plan (könnten mehr und etwas ordentlicher sein angesichts des hohen Liegegelds).

Adressen: Information: Havnegade 39, T. 49 92 42; Fahrräder: Nattergalevej 8, T. 49 91 79; Post: Havnegade 10; Wäscherei: Havnegade 5.

Wasserstand: Tidenhub 0,5 m. Westliche bis nördliche Winde können den Wasserstand um 1 m heben, Winde aus E bis S ihn um 0,9 m senken.

Ansteuerung bei Nacht: Ob von Sæby oder Frederikshavn: Das einfachste ist es, die oben angegebenen Kurse zu laufen, bis man das Richtfeuer Vesterø in Linie 136° zu fassen bekommt: O-F.: Glt.r.-4s, U-F.: Glt.r.-2s. Das U-F. dient gleichzeitig als Molenfeuer;

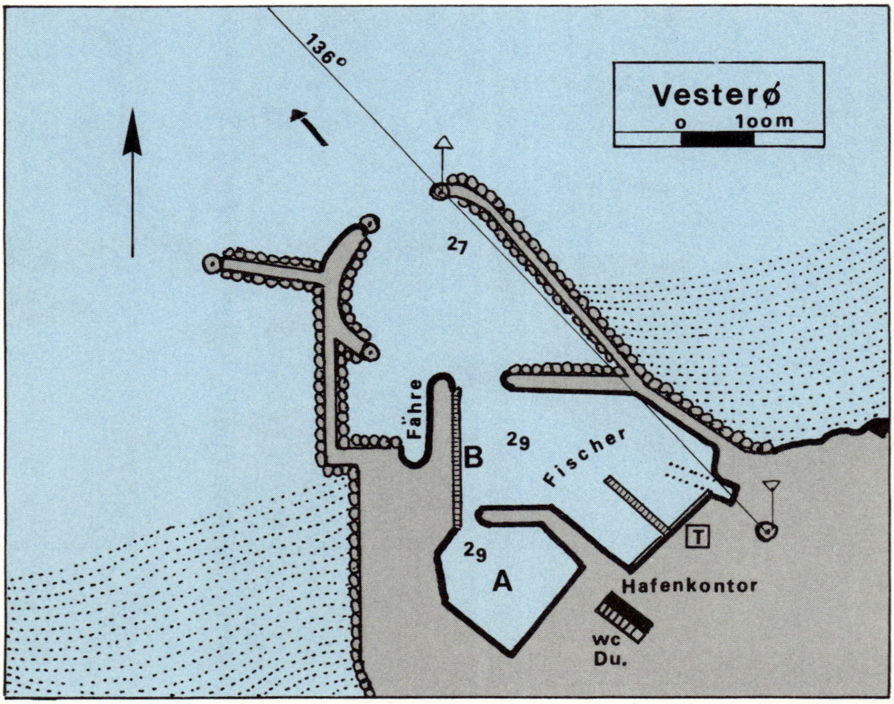

es brennt auf dem Kopf der Ostmole. Am Kopf der Westmole: Blz.gn.-3s. Dazwischen hindurch und hinein in den Hafen! Auf dem Kopf des Sandfängers, der sich von der Westmole aus knapp 100 m westwärts erstreckt, ein weißes Blitzfeuer (Blz.-3s).
Das wichtige Feuer Nordre Rønner (Blz.(4)-15s), das auf dem schon erwähnten 18 m hohen Granitturm brennt, ist im Grunde unnötig, außer man nutzt es zu Peilzwecken.
Das gleiche gilt für die rote Leuchttonne Læsø NW-Rev (Blz.(2)r.-5s), die an der Nordwestkante des gleichnamigen Flachs ausliegt; auf dem Kurs von Sæby aus könnte man sie zu Querpeilungen nutzen. Man nähert sich ihr aber nie mehr als 2 sm; sie bleibt immer an Stb.

Læsø ist, sieht man von den beiden Häfen einmal ab, vom Schiff aus nicht zugänglich; man wird wegen der Flachs immer ziemlich weit weg vom Land sein. Man kann die Insel am besten erkunden, wenn man sich ein Fahrrad leiht. Wenn man sehr stramm radelt, braucht man dafür einen Tag. Nach oben aber ist keine Grenze gesetzt, man könnte auch Wochen in dieser eigenartigen Landschaft verbringen.
Læsø ist die nördlichste und gleichzeitig größte Kattegat-Insel: 25 km lang und zwischen 10 und 2 km breit. Sie ist von gewaltigen Sandflachs umgeben, auf deren Gründen aber auch immer Steine liegen, manchmal zuhauf, manchmal auch einzeln. Zuweilen liegen diese Steine ganz tükkisch nur wenig unter der Wasseroberfläche. Das Seehandbuch nennt die Insel wegen ihrer Flachs zu Recht ein großes Schiffahrtshindernis.
Passiert man die Insel im Westen, etwa auf dem Weg nach Skagen, oder auch im Norden, vielleicht mit Kurs Göteborg, so wird man von ihrem Land bestenfalls einen schmalen Strich sehen, aber immer die Kirchtürme von Vesterø und Byrum, die von ferne im Wasser zu stehen scheinen. Die Insel ist extrem flach, lediglich im Norden hat sie eine Dünenkette; die

Im Marschland von Læsø

Düne Højsande steigt sogar bis auf eine Höhe von 24 m an. Nach Süden zu aber wird Læsø immer flacher, bis sich im weiten Marschland die Grenze zwischen Land und Wasser verwischt.
Læsø ist geologisch gesehen ein junges Land, entstanden erst in der jüngsten Eiszeit, sozusagen eine eiszeitliche Geröllhalde.
Eine gute Radtour ginge so: Von *Vesterø Havn* aus zur roten *Kirche von Vesterø,* die um 1250 im gotischen Stil erbaut wurde. Weiter nach *Byrum,* dem Hauptort der Insel, der auch eine gotische Kirche aus der gleichen Zeit hat. Besser aber biegt man schon am Ortseingang nach Süden ab und fährt auf das Marschland zu. Irgendwann wird man mit dem Fahrrad nicht mehr weiterkönnen. Dann sollte man den Weg zu Fuß fortsetzen, wenn möglich, bei Ebbe bis zur Insel *Hornfiskrøn.* Östlich von Byrum liegt der *Museumsgård,* einer der typischen Tanghöfe von Læsø: Hier hat man die Häuser nicht mit Reet gedeckt, sondern bis zu 2 m dicke Tangpackungen daraufgeschichtet. Der Museumsgård zeigt einen alten Bauernhof im Urzustand. Hier befindet man sich nun im kultivierten Teil der Insel, einer Parklandschaft mit saftig grünen Wiesen, schattigen Alleen entlang den Straßen und immer wieder allein liegenden Gehöften, von denen nicht wenige auch heute noch die alten Tangdächer tragen. Vor *Østerby,* dort, wo die Insel auch am schmalsten ist, wird es wieder rauher. Zurück geht

Der Museumsgård bei Byrum: ein alter, noch mit Tang meterhoch gedeckter Bauernhof

es durch die endlose *Klitplantage* im Norden der Insel, wo die Wege schnurgerade verlaufen. Man kann, wo man will, nach Norden abbiegen: Nach wenigen hundert Metern wird man an einem schönen Sandstrand stehen, wahrscheinlich ganz allein, denn die vielen Touristen verlaufen sich auf der großen Insel. Man kann auch auf den *Højsande* klettern oder um die Sumpfseen wandern, die östlich davon liegen. Bei *Holtemmen* findet man den schönsten Badeplatz der Insel, eine Art Lagune mit einer sichelförmigen Landzunge, einem Ausläufer des Rønne Revs. Hier ist der Sand so fein wie Mehl und so weiß wie sonst nirgendwo. Danach sind es nur noch ein paar Kilometer zurück zum Ausgangsort Vesterø. (Einen Straßenplan von Læsø bekommt man kostenlos im Touristbüro.)
Nun hat man alle Landschaften der Insel gesehen: das fruchtbare Bauernland in der Mitte, die einsame Marsch im Süden, die große Klitplantage und die Dünen im Norden. Man kann hier drei Tage bleiben, aber auch drei Wochen – langweilig wird es nie werden.
Læsø war schon in der Steinzeit bewohnt, wie Funde beweisen. Geschichtlich erwähnt wurde es erstmals im Jahre 1058, als hier eine Seeschlacht zwischen den Wikingerkönigen Harald Hårdråde von Norwegen und Svend Estridsen von Dänemark stattgefunden haben soll.
Im Mittelalter bedeckten Kiefernwälder die ganze Insel. Die Bewohner von Læsø verbrannten sie im Laufe der Jahrhunderte vollständig, denn sie brauchten Brennholz für die Salzgewinnung. Dieses Ausdampfen des Meerwassers war ein profitables Gewerbe, und wen wundert's, daß die Kirche deshalb die Insel Læsø in ihrem Besitz hatte. Als um 1600 alles Holz verheizt war, traten die zu erwartenden Folgen dieses Raubbaus auf: Sandflug bedeckte fast den ganzen nördlichen Teil der Insel und begrub unter sich das fruchtbare Land. Die Insel verelendete. Die Männer mußten sich als Matrosen verdingen. Die Frauen und Kinder blieben auf der Insel und ernährten sich schlecht und recht vom Fischfang und ein bißchen Ackerbau.
Zusätzliche, und zwar nicht zu knappe Einnahmen brachte die Strandräuberei, für die die Inselbewohner bald berüchtigt waren. Es geht die Kunde, daß sie die Überlebenden bei Strandungen auch erschlagen haben sollen, um sich so ungestört das Strandgut aneignen zu können. In den Jahren 1858 bis 1888 wurden 624 Strandungen bei Læsø registriert, also etwa 20 in jedem Jahr. Davon sollen 239 als Totalverluste geendet haben. Aber in diesem zivilisierten Jahrhundert ließen die Behörden natürlich keinen Strandraub mehr zu. Viele Familien aus Læsø wanderten nach Amerika und Australien aus.
Der Hafen von Vesterø wurde 1872 angelegt, der von Østerby 1905. Neben der Fischerei gab auch die Fährverbindung nach Frederikshavn der Insel wichtige wirtschaftliche Impulse. Neben der Landwirtschaft ist der Tourismus heute zur wichtigsten Einnahmequelle für die knapp 3000 Einheimischen geworden.

Die Bewohner der Insel tragen zu festlichen Anlässen immer noch ihre schöne, alte Tracht, die besonders reich geschmückt ist. Der Sage nach geht diese Tracht zurück auf die große Königin Margarete (1387–1412), die hier bei Læsø auf einer Fahrt nach Norwegen gestrandet sein soll. Zum Dank für ihre Rettung soll sie den Bewohnern der Insel erlaubt haben, diese für das einfache Volk ungewöhnliche Tracht zu tragen.

Wer trotz des Landausflugs auch noch mit dem Schiff nach Østerby will, der wird dort ein ziemlich einsames, verschlafenes Fischerdorf mit einem betriebsamen Fischereihafen finden.
Man rundet *Rønne-Rev* so: Zunächst auf die gelb-schwarz-gelbe Tonne (Toppzeichen zwei Kegel, Spitzen zueinander) zu, die 1,5 sm südwestlich des Leuchtturms *Nordre Rønner* ausliegt: von Vesterø aus 3 sm. Danach sollte man nicht direkt auf die in Nord liegende schwarz-gelbe Tonne (Toppzeichen zwei Kegel, Spitzen oben) zuhalten, weil man auf diesem Kurs einer 0,3-m-Stelle zu nahe käme; besser also nach Gefühl einen leichten Bogen nach Westen laufen. Von dieser Schwarz-Gelben aus kann man die nächste schwarz-gelbe Tonne, die nordnordöstlich von *Nordre Rønner* liegt, direkt ansteuern (bei ruhigem Wasser!). Hat man diese erreicht, dann weiter mit Kurs 117° auf

Østerby zu, das man nach 6,5 sm erreicht. Die Hafeneinfahrt öffnet sich nach Osten. Man achte bei der Anfahrt auf Grundstellnetze, die östlich und westlich der Ansteuerung liegen können.
Wenn das überhaupt möglich ist, so ist Østerby noch verlorener als Vesterø. Letzteres hat wenigstens noch die Fähre, die etwas Abwechslung bringt, Østerby aber hat außer Kuttern im Hafen und Heide und Sand davor gar nichts.

Liegeplatz und Versorgung: Der Hafen ist beträchtlich erweitert worden, so daß Yachten jetzt im Westen ein eigenes Becken mit Stegen haben. Auch die sanitären Einrichtungen sind verbessert worden. Hafenmeister Erik Møller Sørensen kann jetzt gut und gern 200 Yachten unterbringen. Recht gute Versorgung. Einzelheiten s. Plan. Es gibt auch eine Werktstatt und einen Segelmacher. Proviant ganz in der Nähe des Hafens.
Gute Bademöglichkeiten.

Wasserstand: Tidenhub 0,4 m. Winde aus W bis N können den Wasserstand um 0,6 m heben, Winde aus E bis S ihn um 0,5 m senken.

Ansteuerung bei Nacht: Würde ich nicht machen. Hängt aber auch davon ab, aus welcher Richtung man sich dem Hafen nähert. Von N bis NW unter Zurückstellung von Bedenken möglich. Auf dem Kopf der Ostmole und damit hinter (!) der Nordmole steht eine weiße Hütte. Sie trägt ein Sektorenfeuer: F.w/r. Der weiße Sektor reicht von 127° bis 192°, er hält somit frei vom Rønne-Rev im Westen und den dicht östlich vom Hafen liegenden Untiefen, obwohl der 192°-Kurs nach meinem Geschmack den Untiefen zu nahe kommt. Mehr als 180° möchte ich nicht steuern. Einlaufend muß man das grüne Festfeuer am Kopf der Nordmole runden. Am Kopf der Mittelmole brennt nochmals ein Feuer (F.). Ist man aber erst einmal hier angekommen, so kann man sich ebensogut an der Hafenbeleuchtung orientieren. Nochmals: Ich rate eher ab.

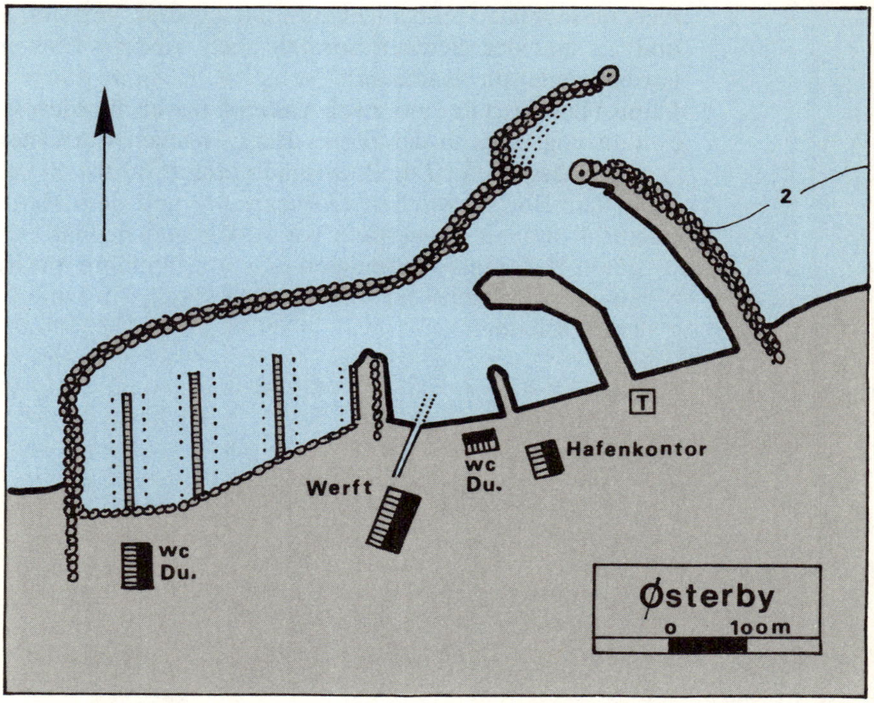

Meiner Meinung nach hat Østerby noch am ehesten eine Bedeutung, wenn man weiter nach Schweden wollte, nach Göteborg etwa, oder durch die Østerrenden südwärts nach Anholt (s. Seite 240), was aber schon eine richtige große Fahrt wäre, die man auch nur mit einem seetüchtigen Boot und bei guten Wetterbedingungen wagen sollte, denn von Østerby bis Anholt sind es doch lange 50 sm.

Ankerplätze um Læsø
Vorausgeschickt sei, daß alle nachfolgend genannten Ankerplätze nur bei ruhiger und stabiler Wetterlage brauchbar sind.

- Im Süden der Insel kann man zwischen den Untiefen *Brœndevinshage* und *Knœet* auf 2,5 m Wassertiefe ankern. Der Platz liegt nördlich der gelb-schwarzen Tonne (Toppzeichen zwei Kegel, Spitzen unten), die ein 1,3-m-Riff markiert.
- 6 sm nordöstlich davon kann man in der Rinne *Låen,* zwischen *Mellemflak* (1,2 m) und dem trockenfallenden Vorland, auf 4 m Wassertiefe ankern.
- 5 sm weiter nördlich findet man einen Platz südlich des *Flyndergrunds* auf 3 bis 4 m Wasser.

Alle diese Plätze sind nicht nur mit größter Vorsicht anzusteuern, man muß sie mit der gleichen Sorgfalt auch wieder verlassen. Man sehe sich jeweils genau die Karte an!

Unproblematischer sind zwei Ankerplätze im Norden von Læsø:

- Gut liegt man in der *Jegens Bugt,* westlich von Østerby, und zwar auf 7 m Wassertiefe. Die 2-m-Linie verläuft 50 bis 100 m vor dem Ufer.
- In der Bucht zwischen *Horneksodde* und dem *Rønne-Rev* kann man auf 4 bis 5 m Wassertiefe vor Anker gehen; man liegt hier nahe dem guten Badeplatz Holtemmen (s. o.). Man fahre mit Kurs S von Norden aus in die Bucht ein und beachte die 1,8-m-Untiefe nordöstlich von Horneksodde.

Der Sonnenwagen von Trundholm stammt aus der Bronzezeit (1500 bis 500 v. Chr.). Die große, vergoldete Scheibe war mit Spiralen verziert und symbolisierte die Sonne

Register

A

Agerø 86
Aggersborg 118
Aggersund 117
Alrø Sund 212
Als 128
Als Fjord 142
Als Odde Bro 275, 287, **288**
Als Sund 137
Amtoft 67, **95**
Angeln 22
Anholt 240, 260, **265**
Anholt Knob 266, 267, 271
Assens 155, **173**
Aså 299, **301**
Attrup 120
Augustenborg 131, **140**
Augustenborg Fjord 139
Ausrüstung 12

B

Ballebro 143
Ballen 214, **220**
Barsø 155, 159
Begstrup Vig 240, 245
Bjergehuse Bake 57
Bjørnsholm Bugt 111
Bjørnsknude Rev 198, 205
Blåvandshuk 26, 40, **46,** 48
Bootspapiere 14
Bootsversicherung 14
Bork Havn 57
Bovbjerg 62
Brandsø 155, **177**
Bredningen 163, **175**
Brejningen 199
Bønnerup 240, **261,** 275
Bågø 155, 171, **172**

C

Chartern 17
Crew-Wechsel 14

D

Dänisches Fremdenverkehrsamt 17
Devisen 17
Dipl. Vertretungen 23
Djursland 238
Doverodde 87
Dyvig 131, **144**

E

Ebeltoft 240, **247**
Ebeltoft Vig 246
Egå Marina 241
Egense 127
Egens Vig 240, **243**
Einklarieren 15
Ejerslev 67, **96**
Endelave 214, **215**
Erritsø, Marina 195
Esbjerg 26, 27, 32, 33, 35, **37,** 45

F

Fahrräder 22
Fanø 33, **40**
Fanø Bugt 32
Fanø Løb 40
Feggesund 67, **94**
Flaggengebräuche 19
Flensburger Förde 131
Fornæs 260, 262
Fredericia 155, **193,** 198, 214
Frederikshavn 299, **307**
Funkanlage 13
Fur 68, 97, 98, **103**
Furlehave 137

Fur Sund 102
Fynshav 131, **147**
Fyrkat 294
Fyrrenden 163
Fænø 180
Fænø Sund 155, **180**

G
Galgedyb 34, 43, **44**
Gamborg Fjord 155, **182**
Genner Bugt 163
Genner Fjord 160
Gjøl 120
Glomstrup Vig 86
Glyngøre 67, 98, **101**
Grenen 321
Grenå 240, **258,** 266, 275
Grådyb 26, 32, **36,** 45, 47
Gyldedal 67, **81**
Gylling Næs 198, 212

H
Haderslev 155, **169**
Haderslev Fjord 167
Hadsund 275, **289**
Häfen, allg. 20
Halk Hoved 163
Hals 68, **125,** 240, 267, 299, 300
Hals Barre 126, 300
Hanklit 93
Hanstholm 323
Hardeshøj 142
Harre Nor 102
Harre Vig 67, **102**
Havrvig Bake 49
Helgenæs 239
Hejlsminde Bugt 176
Hirsholm 299, **309**
Hirtshals 323
Hjarbæk 68, **110**
Hjarbæk Fjord 108
Hjarnø 207, **209**
Hjarnø Sund 198, **207**
Hjelm 240, **256**
Hjelm Dyb 256
Hobro 275, **293**
Holmslandsklit 49
Horns Rev 46
Horsens 198, **210**
Horsens Fjord 197, **207**
Hou 299, **300**
Hov 214, **231**
Husby Klit Bake 57
Hvalpsund 68, **105**
Hvide Sande 26, 27, 45, **49**
Høruphav 151
Høruphav Havn 131, **151**

J
Jegindø 67, **82**
Juelsminde 198, **205**
Juvre Dyb 32

K
Kalkgrund (Flensb. Förde) 151
Kalkgrund (Grenå) 258
Kalvø 155, **160**
Kalø Vig 240, 241
Kattegat 297
Kegnæs 150
Kleine-Belt-Brücken 180
Kleiner Belt 153
Klovvig 81
Knebel Vig 240, **241**
Knudedyb 27, **33,** 44
Kolby Kås 214, **217**
Kolding 155, **185**
Kolding Fjord 183
Kongebro 188
Kongsgårde Bro 246
Krankenversicherung 14
Kærgarde Bake 49
Kås Bredning 81, 84

L
Langerak 125
Langør 214, **223**
Liegeplätze, allg. 20
Lemvig 67, **74**
Limfjord **65,** 260
Lister Landtief 27
Lister Tief 26, 31, 32
Livø 68, 97, **111**
Lovns Bredning 108
Lyngvig Fyr 49, 52
Lyngvig Havn 57

Læsø 300, **324**
Læsø Rende 303
Løgstør 68, **115**
Løgstør Bredning 96, 117
Løgstør Grunde 114

M
Mariager 275, **291**
Mariager Fjord 260, 273, 275, **285**
Mellerup 280
Middelfart 155, **189**
Middelfart Marina 182
Mjelsvig 144
Mommark 131, **149**
Mon 125
Morsø 85
Mårup 214, **227**

N
Nappedam 243
Nibe 68, **120**
Nissum Bredning 73, 76
Nørre Aggersund 117
Nordborg Fyr
Nordby 40
Norsminde 214, **232**
Notfälle 22
Nykøbing (Limfjord) 67, **98**
Nymindegab 53

O
Oddesund, Brücke 76
Öffnungszeiten 22
Oksbøl W 45, 47

P
Personalpapiere 14

R
Randers 275, **282**
Randers Fjord 260, 273, **275**
Ribe 35
Ringebjerge Bake 49
Ringkøbing 55
Ringkøbing Dyb 47, **48**
Ringkøbing Fjord 50, **52**
Risgarde Bredning 104
Rosenvold 198, **200**
Rømø 26, 27, **29**
Rømø Dyb 29, 32
Rønbjerg 68, **114**
Rønnerhavn 299, **314**

S
Sallingsund 98, 102
Sallingsund Brücke 102
Samsø 213, **219**
Sandbjerg Vig 206
Sandvig 162
Seekarten 18
Sillerslev 67, **84**
Skagen 260, 300, **318**
Skagens Rev 320, 323
Skakkes Holm 258
Skallingen 47
Skaven Havn 57
Skibsted Fjord 86
Skive 68, **107**
Skærbæk 184
Sletterhage 246
Slugen 47, 48
Snaptun 198, **208**
Snoghøj 188
Snævringen 178
Sottrupskov 131, **138**
Sprache 22
Svanegrund 217
Sæby 299, **303**
Sønderborg 129, **131**
Sønderborg Bugt 133
Sønderho 42
Søren Bovbjergs Dyb 47, **48**

SCH
Schiffahrtsvorschriften 18

ST
Stavning Havn 57
Stavns Fjord 222
Stegsvig 144
Stinesminde 275, **290**
Strandby 300, **316**
Strib 192
Stribs Odde 192
Struer 67, **80**

T
Tambosund 84
Telefon 23
Thissinghuse 67, **86**
Thisted 67, **90**
Thisted Bredning 90
Thyborøn 26, 61, 67, **68,** 323
Thyborøn Kanal 27, 61, **63,** 73
Tiere 17
Törnberatung 19
Torsminde 26, 27, **57**
Touristinformation 22
Trailern 17
Trelde Næs 198
Træskohage 198
Tunø 214, 228, **229**
Tunø Knob 230

U
Udbyhøj 275, 276, 277
Udbyhøj N 278
Udbyhøj S 279
Uggelhuse 275, **281**

V
Vedersø Bake 57
Vejle 198, **201**
Vejle Fjord 197, **199**
Venø 67, **77**
Venø Bugt 80
Vesborg 220
Vesterø 300, **326**
Vilssund Brücke 89
Vilsund Vest 89
Virksund 108
Visby Bredning 88
Voer Bro 275, **280**
Vorså 299, **302**

W
Wedellsborg 177
Wetterbericht 20

Z
Zementfabrik Dania 275, **290**
Zoll 15

Ø
Østerby 300, **330**
Øster-Hurup 240, **264**

Å
Åbenrå 155, **156**
Åbenrå Fjord 155, 158
Ålborg 68, **120**
Ålborg Bugt 260
Ålbæk 300, **317**
Ålbæk Bugt 316
Århgåb Bake 49
Århus 214, **233,** 240
Århus Bugt 237
Årø 165
Årø Sund, der 163
Årøsund (Ort) 155, **164**